ジョン・リー・アンダーソン

チェ・ゲバラ

革命の人生

上

山形浩生・森本正史訳

みすず書房

CHE GUEVARA

A Revolutionary Life
(Revised Edition)

by

Jon Lee Anderson

First published by Grove Press, 1997
Revised Edition published by Grove Press, 2010

エリカ、
そして亡き我が母
バーバラ・ジョイ・アンダーソン（１９２８—１９９４）に捧げる

チェ・ゲバラ■上巻目次

下巻目次

第III部　新しい人間を作る（承前）

エルネスト“チェ”ゲバラ，1960 年.

改訂版へのまえがき

チェ・ゲバラに興味を抱いたのは、１９８０年代末に、現代ゲリラに関する本のための調査をしているときだった。アルベルト・コルダが撮影した、星型のピンバッジを付けた黒いベレー帽を被ったチェのポートレートを使ったポスターが、多くの大学の寮の壁を飾ってからほぼ一世代が過ぎていた。ベトナム戦争が終結すると、学生運動が終焉し、それとともにその時代もずたぼろの終わりを迎えた。しかしビルマ、エルサルバドル、西サハラ、アフガニスタンといった辺境の蜂起では、チェはロールモデル、そしてほとんど神秘的とも思える象徴として崇められ続けた。彼は自身が体現した革命原理――大胆不敵、自己犠牲、誠実、そして大義への情熱――によって、新世代の兵士と夢想家を触発した。

当時、チェを扱った本はほとんど絶版だった。ほとんどが20年前に出た古いもので、キューバ公認の聖人伝か、イデオロギーの敵対者が書いた同じくらい退屈な悪人伝かのいずれかだった。チェの生涯がそれまで書かれていなかったのは、彼の人生のほとんどが謎に包まれていたからだ。特に１９６７年のボリビアでの最期の状況は謎だらけだった。その死体のありかさえ不明だった。

大切にしていたすべてを投げ出して、外国の戦場で戦って死んだこの男は、いったい何者だったのか？

36歳のとき、彼は新たな革命の火を灯すために、妻と5人の子供、そして大臣の地位と司令官の階級を捨てて出ていった。そもそも良家出身の医師免許を持ったアルゼンチン知識人を、世界変革の試みへと駆り立てたのは何だったのか？　チェの謎に満ちた生涯の物語を解き明かせば、冷戦の最も興味をそそるエピソードのいくつかに光を当て、その中心人物の一人をずっと鮮明に描き出せる。

チェに関する多くの疑問の答えはキューバにあると思った私は、1992年ハバナに赴いて彼の未亡人アレイダ・マルチと会った。彼女に夫の伝記執筆を計画していると伝え、協力と支援をお願いした。最終的に彼女は同意してくれた。数カ月後、私は妻と3人の幼い子供を連れてハバナに移り住み、その滞在はほぼ3年近く続いた。当時はキューバ人にとって厳しい時期だった。ソヴィエト連邦が突然消滅し、それまで30年間キューバを支えてきた潤沢な補助金が突然消えた。しかし国の経済崩壊にもかかわらず、フィデル・カストロは社会主義の旗印を頑固なまでに高々と掲げ、チェの模範を引きながら、同胞に革命への不屈の精神と犠牲を求めた。

私にとって最も大きな課題は、チェの記憶を取り巻いていた聖人ぶった雰囲気を打ち破ることだった。実際、チェはキューバの守護聖人で、かつての彼を知っている人々の回想はたいてい臆病な称賛か、臆面もない政治的決定論だった。チェの少年時代の友人を訪ねて数カ月間アルゼンチンをあちこち動きまわって初めて、この男——若きチェ・ゲバラ——が、現実味のある人間として浮かび上がりはじめた。さらにハバナに戻ると、彼の未発表の日記のいくつかを見る特権を与えられた。それは、少年から伝説のチェへの変身を解明する助けとなった。

ある朝、チェのゲリラ活動に少しでも関係したあらゆる人にインタビューするため、1995年11月にボリビアに滞在していた私は、サンタ・クルスに赴き、50代前半の退役将軍マリオ・バルガス・サリナスに会った。1967年、若き陸軍将校だったバルガス・サリナスは、チェの第2縦隊を殲滅したマシクリ川奇襲の指揮で名をはせた。チェの仲間であるドイツ人タニアとその他8人の戦闘員が殺された。マシクリでの殺戮はチェの終焉の始まりになった。ひと月あまり経った1967年10月8日、陸軍の大部隊によって、彼は谷に追い詰められた。負傷したチェは捕虜となった。翌日、ボリビア陸軍最高司令部の命令を受けて、あるCIA捜査官の立ち会いのもと、彼は射殺された。チェの戦死公表後、陸軍は彼の遺体を隣町バジェグランデで公開した。チェは頭を持ち上げられ、目を開けたまま仰向けに横たわっていた。死んだキリスト像に似ているのは、誰の目にも明らかだった。その夜、チェと同志数名の遺体が消えた。彼の敵は、信奉者の聖地になるのを懸念し、墓を作らないことにしたのだ。後に陸軍将校の一人は漠然と、チェの死体は飛行機からジャングルに投げ捨てられたようなことを述べた。別の将校は、彼の死体は焼却されたと主張した。

マリオ・バルガス・サリナスは、並外れて人懐っこく率直な男だった。私たちはサンタ・クルスの塀で囲まれた彼の庭で結局3時間以上話したが、私は彼が騒動になりそうな話でも平気なのに気づいた。彼は話の途中で、配下の兵がチェの負傷した部下を処刑したことを認めた。バルガス・サリナスの率直さを見て、チェの死体について尋ねてはみたが、実は正直に答えてもらえるとは思っていなかった。彼が過去のすべてを話したいと言ったので、私は愕然とした。彼が言うには、チェは殺されたあと、両手を切り落とされたという。遺体が本物であるという物証として指紋が保存され、手はホルマリン漬けにして隠された。そしてバルガス・サリナスも一員をつとめた夜行の埋葬隊が、チェと彼の数人の同志の死体を集団墓地に密かに遺棄した。墓はブルドーザーで整地され、バジェグランデの未舗装滑走路になった。

私がバルガス・サリナスの告白に関する記事を『ニューヨーク・タイムズ』に書くと、ボリビアでは即座に激しい反応があった。ゴンサロ・サンチェス・デ・ロサダ大統領は、私がバルガス・サリナスを酔わせ、すべてをでっち上げたと聞いていると述べた。バルガス・サリナスは雲隠れし、すべてを否定する声明を出した。ラパスでの記者会見で、私はインタビューを録音したテープがあり、元将軍は何らかの脅迫を受けている可能性があると示唆した。バルガス・サリナスは間もなく声明を撤回し、私の記事の正確さを認めたが、まだ身を隠したままだった。そして驚くような逆転劇が生じた。サンチェス・デ・ロサダ大統領が数十年続いた公式の隠蔽方針を覆すと発表し、遺体捜索の調査委員会の設立を命じたのだ。

その後の数週間にわたり、元ゲリラ、兵士、鑑識の専門家がバジェグランデとその周辺で穴を掘る光景が見られた。これによって多くの古傷が抉られ、当時の卑劣な行為の詳細が明らかになった。ボリビアの強力な軍は、まさしく文字通りに殺人の罪を問われぬまま逃げおおせていた。1960年代から1980年代に入るまで、独裁者が次々と国を牛耳っていた。彼らのいい加減でしばしば残忍な支配のもと、何百人もの市民が「行方不明」になっていた。チェ・ゲバラの遺体探索に促されて、人々は正義と愛する人の情報を求めはじめた。若い徴集兵としてチェの一隊と戦った、元兵士の怒りのデモもあった。彼らは場合によっては重篤な傷を負ったのに、負傷年金どころか何の年金も受け取っていなかった。彼らもまた自分たちの権利を主張した。

過去が掘り返された。ボリビア軍の指揮官たちは大統領の命令に従ったが、バルガス・サリナスの裏切りに激怒していた。小型機でバジェグランデに運ばれ、しかめっ面の二人の陸軍将校に付き添われ滑走路を歩く彼に、報道陣が殺到した。30分ほど経って、彼はチェを埋めた場所は正確に示せないと宣言した。「あまりに多くの年月」が経っていた。彼と彼の護衛は飛行機に戻って飛び去った。数日後、陸軍がバルガス・サリナスを自宅監禁しているという噂が広まった。彼が再び口を開くのは数年後のことになる。

バジェグランデでの捜索の試みは、当初何も実を結ばなかった。実りのない数週間が過ぎ、委員会を任された司令官たちは捜索中止の意向を公表し、大統領に説明するためラパスに向かった。しかし彼らが去って数時間後、それまで怖くて口を閉ざしていた地元の農民たちが、何年も前から知っていた埋葬場所を明かした。それは町から数キロ離れた寂しい森のなかだった。彼らの証言を裏付けるまでに、長くはかからなかった。チェの4人の同志の遺骨が粗雑な墓穴のなかに横たわっていた。

土壇場の発見により、軍の引き延ばし作戦もおしまいになった。捜索は改めて前向きに再開されたが、やがて再び手がかりがとぎれた。最終的にキューバ＝アルゼンチン合同の鑑識チームによってチェの遺骨が発見されたのは、16カ月が過ぎた1997年7月のことだった。30年続いた陰謀がやっと終わった。遺骨は他の6人と一緒にバジェグランデ滑走路に掘られた穴の底にあった――バルガス・サリナスが言ったとおりだった。あたかも置く際に特別な配慮がされたかのように、チェは全身を伸ばして穴の底に仰向けに横たえられていた。他の遺体は、手当たり次第もつれあうように、彼の隣に山積みに捨てられていた。彼の両手は手首で切断されていた。

遺骨は掘り出され、それぞれ棺に入れてキューバに空輸され、フィデル、ラウル・カストロを含む関係者だけの感傷的な儀式で迎えられた。3カ月後の1997年10月10日、キューバ公式の追悼週間の冒頭で、フィデルとラウルは公式に弔意を表明した。チェと6人の棺は、ハバナ革命広場の中心にあるホセ・マルティ記念碑のなかに安置された。その後数日にわたり、推定25万人が過去を記憶にとどめるために何時間も列に並んだ。子供たちはチェ宛ての手紙を置いた。泣きむせぶ男や女が詩を朗唱し、革命の歌を歌った。その後、国旗で覆われた棺はゆっくりと進む車列でサンタ・クララ市に運ばれた。そこはほぼ40年前に、キューバ革命戦争最後の最も決定的な戦いでチェが制圧した場所だった。彼と仲間はそこで、ゲリラの英雄の霊廟に納められた。

本書の改訂を行った年はキューバ革命50周年にあたる。チェの伝記を磨いて更新し、新世代の読者にとって彼が持つ意味を考える好機と言えるだろう。まだ生きている彼の同志はいまや老人で、キューバはある時代の終わりに近づきつつある。良くも悪くも革命は、チェの遺産の一部だが、彼はすでにその革命を超越した存在となっている。

チェの顔と名前はスノーボードや時計、そして何百万枚ものTシャツを飾ってきた。しかし神話化、商品化されたチェは、いったい何を表しているのだろう？　多くの場合、そのイメージが指し示すものは、チェ自身とはまるで関係ない。蘇ったチェ・ゲバラ――長髪で輝く目を持ったイケメン――は、いろいろな意味で、ビデオゲームのなかの仮想のヒーローや悪党に負けないほど非現実的だ。享年わずか39の本物のチェ・ゲバラは、偶像化されると同時に悪魔扱いされてきた。いくら彼の生涯の事実が記されようと、彼のパラドックスと大衆文化における地位のおかげで、その評価の二面性は決して変わらないはずだ。しかしどちらの評価も、単独では彼を完全に描き尽くすことはできない。

第Ⅰ部　不穏な若年時代

1　ミシオネスの農場

I

占星術の結果は腑に落ちないものだった。もしエルネスト〝チェ〟ゲバラが、出生証明書通りの1928年6月14日生まれなら、彼は双子座――しかも、同じ双子座でもかなり冴えない存在――ということになる。チェの母の友人の占星術師が再度占っても、結果は同じだった。彼女の分析によれば、チェは依存性の陰気な性格になって、平穏無事な生涯を送ったはずなのだ。しかしこれは1960年代初めのことで、チェはすでに世界で最も有名な人物の一人となっていた。『タイムズ』の表紙にもなった、きわめて高名な、独立精神で知られたカリスマ的人物だった。

占星術師がチェの母親に散々な占い結果を見せると、彼女は笑った。そして30年以上ものあいだ、用心深く守っていた秘密を明かした。彼女の息子は、実際は1カ月早い5月14日に生まれていたのだ。彼は双子座ではなく、強情で決断力を持った牡牛座だった。チェの父親と結婚したとき妊娠3カ月だったため、ごまかす必要があった、と彼女は説明した。結婚してすぐ二人はブエノスアイレスを離れ、ミシオネスの僻地の人里離れたジャングルに移った。パラナ川の上流1900キロの、アルゼンチンがパラグアイとブラジルに接する北の国境の地だ。そこで彼女の夫はジェルバ・マテ栽培の農園主として身を立てていたので、妊娠中の彼女はブエノスアイレス社交界の詮索好きな眼を避けられた。友人の医師が彼らをスキャンダルから守って助けるため、出生証明書の日付を1カ月遅く偽装した。

息子が生後1カ月になったとき、二人は家族に報告した。ブエノスアイレスに行こうとしたが、チェの母親が産気づくのが早まったと彼らは告げた。赤ん坊が7カ月で生まれるのは、結局のところ、そんなに珍しい話でもない。疑われたかもしれないが、彼らの話と子供の公式の出生日は黙って受け入れられた。

成人してから人生の大半を隠密行動に費やし、その死も陰謀がつきまとった男だから、人生の始まりから策略があったというのは、何ともふさわしく思える。

II

1927年、チェの父、エルネスト・ゲバラ・リンチがセリア・デ・ラ・セルナに出会ったとき、彼女はブエノスアイレスの一流のカトリック女子校サクレ・クールを卒業したばかりだった。彼女は、かぎ鼻の20歳で、ウェーブのかかった黒髪と茶色い眼が人目を惹いた。読書家だが世間知らず、敬虔だが好奇心旺盛だった。言い換えれば、恋のアバンチュールの機は熟していたということだ。

セリア・デ・ラ・セルナは、純粋なスペイン貴族の血をひく生粋のアルゼンチン人だった。ある祖先は植民地ペルーのスペイン王室総督で、別の祖先はアルゼンチン軍の名高い将軍だ。父方の祖父は裕福な地主であり、セリアの父は著名な法学教授で、下院議員、大使でもあった。彼もその妻もセリアがまだ子供の頃、彼女と6人の兄弟姉妹を残して死亡し、彼らは後見人である敬虔な叔母に育てられた。一家は収入をもたらす地所を守り、セリアは21歳になったらたっぷり遺産を相続することになっていた。

　エルネスト・ゲバラ・リンチは27歳。彼はそこそこ背が高く、精悍な下顎と顎を持ったハンサムだった。乱視用の眼鏡のせいで事務員風に見えたが、それは見かけだけだった。活気あふれる社交的な性格で、かっとなりやすく、身の程知らずな想像力の持ち主だった。南アメリカ有数の金持ちのひ孫で、祖先にはスペインとアイルランドの貴族がいたが、年月を経て一族は財産の大半を失っていた。

　19世紀半ば、アルゼンチンが専制的な軍指導者フアン・マヌエル・デ・ロサスの支配下にあったとき、裕福なゲバラ家やリンチ家の男性相続人は、アルゼンチンを離れカリフォルニアのゴールドラッシュに参入した。国外逃避から戻ると、米国生まれの子孫ロベルト・ゲバラ・カストロとアナ・イサベル・リンチは結婚した。チェの父となるエルネストはロベルトとアナ・イサベルの11人の子供の第六子だった。彼らは裕福に暮らしたが、もう上流地主階級ではなかった。夫が測量技師として働き、アナ・イサベルはブエノスアイレスで子供たちを育てた。夏はひなびた田舎の旧家の土地の一角にあった、彼女が相続した邸宅で過ごした。エルネストがよい職に就けるよう、彼の父は「私の考える唯一の貴族は、能力面での貴族だけだ」と告げて、国立学校に通わせた。

　しかしエルネストは生まれたときからアルゼンチン社会に属していた。彼は母親からはカリフォルニアでの開拓生活、父親からはインディオの攻撃と高地アンデスでの突然死の怖い話を聞きながら育った。彼の一家の輝かしい冒険に満ちた過去は、あまりに強力で克服しがたい遺産だった。父が死んだときエルネストは19歳で、大学で建築と工学を学んでいたが、卒業前に退学した。自分自身も冒険して財を成したいと思った彼は、ささやかな遺産をその目標達成のために使った。

セリア・デ・ラ・セルナに出会うまでに、彼は裕福な親戚と共同で、持ち金のほとんどをヨット建造会社アスティジェロ・サン・イシドロにつぎ込んでいた。一時はその会社で監督官として働いていたが、それだけでは好奇心が満たされなかった。彼はすぐに新しいプロジェクトに熱中した。何百万人ものアルゼンチン人が愛飲する、滋養強壮効果のある自然茶ジェルバ・マテ栽培で一儲けできると、友人から説得されたのだ。ジェルバを栽培するミシオネス州の土地は安かった。最初16世紀に、イエズス会宣教師と改宗したグアラニ族が開拓し、わずか50年前にアルゼンチンに併合されたこの州は、移住が始まったばかりだった。土地相場師、金持ちの冒険者、そしてヨーロッパから貧しい移民が押し寄せた。自分の眼でそこを確かめに行ったエルネストはジェルバ・マテ熱に取り憑かれた。自分の金はヨット建造会社から動かすことができなかったが、セリアの遺産があれば農園用に十分な土地を買えた。儲かる「緑色の黄金」で金持ちになれるつもりだった。

当然、セリアの家族は彼女の山師求婚者に一致団結して反対した。セリアはまだ21歳未満で、アルゼンチン法では結婚と遺産相続に家族の承認が必要だった。彼女は承認を求めたが、拒否された。すでに彼女は妊娠していたので、彼女とエルネストは、何がなんでも家族の承認を得るために駆け落ちを演出した。彼女は家出して姉の家に行った。威嚇は功を奏した。結婚は認められたが、相続財産獲得には裁判を起こす必要があった。彼女は財産の一部を認められた。それには畜牛、コルドバ州中部の穀物を産出する私有地、そして彼女の信託基金からの国債が含まれていた――ミシオネスのマテ農場の購入には十分だ。

1927年11月10日、セリアとエルネストは姉のエデルミラ・モーレ・デ・ラ・セルナの家で、内輪で式を挙げて結婚した。ブエノスアイレスの『ラ・プレンサ』紙はこれを「ディア・ソシアル」（社会ニュース）欄で報じた。彼らはその後すぐに街を離れ、ミシオネスの原野に向かった。「私たちは自分たちの生き方を決めた」とエルネストは後年の回顧録に記している。「後悔や気どった生き方、そして私たちの結婚を邪魔しようとする親戚、友人たちの窮屈な集まりから離れて」

Ⅲ

　1927年のアルゼンチンでは、政治、社会の変化は不可避に思えたが、まだ実現はしていなかった。ファン・マヌエル・デ・ロサスによる先住民族に対する残虐行為を目の当たりにしたチャールズ・ダーウィンは、「この国を支配するのは赤銅色の肌のインディオではなく、白い肌の野蛮なガウチョたちになるだろう。白人は教育では少しばかり勝っていても、あらゆる道徳面で劣っている」と予言している。血は流れたが、アルゼンチンは、スペインからの独立闘争における国の解放者ホセ・デ・サン゠マルティンから、改革運動に従事したジャーナリストで教育者、そして大統領になったドミンゴ・ファウスティーノ・サルミエントまで、公民意識の高い英雄を生み出してきた。1845年に出版されたサルミエントの『ファクンド』は、アルゼンチン辺境の典型的なガウチョの残忍性ではなく、文明化した人間への道を選ぼうと、同国人に高らかに呼びかけている。しかし、そのサルミエントでさえ、独裁者の権力を振りかざした。「カウディジスモ」と呼ばれる強権独裁者崇拝は、20世紀にかなり入ってもこの国の政治の特徴であり続け、政権は独裁と民主主義のあいだで揺れ動いた。実際、アルゼンチン人の気質には、相容れない二重性があった。アルゼンチン人は、残虐と開明性とのあいだの終わりのない緊張状態に置かれていた。情熱的で怒りっぽい人種差別主義者でありながら、おおらかでユーモアがあり、親切でもあった。

　19世紀末、南部パンパスが公的支援を受けた先住民殲滅運動により最終的に征服されたとき、広大な土地が植民用に開放された。パンパスは放牧地、農地として囲い込まれた。新しい町と産業が生まれた。鉄道、港湾、道路が建設された。20世紀になる頃、イタリア、スペイン、ドイツ、イギリス、ロシア、そして中東から100万人以上の移民が機会あふれる肥沃な南部の土地に流入し、アルゼンチンの人口は3倍に増えた。わずか1世紀前まで、広大なラプラタ河口の惨めな植民駐屯地だったブエノスアイレスが、いまや燃えさかる坩堝と化し、その象徴がタンゴという新しい官能的文化だった。黒い瞳と感傷的な低い歌声を持った歌手カルロス・ガルデルが、急成長する国の威信を歌にした。

船はアルゼンチンの食肉、穀物、そして皮革をヨーロッパに運び、アメリカのスチュードベーカー製自動車や蓄音機、パリの最新ファッションをもたらした。街にはオペラハウス、証券取引所、立派な大学ができた。人目を引く新古典主義の公共建造物と個人の邸宅が連なり、緑陰樹とポロ競技場を備えた緑豊かな公園、そして英雄像と噴水で飾られた広々とした大通りが整えられた。路面電車が石畳の道をガタガタと音を響かせて、ガラス窓に「スイーツ」や「ウィスキー」といった優雅な金色の文字を掲げた店の前を通り過ぎた。鏡張りの大理石の店内では、白いジャケットを着て髪をなでつけた給仕が気取った態度で動き回っていた。

だがブエノスアイレスの自称「ポルテーニョ」(港の人)たちが、文化的にヨーロッパに倣う一方で、内陸の人々の大半はまだ惨めな暮らしを送っていた。北部の専制的な州の独裁者たちは、綿とサトウキビ農場がある広大な土地で権勢を振るっていた。ハンセン病、マラリア、そして腺ペストでさえ、労働者のあいだではまだ蔓延していた。アンデス地方ではケチュア語やアイマラ語を話す「コリャス」と呼ばれる先住民が、極貧で暮らしていた。内陸部の大半では、自警団による制裁と年季奉公による隷属が常識だった。

数十年にわたり、急進党と保守党の二大政党が政権を握ってきた。エルネストとセリアの第一子が誕生した1928年に大統領に再選された急進党のイポリト・イリゴージェンは、スフィンクスのような奇矯な人物で、公衆の前に姿を見せたり演説したりすることはめったになかった。労働者が持つ権利はまだほとんどなく、ストライキはたいてい発砲と警察の警棒で弾圧された。服役する犯罪者は寒いパタゴニアの南の荒地に船で送られた。しかし——移民と20世紀の政変のなかで——フェミニスト、社会主義者、アナーキスト、ファシストたちが声をあげていた。新しい思想が到来していた。

Ⅳ

エルネストはセリアの金で、パラナ川沿いの2平方キロほどのジャングルを購入した。コーヒー色の川の水とパラグアイ側の濃緑の森林を望む絶壁の上に、彼らは支柱を据えて広々とした木造の家を建てた。家の外にはキッチンと屋外トイレがあった。ブエノスアイレスの快適な暮らしからは程遠かったが、エルネストはご満悦だった。彼は起業家としての熱のこもった眼で、取り巻くジャングルを凝視し、将来を見据えた。

おそらく彼は新たな未開の地へと果敢に突き進むことで、一家の富を取り戻せると信じていたのだろう。祖父の体験を意識してなぞっていたかどうかはともかく、ミシオネスがエルネストに冒険の機会を与えたのは明らかだ。彼にとってそこは単なるアルゼンチンの発展に取り残された州ではなく、「獰猛な野獣、危険な仕事、強盗と殺人、ジャングル・サイクロン、果てしない雨、そして熱帯病」が満ちたスリル満点の場所だった。彼はこう書いている。「神秘的なミシオネス。〔…〕すべてが魅力的で私を捕らえる。あらゆる危険同様に惹きつけ、あらゆる情熱のように私を捕まえる。そこには馴染みあるものは何もない。土壌、天候、植生、野獣だらけのジャングルも、そして、そこに住む人々でさえも。〔…〕その川岸に立ったときから、生命の安全はマチェーテ〔山刀の一種〕かリボルバーでしか得られないと感じるのだ」

彼らの開拓地はプエルト・カラグアタイにあった。カラグアタイとはグアラニ語で美しい赤い花の名を意味する。しかしこのプエルト（港）なるものは、ただの小さな木造の桟橋だった。カラグアタイは、古い貿易港ポサダスから船で川を2日さかのぼったところだ。イギリス植民地のナイル川で運搬に使われていた、ヴィクトリア朝の外輪汽船イベラ号での旅となる。最も近い開拓地は、8キロも離れたモンテカルロにあるドイツ人入植者の小さなコミュニティだったが、ゲバラ一家は他に親切な隣人を見つけた。チャールズ・ベンソンという元鉄道技師のイギリス人で、森を数分歩いたところに住んでいたのだ。ベンソンは熱狂的な釣り師で、川のすぐそばにイギリスから輸入した室内トイレを備えた、むやみに広い白塗りのバンガローを自分の手で建てていた。

数カ月のあいだ、二人は新居に落ち着き、一帯を散策して楽しい時間を過ごした。彼らはベンソンと一緒に釣りをし、ボートに乗り、馬に乗り、ラバが引く馬車でモンテカルロにも出かけた。両親がモンテカルロの道沿いで小さなホステルを経営していた、当時8歳のゲルトルディス・クラフは、ゲバラ家は「金持ちで上品な人々」に見えた、とずっと後に回顧している。彼らの粗末な川沿いの家は、彼女から見れば邸宅だった。

ゲバラたちの牧歌的ともいうべき蜜月は長くは続かなった。数カ月経つとセリアの妊娠はかなり進み、もっと快適で安心して出産ができる文明に帰るときが来ていた。二人は川を下りに出た。二人の旅はロサリオで終わった。人口30万人のパラナ川の重要港湾都市で、そこでセリアは陣痛を起こし、二人の息子エルネスト・ゲバラ・デ・ラ・セルナが生まれた。改竄された彼の出生証明書は戸籍課で作成され、ロサリオに住む彼の父の従兄弟と、どう見てもその場で見つけてきたブラジル人のタクシー運転手が証人となった。戸籍には、赤ん坊は6月14日午前3時5分に両親の「戸籍上の居住地」であるカジェ・エントレ・リオス480番で生を受けたと記されている（誕生日に関しては巻末の原注も参照）。

ゲバラ一家はエルネスティート（エルネスト坊や）と呼ぶ息子の出産からセリアが回復するまでのあいだ、ロサリオにとどまった。彼らは市中心部に近い高級居住用ビルの寝室三つと使用人部屋がある一画を借りた。出生証明書に記されたのもその住所だった。彼らの滞在は赤ん坊が気管支肺炎に罹ったことで延びた。エルネストの母アナ・イサベル・リンチと彼の未婚の姉エルシリアが手伝いに来た。

V

ゲバラ一家は幼い息子を一族にお披露目するため、慌ただしくブエノスアイレスを訪れたあと、ミシオネスの家に戻った。エルネストは自分の農場を立ち上げようと真剣に活動を始めた。彼はクルティードという名のパラグアイ人の親方、スペイン語で言うカパタス（現場監督）を雇って、整地と最初のジェルバ・マテの植え付けを監督させた。

ミシオネスのジェルバ農園の伐採者と所有者は通常、メンスと呼ばれるグアラニ人の移動労働者を雇った。彼らは拘束力のある契約を結んで、将来の労働賃金の前払いを受けていた。それは一種の奴隷労働だった。メンスは現金でなく、債務証書をもらった。これは法外な値段の農園内商店での日常品購入にしか使えなかった。賃金は低く、事実上最初の借り入れが絶対返せない仕組みになっていた。逃亡を防ぐために、カパンガスと呼ばれる武装した農園警備員が労働者を絶えず監視し、銃撃やマチェーテを使った暴行による死が頻繁に起きた。カパンガスから逃れて警察に捕まったメンスは、必ず主人のもとに連れ戻された。エルネスト・ゲバラ・リンチはメンスの運命について聞いた話に戦慄して、自分の労働者には現金で支払った。だから彼は人気ある主人になった。何年経っても、地元の労働者は彼を善人として記憶にとどめていた。
エルネストが農園の仕事をするうちに、幼い息子は歩くようになった。エルネストは息子に小さな鍋に入れたジェルバ・マテを持たせ、調理場の調理人に届けてくれと頼んだ。エルネスト坊やは途中で躓くたびに、怒って起き上がって、また進んだ。もうひとつの日課は、カラグアタイに蔓延る害虫が原因だった。毎夜エルネスト坊やがベビーベットで眠っているとき、エルネストとクルティードはこっそり部屋に忍び込んだ。エルネストが坊やに懐中電灯を向け、クルティードが火のついた煙草の先を使って、その日の間に赤ん坊の皮膚に潜り込んだツツガムシを慎重に除去するのだ。

1929年3月、セリアは再び妊娠した。彼女はまだ1歳にもならないエルネスト坊やの面倒を見てもらうために、カルメン・アリアスというガリシア生まれの若い子守を雇った。カルメンは一家で大歓迎されることになる。彼女は8年後に自分が結婚するまでゲバラ家と一緒に暮らし、生涯通じて一家の友人となった。自分の子供の面倒をみる必要から解放されたセリアは毎日パラナ川で泳ぐようになった。彼女は泳ぎが得意だったが、妊娠6カ月のある日、流れに捕まってしまった。もしも近くの森を伐採していた雇い人の木こり二人がそれを目撃し、蔓を投げ入れて岸に引き上げていなければ、おそらく溺れていただろう。

エルネスト・ゲバラは、これをはじめ、新婚時代のセリアの多くの溺死未遂のエピソードを、非難がましく回想している。彼らのまったく異なる個性はすでに衝突しはじめていた。彼女は超然と孤独を好み、恐れ知らずに見えるのに対し、彼は愛情に飢えた男で、まわりに人がいるのを好み、心配症で、その鮮烈な想像力のためあちこちに潜むリスクを過大評価した。しかしたとえ将来の結婚生活の不一致の兆候がはっきりしても、まだ二人は疎遠にはなっていなかった。ゲバラ一家は家族で小旅行に出た。エルネスト坊やを父の鞍の前に座らせて、森の道を馬に乗って進んだ。キッド号に乗って川旅もした。これはエルネストがアスティジェロ・サン・イシドロ社で造った、寝台四つを備えたキャビン付きの木造船だ。あるとき彼らは、アルゼンチンとブラジルの国境が接する有名なイグアスの滝まで川をさかのぼって、未踏のジャングルの絶壁を轟音を響かせて流れ落ちる茶色い滝からもうもうと立ち上がる霧を目にした。

1929年末、一家は荷をまとめてブエノスアイレスまで長い川下りの旅に再び出た。彼らの土地は整備され、ジェルバ・マテを植えたばかりだったが、二人目の子供の臨月間近だったし、エルネストも急遽アスティジェロ・サン・イシドロ社に呼び戻されたのだ。彼の不在中に業績が悪化し、出資者の一人が資本を引き揚げたのだ。数カ月留守にするだけのつもりだったが、家族としてプエルト・カラグアタイに戻ってくることは二度となかった。

VI

ブエノスアイレスに戻ったエルネストは、姉マリア・ルイサとその夫が所有するコロニアル様式の大邸宅の敷地内にあるバンガローを借りた。そこはサン・イシドロ郊外の住宅地で、問題を抱えていた彼の造船会社に近く好都合だった。12月にセリアが自分と同じ名前をつけた女の子を産んだのは、そこに移って間もなくのことだった。当面のあいだエルネストはそこから造船所に通い、家族生活はサン・イシドロのヨットクラブへの遠足が中心となった。クラブはパラナ川とウルグアイ川が合流するラプラタ河口にあった。

ヨット建造会社は倒産寸前だった。原因は、エルネストのはとこでビジネスパートナーのヘルマン・フレールの無能にあったらしい。会社があろうがなかろうが裕福で、レガッタ・セイリングのチャンピオンだったフレールにとって、造船所は単なる趣味の延長だった。芸術作品のような船に熱中しすぎて、上質な職人技と高価な輸入材料に金をつぎ込んだが、おかげで事前に決めた船の販売価格よりも費用がかかることも多かった。エルネストの投資は本当に消失しかねないところだった。そして彼が戻ってすぐ、火事で造船所は破壊された。船、木材、塗料のすべてが焼失した。

造船所に保険がかかっていれば、その火事はむしろ幸運だったかもしれない。しかしフレールは保険料の支払いを忘れており、エルネストは相続財産を一夜で失った。投資から残ったのはキッド号だけだった。部分的な償いとして、フレールはエルネストに12メートルの原動機付きヨット、アラ号を与えた。アラ号にはそこそこ価値があったし、エルネストとセリアにはまだミシオネスの農場があり、不在中に家族の友人に管理をまかせていた。もうすぐその収穫によって毎年収入が得られるはずだった。一方、セリアがコルドバに持つ不動産からの収入もあった。二人には多くの親戚と友人がいた。飢えることはないはずだった。

1930年初め、確かにエルネストは将来にそれほど不安を抱いていなかった。数カ月はスポーツに精を出した。週末は友人とアラ号でクルージングし、上流の三角州にある無数の島々をピクニックして過ごした。アルゼンチンの暑い夏（11月から3月）、一家はサン・イシドロ・ヨット・クラブのビーチで数日過ごすか、裕福ないとこや義理の両親の田舎の牧場を訪れた。

1930年3月のある日、セリアは2歳の息子をヨットクラブに泳ぎに連れ出したが、すでに寒く風の強いアルゼンチンの冬が始まっていた。その夜、坊やは咳の発作を起こした。医者は喘息性気管支炎と診断し、標準的な薬を処方したが、発作は数日間続いた。エルネスト坊やは慢性喘息を患っており、それは生涯、彼を苦しめ、彼の両親がたどる人生を決定的に変えることになる。

ほどなく発作がぶりかえし、悪化した。少年のぜいぜい喘ぐ呼吸の発作は、両親を苦しめた。彼らは必死に医者のアドバイスを求め、既知のあらゆる治療を試した。家庭の雰囲気は悪化した。エルネストはセリアの軽率さが息子の症状のきっかけを作ったとセリアを責めたが、それは不当な糾弾だった。セリア自身も重いアレルギー症で、喘息で苦しんでいた。息子が同じ傾向を遺伝で受け継いでいたのはほぼ確実だ。彼の兄弟姉妹もまたアレルギーを患ったが、彼ほど症状が重い者はいなかった。冷たい空気と水にさらされたことは、おそらく単に症状のきっかけにすぎなかった。

原因が何であれ、少年の喘息により、じめじめした気候のプエルト・カラグアタイには戻れなくなった。ラプラタ川が近いサン・イシドロでさえ、明らかに湿度が高すぎた。1931年ゲバラ一家は再び引っ越したが、今度はブエノスアイレスのパレルモ公園に近い賃貸マンションの5階だった。エルネストの母アナ・イサベルと、彼女と一緒に住んでいる姉のベアトリスと親しくなった。女性二人は病気がちの少年に愛情を注いだ。

1932年5月、セリアは第三子を産んだ。男の子だった。彼は父方のカリフォルニア生まれの祖父にちなんで、ロベルトと名付けられた。娘セリアちゃんは1歳半になりよちよち歩きをはじめ、4歳のエルネスト坊やはパレルモ公園で自転車の練習をしていた。

エルネスト・ゲバラ・リンチにとって、長男の病気はある種の呪いだった。彼は回顧録でこう書く。「エルネストの喘息は私たちの決断に影響を及ぼしはじめていた。毎日のように自由な行動に新たな制限が課せられ、忌まわしい病気に翻弄される毎日だった」。医者は少年の容態安定のために乾燥した気候を勧め、ゲバラ一家はコルドバ州中央の高原に赴いた。数カ月のあいだ、息子エルネストの発作が悪化するとアルゼンチン第二の重要都市であるコルドバ州都に赴き、改善するとブエノスアイレスに戻る暮らしを続け、ホテルや短期借家で暮らした。エルネスト坊やの発作は治まったと思えば悪化するといった具合で、症状に明らかなパターンはなかった。これでは自分の用事に集中できず、新事業計画も進められないので、父エルネストは次第に苛立ってきた。「不安定で、宙ぶらりんで、何もできない」と感じていた。

医者は、エルネスト坊やが確実に回復するために、少なくとも4カ月はコルドバにとどまるよう勧めた。家族の友人は、コルドバに近い小さな山岳地帯シエラス・チカスの山麓にある、温泉町アルタ・グラシアを試したらと提案した。そこは晴れの多い乾燥した気候で、結核や他の呼吸器系疾患を患った人々に人気の療養地になっていた。一家は短期滞在のつもりでアルタ・グラシアに移ったが、その後11年間も滞在することになるとは思ってもいなかった。

2　アルタ・グラシアの乾いた気候

I

1930年代初めのアルタ・グラシアは、農場や昔ながらの田園地帯に囲まれた人口数千人の魅力的な小さなリゾート地だった。その山の空気は新鮮かつ澄んでいて、人を爽快にさせた。最初一家はドイツ人が経営する街外れの保養所オテル・デ・ラ・グルタに滞在した。オテル・デ・ラ・グルタという名前は、ルルドの聖母を崇めるために建てられた近くの礼拝堂と岩屋にちなんだものだった。利用客の多くは肺病を患っていた。

アルタ・グラシアでの暮らしは、セリアと子供たちにとって休暇の延長だった。彼女は徒歩やラバに乗って子供たちを泳げるところまで連れ出して、地元の人々と交流しはじめた。彼女の夫は一緒に出かけなかった。貯金が乏しくなってきたので、働けないことによるいらだちが深まり、それが絶望にまで達した。丘に取り囲まれた彼は孤立感に苛まれた。彼は不眠症に陥った。ホテルで長い夜を眠らずに過ごすなか、彼はますます落ち込んでいった。

息子エルネストの喘息はアルタ・グラシアで改善はしたものの、発作はまだおさまらなかったため、彼の健康に対する懸念が相変わらずゲバラ一家の道筋を定め、彼らの暮らしの大部分を極端なまでに支配していた。ほどなく彼らはアルタ・グラシアにずっととどまることにした。発作はブエノスアイレスにいたときの慢性の苦痛ではなく間欠的なものになった。エルネスト坊やはいまや元気いっぱいのわがままな5歳児で、地元のいたずらっ子グループ、バラスに入って、塹壕戦ごっこや泥棒と警察ごっこをし、アルタ・グラシアの坂道を自転車を飛ばして下った。

エルネスト・ゲバラ・リンチは、アベジャネーダ通りで空き家の賃貸別荘を見つけた。そこはビジャ・カルロス・ペジェグリーニに近く、カルカッタの歴史的建造物ラージ・ホテルを模した、街の社交の中心である豪勢なシエラス・ホテルまで徒歩わずか5分だった。一家の新居はビジャ・チチータと名付けられた。二階建てのゴシック様式のコテージで、父エルネストはそれを灯台になぞらえた。伸び放題の野原にほぼ完全に囲まれたその家は、一方は山々に面し、もう一方はコルドバまで広がる黄色い平原に面していた。

1934年1月、セリアは第四子を産んだ。女の子で、父方の祖母からとってアナ・マリアと名付けられた。息子エルネストは妹セリアや弟ロベルトとはしょっちゅう喧嘩していたが、いちばん下の妹の面倒はよくみて、まだ歩きはじめたばかりの彼女を散歩に連れ出し、物語を話して聞かせた。喘息で疲れたときは、彼女の肩に寄りかかって休んだ。

家族写真に写った丸顔でずんぐりした5歳のエルネスト坊やは、血色は悪く、もじゃもじゃの黒髪だ。いつも短パンでソックスの上にサンダルを履き、高地の陽を遮るためにいろんな帽子を被っている。表情はひっこみ思案で張り詰めており、カメラではなかなか気持ちを写しとれていない。2年後の写真では、痩せて顔色が悪くやつれている。まちがいなく長引く喘息の発作によるものだ。

エルネスト・ゲバラ・デ・ラ・セルナと，両親エルネスト・ゲバラ・リンチとセリア・デ・ラ・セルナ．アルゼンチンのアルタ・グラシア，1935 年．

エルネストが7歳のとき、ゲバラ一家はビジャ・チチータから、通りの真向かいのもっと快適な家に移った。新居ビジャ・ニィディアは、高い松の木に囲まれた平屋のコテージで、寝室三つと書斎、使用人室があり、1ヘクタールの敷地に建てられていた。家主の〝エル・ガウチョ〟ロサダは、アルタ・グラシアの教会と伝道館を所有していた。アルタ・グラシアにいるあいだ、ゲバラ一家はいくつか期間貸しのヴィラに住んだが、ビジャ・ニィディアで過ごした時間が最も長く、彼らがどこよりも我が家と考えたのはここだった。家賃は安く、月額わずか70ペソ、ドル換算で約20ドルだった。それでもたいてい無一文だったエルネスト・ゲバラ・リンチは支払いに苦労した。彼は本当に行き詰まっていた。息子エルネストの健康のため、ブエノスアイレスには戻れなかったが、アルタ・グラシアでは仕事を見つけられなかった。主な収入源としてミシオネスの農場を期待していたのに、ジェルバ・マテの市場価格は急落し、長引く旱魃でコルドバ州南部にあるセリアの農園も収益が悪化していた。

その後の数年間、ゲバラ一家は所有する農場の収益に頼ることになるが、天候と市場は荒れ、農場からの収益は不安定で概して少なかった。家族や友人によると、1930年代を通じて一家を支えたのはセリアのお金、おそらく彼女に残されていた国債だったという。「私たちにとってその頃は本当に苦しい時期だった」とエルネスト・ゲバラ・リンチは回顧録に書いている。「経済的な難題だらけだった。子供たちは大きくなってくるし、エルネストの喘息は治らないし、医者と薬に大金を使った。子供たちがいたから、セリア一人では家事に手がまわらず、お手伝いにも金を払う必要があった。学費、衣食住、旅行。金は出ていくばかりで、まるで入ってこなかった」

しかし彼らの経済的苦境の一部は、エルネストもセリアもお金の実務に疎かったせいだ。自分たちの財力をはるかに超えた暮らしを手放そうとしなかったのだ。晩餐会を開き、乗用馬や車を所有し、使用人を3人も雇っていた。毎年夏は財布の具合に応じて、アルゼンチン富裕層が好む大西洋の海岸マル・デル・プラタのリゾートか、サンタ・アナ・デ・イリネオ・ポルテラにある母親所有の牧場で過ごした。

ゲバラ家はシエラス・ホテルの社交の場の常連になった。金はなくとも由緒正しい階級に属しており、それ相応の気風と名声を持っていた。ゲバラ一家には「品位」があった。裕福な生まれによる天賦の自信が備わっていた。何でも最後にはうまく収まった。収まらないときは友人や一族が救済の手を差し伸べた。幼いエルネストの喘息の治療をしたアルタ・グラシアの裕福な肺専門医カルロス〝カリカ〟フェレールは、ある夏ゲバラ一家と休暇旅行に出かけたそうだ。エルネスト・ゲバラ・リンチは金を持ってきていなかったので、カリカの両親が休暇用にくれた小遣いを貸してくれと、カリカに頼んだという。

かなり経ってから、父エルネストはやっとアルタ・グラシアでの新しいコネを活用し、金になる職に就いた。1941年、兄フェデリコの建築士の資格と、自分自身の「工事監督およびゼネコン」という肩書きを使って、彼はシエラス・ゴルフ・コースを拡張および改良する契約を勝ち取った。業務が続いているあいだは金が入ってきたが、この事業を除いて、一家がアルタ・グラシア滞在中、エルネストが働いていた記録はない。

II

喘息のため、エルネスト少年はほぼ9歳になるまでまともに学校に通っていなかった。セリアが家で丹念に家庭教師を務め、彼に読み書きを教えた。この時期、二人のあいだに特別な関係が築かれたことはまちがいない。母と息子の共生関係はその後の長いあいだ大きく共鳴するものとなり、1965年のセリアの死まで続いた濃密で魂の触れあう文通を通じて、その関係を維持した。実際、エルネストは5歳までに多くの面で母親とよく似た性格を見せるようになった。二人とも自ら危険に飛び込みたがり、生まれながらに反抗的で決断力があり、自説を曲げることがなかった。そして他人と直感的で強い絆を育んだ。エルネストはすでに「お気に入り」の親を持ち、お気に入りの親戚も決まっていた――未婚の叔母ベアトリスと父方の祖母アナ・イサベルだ。子供のいないベアトリスはとりわけエルネストを溺愛し、贈り物で甘やかした。エルネストは幼い1933年に書いた手紙のなかでベアトリスに、喘息は快方に向かっていると記している。どうみてもそれは両親のどちらかが書いたものだったが、5歳児らしい走り書きで「テテ」と署名されていた。それはベアトリスがエルネストにつけた愛称だったが、一家も彼のニックネームとして採用した。

エルネストの喘息は、相変わらず不安の種だった。病気の原因を特定するため、両親は彼の日々の活動を書き留め、湿度や着ていた服の種類から食べた食品にいたるまであらゆることを記録した。1938年11月、10歳のエルネストが「好調だった日々」のある日、父親のノートには次のように書かれている。「15日水曜日　時々曇り――乾燥――目覚めは非常に良好。窓を開けたまま就寝。プールには泳ぎに行かず。ここ数日同様、食欲旺盛でよく食べる。午後5時までは好調」。彼らは息子の枕やマットレスは言うまでもなく、寝具も取り替え、カーペットとカーテンを彼の寝室から取り払い、壁の埃を払って、家と庭からペットを追い出した。

結局、ゲバラ一家はエルネストの喘息には何もパターンがないことを悟った。それを抑えるのがせいぜいだった。たとえば水泳後には症状が軽減するように思えたため、彼らはシエラス・ホテルのスイミング・クラブに入った。特定の食べ物――たとえば魚――は永久に追放され、発作中は厳密な食事制限下に置かれた。彼はこのような食事制限を忠実に守って、人並み外れた強い自制力を示したが、ひとたび発作が治まると腹

ゲバラ一家. 1936年, アルタ・グラシアのシエラス・ホテルにて. 左から8歳のエルネスト, 彼の妹セリアを抱いた父, アナ・マリアを抱いた母.

一杯食べ、一度食卓につくと大量の食べ物を食べ尽くしてしまうので有名になった。

歩くことさえできず、何日も寝たきりで過ごすことも多かったエルネストは、長く孤独な時間を読書や、父親にチェスを習ったりして過ごした。しかし喘息の発作がないと、無理もないが彼は勇んで自身の身体的限界を試した。彼が初めて競争の必要性を感じたのは、この身体的領域だった。彼はサッカー、卓球、ゴルフをして、スポーツに打ち込んだ。乗馬を覚え、地元の射撃場に射撃に行き、シエラス・ホテルや、地元の小川をせき止めて作ったプールで泳ぎ、丘をハイキングし、いがみあうバラス同士の石の投げ合いに参戦した。

セリアは息子ができるかぎり普通に育つべきだと固執し、夫の反対にもかかわらずこういった野外活動を勧めた。しかし、臥せってぜいぜい息をするエルネストが、友人たちに家に運び込まれるという悲惨な結果になることもときどきあった。それでも少年は諦めずもう一度同じことを繰り返し、これまた定石となって、父親はやがてまったくそれを抑えられなくなった。

エルネスト・ゲバラ・リンチは長男をまともにしつけられず、セリアはしつけるつもりさえなかった。その結果、少年はますます荒っぽく反抗的になっていった。違反に対する罰から逃げるために藪のなかに逃げ込み、両親の怒りが収まって、息子の安否を心配する頃になってやっと戻ってきた。通りを下ったところに家族が夏用の別荘を所有していた友人のカルロス・フィゲロアは、エルネストが藪に逃げ込むのは、両親の諍いから逃れる彼なりのやりかただったと主張した。フィゲロアは彼らの諍いが「ひどかった」と記憶している。

これらの口論に起因する感情的な動揺が、幼いエルネストの喘息発作の引き金になったかは定かでないが、親族も友人たちも、セリアとエルネスト・ゲバラ・リンチはアルタ・グラシアに来てから怒鳴り合いの喧嘩ばかりしていたという点で、意見は一致している。どちらもきわめて短気で、家庭内のいざこざの種は尽きなかった。長引く経済的苦境が一因だったのはまちがいない。父エルネストは、自分が職を見つけることができないのは、結局セリアの「軽率さ」と、息子の喘息とアルタ・グラシアへの転居へとつながるサン・イシドロでの水泳が原因と考えていた。しかしセリアの最も親しい友人たちによると、本当の原因は、エルネスト・ゲバラ・リンチの他の女性たちとの不倫だったという。アルタ・グラシアのような小さな場所では、それを隠しておくのは不可能だったにちがいない。当時アルゼンチンでは離婚がまだ法的に認められておらず、あるいはむしろ子供たちのためか、ゲバラ一家は耐え続けた。

エルネストの自由奔放な日々は、アルタ・グラシアの教育当局が両親を訪れ、彼を学校に通わせるよう命じたことで最終的に終わった。彼はもう9歳になろうとしており、セリアは従うしかなかった。彼女の個人

読者カード

みすず書房の本をご購入いただき，まことにありがとうございます.

書　名

書店名

・「みすず書房図書目録」最新版をご希望の方にお送りいたします.

（希望する／希望しない）

★ご希望の方は下の「ご住所」欄も必ず記入してください.

・新刊・イベントなどをご案内する「みすず書房ニュースレター」（Eメール）をご希望の方にお送りいたします.

（配信を希望する／希望しない）

★ご希望の方は下の「Eメール」欄も必ず記入してください.

（ふりがな） お名前　　様			〒
ご住所	都・道・府・県	市・郡	
		区	
電話	（　　）		
Eメール			

ご記入いただいた個人情報は正当な目的のためにのみ使用いたします.

ありがとうございました．みすず書房ウェブサイト https://www.msz.co.jp では刊行書の詳細な書誌とともに，新刊，近刊，復刊，イベントなどさまざまなご案内を掲載しています．ぜひご利用ください.

郵便はがき

料金受取人払郵便

本郷局承認

6392

差出有効期間
2025年11月
30日まで

113-8790

東京都文京区
本郷2丁目20番7号

みすず書房営業部
行

通信欄

(ご意見・ご感想などお寄せください. 小社ウェブサイトでご紹介させていただく場合がございます. あらかじめご了承ください.)

セリア・ゲバラと子供たち．アルタ・グラシア，1937年．左から，娘セリア，ロベルト，エルネスト，アナ・マリア．

エルネストと仲間のちびっこギャング．アルタ・グラシア，1939年か1940年．エルネストはベストを着ている右から2人目．右端が弟ロベルトで，左端が妹アナ・マリア．

指導のおかげですでに読み書きができたので、アルゼンチンの小学校制度の1学年と「1学年上位」を飛び級できた。1937年3月、彼はサン・マルティン小学校の2学年に編入した。彼は級友の大半よりも1歳近く年上だった。

成績表でエルネストの1938年の評価は、「まあまあ」と要約されている。歴史の点は高く、自然科学、読み書き、地理、道徳、公民は「着実に向上している」とされたが、図画、団体運動、音楽、ダンスにはあまり興味がないとされた。操行は通年だと「良」とされたが、三学期は「不十分」と評価された。この態度の変化は、出席日数の急変と一致している。最初の二学期はわずか4日しか欠席しなかったが、三学期は21日欠席した。おそらくこの失態は、長引く喘息の発作によるものと思われる。

校長で彼が3年生のときの担任だったエルバ・ロッシ・デ・オビエド・セラジャは、彼のことを「いたずらな頭の良い子で、教室では目立たなかったが、遊び場では指導的な資質を発揮していた」と回顧している。後にチェは二人目の妻アレイダに、エルバ・ロッシは厳しい人で、いつも尻を叩かれたと言っている。ある日、いつものように叱られそうになったとき、彼は半ズボンの中にレンガを入れて彼女に復讐した。彼の尻を叩いた彼女は、逆に手を痛めてしまった。

小学校時代のエルネストは、手に負えない目立ちたがり屋だった。もともとの性格なのか、健康状態が悪い分の埋め合わせをしたかったのか、彼はひどく負けず嫌いな性格をあらわにし、人目をひくことをしては大人たちを困らせ、仲間の畏敬を集めた。かつての級友たちの回想では、彼は授業中にインクを瓶から飲み、チョークを食べ、校庭の木に登ったという。谷間にかかる鉄道の構脚からぶら下がった。危険な廃縦坑を探索した。そして怒った雄羊を相手に闘牛ごっこをした。彼と悪ガキ仲間たちは、街灯をパチンコで壊しながらアルタ・グラシアをめぐり歩いたこともあった。エルネストと友人のフアン・ミゲスは、敵対するグループの一人の両親が持つピアノの鍵盤の上に糞をして借りを返した。晩餐会が行われている隣人の家の窓からエルネストが火をつけた爆竹を投げ入れ、客たちを逃げ惑わせたという華々しい逸話も残っている。

　ゲバラの悪ふざけも地元で一家の悪評の種だったが、彼らは他の面でも目立っていた。多くの場合、楽天的で無秩序な彼ら一家は「ボヘミアン」と言われた。家のなかでは社会的慣習をまるで守らなかった。お茶の時間や夕食時に来た近所の子供たちを引き止めて食事をともにしたので、夕食の場にはいつも誰か他人がいた。ゲバラ家の子供たちは誰とでも分け隔てなく友人になった。彼らはゴルフのキャディの息子や、他のアルタ・グラシアの「下層階級」の子供たちとも遊んだ。

　しかし考え方の自由な個人として最も印象を残しているのは、母セリアだった。校長エルバ・ロッシは、セリアが社会的に階層化されたコミュニティにおいて、多くの女性「初」の記録を作ったことを回想している。たとえば彼女は車を運転し、ズボンをはいた。セリアが煙草を吸ったのは、当時の社会規範に対する真っ向からの挑戦だったと言う人々もいる。

　セリアは社会的地位と、他人に対する寛大さのおかげで、これらの過激ぶったそぶりを許容された。彼女は普段から、自分の子供とその友人を、彼らがラ・カトラミーナ（ぽんこつ）と名付けた家族の車で送り迎えした。これは後部に補助席がついた巨大なマクスウェル社の１９２５年型オープンカーだった。彼女は自腹をきって、学校の子供みんなに牛乳を与える活動を始めた。後にこの慣習は、最貧の子供が登校日に栄養を摂れるようにするために、地元の教育委員会に採択された。

　ご近所の大半とちがって、ゲバラ一家は反宗教を公言した。エルネスト・ゲバラ・リンチの母は無神論者で、当人も非宗教的に育てられた。信仰深い教育を受けたセリアの考えはそれほどではなく、生涯通じて彼女は宗教的傾向を持ち続けた。最初アルタ・グラシアに来たとき、彼女は子供たちを連れて日曜のミサに参列したが、夫によれば、彼女は宗教的信仰の名残からというよりも、その「スペクタクル」のために参列していたという。

だが自由主義的な思想の持ち主ながら、ゲバラ一家は堕落した他のカトリック教徒たちと同様に、信仰と実践のあいだの矛盾を抱え、周囲の保守的社会からの社会的受容を保証する伝統的儀式を完全には捨てられなかった。教会には通わなくても、子供たちにはカトリック教徒として洗礼を受けさせた。息子エルネストの代父は裕福なペドロ・レオン・エチャグェだった。セリアとエルネスト・ゲバラ・リンチを引き合わせたのは彼だし、父エルネストにミシオネスで一旗あげるよう促したのも彼だった。

しかしエルネスト・ジュニアが学校に入る頃、セリアはすでにミサに参加しなくなり、一家は子供の宗教授業免除を求めた。ロベルトは放課後のチーム対抗の子供サッカーを覚えている。神を信じるチームと信じないチームだ。信じない者のチームはあまりに人数が少なかったために、いつも負けていた。

アルタ・グラシアのエルネストの同級生は誰もが、彼が勉強をしているところなどほとんど見たことがなかったが、授業での彼の呑み込みの速さは覚えていた。彼は成績には競争心を発揮せず、成績は凡庸だった。これに父親は戸惑った。この主題は成長期を通じて絶えず繰り返された。妻セリアを決して完全に理解できなかったのと同様に、父親は長男を突き動かしているものを完全に理解することは決してなかったようだ。彼にとって、セリアは「生まれたときから無鉄砲」で「危険に惹きつけられて」おり、こうした形質を遺伝させた責任は彼女にあった。エルネスト・ゲバラ・リンチはこれに対し、自分でも「過度に慎重」と認めており、気難しく、生涯絶えず危険とリスクに気を揉んでいた。ある意味、彼は両親のなかでは母親寄りで、セリアは息子にとって心許せる相手であり共謀者だった。

アルタ・グラシア時代からエルネスト・ゲバラ・リンチを知る友人はみな、彼の癇癪を覚えている。特に家族の誰かが侮辱されたと感じたときには激しかったという。この性格は長男に受けつがれた。息子エルネストは自分が不当に叱られたり罰せられたりしたと感じると、怒りが抑えられなくなり、たびたび敵対するギャングの連中と殴り合いになった。この短気さが消えることはなかったが、大学に入る頃には抑えが利くようになり、おおむね肉体的暴力の脅しではなく、かみそりのような鋭い言葉を使うようになった。だがそれでもごくまれに、肉体的に殴りかかることもあった。

父エルネストはインテリだったが、知的に自分よりずっと近い妻と息子と、自分との間に、知覚面での溝があるのを感じていた。冒険譚や歴史書を読み、そういった作品への愛を息子は引き継いだが、父は学究的な辛抱強さも規律も持ち合わせていなかった。一方でセリアは小説、哲学、詩集の熱心な読者で、こうした分野へと息子の心を開いたのは彼女だった。

年が経つにつれそれらは進化し成熟することになるが、後に成人したエルネスト・ゲバラの伝説的一面となる性格の特質は、すでに少年時代からあった。彼の身体的恐怖の欠如、人を率いる傾向、頑固さ、競争心、自己規律――それらすべてはアルタ・グラシアの若き「ゲバリータ（ゲバラくん）」にはっきり現れていた。

Ⅲ

1932年から1935年までパラグアイとボリビアは、二国の領土である乾燥した原野チャコの支配権をめぐって断続的に血みどろの紛争を戦っていた。エルネスト・ゲバラ・リンチは新聞でチャコ戦争を注意深く見守っていた。彼は以前ミシオネスでパラグアイ人と親交があったので、パラグアイを支持していた。あるときなど、自ら武器をとってパラグアイを守る意思を示した。父の熱意に巻き込まれ、長男も戦争の進展を見守りはじめた。父エルネストの後の回想によると、やがて紛争は地元の子供のゲームにも取り入れられ、一方がパラグアイ人、もう一方は敵対するボリビア人を演じた。

後にエルネスト・ゲバラ・リンチは、この戦争への関心が息子の政治意識の形成に大きな影響を与えたと説きたがった。これは疑わしい。なぜなら息子エルネストは終戦時わずか7歳だったからだ。しかし大人になったチェは父の紛争への情熱を覚えていて、父が自分も戦闘に加わると大袈裟に言い立てたと、アルゼンチン人の友人に愛情と皮肉を込めて語っている。息子にとって、それは彼の父についての甘く切ない事実を象徴する話だった。善意の人ではあり、生涯にわたりいろいろ企みはしたが、具体的なことはほとんど何も成し遂げられなかった人だったのだ。

おそらくエルネスト・ゲバラの意識に印象を残した最初の政治的事件は、スペイン内戦だっただろう。無理もない。1936年に勃発したスペイン内戦で、フランコ率いるファシスト派が有利になると、多くのスペイン共和派の亡命者がアルタ・グラシアに到着しはじめた。そのなかにゴンサレス＝アギラールの4人の子供がいて、母親と一緒にやって来た。彼らの父フアン・ゴンサレス＝アギラールは共和派の海軍の衛生局長で、国に残って任務に就いていたが、1939年にバルセロナが陥落すると家族と合流した。両家の子供たちはだいたい同じ歳で、同じ学校に通い、どちらも宗教的な授業には参加しなかった。ゲバラ家は一時セリアの姉カルメンとその二人の子供と同居していたが、共産主義詩人でジャーナリストである彼らの父カイエターノ〝ポリーチョ（警官）〟コルドバ・イトゥルブルはスペインにいて、ブエノスアイレスの新聞『クリティカ』で戦況を報道していた。ポリーチョの手紙や報告が郵便で届くと、カルメンは一族を集めて朗読し、新聞の記事では決してわからない戦争の生々しい衝撃を伝えた。

1930年代初頭、アルゼンチンの国内政治はどこをとっても、リベラルなゲバラ一家が関わりたいものではなかった。アルゼンチンは、旧来の「リベラル」政党である急進市民同盟の様々な派閥と連立する、保守的な軍事政権によって入れ替わり立ち替わり支配されてきた。その急進市民同盟は1930年のクーデターによるイポリト・イリゴージェン大統領退任以降、内紛によって分裂し、野党勢力として力を失っていた。スペイン共和国の戦いは、高まる国際的ファシズムの脅威に対するドラマチックな抵抗であり、情熱を傾けることができるものだった。

エルネスト・ゲバラ・リンチは、アルタ・グラシア独自の小さな共和国支援委員会の創設に手を貸した。これはスペイン共和派と連帯する国内ネットワークの一部で、彼はそこで新たな亡命スペイン人たちと親しくなった。とりわけ彼はフラド将軍を崇敬していた。フラドはグアダラハラの戦いで、フランコ部隊とそれを支援するイタリア・ファシスト軍を打ち負かしていたが、いまや生計をたてるために生命保険契約を売り歩いていた。息子エルネストは地図の上に共和派とファシスト両軍の拠点を示す小さな旗を立てて、戦況を追った。家族の話によれば、彼は家族で飼っていたシュナウザーとピンシャーのミックス犬をネグリナと名付けていたという――黒い犬だったのと、共和派の首相フアン・ネグリンに敬意を表すためにその名がついた。

1939年9月、ヒトラーがポーランドに侵攻して第二次世界大戦が勃発すると、アルタ・グラシアの住民たちは二つに割れた。エルネスト・ゲバラ・リンチは連合国支持の団結グループ、アクシオン・アルヘンティーナに注力した。彼はロサダ家から小さなオフィスを借りた。それはタハマル湖を望むイエズス会教会の石造りの外壁に造られていた。彼は州内をまわって公開集会で講演し、「ナチ浸透」に関する情報を追った。彼と同志はナチがいずれアルゼンチンを侵略するのではと懸念し、コルドバにあった大きなドイツ人コミュニティのきな臭い活動を監視した。当時11歳のエルネストはアクシオン・アルヘンティーナ青年部に加入した。彼の父親は「彼は遊ぶか勉強しているとき以外は、私たちに協力して過ごした」と回想している。

コルドバで主に懸念の対象になったのは、アルタ・グラシアに近いカラムチタ峡谷にあったドイツ人開拓地だった。1939年、大西洋でイギリス艦隊に損害を与えた後、航行不能になったドイツの戦艦アドミラル・グラーフ・シュペーはラプラタ川に追い詰められ、そこで船長はモンテビデオ沖に船を沈没させた。艦の上官と船員はコルドバに抑留された。エルネスト・ゲバラ・リンチの回想では、抑留者による木製の代用ライフルを使った軍事演習が見られ、武器を積んでボリビアから来て峡谷へ向かうトラックが発見されたという。別の町にあったドイツ人所有のホテルは、ナチのスパイ組織のフロントだとされ、ベルリンと直接交信できる無線機を所有しているのではと疑われていた。

コルドバにおけるナチの地下組織蔓延の証拠と見えるものに不安を抱いたエルネスト・ゲバラ・リンチたちは、ブエノスアイレスのアクシオン・アルヘンティーナ本部に詳細な報告を送った。連合国支持のロベルト・オルティス大統領政権が速やかに行動を起こすことを期待したのだ。しかしオルティスは健康を損ねていて、公務は実質的に枢軸国支持の副大統領ラモン・カスティージョが代行していた。それゆえにナチ組織に対する実質的な対策はとられなかったとゲバラ・リンチはいう。

戦時中のアルゼンチンの曖昧な立場――公式には1945年のドイツ敗北直前まで中立――は、経済的な懸念のためもあったが、政治、軍事支配階級の間で枢軸国支持の機運がかなり強かったせいもある。伝統的に牛肉、穀物、そしてその他の農産物の輸出市場としてヨーロッパに依存してきたアルゼンチンは、戦時中の経済封鎖に打撃を受けた。連合国支持の見返りとして、オルティス政権は自国の余った輸出品に対する買い取り保証を米国（アルゼンチンの工業製品のほとんどを供給していた）に求めた。しかしオルティスはアルゼンチン人が公平な取引と考えたものをアメリカから引き出せなかった。そしてカスティージョ政権時のアルゼンチンの超国家主義者は、アルゼンチンにとっての将来の新たな輸出市場および軍事供給国としてドイツに期待した。

エルネスト・ゲバラ・リンチ自身による自分の戦時活動の描写には、凡人の誇大妄想的な印象が否めない。彼は冒険と大胆不敵な生き方を猛烈に望んでいたが、おおむね同時代の大事件の周辺にとどまる運命だった。パラグアイのために戦う意思があると吹聴したが、戦いには行かなかった。スペイン内戦と第二次世界大戦は彼に新たな旗振りの材料を与え、その後も他のいろいろなスローガンは掲げたが、あくまで野次馬だった。結局のところ、そうした活動でも名を残すことはなく、チェ・ゲバラの父親としてのみ記憶されている。

Ⅳ

息子エルネスト・ゲバラは、海外で戦争が激化し、アルゼンチン政治が次第に変動していくなか、ティーンエイジャーになった。彼の身体的成長は遅かったが――彼はまだ歳のわりには背が低く、16歳になるまで成長スパートも来なかった――知的好奇心が強く、なんでも疑問視し、年長者に口答えすることが多かった。彼のお気に入りの本はエミリオ・サルガーリ、ジュール・ヴェルヌ、アレクサンドル・デュマの冒険物語だった。

1942年3月、14歳の誕生日直前に彼は高校、スペイン語でバチジェラートに通いはじめた。アルタ・グラシアの学校には初等教育しかなかったから、最良の州立学校の一つコレヒオ・ナシオナル・デアン・フネスの授業に出席するために、毎日バスで5キロほど離れたコルドバに通った。ある朝、エルネストがバスの前のバンパーに座ってポーズをとっているところを誰かが写真に撮っている。わんぱくそうにカメラを見

エルネスト（左から３人目，フロントフェンダーにすわっている）と同級生．バスは彼らをアルタ・グラシアからコルドバの高校，コレヒオ・ナシオナル・デアン・フネスまで運んだ．

てにやけ、ブレザーとネクタイを身に着け、短パンにしわくちゃの膝まであるソックスを履いた彼が、ボタンダウンシャツ、スーツ、ネクタイ、長ズボンを身につけた年上の学生たちに囲まれている。

１９４３年初めの夏休みのあいだに、ゲバラ一家はコルドバに移った。エルネスト・ゲバラ・リンチは、建設会社設立の共同経営者をそこで見つけていた。エルネストはすでにそこの学校に通っており、妹のセリアがコルドバの女子高校に入学するところだったので、アルタ・グラシアから引っ越すのは現実的な選択だった。

3　多くの名を持つ少年

I

　ゲバラ一家のコルドバへの転居は、彼らの金回りが一時的に良くなったおかげもあったが、それはまたまとまった家族としての日々の終焉の始まりでもあった。エルネストとセリアの和解への試みで、1943年5月に彼らの最後の子となる第五子が誕生した。彼はセリアの父の名をとってフアン・マルティンと名付けられた。しかし二人の間の緊張は深まり、4年後にブエノスアイレスへ向かう頃には、彼らの結婚生活は終わってしまう。

　以前と同様、家族の友人たちによると、問題はエルネストの常習的な浮気にあった。「父親はプレイボーイを自負していました」とゲバラ家の子供たちの友人の一人であるタチアナ・キローガが回顧している。「ただ彼は始末に負えないプレイボーイでした。働いて金が入ると、全部使い果たすんです。[…]「若いご婦人」とのデート、服、くだらないこと、堅実なものは一切なし。[…]そして家族には何も残らなかったんです」

エルネストのコルドバにおける共同経営者は、背がとても高く、その超然とした貴族的風貌のためアリアス伯爵と呼ばれた奇矯な建築家だった。通常は伯爵が住居建築請負の契約をとってきて、エルネストが施工を監督した。「贅沢な暮らしで、金は出ていくばかりでした。二人には投資という考えはまったくなかったんです」。エルネストの長女セリアはそう回顧している。しかし彼は危機が来る前に、コルドバの外れのビジャ・アジェンデの丘にあった田舎風別荘を購入し、排他的なコルドバのラウン・テニス・クラブに入り、子供たちはそこで泳ぎ、テニスを覚えた。ゲバラ家はチリ通り288番にあった二階建ての借家に居を構えた。通りの終わり近くで、そこで通りはパロ・ボラーチョ（酔っ払った木）と呼ばれる、でっぷりとした緑陰樹の並木があるチャカブコ街にぶつかっていた。通りを渡ったところに広いサルミエント公園の刈り込まれた緑と森、市立動物園、ラウン・テニス・クラブがあり、さらにその向こうにコルドバ大学があった。

チリ通りのゲバラ家は、彼らの友人たちがアルタ・グラシアで満喫してきた自由で開放的な雰囲気を保っていた。コルドバ屈指の裕福な一族出身の新しい友人ドロレス・モジャーノには、それがとてもエキゾチックに思えた。あらゆるところに本や雑誌が積まれていたため、家具はほとんど隠れていて、彼女が見るかぎり決まった食事の時間もなかった――誰もが腹が減ったと感じたときに食べていた。子供たちは自転車に乗ったまま通りからリビングに入ってきて、裏庭に抜けることを許されていた。

ドロレスは、ゲバラ家が自分たちのオープンハウス方針に対価を要求するのをすぐに知った。彼らは訪問者に尊大さ、知ったかぶり、気取りを感じると、その人を無慈悲にからかった。息子エルネストはこの攻撃の先頭に立ち、ドロレス自身も一度ならずその標的にされた。彼の母親も同じくらい挑発的で、ひどく意固地になることもあった。一方父親はきわめて感じ良く見えた。ドロレスは彼を、優しさと活力が滲み出ていた男として記憶していた。「彼はよく響く声で話し、どちらかというと心ここにあらずでした」と彼女は後に書いている。「ときどき彼は子供をお使いにやりましたが、子供が戻って来る頃にはそのことを忘れてしまうのです」

II

コルドバへの転居は、息子エルネストの思春期の始まりと同時期だった。彼はますます自己主張するようになり、口論の絶えない両親の価値観を疑い、自分自身の世界観の最初の兆候を形作りはじめていた。

コレヒオ・ナシオナル・デアン・フネス校の最初の1年で、エルネストは新しい友人を作った。なかでも最も仲が良かったのは、鉄道車掌として働いていたスペインから亡命してきた男の、3人の子供の末っ子トマス・グラナードだった。14歳のエルネストはまだ歳のわりには背が低かったが、もうずんぐりではなく痩せていた。体が大きく声の低いトマスは髪をおしゃれに後ろになでつけていたが、エルネストはださい坊主頭で、エル・ペラーオ（ハゲ）というあだ名をつけられていた。それは思春期の彼につけられたいくつかのあだ名の一つだった（ラテンアメリカの人々はあだ名を好む傾向があり、言葉遊びが好きなアルゼンチン人はとりわけあだ名にこだわる）。

やがてトマスの兄アルベルトが彼らの仲間に加わった。コルドバ大学生化学薬理学科の1年生で、20歳のアルベルト、別名ペティーソ（チビ）は身長150センチぎりぎりで、大きなかぎ鼻、厚い樽のような胸、サッカー選手のようにたくましいガニ股の脚を持っていた。彼はまたユーモアのセンスの持ち主で、ワイン、女の子、文学、ラグビーを好んだ。彼とエルネストは歳は離れていたが、やがて二人の友情はトマスとの友情よりも強くなった。

アルベルト・グラナードは地元のラグビーチーム、エストゥディアンテスのコーチだった。エルネストは何としてもチームに入りたいと思っていたが、アルベルトは彼の可能性を疑っていた。「最初の印象はあまり期待できるものじゃなかった。がっしりしていなかったし、腕も細かった」とアルベルトは思い起こしている。それでも彼は試しに少年に練習に参加させた。喘息持ちの少年はすぐに週に二晩、エストゥディアンテスで練習するようになった。彼のピッチでの怖いもの知らずのタックルは評価を得た。彼は「気をつけな、エル・フリブンド・セルナ（フリブンドは怒り狂ったという意味、セルナは彼の母方の姓を縮めたもの）のおでましだ！」と叫びながら、ボールを持った選手に猛然と走り寄った。この喊声からアルベルトはエルネストを「フーセル」という新しいあだ名で呼び、エルネストは彼を「ミ・アルベルト」を縮めて「ミアル」と呼んだ。

アルベルト・グラナードは、エルネストに特別に関心を寄せていた。チームが練習場で順番を待っているあいだ、よくこの少年が街灯にもたれ、座って本を読んでいることに彼は気づいていた。彼は歳に似合わずフロイトを読書中で、ボードレールの詩を嗜み、サルミエントの叙事詩的作品『ファクンド』といったアルゼンチンの古典のみならず、エミール・ゾラの多くの小説、デュマ、ヴェルレーヌ、マラルメをすでにフランス語で読んでおり、ウィリアム・フォークナーやジョン・スタインベックの最新作も読んでいた。自分も熱心な読書家だったグラナードは、ティーンエイジャーがこんなにたくさん読んでいるとは信じられなかった。両親が喘息の発作を起こした彼を家に籠もらせているとき、時間をもてあまして読書を始めたと彼は説明した。フランス語が読めるのは、セリアの影響によるものだった。学校を休んでいるあいだ、彼女が家庭教師になって教えてくれた。

コルドバでは新しい友人もでき、快適だったが、アルタ・グラシアはゲバラ家にとって大切な場所であり続け、一家は頻繁に戻り、時には休暇のあいだコテージを借りることもあった。エルネストはカリカ・フェレール、カルロス・フィゲロア、そして他のかつての悪ガキグループのメンバーと親密な友情を保つことができた。ゴンサレス＝アギラール一家もコルドバに越してきて、ゲバラ家からそれほど離れていないところに住んだ。

一家のチリ通りの新居には、欠点があることも判明した。それは最初、父エルネストが、サルミエント公園やラウン・テニス・クラブへの近さにばかり夢中になって、見落としていたことだった。市の中心部から上がった丘に造成されたヌエバ・コルドバ近隣は、まだ都市化の過程にあった。ぽつぽつと建つ住居のまわりを、バルディオス（荒れ地）と呼ばれる未開発の更地が取り囲んでいた。これらの更地と区域を流れる干上がった小川に、貧しい人々が掘っ立て小屋を建てていたのだ。ゲバラ一家が住んでいるところから道を渡ったすぐのところに、この貧民スラム街があった。そこにはいろんな人が住んでいた。そのなかの一人は両脚がなく、6匹の雑種犬チームが引く小さな木製カートに乗って、長い鞭を鳴らして犬たちを操っていた。

エルネストのいちばん下の妹アナ・マリアと親友になったドロレス・モジャーノは、ゲバラ家を頻繁に訪れた。モジャーノは、通りの「安全な側」の縁石に座り、荒れ地のスラムの住人たちの振る舞いを見て楽しんだことを覚えている。そのなかに黒い服を着て、センダンの木の下で赤ん坊をあやしながら、赤ん坊の頭越しに痰を吐く女がいた。クイコという名の12歳の眉毛もまつげもない小人もいた。二人は彼にお菓子をやって、その白い奇妙な舌を見せてもらった。

ゲバラ一家の暮らしは、ダンボールとブリキの掘っ立て小屋に住む貧しい隣人たちに比べればずっと良かったが、自分たち自身の家も、基礎が危ういことがすぐにわかった。まもなく大きな亀裂が壁に現れ、夜になると父エルネストは寝たまま天井の亀裂から星が見えるほどだった。しかし彼は建設業者のくせに、その危険についてあまりに無頓着だった。子供部屋にも亀裂が出てきたが、彼は壁が崩れたときに備えてベッドを壁から離しただけだった。「家は快適で引っ越したくはなかったから、できるかぎりそこに住むことにした」と彼は回想している。

都市生活の激しい落差はゲバラ家にとっては目新しかったかもしれないが、それはアルゼンチン、そしてラテンアメリカ全体でどんどん顕著になりつつあった。19世紀末以降、経済変化、移民、工業化によって、地方から都市へ急激に人口が移動した。貧しい農場労働者が、職とより良い暮らしを求めて田舎から都市へと移住した。彼らの多くが行き着いたのは、コルドバなどアルゼンチン各地の大都市に生まれた、ビジャス・ミセリーアス（悲惨な街）と呼ばれたスラム街だった。わずか50年で、アルゼンチンの人口構成は完全に逆転した。１８９５年に37パーセントだった都市人口が、１９４７年には63パーセントになった。同じ期間に、総人口は４００万人から4倍の１６００万人に増えた。この大規模な社会変化の進行にもかかわらず、１９４０年代のコルドバは穏やかな田舎の雰囲気を保っていた。地平線を崩しているのは青い山脈だけで、黄色の無限のパンパに囲まれたコルドバは、まだそのほとんどが、ブエノスアイレスを現代的大都市に急激に変えつつある工業化や建築ブームとは無縁だった。

イエズス会が作ったアルゼンチンで初の大学、そして多くの教会とコロニアル風の建造物があるコルドバは、学問の中心地と目され、コルドバ人は自分たちの文化遺産を自慢にしていた。教育におけるこの都市の主導的役割は１９１８年、コルドバ大学の急進党所属の学生と教師が、大学自治権を保証するための大学改革運動の先頭に立ったことで、不動のものになった。運動はコルドバを超えてアルゼンチンの他の大学とラテンアメリカのほぼあらゆるところに広がった。ドロレス・モジャーノは自分が若かりし頃のコルドバをこう回想している。「書店、宗教的行進、学生デモ、そして軍事パレードの街。表向きは優しく退屈でほとんど眠っているように見えましたが、張り詰めた緊張で一触即発でした」

その緊張は、ゲバラ一家が越してきてすぐに爆発した。1943年6月4日、ブエノスアイレスで、陸軍士官の一団が結集し、カスティージョ政権を打倒した。彼は自分の後継者として、イギリスの企業独占と繋がっている地方指導者を指名していた。カスティージョの親ドイツ政権を疑いの目で見ていたリベラルなアルゼンチン人と、外国の経済勢力のさらなる侵食を懸念するナショナリストの両方が、当初はクーデターに対し慎重ながら肯定的な反応を示した。

48時間以内にリーダーが現れた。軍の超ナショナリスト派閥代表で軍事大臣のペドロ・ラミレスだ。彼は即座に国内のあらゆる反対を封じる手段を講じた。政権は非常事態を宣言して選挙を無期限延期し、議会を解散して報道の自由を奪い、国内の大学に介入して、抗議する教職員をクビにした。その年の終わりに発令された一連の布告で、すべての政党が解散を命じられ、学校における宗教教育が義務づけられ、さらに厳しい報道管制が敷かれた。コルドバでは教師と生徒が街頭で抗議デモを行った。逮捕が続き、1943年11月にはアルベルト・グラナードとその他数人の学生が、街のサン・マルティン広場の古い漆喰造りのカビルド（市参事会）の裏にあるコルドバ中央刑務所に投獄された。グラナードの兄弟とエルネストはそこを訪ね、食物と外の世界のニュースを差し入れた。

学生たちが起訴されるのか釈放されるのかもはっきりしないまま、数週間が過ぎた。地下組織「囚人委員会」は、コルドバの中等学校の生徒たちに、通りを行進して抑留者の解放を要求するよう頼んだ。アルベルトは15歳のエルネストに参加してくれないかと尋ねたが、彼は拒否した。拳銃をくれたら行進すると言う。デモ行進なんて、成果がほとんどない無益なポーズでしかないと、彼はアルベルトに言った。

1944年初め、2カ月の勾留を経てアルベルト・グラナードは釈放された。エルネストが彼のためのデモを拒否したにもかかわらず、二人の友情が損なわれることはなかった。大胆で向こう見ずな行為をしがちな傾向を考えると、エルネストが友人を助けようとしなかったのは印象的だ。彼がとても若かったこと、明らかにアルゼンチン政治に無関心だったことを考えれば、「信念に基づく」かのようなデモ拒絶の弁明は眉ツバだ。政治的活動にはまったく無関心なくせに、過激ぶった熱弁をふるうという逆説的な行動様式は、エルネストの青年時代の一つのパターンだった。

Ⅲ

まだ国民の大半は知らなかったが、アルゼンチンで起きた政治変化の背後にいたキーパーソンは、肉付きのいい顔と高い鼻を持った無名の陸軍大佐だった。その名――フアン・ドミンゴ・ペロン――はすぐにお馴染みのものとなる。ムッソリーニ支配下のイタリアに駐在し、イル・ドゥーチェ（指導者の意、ムッソリーニのあだ名）の熱烈な信奉者となって帰国したペロンは、メンドーサ州で教練官をしばらく務めた後、ブエノスアイレスの軍司令部に勤務した。そこで彼は統一将校団という秘密軍事結社の推進役を果たした。この集団が、１９４３年６月のクーデターを引き起こすことになる。

その後３年間でペロンはトップへの道を巧みに進んだ。彼はクーデター後に陸軍次官となり、師であるエデルミロ・ファーレル大将に仕えた。１９４３年10月、ファーレルが副大統領になると、ペロンは自ら望んで労働局次長に任命された。それは瞬く間に彼の権力の基盤となった。１カ月も経たないうちに、彼はあまり目立たない自分の組織を労働福祉庁として改組し、大統領直轄にした。

ペロンが管轄する庁は、一連の改革主義的な労働法を大々的に布告しはじめた。従来の政党と結びついていた労働組合組織が潰されるなかで、法案は拠り所を失った労働者たちの心に訴えようとしていた。やがてペロンは国内の労働力を自分の中央集権化した庁に従わせた。「ペロニスモ」として知られるようになる現象が始まった。それはすぐにアルゼンチンの政治状況を激変させる。

1943年末、アメリカ参戦によって、ナチ・ドイツはヨーロッパと北アフリカ全域で守勢に立たされ、イタリアではムッソリーニが失脚した。アルゼンチンの政権、特にペロンが、南米におけるあからさまな第三帝国代弁者になっているのではと考えた米国は、アルゼンチンにこの戦争での公式な中立性を捨てさせようと圧力を強めた。多くのアルゼンチン人も、米国と同じ疑いを抱いていた。ファシズム臭ぷんぷんの巧言による社会的「下層階級」へのポピュリスト的アピールで、ペロンはアルゼンチンのリベラル中産階級の支持を失っていた。また伝統的な寡頭政治の支持者も、現状が危険に曝されていると考えてそこに加わった。ゲバラ家が属する社会階級の大半の人々が、強烈な反ペロン主義者になっていた。しかし彼らが抵抗しても、ペロンがますます勢力を増すのは止められなかった。

1944年3月、ファーレルが大統領になった。ペロンは陸軍大臣となり、7月には副大統領に就いた。いまや彼は三つの高い地位に就いていたが、最も重要なのはいまだに労働福祉庁長官のポストだった。アルゼンチンでペロンを知らない者はいなかった。

エルネスト・ゲバラ・リンチはまだアクシオン・アルヘンティーナで活動を続けており、彼とセリアはコルドバのド・ゴール支援委員会にも加入した。これはナチ占領下フランスのレジスタンス運動支援を目的とした連帯ネットワークだ。彼らが気づかないうちに、息子エルネストは父親が達成しないまま離れた、かつてのナチ狩り活動を再開していた。彼は学校の友人オスバルド・ビディノスト・ペイエルとともに、密かにラ・クンブレの小さな山間コミュニティを再訪した。そこはかつて父親たちのグループが、アルゼンチン国内のナチ作戦司令部の容疑で偵察していたホテルがあった。父エルネストは、息子に嗅ぎ回らないよう注意していた。そこに送られた二人の政府調査員のうち一人しか戻らず、おそらくもう一人は殺されたから、というのだ。それでも少年たちは赴いた。夜になって彼らはホテルに近づいた。開いた窓から、二人の男が「たくさんの金属の箱や物がのった長い机」の上でせっせと何かしているのが見えた、とビディノストは回想している。しかしそれ以上見る前に、気づかれてしまった。「私たちの音を聞きつけて、誰かがランタンを手に出てきてこちらに2発撃った。私たちは逃げ出して二度と戻らなかった」

そのような突飛な行動もあったが、高校時代のエルネストの政治目標への関与は積極的な好戦性からは程遠かった。彼と、ゴンサレス゠アギラールといったスペイン共和国からの亡命者の子供を含む友人たちは、彼らの親同様に政治的には「反ファシスト」で、まだ小さいうちからスペインで「本当に起きたこと」をめぐってあれこれ議論していた。しかし彼らは当時のアルゼンチン情勢など何も知らず、ろくに興味もなかった。息子エルネストが政治的見解を持ち出すのは、たいてい挑発的な発言で親や仲間を驚かせるためだった。たとえばコルドバの好戦的なペロニスタたちが、保守的な土地所有者による寡頭制の象徴である乗馬クラブを、投石で襲撃しようとしているという噂が流れてきたとき、エルネストは参加の意思表明をした。「ぼくだって、乗馬クラブに石を投げられるぜ」という彼の発言を友人たちは聞いている。彼らはこれを、彼の親ペロン主義心情を示すものと見なしたが、単に血気盛んなティーンエイジャーだった証拠だとも十分に考えられる。

アルゼンチン政府がついに枢軸国との国交を断つと、エルネストの両親は歓喜した。しかし少年エルネストの若き友人ペペ・ゴンサレス゠アギラールによると、彼は大喜びの両親に対して見たこともないほどの激怒ぶりを示したという。「常に反ナチだった彼がなぜ一緒に喜んでくれないのか理解できなかった」と彼は述べている。後にペペは、エルネストの怒りの原因は、その決定が信念に基づいたものでなく、アメリカの圧力によって下されたことにあったのではないか、と推測している。アルゼンチンのナショナリストと同様に、自国がアメリカ人に屈服したのを屈辱的と思っていたのではというのだ。それでも、1944年9月に連合国軍がパリを解放したとき、エルネストは学校の友人数人とともにコルドバのサン・マルティン広場で祝福する群衆に加わった。治安維持で駆り出された警官の馬の蹄を狙って投げつけるために、鉄製のベアリングボールをポケットにいっぱい詰め込んで。（父エルネストはその功績を認められ、窮地にあるフランスの人々に提供した援助について、ド・ゴール自身の署名入り感謝状を受け取った。彼はその後、最も自慢の持ち物の一つとして、それを生涯大切にした）。

過去にさかのぼって、10代のエルネスト・ゲバラに社会主義的理想の初期の兆候を見出そうとする試みもあるが、コルドバの学友のほぼ全員の記憶では、彼は政治的に無関心だったようだ。彼の友人ホセ・マリア・ロケによると、当時のエルネストには「明白な政治的理想」はなかったという。「みんな政治談義は大好きだったけれど、どんな形であれゲバラが深入りするのは見たことがない」。また、エルネストは反ファシズムの信念を友情に持ち込むこともなかった。クラスメイトの一人にドミンゴ・リガトゥッソという貧しいイタリア人移民の子がいて、彼は放課後、地元の映画館で常連客に菓子を売っていた。リガトゥッソは戦争中、父親同様にムッソリーニを断固として支持していたが、エルネストは親しみを込めて彼をタノ・ファシオと呼んだ。これは「イタリアのファシスト」を意味する俗語だ。

ユダヤ人大学教授の息子ラウル・メリボスキーは、1943年にエルネストと一緒に社会主義学生連盟（FES）の「細胞」に一時、所属していたという。当時、ナチを支持する国家主義解放同盟の好戦的な青年部が、連合国寄りの学生たちを威嚇していた。エルネストより1歳若く1年生だったメリボスキーは、紹介される前から彼の噂を聞いていた。エルネストは、ナチ支持で悪名高い歴史教授の授業で、事実の誤りを断固として指摘した学校唯一の生徒として注目されていた。

FESが国家主義解放同盟の学生たちから身を守るため、防衛手段として3人組を作ると決めたとき、エルネストはメリボスキーと他の4年生とのグループのリーダーに任命された。「私たちは細胞組織とは名ばかりでした。集会もなく、実際にやったことといえば、細胞を名乗ったことだけでした」とメリボスキーは回想している。しかしある日の午後、彼と数人の学生たちは校庭から出るとき、同盟の数人の悪ガキに阻まれた。相手は、グループの紋章であるコンドルが彫られたペンナイフをちらつかせていた。そのときエルネストは、通学鞄を頭の上でぐるぐる振り回しながらそのグループに猛然と飛び込んでいった。メリボスキーは、エルネストは「勇敢なんてもんじゃありません。彼は完全に恐れ知らずでした」と言って大いに感謝している。

これ以外で彼らの「細胞」が唯一活動したのは、エルネストがリーダーとしての権威を行使し、監督下にある少年に翌日学校をサボるよう命じた日だった。退学になりかねない暴挙で、メリボスキーにもそれはわかっていた。「単に学校をサボるだけでなく、未成年鑑賞禁止の映画を観に行くよう命じました。私たちは13歳と14歳で、18歳以上でないと観られないので、ごまかしようがない。誰ひとり背が高いわけでもなく、がっちりもしていなかった。それでも彼は各人に、帽子を被って煙草を咥え、チケットを買うのに必要な金を持ってこいと命じました」

エルネストの最初期の「政治」参加はこんなものだった。20年後、彼の絶賛伝記出版を目論むゴマすり編集者に、彼ははっきりこう書き送っている。「思春期に社会問題に注目したことなどないし、アルゼンチンの政治闘争や学生運動に参加したこともない」

IV

エルネストはいまやいっぱしのティーンエイジャーで、貪欲な読書欲とともに、異性に対する強い興味を持ちはじめていた。彼は友人宅で、短縮版ではないとてもエロティックな『千夜一夜物語』オリジナル版を見つけて読み、その両方の欲求を満たした。

1940年代半ばのアルゼンチンの田舎では、性と結婚に関する支配的な価値観は、まださしく伝統的カトリック社会のそれだった。女性に離婚の権利はなく、「善良」な若き女性は結婚するまで処女を守ることを求められた。「私たちは小さな天使でした」と、エルネストや他の友人たちとダブルデートに出かけていたタチアナ・キローガは回想する。「ダンスに行き、会話して、コーヒーを飲んで12時半になったら家に戻るの。戻らないと殺される。その頃は、ほとんど外出が許されない時期だったわ。私たちのような小さな女の子が男の子の家に一人で行けたと思う？　絶対無理！　パーティーを抜け出して、マテ茶を飲むのがせいぜいだった」

セックスを求めるなら、エルネストの社会的環境に属する少年たちは売春宿に行くか、低い階級の女の子たちの誰かを口説き落とすかのいずれかだった。低い階級相手なら、社会、経済的な差が強みになるからだ。彼らの初体験は、家にいるムカマと呼ばれる女中であることが多かった。通常はアルゼンチン北部の州から来た、インディオか貧しい混血だった。エルネストの初体験は、14歳か15歳のときだった。ロドルフォ・ルアルテとその他数人の若者たちは、彼がカリカ・フェレール家の使用人である少女〝ラ・ネグラ〟カブレラとの逢引を覗き見ていた。彼らは寝室の鍵穴から覗いていた。彼らは、エルネストが柔らかいメイドの体の上で立派に事を成し遂げつつも、ときどきセックスを中断して喘息薬の吸引具を咥えるのを見た。この光景に彼らは腹がよじれそうなほど笑い、その後数年にわたりネタにして面白がった。しかしエルネストは臆することなく、ラ・ネグラとの逢瀬はお決まりの気晴らしとしてその後も続いた。

セックスの発見と並行して、エルネストは詩への愛を育み、覚えた一節の暗唱を楽しんだ。17世紀スペインの詩人フランシスコ・デ・ケベードの『ピカレスク・ソネットと物語』を活用して、彼は卑猥なセンスを発揮しはじめた。ある日、彼はそれを使ってドロレス・モジャーノを赤面させた。彼女がスペイン・アラブの神秘主義者の詩について知ったかぶりをしていたのを聞いて、それについての知識を疑問視してみせたのだ。彼女はうっかり、それを本気にして説明してみせた。「十字架のヨハネの詩における恋人と神秘主義者には、二重のビジョンがあったわけね。内面を見る目と外に向いた目で、恋人兼神秘主義者は両方の見かたをしていて（後略）」。彼女の記憶によれば、ここでエルネストが彼女を遮って、コルドバ訛りを誇張しながら、片目の尼僧と寄目の聖人を歌った下品な二行連句を暗唱してみせたという。

この出来事は、ゲバラの社会階層と世代における、思春期の男性と女性のあいだにあった分裂をあらわにしている。汚れなき純真な少女はロマンティックな詩に浸って、真の愛と結婚のために純潔を守り、エルネストのような少年はホルモンで溢れ、セックスの現実世界を、淫らな詩と売春宿か、家の家政婦と寝ることで可能なかぎり追求するのだ。

1945年と1946年の夏休みに、エルネストのきれいな従姉妹カルメン・コルドバ・イトゥルブル・デ・ラ・セルナが登場した。エルネストよりも3歳若い彼女は、エルネストに夢中になった。カルメンの父で詩人のカイェターノ・コルドバ・イトゥルブルは、いつもトランクいっぱいの新刊本をブエノスアイレスから持ってきて、彼女はそのなかから詩集を探し出した。詩は彼女とエルネストと共通の情熱の対象で、彼は彼女に発見したばかりのパブロ・ネルーダの『二十の愛の詩と一つの絶望の歌』を暗唱した。「思春期真っ盛りのエルネスティートと私は、友人よりも少し深い関係でした」と彼女は数年後に回想している。「ある日、うちのテラスで遊んでいるとき、エルネストが私にもう女になったのかと尋ねました……」。それから恋人の密会が始まり、後にゲバラ一家がブエノスアイレスに越してからも、エルネストとカルメンは交際を続けた。彼女は頻繁にゲバラ家に滞在した。彼女はその階段の吹き抜けで語りあったロマンティックな幕間を覚えていた。「文学……そして愛について。いとこ同士でよく起こるように、私たちにも恋物語があるの。エルネストはとってもハンサムだった！」

実際、そうだった。17歳のエルネストはとびきり魅力的な若者になっていた。痩せていたが肩幅は広く、暗褐色の髪、情熱的な茶色い目、透きとおった白い肌、そしてガツガツしたところのない、気安い自信のため、女の子たちは彼の虜になった。「本当のことを言えば、私たちみんな、ちょっと彼に惚れていたのよ」と、コルドバの別の良家の生まれの少女ミリアム・ウルティアは告白している。

少年たちがなんとか少女たちの気を惹こうとする年頃だから、エルネストの外見に対する無頓着さはとりわけ魅力的だった。ある晩、彼は優雅に着飾った上流階級の少女を連れてシネ・オペラに現れた。そこでは〝ファシオ〟の友人リガトゥッソが働いていた。エルネストはいつもどおり、だぶだぶの古いトレンチコートを着て、そのポケットには食べ物とマテ茶の入った水筒が詰まっていた。彼はリガトゥッソに気づくと、平然とデート相手を置き去りにして、「社会的に劣った」友人と雑談に興じた。

エルネストの無頓着な態度、形式的なものへの軽蔑、そして闘争的な知性が、いまやすべて彼の性格の目に見える特徴となっていた。彼のユーモアのセンスですら、たいてい自嘲を装いつつも、あてこすりじみていた。彼の友人アルベルト・グラナードは、人を当惑させるエルネストの傾向をよく知るようになる。「彼にはいくつかあだ名があった」とグラナードは回想している。「人々は彼をエル・ロコ・ゲバラ（イカレたゲバラ）と呼んだ。彼は少しばかり意地悪野郎になりたがるんだ。［…］たとえば、滅多に風呂に入らないことを自慢した。チャンチョ［ブタ］とも呼ばれていた。彼はよく「このラグビーシャツはもう25週間洗ってない」と言っていたよ」。ある日エルネストは短パンをはいて学校に行くのを止めて、長ズボンを履いて現れた。急に大人になったと年上の少年からからかわれるのを避けるため、ズボンをはくのは短パンがあまりに汚くなって捨てざるを得なかったからだとうそぶいた。

エルネストはコレヒオ・ナシオナル・デアン・フネス校での5年を通して、手のつけようのない悪ガキというイメージを築き上げた。授業の最中に刺激臭のする喘息薬用煙草に何も言わずに火をつけ、数学や文学の教師のまちがいを見つけると、物怖じすることなく議論した。週末には遠方の山々や、かつていたアルタ・グラシアへの遠出を企画し、そこで子供の頃に両親をぞっとさせたのと同じ類の向こう見ずな愚行に興じた。深い谷間に架かったパイプラインを渡り、高い岩場から川に飛び込み、線路沿いに自転車で走った。エルネストの素行は、学校当局からしっかり目をつけられていた。1945年6月1日、デアン・フネスで4年生のとき彼は、「無規律行為と時間外に許可なく学校敷地内に出入りしたことを牧師館側から咎められ、〝10の警告〟［25で退学］を受けた」

成績は全体としては優良だった。成績は数学、自然史、地理、歴史といった科目への興味を反映し続けていたが、彼はフランス語、スペイン語、作文、音楽でも徐々に向上していた。カリキュラム以外の読書も衰えることはなかった。友人であるペペ・アギラールも、アルベルト・グラナード同様に、エルネストの好みが多岐にわたり、多くの場合、年齢よりも進んでいるのに気づいていた。「彼は両親の蔵書を漁って、貪欲に本を読んだ」とアギラールは回想している。「フロイトからジャック・ロンドンまで、さらにネルーダ、オラシオ・キローガ、さらにアナトール・フランス、要約版『資本論』さえも読んで感想を小さな字で書き込んでいた」。だが難解なマルクスの本はチンプンカンプンだった。後年、彼はキューバで妻に、当初はマルクスやエンゲルスを読んでも、「まるで理解できなかった」と告白している。

V

１９４５年、エルネストは学校でもっと真面目な側面を見せはじめた。彼は哲学の講義を選択した。それが彼の興味を惹きつけたのは、「非常に優秀」「傑出」という成績からもわかる。さらに自分自身で「哲学辞典」も著しはじめた。１６５ページの最初の手書きノートは、アルファベット順に並び、ページ数、主題、著者別の丁寧な索引が付けられていた。著名な思想家の略歴と定義の幅広い引用によって構成され、愛、永遠、ヒステリー、性道徳、信仰、正義、死、神、悪魔、空想、理性、神経症、自己愛、道徳といった項目が含まれていた。マルクス主義については『我が闘争』が引用され、ユダヤ゠マルクス主義陰謀論へのヒトラーのこだわりを明らかにする一節が選ばれていた。ブッダとアリストテレスの説明には、Ｈ・Ｇ・ウェルズの『世界史概観』を使った。愛、愛国心、性道徳の引用元として、バートランド・ラッセルの『新旧性道徳』〔『結婚と道徳』か?〕を使っている。しかしジークムント・フロイトの理論が彼を魅了していたのも明らかで、『記憶一般理論』〔どの著書を指しているのか不明〕からは、夢やリビドーからナルシシズムとエディプス・コンプレックスまで、様々なものについて引用している。ジャック・ロンドンからは社会の虚飾を、ニーチェからは死についての記述を得ている。修正主義と改革主義については、彼の叔父カイェターノ・コルドバ・イトゥルブルの著書から定義を引いた。

このノートは彼がその後10年のあいだ取り組み続けた7冊のうちの最初の1冊だった。彼は学習を深めて関心が絞られてくると、新しい項目を加え、古いものを書き換えた。その後のノートは、ジャワハルラール・ネルーの著作の読書とマルクス主義関連の読書の増加を反映して、ヒトラーではなくマルクス、エンゲルス、レーニンを引用している。

エルネストの小説の選択は、社会的内容の多いものへと移行した。実際、彼の友人オスバルド・ビディノスト・ペイエルの考えでは、彼にとって「すべては文学から始まった」。この頃、オスバルドとエルネストはフォークナー、カフカ、カミュ、サルトルを読んでいた。詩ではスペイン共和国の詩人ガルシア・ロルカ、マチャード、アルベルティや、ウォルト・ホイットマン、ロバート・フロストをスペイン語訳で読んでいた。しかし彼が何よりも好んだのはやはりパブロ・ネルーダだった。南米作家のなかでは、シロ・アレグリア、ホルヘ・イカサ、ルベン・ダリオ、ミゲル・アンヘル・アストゥリアスにも踏み込んだ。彼らの小説や詩は、多くの場合、南米的主題——社会から疎外されたインディオや混血の不平等な生活など——を扱っていた。そうしたものは流行文学のなかでは無視され、エルネストが属する社会グループではほぼ知られていなかった。ビディノストはそういった文学作品がエルネストに、住んでいても直接体験していない社会に関する手掛かりを与えたと考えている。「それは彼が体験したいことの前触れみたいなものでした。客観的に見て彼を取り巻いていたのは南米であって、絶対にヨーロッパでもワイオミングでもありませんでした」

アルタ・グラシアにいた頃からの友人であるビディノストは、ゲバラ一家の形式張らない生き方と、エルネストの母の影響力に魅了されていた。一家は、創造性への崇拝と、彼が「通用口から見た世界の発見」と呼んだものを宿しているように見えた。セリアは社会的地位に関わりなく、あらゆる多種多様な人々を集めていた。靴磨きとして働きながら世界を旅してまわる画家、エクアドルの吟遊詩人、大学教授といった人々が、飢えの程度に応じて、ときには1週間、あるいは1カ月滞在していた。「そこは魅力的な人間動物園でした」とビディノストは回想している。

セリアが24時間営業のサロンを取り仕切っているあいだ、エルネストの父は排気口から出るプスプスという音からラ・ペドッラ（屁こき）と名付けた古いバイクに乗って行き来していた。彼とセリアは一つ屋根の下で暮らしていたが疎遠で、次第に別々の生活を送るようになっていた。

もう一人コルドバ出身の若者で、ゲバラ家の不思議議の虜になっていたのが、ロベルト〝ベト〟アウマダという、エルネストの弟ロベルトの学友だった。アウマダは、一家があたりまえのように自分たちの食べ物を少し減らしてまで、彼が食事に参加できるようにしてくれることが何度もあったと記憶していた。「子供の一人が友達を連れてきても、自分の食べるものが減るのを気にする者などいませんでした。好きな人を連れてきても、誰も気にしなかった」。エルネストは、旅する客人と子供との会話で満ちたこの陽気な一家で、邪魔されずに読書や勉強をするのは難しかったため、洗面所に籠もって何時間もぶっとおしで本を読む習慣が身についた。

ある日エンリケ・マルティンという子供の頃の古い悪ガキ軍団の友達が、アルタ・グラシアでエルネストに偶然出くわした。エンリケは彼の姿を見て驚いた。平日で、まだ学校は休みになっていなかったからだ。口外しないと約束させて、エルネストはバス停近くのセシル・ホテルに小さな裏部屋を借りていて、自分がそこにいることは誰も知らないと言った。「みんなと距離を置くためにここにいるんだ」と彼は言った。エンリケ・マルティンは、そもそも何のために孤独を求めるのか訊かず、友達の秘密を長年、忠実に守った。思考し勉強するための場所か、奔放なアルタ・グラシアの女中の誰かと逢瀬を重ねる場所がほしかったのかはわからない。いずれにしても、これはどう見てもロコ、チャンチョ、あるいはペラオとしてクラスの友人やラグビー場で知られていた外向的な無鉄砲ではなく、極度に内省的な若者だった。

Ⅵ

1946年初め、フアン・ペロンは敵対する将校らによって一時的に公職を追われ、ラプラタ川河口のマルティン・ガルシア島送りになった。彼の解放をもとめる大規模大衆デモの後、彼は総選挙で勝って大統領の座に返り咲いた。

ペロンはもう一人ではなかった。その数カ月前、彼は愛人だったエバ・ドゥアルテという若い金髪のラジオ女優と結婚していた。

1946年はエルネストの高校最後の年だった。6月、ペロンが政権に就いたわずか10日後に、彼は18歳の誕生日を祝った。勉強は続けていたが、生まれて初めてお金の貰える仕事に就いていた。州の道路建設を監督する公共事業部門であるコルドバ州道管理局の研究所だ。友人のトマス・グラナードも一緒だった。同じように数学や科学といった科目が得意だった二人の若者は、翌年は大学で工学を学ぼうかと話していた。エルネストの父は友人に、彼らを州道管理局の現場分析官向け特別課程に入れてくれるよう頼んだため、彼らは将来の技術者に有用な実務体験を与えてくれる仕事を得た。彼らは首尾よく修了し、「土壌専門家」となった。道路建設を請け負った私企業が使う材料の品質検査を行う専門家だ。非常勤として働く研究所で、エルネストは土を混ぜるためのミキサーを使い、みんなにフルーツ・シェイクを作った。

デアン・フネス校を卒業したエルネストとトマスは常勤として働きはじめ、州内の別の場所に配属された。エルネストは145キロ北のビジャ・マリアの道路建設に使われる材料検査に配属された。この仕事に就くことで彼はささやかな給料を得て、会社のトラックを使えるようになり、宿舎も無料で提供された。

１９４７年３月、ビジャ・マリアのエルネストを残し、彼の家族は15年ぶりにブエノスアイレスに戻った。凱旋ではなかった。父エルネストとセリアは別離を決め、経済的にもまたもやひどく悪い状態にあった。父エルネストの建設業は不振で、所有するビジャ・アジェンデの夏用別荘の売却を強いられた。間もなくミシオネスの農場も売ることになった。そこからの収入はほとんどなく、ここ数年は固定資産税も滞納していたのだ。

ブエノスアイレスで、一家は父エルネストの96歳になる母アナ・イサベルが所有する、アレナレス通りとウリブル通りの角にある5階建てのマンションの一室に越した。月初めにアナ・イサベルが病に倒れ、一家はエルネストに電報で彼女の不安定な状態を伝えた。5月18日、祖母の病状をもっと詳しく伝える電報をくれという返事が来た。状態が悪化したら辞職してすぐにブエノスアイレスに戻るという。

ほんの数日で、悪い知らせが届いた。エルネストの祖母が脳卒中だという。彼は仕事を辞めてブエノスアイレスに駆けつけ、臨終には間にあった。彼は17日間、彼女に付き添った。父エルネストはこう書いている。「みんな、もう助からないのはわかった。[…]祖母が食べないのを見て必死になったエルネストは、なんとか食べさせようと信じられないほど頑張った。気晴らしをしてあげたりして、側を離れなかった。私の母がこの世を去るまで彼はずっとそこにいた」

祖母が死ぬと、エルネストは絶望した。彼の妹セリアは、沈着な兄がこんなに悲しみに打ちひしがれているのを見たことがなかった。「彼は本当にひどく悲しんでいたわ。彼の生涯で並外れて大きな悲しみの一つだったんでしょうね」

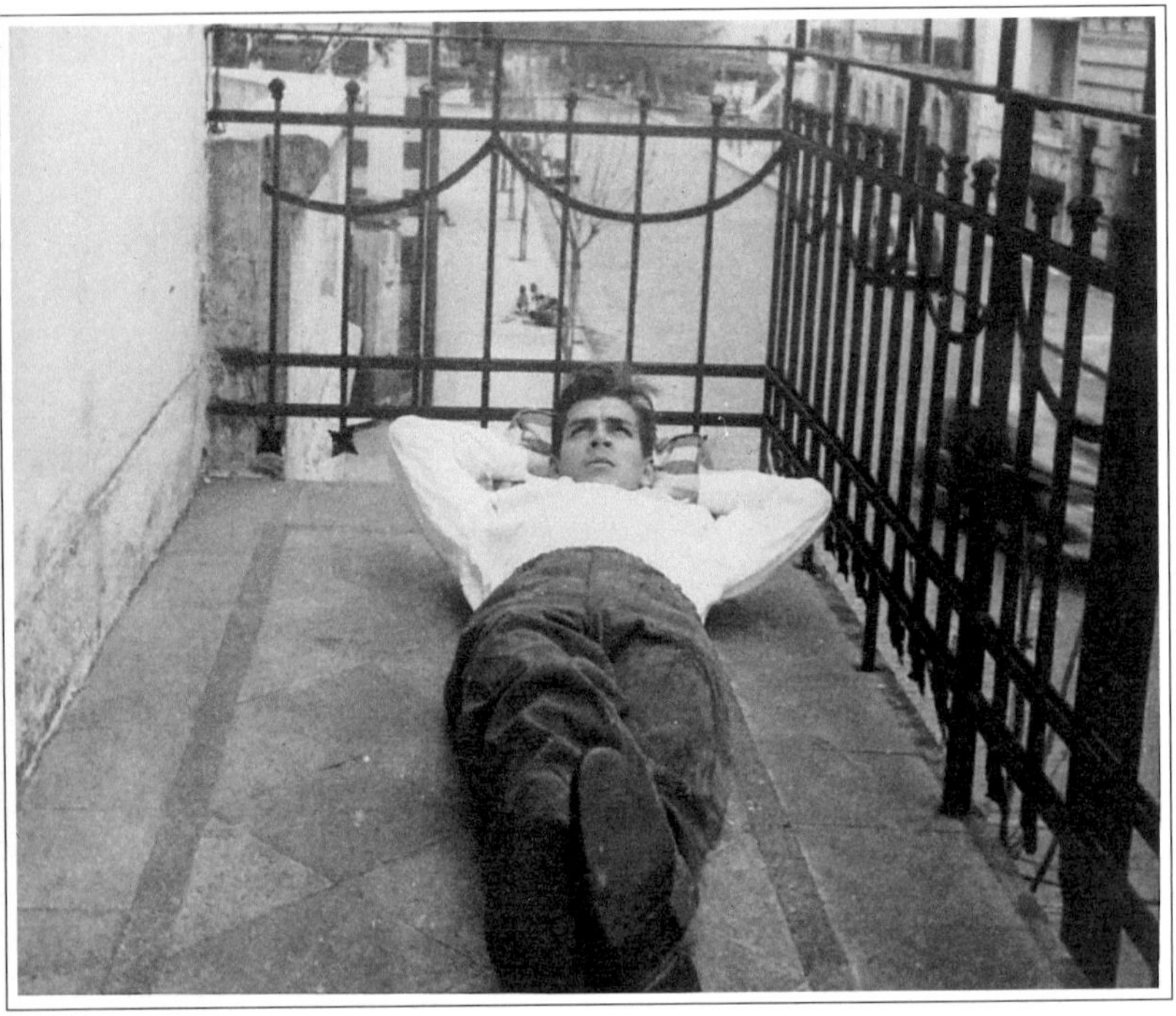

一家の家のバルコニーで．ブエノスアイレスのアラオス通り，1948 年か 1949 年．

4　独立独歩

I

祖母の死後すぐに、エルネストは工学ではなく医学を学ぶことにしたと両親に告げた。彼はブエノスアイレス大学医学部への入学を申請した。

医学部は初期モダニズム様式の巨大な建物だった。灰色で統一され、すべてが直線で窓は四角く小さかった。患者に手術を施す外科医を描いたブロンズの浮き彫りが、あちこちにあった。医学への寒々とした記念碑とも言うべきこの15階建ての建物は、アーチ型の天井、華美な格子状のバルコニー、フランス窓を持った19世紀末のタウンハウスが並ぶ洗練された一角に、場ちがいな様子でそびえ立ち、古いカトリック礼拝堂の手細工の丸屋根の前の四角い広場を見下ろしていた。

エルネストは医学の道を選んだ理由を詳しく説明したことはなく、ずいぶん後になって「個人的偉業」願望が動機だったとしか言っていない。「有名な研究者になりたいと夢見た。〔…〕人類がしっかりと活用できるような何かに根気よく取り組む人間だ」。彼は科学系の科目が得意で、工学系のキャリアは楽に選べただろうが、工学に情熱的な関心を抱いてはいなかった。医学は少なくともやりがいがあった。家族は彼の決定を、死に瀕した祖母の苦痛を医師たちが軽減できなかったことへの失望が原因と考えた。高齢ではあったが祖母の死による打撃は、エルネストの進路変更を促す一因だったかもしれないが、その後の専門分野選択が示すように、彼は自分自身の疾患の治療法も発見しようと意気込んでいた。

勉強と併せて、彼は多くの非常勤の仕事を持っていたが、なかでもアレルギー専科のピサニ治療院の勤務には最も没頭し、最も長く続いた。彼は患者として医師サルバドール・ピサニに会ったことがあり、頭の回転の速さと好奇心によって無給の研究助手になった。若い医学生にとって、医療研究の新分野に関わるのは名誉だった。ピサニは、部分的に消化した食品から作ったワクチンによるアレルギー治療の先駆者だった。エルネストは自分自身の良好な治療結果と研究室作業が気に入ったので、アレルギーを専攻することに決めた。

ピサニ治療院はある種の代理家庭となった。ピサニ医師、彼の妹マファルダ、そして彼らの母は隣で同居しており、彼らはすぐにエルネストへの強い愛情を育んだ。女性たちは彼に特製のにんじんジュース、コーンブレッド、オーツのケーキを食事として与え、彼が喘息の発作を起こすとベッドに寝かせた。エルネストはこのように世話を焼かれて喜び、ピサニ医師は彼をいつか大成しそうな愛弟子として見守りはじめた。一方で、実の父にとってエルネストは、駆け回ってばかりでろくに一緒にいられない、つかの間の存在となった。「活発で熱心な彼は、義理を果たすために走り回っていた。無理もないだろう。私は彼をほとんど援助しなかったから、生活費を自分で稼ぐ必要があった。本人も、私から一銭たりとも受け取る気はなかった。彼はできるかぎり自活した」と父は書く。

エルネストの勤勉な外面の裏には、動揺する内面世界が隠されていた。彼は数カ月前ビジャ・マリアで小さなノートに4ページにわたって記した自由詩のなかで、自身のなかにこみ上げてくる感情と対峙している。この詩からは、エルネスト・ゲバラの生涯のきわめて重要な節目における、不安定な感情が珍しく垣間見える。１９４７年1月17日、彼は記している。

わかってる！　わかってるんだ！
ここから出れば川は僕を飲み込むだろう……
それがさだめだ――今日、僕は死ぬんだ！
いや、でも意志の力ですべてを克服できる
邪魔されるのはわかってる
出たくない。
死ななければならないなら、それはこの洞窟のなか。
銃弾、もし溺れて死ぬさだめなら、銃弾に
何ができるというんだ。でも僕は
さだめを克服する。さだめは
意志の力で克服できるんだ。
ああ、死ぬだろう、でも銃弾で
蜂の巣にされたり、銃剣で倒されるのではない。溺死、それもちがう……
僕の名よりも長く残るのは
戦ったこと、戦って死んだという記憶。

エルネストは家庭問題や、どの大学を選べばよいかではなく、内面の強さへの疑念に関する不安を書いている。「深い井戸」、溺死への言及は自分の喘息をほのめかしているのかもしれない。それは彼の人生に制約を強い、あらかじめ定められた死への道を提示していたにちがいない。それは彼が戦って乗り越えなければならない条件だった。しかし本人による説明がない以上、深読みせず額面通りに受け入れるべきだろう。これはうろたえ、自己陶酔した18歳によるメロドラマチックな心情吐露だ。

これに先立つ数カ月は、エルネストにとってトラウマだった。両親の結婚生活と経済の破綻、強いられたブエノスアイレスへの転居、そして最愛の祖母の死によって、彼が抱いていた家庭の安心感は粉々に砕けた。長男として、自分も何とか手助けしなければと感じていたにちがいない。将来の負担がのしかかってきた。祖母危篤の報でブエノスアイレスに来る前から、彼は家族としての責務を自覚するようになったことを述べている。ビジャ・マリアを離れる直前に、彼は母親に宛てて「どうやって住宅問題を解決して、子供たちが通う学校を見極めたか教えてください」と書き送っている。

こうして全員がブエノスアイレスに揃ったが、金がなかったため、家探しという問題が残っていた。しばらくは身動きがとれず、翌年はずっと家族全員で故アナ・イサベルが住んでいたマンションに住んだ。父エルネストはミシオネスの農場を売り、入ってきた金を家の購入資金としてセリアに渡した。彼女はアラオス通り2180番で薄汚い古い住居を見つけた。1階は嫌な高齢の入居者が借りていたが、パレルモ地区の公園と運動場の端にあって場所がよかった。彼らは再び自宅を持つことになったが、以前とは状況がちがった。年上の子供たちは金になる仕事を見つけなければならなかった。父エルネストはまだ同居していたが、寝るのはリビングのソファの上だった。

変容した家族状況は、エルネストと父との関係に根本的な変化をもたらした。「私たちはまるで同い年かのようにジョークを言いあった」と父エルネストは書いている。「彼はひっきりなしに私をからかった。同じテーブルにつくやいなや、彼は政治的な議論で私を煽った。〔…〕当時20歳の彼はこの分野では私よりうわてで、私たちは絶えず議論していた。それを耳にした人は、喧嘩していると思ったかもしれない。そんなことはなかった。私たちのあいだには奥深いところに本物の友情があった」

II

大学の最初の1年で、エルネストはアルゼンチン軍に徴兵されたが、彼は「減退した身体能力」――喘息――を理由に不合格とされた。彼は大喜びで、「ポンコツの肺が珍しく役にたってくれて大感謝だ」と友人に語った。

エルネストが学校で最初に作った友人の一人が、ベルタ・ヒルダ・インファンテだった。コルドバの弁士でもある政治家の娘で、一家は最近首都に越してきたばかりだった。ティタと呼ばれていた彼女はすぐにエルネストに惹かれた。彼女は後に彼のことを「美しい奔放な青年だった」と回想している。1948年のいささか気味の悪い写真では、エルネストと3人しかいない娘たちのうちの一人ティタが、解剖台の上に横たえられた裸の男の死体の後ろに並んだ白衣を着た医学生たちに混じっている。死体の剃られた頭部が台の端からはみ出し、胸部は開かれ中身が取り出されてぽっかり空いている。写真の学生のほとんどが厳粛な顔をしているが、エルネストだけはカメラに向かって晴れやかに歯を見せて微笑んでいる。

エルネストとティタは深いプラトニックな友情で結ばれていた。彼女は、彼が人生において感情が不安定

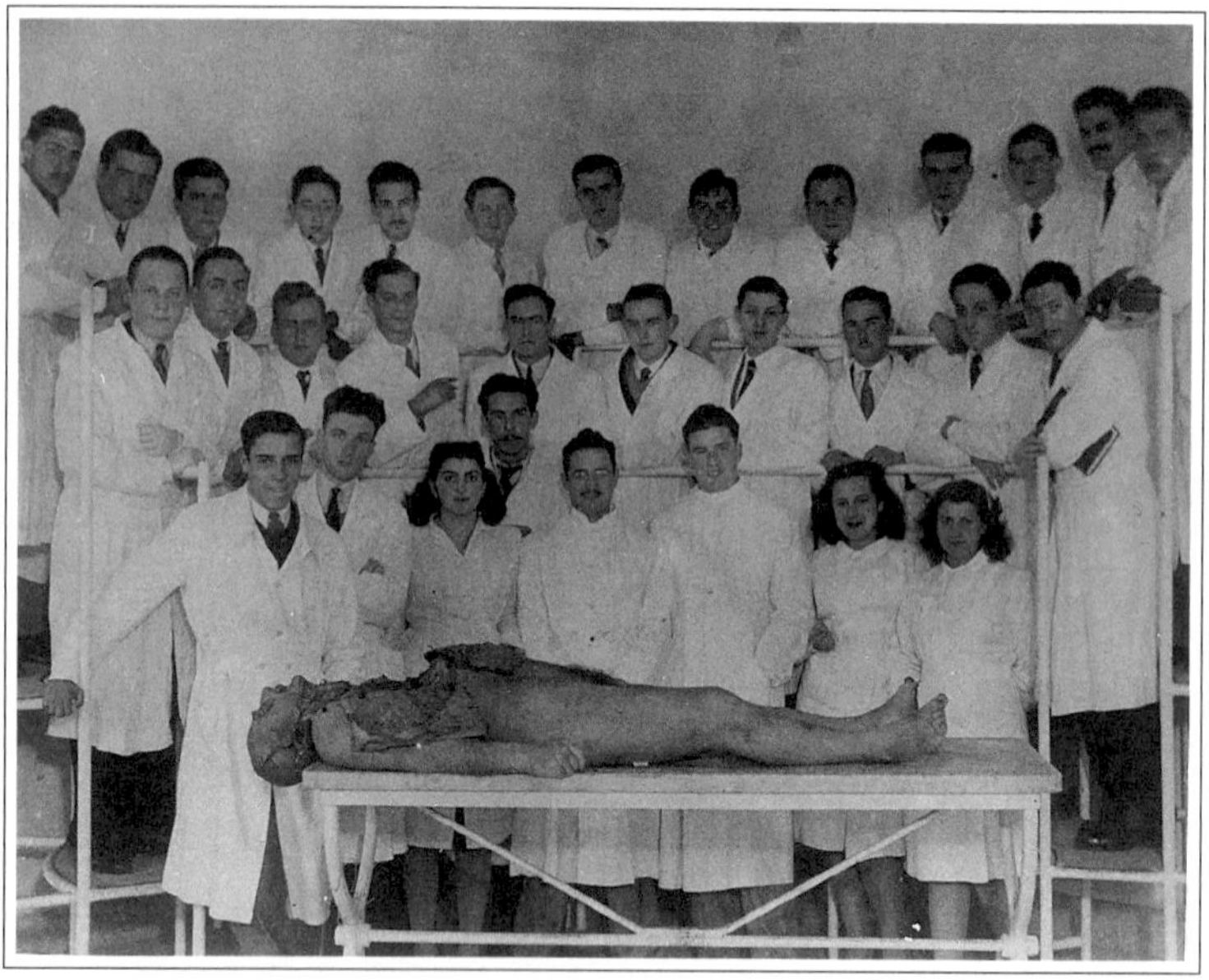

ブエノスアイレス大学医学部の学生たち，1948 年．エルネストは最後列の右から 6 人目で，不謹慎に歯を見せてにっこりしている．

なときでも信頼して心を打ち明けることができた人で、彼女も喜んでその役目を引き受けた。二人とも孤独で愛情に飢えていた。ともに崩壊した家庭の出身で——ティタの父は3年前に死んでいた——どちらも比較的最近首都にやってきた。毎週水曜日、彼らは国立自然博物館で行われる神経系の講義で会って、年老いたドイツ人教授の指導のもと魚を切り刻んだ。彼らはカフェや彼女の家で座り、授業やプライベートの問題について語りあった。本を交換しあい、それらについて議論した。そして互いにお気に入りの詩を朗読しあった。彼らの関係は長く続いた。エルネストがアルゼンチンを離れても、二人は手紙を頻繁にやりとりして交流を続けた。それは彼の母親や叔母ベアトリスとの文通にほぼ匹敵するものだった。

エルネストは多くの時間をベアトリスの

アパートで過ごした。それはアラオス通りの一家の新居から20街区離れていた。ベアトリスはセリアが決してしなかったようなやりかたで、母性愛を注いだ。彼に本、プレゼント、喘息の新薬を送り、勉学を励まし、彼を気にかけてきた。いまや彼に食事を作り、いろいろ口出しをした。父親によれば「姉はエルネストが勉強しているあいだは眠らなかった。いつでもマテ茶が飲めるよう準備して、彼が一息入れるときは一緒に過ごした。彼女はこれを最大級の愛をもってこなした」。

エルネストのベアトリスとの特別な関係を間近で見ていたのが、エルネストより7歳若いいとこのマリオ・サラビアだった。1951年、サラビアは家族が住むアルゼンチン南部のバイア・ブランカから、首都の学校に通うため出てきた。彼はその後2年間、ゲバラ一家と一緒に暮らし、エルネストとロベルトと寝室を共有した。ベアトリスのもう一人のお気に入りの甥として、サラビアは彼女の家でのエルネストの食事にたびたび加わった。

ベアトリスは神経質すぎて、お金を扱うときは手袋をしていたと、サラビアは記憶している。見知らぬ人と握手をした後も手を洗った。下層階級のモラルを信用しない彼女は、食事を作ってくれる女中が夜、ベッドに入ったら、勝手口のドアノブをペンチで挟んで、回せないようにした。エルネストは、無条件に愛してくれるこの女性をびっくりさせるのが大好きだったが、のっぴきならない対立にまで至ることはなかった。彼は不快な行動をほのめかして彼女をからかうのだ。サラビアによると、もしも彼女が知ったら「心臓麻痺でその場で倒れて死んでしまう」ような行動もあったという。たとえば、用心深いベアトリスが鍵をかけて寝室にかくまっていた女中を誘惑するといった行動もあった。あるランチのとき、エルネストがキッチンのテーブルの上で給仕の合間に女中と手早くセックスしているのを自分の座っている場所から見て、サラビアは驚愕したという。それは何も知らない叔母の真後ろにある、開いたドア越しにはっきり見えた。事を終えたエルネストはダイニングルームに戻ってきて、食事を続けた。叔母は知らぬが仏だった。「彼はまるで雄鶏だった」とサラビアは言う。「行為が終わると、平然と食事を続けたんだ」

Ⅲ

当然のことながら学内で、エルネストは摑みどころのない人物だと同級生に思われていた。いつも大急ぎの若者というのが彼の印象だった。実際そうだった。ある意味、彼にとってブエノスアイレスは、地理的地平をどんどん広げるための起点にすぎなかった。最初、彼は週末や休日にはヒッチハイクで、コルドバやサンタ・アナ・デ・イリネオ・ポルテラにある亡き祖母の牧場へ小旅行に出ていたが、そのうちだんだん行動範囲を遠くに広げ、期間も長くなった。

エルネストの生活には変化が起きたが、変わらないこともあった。まだ喘息は続いていた。チェス——お気に入りの趣味の一つになった——もラグビーも続けていた。熱心に本を読み、哲学ノートを書き続けていた。詩も書いた。残っている最も初期の詩の一つはこの時期のもので、彼の5冊目の哲学ノートの見返しに走り書きされている。短い未完成の叙情詩で、墓地を描いているようだ。20代に記した彼の詩の多くと同様、それは野暮ったく仰々しかった。

抽象的庭園の結論のない墓石よ、
おまえの古くさい建築は、
人間の立方体の倫理観を打つ。

恐ろしい小像がおまえの詩を血で染め
みせかけの称賛の演説が胸を光で照らして汚す、
尊大な思いつきがおまえの暗い名を汚し
他のみんな同様に着飾らせる。

勉強と内省の私的世界が、ますます彼の時間を占めるようになった。弟ロベルトは、彼が父の蔵書にあった『現代世界の同時代史』25巻を、端から順に最終巻まで読み通すのを見て驚愕した。彼の哲学ノートにはこの大著からの引用がたくさんある。同じように秩序だったやり方で、彼は自分が読んだ本の一覧を編纂しはじめた。黒い布装丁のノートのページにアルファベット順に作家別の項目を作り、国籍、著作名、ジャンルを記した。網羅した範囲は広く多岐にわたった。人気の近代小説、ヨーロッパ、アメリカ、アルゼンチンの古典、医学書、詩、伝記、哲学が含まれていた。一覧には風変わりなものも散見された。アレクサンドル・アレクセイ『私選ベスト・チェスゲーム』『1937年版社会主義者年鑑』、R・ブンケ『セルロイド、ベークライト等の製造と利用』などだ。しかし古典的冒険物語、とりわけジュール・ヴェルヌが多かった。革装全3巻のヴェルヌ全集はエルネストの貴重な蔵書だった。10年後にキューバで革命司令官になったときも、アルゼンチンからそれを取り寄せた。

エルネストはフロイトとバートランド・ラッセルを学び続け、社会哲学への興味は高まりを見せていた。彼は古代ギリシャ人からオルダス・ハックスリーまであらゆる人の著作を読んでいた。彼の文学索引と哲学ノートのあいだには膨大な相互索引があった。彼による社会主義思想の概念と起源の探究は勢いを増していた。ファシズムについてはベニート・ムッソリーニ、マルクス主義についてはヨシフ・スターリン、正義についてはアルゼンチン社会党の大胆不敵な創設者アルフレド・パラシオス、キリスト教の批判的定義については、ゾラ、社会階級のマルクス主義的描写についてはジャック・ロンドンを参照した。彼はすでにレーニンのフランス語版伝記や『共産党宣言』、レーニンの演説を読んでおり、『資本論』も再度拾い読みしていた。3冊目の日記では、カール・マルクスに特に興味を示しはじめ、R・P・デュカティヨンの『共産主義とキリスト教』から抜粋した簡潔な評伝が多くのページを埋めている（マルクスという人物への興味は長く続いた。1965年、アフリカに潜伏中、彼は執筆したいと考えていたマルクス伝の概要をまとめるのに時間を割いた）。またデュカティヨンの本からレーニンについての描写を写しとった。その本ではレーニンが、社会主義革命を「生きて、呼吸し、寝て」、その信念のために人生のすべてを捧げた人として描かれていた。この一節は、チェ・ゲバラの革命同志が彼を言い表すときの文言を、不気味なほど予兆している。だが、社会主義への強い好奇心にもかかわらず、エルネストは正式に左翼組織の一員になりたいというそぶりは、それ以前も当時もまったく見せなかった。それどころか大学在学中は、彼は政治には深入りしなかった——観察し、耳を傾け、ときには議論もしたが、積極的に関与することは慎重に避けていた。

1950年には、ポピュリスト・ナショナリズム的なペロニスモ運動が展開していた。フアン・ペロンを「指導者」、エビータを救世主的な復讐する天使に据えたこの運動は、独自の疑似宗教的な社会哲学を持っており、それは公式には「フスティシアリスモ」（正道主義）と呼ばれた。その目標は、調和をもって生きる人々の「組織化されたコミュニティ」だった。しかし、この高邁なレトリックを掲げつつも、ペロンは敵対する人々への抑圧を強化した。政治的敵対者は脅迫され、役人に対するデサカート（不敬）罪が強化され、これによる投獄によって沈黙を強いられた。デスカミサード（ワイシャツを着ない者）と呼ばれる肉体労働者は、エバ・ペロン基金代表のエビータが後押しする支援や公共事業に懐柔された。

ペロンはこの新しいアルゼンチンの国際的姿勢を「第三の立場」と定義した。資本主義の西側と共産主義の東側のあいだでどっちつかずを決め込む、日和見主義的で故意に曖昧な態度ということだ。「状況次第で、中道、左派、右派にもなるイデオロギー的な立場なのだ。我々は状況に従う」とペロンは述べた。彼の人をばかにした態度はあまりに見えすいたものだったが、アルゼンチンをいかなる外国勢力の庇護も受けない主権国家に再生させようとした彼の欲求は、不承不承ながら尊重された。エルネストはいささか曖昧に彼をエル・カポ（親分）と呼んでいたが、ペロンにも彼の敵対者にも共感を示すのは避けていた。

反ペロン勢力は魅力に欠けていた。アルゼンチンの既成政党は社会的展望をまるで示せず、勢いを増すペロンに対して悲しいくらい無力だった。当時アルゼンチン共産党はまだ合法政治組織だったが、その支持基盤である労働組合と労働総同盟（CGT）は、ペロンの労働者階級吸収の手腕によって弱体化されていた。共産党は反ペロンという戦略のもと、中道派の急進党や、その他の中道左派の小政党連合と手を結んでこれに対抗した。しかし教条主義的で、理論抗争で身動きがとれなくなっていた。カリスマ的指導者も、大衆支持基盤もなかった。

エルネストは大学の共産主義青年同盟の闘士数人と知り合いだった。その一人リカルド・カンポスは、二人の政治談義が「そっけなく難しかった」と記憶している。「同盟」の会合に参加するよう説得したのに、エルネストは中座してしまったという。「彼は特定の事柄について非常に明確な考えを持っていました。何よりも彼は倫理的観点を持っていたんです。私は当時彼を、政治的人間というよりも倫理的姿勢を持った人物として見ていました」。別の共産党員でティタ・インファンテの弟であるカルロスから見ると、エルネストは「進歩的リベラル」であり、医学と文学に最も関心を持っていた。彼らはマルクス主義のアルゼンチン人作家アニバル・ポンセの作品について語りあったが、エルネストは共産党のセクト主義にきわめて批判的だったという。

エルネストの新たな世界観は、個人的な出会いのなかにも顔を現すようになった。1951年、叔父の葬儀で、彼はいとこのファン・マルティン・モーレ・デ・ラ・セルナと議論し、フランス人カトリック哲学者を擁護するモーレに、自身のマルクスとエンゲルスについての解釈をぶつけた。コルドバを訪れたとき、彼はニーチェ的なキリストの中傷でドロレス・モジャーノを落胆させた。朝鮮戦争は、エルネストと父のあいだに激論を引き起こした。エルネストはアメリカ軍の果たしている役割に反発し――彼らの帝国主義的な狙いを批判した――彼の父はそれを擁護したのだ。しかし友人も親族も、誰も彼がマルクス主義者だとは思わなかった。実のところ、本人ですらそんなことは思わなかった。彼らは、非主流派の思想を彼が積極的に支持するのは、彼の受けた「ボヘミアン的」しつけと偶像破壊的な性格によるものと考えていた。それは彼のくだけた服装や、ジプシーじみた旅の嗜好とも整合していた。多くの人々は、そのうち彼もそれを卒業すると思っただろう。

エルネストの妥協しない姿勢と、アルゼンチンの政治環境には類似点があった。ペロンのマキャベリ的な権力行使は、保守的な寡頭政治家、カトリック教会、軍内の派閥からの強い反発を受けつつも、急激な政治変化を達成する手法を明らかにした。ペロンは人々の気分を察知し、誰が本当の友人で誰が敵か、そしていつ行動を起こすべきかをわきまえており、それによって状況を操れる政治的手練を持っていた。教訓は明らかだった。アルゼンチンのようなところで政治を進めるために必要なのは、強いリーダーシップと、目標達成のためなら力の行使も厭わない意志だった。

エルネストの世界観形成に影響したもう一人の政治家が、ジャワハルラール・ネルーだ。エルネストは1946年にネルーが著した『インドの発見』を、示唆に富むと思った一節に線を引き書き込みを加えながら、大きな関心を持って読み、友人たちにこの本を称賛してみせた。ペロンとネルーは奇妙な組み合わせに見えるかもしれないが、ネルーによるインド「脱植民地化」への努力と、ペロンによるアルゼンチンの経済的自立計画には類似点があった。彼らはともに、自国の浮き沈みを左右する列強——主に大英帝国とアメリカ——からの、より完全な独立獲得に欠かせない手段として、圧倒的に農業中心だった自国の急速な工業化を促した、強力なカリスマ指導者だった。

ペロンによるアルゼンチンの「社会正義、経済自立、政治的独立主権」政策は、海外勢力——とりわけイギリスだが、ますますアメリカも——が国内の公益施設、輸送、鉄道部門を著しく独占し、工業製品のほとんどを供給しているときに施行された。政権についた初めの年、ペロンは野心的な工業拡大の「輸入代替」計画プログラムに着手し、1947年には外国企業所有の公益事業と鉄道の国有化と、国の対外債務清算を実行に移した。これは政治的に実りの多い領域だった。主に1920年代末と30年代初期、そして大戦間の世界的不況時にアルゼンチンの輸出農産物が度重なる価格低下を起こしたせいで、海外資本勢力に対する不信が広がっていた。1936年に更新された不名誉な1933年ロカ＝ランシマン協定は、イギリスがアルゼンチンの穀類、羊毛、牛肉の購入を続けるかわりに、アルゼンチンにイギリス製品購入を強いて、イギリスの投資家に特権を与えるものだった。外国資本投資は外国の干渉の象徴となり、アルゼンチンのナショナリズム感情の結集点だった。

「ヤンキー」の干渉は、一時ブエノスアイレスのアメリカ大使で、南米担当の国務次官補を務めたスプルール・ブレイデンがおおっぴらに反ペロンを表明した1946年の総選挙の頃には、厄介なものになっていた。ペロンは持ち前の威勢の良さで、アメリカの干渉をうまく利用し、選挙はアルゼンチン人同士ではなく「ブレイデンかペロン」の問題であると示唆するスローガンによって、ナショナリストの心情に訴えた。

トルーマン政権が米国とその南米隣国とのあいだの、半球全体の「共同防衛条約」締結を働きかけはじめたとき、多くのアルゼンチン人が不快感を抱いた。それでもこの条約は、その頃に公表されたソヴィエト共産主義に対する世界規模での強硬な封じ込めである「トルーマン・ドクトリン」の一環として、汎アメリカ主義称賛のスピーチを浴びつつ、1948年にリオデジャネイロで締結された。南米各国の共産党はアメリカ出資の「連帯」を、かつてのモンロー主義の焼き直しだと非難し、それによって南米は「ウォール街」と「資本家独占」によって植民地主義権益に譲り渡されてしまうと主張した。リオ協定はワシントンに、「武装少数派や外圧による征服の試みに抵抗する自由な人々の援助」のために、近隣国に軍事介入する権利を実質的に与えていた。エルネストはリオ会議を論評し、ノートに汎アメリカ主義の項目を著した。

1950年初め、エルネストの最も強い政治的感情はアメリカに対する根深い敵意だった。「彼から見ると、南米の二つ一組の悪は、国内の寡頭政治家と米国でした」とドロレス・モジャーノは回想した。彼が米国で好きなのは、詩人と小説家だけだった。「彼がそれ以外を褒めるのは聞いたことがありません。彼はナショナリストと共産党員の両方を困惑させました。反米のくせに、どちらの観点にも賛成しなかったから。まずいことに私の母はアメリカ人だったから、私はしばしばアメリカ擁護の主張をしました。アメリカの外交政策は多くの場合、邪悪な集団によって周到に考案された戦略なんかではなく、無知と誤解によるヘマの産物であることが多いんですが、一度たりとも彼を納得させることはできませんでした。彼はアメリカの海外でのあらゆる動きを指図する邪悪な暗黒親玉たちがいるのだ、と信じ切っていたのです」

戦後期の南米には、そういった認識を裏付けるような多くの証拠があった。エルネストが成長したのは、アメリカが帝国として絶頂期を迎え、南米一帯で自国の経済的、戦略的利益を積極的に追求している時期だった。冷戦の反共産主義的雰囲気のなか、露骨なナショナリストや左派政権を犠牲にした右派軍事独裁——

ニカラグアのアナスタシオ・ソモサ、ドミニカ共和国のラファエル・トルヒーヨ、ペルーのマヌエル・オドリーア、ベネズエラのマルコス・ペレス・ヒメネス――に対する米国の支援は、国家安全保障の名のもと正当化された。

1950年代末のワシントンは、戦後ヨーロッパにおけるソヴィエトの拡大を主に懸念していたが、新たに生まれた中央情報局（CIA）はアメリカ大陸における共産主義勢力の脅威も十分懸念していて、『南米におけるソヴィエトの能力と意図』と題した機密評価報告書もまとめていた。「南米についてのソヴィエト連邦の方針は、できるかぎりアメリカの支援を弱め、一帯のソヴィエト化を可能にし、ソヴィエト強化のために地域のリソースを直接使えるようにすることだと想定せざるを得ない」と報告書は述べた。とりわけCIAは超大国である二国間で戦争が起きた場合に、ソヴィエト寄りの南米各地の共産党とモスクワが協調する可能性を懸念していた。それは共産主義が既存の反米感情に訴える可能性を示唆し、すでにアルゼンチンでは「共産主義者たちがアルゼンチンの孤立主義につけこんで、アルゼンチン軍の朝鮮派兵反対を扇動する反応を非共産主義者から引き出している」とコメントしている。いっぽうキューバでは、アメリカ軍人がキューバの国家主義的英雄ホセ・マルティィ像に小便をひっかけた事件が地元共産主義者によって「誇張され、それによって一時的にせよ、アメリカに対する一般の評価が低下している」。またCIAは、共産主義者がいくつかの国で「専制的支配者に対するリベラルで民主主義的な嫌悪感」につけこんで、それらの国とワシントンと友好関係にある独裁諸国との関係を悪化させていると警告している。

ペロンが共産主義の脅威と呼んで左翼を厳しく取り締まりはじめたとき、エルネストは医学部の4年だった。粛清のあいだ、コルドバ在住のエルネストの知人フェルナンド・バラルは「共産主義的扇動」の罪で逮捕され、警察の留置所に7カ月勾留された。バラルはスペイン共和派の亡命者で、著名な彫刻家だった彼の父はマドリード防衛中に殺されていた。外国籍の彼はフランコ支配下のスペインに送還されることになり、戻ったらどんな目にあわされるかもわからなかったが、アルゼンチン共産党がハンガリーから政治亡命者として受け入れるという申し出を取り付け、彼はスペインの代わりにハンガリーに行くことを許された。

偶然に顔を合わせることはあったが、バラルとエルネストはゲバラ一家がブエノスアイレスに移ってからは疎遠になっていた。そのあいだにバラルはエルネストの従姉妹カルメン・コルドバ・イトゥルブルに恋をしていた。バラルの恋は実らなかったが、バラルとカルメンは親しい友人同士だった。エルネストはバラルを、従姉妹との愛をめぐる恋敵と見ていたのかもしれない。あるいは単純にバラルの「教条主義」を嫌っていただけかも、と後にバラル自身が推測している。いずれにせよ、バラルの拘束中、エルネストは何もしなかった。面会にも行かなかったし、（アルベルト・グラナード勾留時の振る舞いを繰り返すように）釈放活動に加わることもなかった。

ある友人によれば、エルネストは女中たちに、ペロンの政策は彼女たちの社会階級を利するので彼に投票するよう勧めていたという。マリオ・サラビアの話では、エルネストは学内のペロニスト青年組織に加入していたという。それはその豊富な図書施設を利用し、他では入手できない本を借りるためだった。別の折に、計画していた南米縦断の野心的な旅に先立ち、タチアナ・キローガの提言で、冗談半分でジープの提供を求める手紙をエビータ宛てに書いた。タチアナも執筆を手伝い、彼女は二人でそれを楽しんだことを記憶していた。返事はなかった。

ヒッチハイク中のエルネスト，1948 年.

Ⅳ

20代初めの頃、エルネストは魅力的な変わり者として社会的に目立っていた。実際、彼は何とも定義しがたい存在で、からかわれても平気だった。彼の同僚の多くはネクタイ、ブレザー、アイロンのかけられたズボン、ぴかぴかに磨いた靴という非の打ち所のないいでたちだったが、彼は汚れたジャケットを着て、処分セールで買った奇妙な古臭い靴を履いていた。

彼はこの無頓着さのイメージを極めていた。ドロレス・モジャーノが回想しているように、彼のだらしなさは彼女の友人の間でもお気に入りの話題だった。「エルネストの外見がどれほど強烈な印象を与えたか理解するには、田舎の上流支配階級の気質を知る必要があります。私たちの知っている青年は、最新の流行を手に入れるために莫大な努力とお金を注いでいました。1950年代初めのあの頃ならカウボーイブーツ、ブルージーンズ、イタリア製シャツ、英国製セーターといった具合です。当時のエルネストのお気に入りの服はナイロンのシャツで、しかももともと白かったものが着古してグレーになっていて、彼はそれを着たきりスズメでした。週に一度しか洗わないと豪語して、ラ・セマネーラ（毎週）と名付けていました。ズボンは幅広のだぼだぼで、確かベルトの代わりに洗濯ロープで締めていることもありました。エルネストがパーティーに現れると、みんな無関心と平静を装いつつも、あらゆる会話が止まります。エルネストは、自分が生み出した騒ぎを完璧に意識しながら、それを大いに楽しんで、その場を完全に支配しました」

彼は絶望的な音痴で、友人からステップと拍子のとりかたを教わって、ようやくダンスを覚えた。ダンスが始まるたびに、彼はいつもそれがタンゴかワルツかマンボなのか尋ねた。そしてぎこちなくパートナーをダンスフロアでリードする。「彼はダンスにまったく興味がなかった」と親しい友人カルロス・フィゲロアは回想する。娘たちを容赦なく誘惑するエルネストが踊るのは、獲物に近づくためだけだった。

彼の色恋沙汰をよく知っているのは、少数の男の親友と親戚に限られた。マリオ・サラビアはエルネストと彼の家族が雇った女中との密通を回想している。女中はサリナ・ポルトガルという名の30代後半のボリビアのインディオで、エルネストは彼女といつも寝ていた。「見たこともないほど醜い女性だった。それでも彼女が誘えば、彼は彼女の部屋に行くんだ」

エルネストは両親と気の置けない仲で、愛情を込めて彼らをビエーハ（ばあさん）とビエーホ（じいさん）と呼んでいたが、自分自身についても同じくらい自虐的だった。彼のあだ名エル・チャンチョ（ブタ）はとりわけ楽しみのネタになった。社会的に敏感な彼の父が、これにひどく怒ったからだ。父エルネストは名付けたのがカルロス・フィゲロアだと知ると、一家に対する侮辱だと烈火のごとく怒って、彼を怒鳴りつけた。父親の怒りにもかかわらず、あるいはひょっとしてまさにそのために、エルネストはこのあだ名を使い続け、自ら創刊し11号まで編集を続けたラグビー雑誌『タックル』でも、自分の書いた記事にチャン＝チョと署名した（彼の辛辣なラグビー試合評は、スポーツ・ライターの隠語で書かれ、英語表現まみれだった）。

エルネストは、父とは争いが絶えなかったが、母は慕っていた。１９４６年、彼女は乳がんと診断され、乳房を切除していた。彼らの絆はあまりに特別で、他の子供たちを寄せ付けなかった。友人のなかには、それがとりわけロベルトに及ぼした影響について、同情を込めて語る者もいる。肉体的に兄より健康で、2歳年下のロベルトは、ラグビーで頭角を現したが、家族内では彼の偉業は兄にかき消されてしまった。兄は常に喘息を「克服」した人物と見られていたからだ。ロベルトが子供時代からエルネストに抱いていた恨みを克服するには、多くの年月が必要だった。

家族の誰もが、父エルネストとセリアがもうベッドをともにしていないという事実を見ないふりをした。父親は遅く帰ってきて、まわりで起きていることすべてを無視して、ソファに倒れ込んで寝入った。他にも奇行はあったので、こんな振る舞いでさえ自然に思われた。彼は外出時に必ずわざと何かを忘れて、一度戻ってくる。たとえば鍵などだ。そうしなければ「縁起が悪い」からだった。これは強迫的な儀式になった。誰かが食卓で「ヘビ」と言ったら、彼はすぐに「イノシシ」と言った。禁句がもたらす災難に対する「厄除け」だった。

一方セリアは、自宅をサロンのように切り盛りし続けていた。食卓は彼女の王座だった。彼女は何時間もそこに座ってソリティアをしていた。彼女はそれに――いつも吸っていた煙草と同じように――中毒していたが、若者との会話はいつでも受け入れ、アドバイスを与えた。日々の暮らしの実務については、我関せずだった。料理人が休みの日は、彼女は計量もレシピもないまま、たまたま冷蔵庫にあったものを何でも混ぜて食事を作った。家を訪問した者は、家具も装飾品も絵も何もないことに気づいたが、大量の本が棚やあちこちに積まれているのに驚く。他にも風変わりなことがあった。キッチンのレンジが頻繁に漏電して、何も知らずに壁に寄りかかった新参者を感電させた。

エルネストが勉強するための場所と静寂を、ベアトリスのマンションや大学の図書館に見出したように、彼の父もすぐ近くにスタジオを借りてちょっとした隠れ家にした。彼は新たなビジネスパートナーと組んで、不動産事業と契約代行業を組み合わせたゲバラ・リンチ・イ・ベルブルチ（ゲバラ・リンチ&ベルブルチ社）を開業した。ほどなく彼らは市の内外でいくつか仕事を見つけたが、父エルネストの常として、長続きはしなかった。*

スタジオには寝室があったが、父エルネストはそこに机と建築用製図作業台を置き、あいかわらずアラオス通りのリビングのソファか姉ベアトリスのマンションで寝ていた。しかしアラオス通りの家が手狭になってきたため、スタジオは必然的にあふれたゲバラ家の若者やその友人たちの勉強部屋となり、彼らは好きに出入りしていた。エルネストはそこを試験のための一夜漬けに使い、ロースクールに通うロベルトも同じだった。セリア、アナ・マリア、彼女のボーイフレンドであるカルロス・リノは全員建築を学んでいて、しょっちゅうそこで設計課題に取り組んだ。そして短命に終わったラグビー評論誌『タックル』の編集室になっていたこともあった。

いつも不足していたお金を稼ぐために、エルネストは一連の商売に着手したが、どれも独創的ながら実現は難しかった。これらの事業には通常古い友人カルロス・フィゲロアが関わっていた。彼は当時ブエノスアイレスで法学を学んでいたが、エルネスト同様に絶えず手元不如意だった。最初の新事業はエルネストの思いつきだった。彼は、イナゴ用殺虫剤ガメサネが、家庭用ゴキブリ殺虫剤として効くと直感的に感じた。近所でテストをした後、彼は工業生産に乗り出す決心をした。そしてフィゲロアとピサニ医師の患者の一人と組んで、自宅のガレージでタルカムパウダーと混ぜた薬剤の箱詰めを始めた。その名前を商標登録したいと思って、「アル・カポネ」という名を思いついたが、名前の使用にはカポネ一家の承諾が必要になると助言された。彼の第二案はフン族のアッティラ王からとった「アティーラ」で、行く先々で皆殺しにするという意味が込められていたが、同名の商品がすでにあった。最終的にスペイン語で強い南風を意味する「ベンダバル」に決め、特許を取得した。父エルネストは、投資してくれそうな人に紹介しようと申し出たが、拒否

＊　エルネスト・ゲバラ・リンチはパートナー選びにとりわけ恵まれなかったようだ。事業が立ち上がって稼働しはじめると、ベルブルチはひどい長期のうつ病に倒れ、ゲバラを見捨てた。ゲバラ・リンチは別のパートナーを見つけ、浮き沈みはあったが、1976年の右派による軍事クーデターで亡命を強いられるまで会社は続いた。

された。エルネストは父のビジネスパートナーたちを信用していなかった。

ベンダバル工場はひどい悪臭を撒き散らした。「吐き気を催す臭気が家じゅうに充満していた。口にするものすべてがガメサネのような味に思えた。それでも冷静沈着なエルネストは仕事を続けた」と彼の父は書く。しかし、まず手伝っていた人々が、そして次に彼自身が体調を崩しはじめ、すぐに事業は断念された。

次の事業計画はカルロス・フィゲロアの思いつきだった。それは靴を卸売りの競売で安く買って、戸別の訪問販売で高く売るというものだった。良いアイデアに思えたが、大量の靴を――ちゃんと調べもせずに――競り落とした後で、買ったのは大量の売れ残りのガラクタで、その多くが組みにならないことがわかった。組みになるものを売った後、彼らは左右が単に似ているだけの靴を売り歩いた。結局、左右がまったく組みにならない靴が残った。彼らは通りの先に住む片足の男に靴を売り、おかげで家族や友人から、なるべく多くの片足の人を見つけて残りを売れという助言がなされた。このエピソードは長く記憶に残った。その後エルネスト自身が、売れ残った左右色の違う靴をときどき履いていたからだ――まちがいなく、その外見をみんながぎょっとして見つめるのを楽しんでいたのだろう。

稼ぐための会社とは別に、エルネストは家で医学実験を始めた。一時、彼は寝室のバルコニーで檻にいれたウサギとモルモットを飼って、それらに発がん物質を注入していた。また致死性が低い物質を使って友人たちで実験した。ある日カルロス・フィゲロアは自分への注射を許した。そして注射に反応して全身がふくれあがった彼を見て、エルネストは「この反応を期待してたんだ！」と嬉しそうに言って症状を緩和する別の注射をした。

エルネストの医学部の同級生は、人体の足をブエノスアイレスの地下鉄で一緒に運んだという。彼らは家で「実験」するために、解剖室の助手に足を譲ってもらい、新聞紙で適当に包んで運んだ。エルネストは通勤客の怯えた表情を楽しんだ。

エルネストの幼少期のおふざけは、医学部での素行、スポーツ活動、ヒッチハイク旅行に反映されていた。週末にブエノスアイレス郊外の飛行場で、自由奔放な叔父ホルヘ・デ・ラ・セルナと一緒に新しいスポーツとして始めた飛行機操縦が、しばらくは未知のことを試したいという衝動を満たした。* しかしエルネストが最も大きな自由を経験したのは、家から離れた旅でのことだった。カルロス・フィゲロアはエルネストの多くのヒッチハイク旅行に同伴した。彼らは頻繁にコルドバに帰郷したが、通常ならそれは車で10時間だった。トラックの後ろに乗せてもらうエルネストとカルロスの場合、72時間かかった。ときにはトラックに乗せてもらう代償として、荷降ろしを手伝うこともあった。

エルネストは自身の地平をさらに遠くに広げたいと切望していた。1950年元旦、医学部3年の終わりに、彼はイタリア製のクッチョロ・エンジンを付けた自転車でアルゼンチン内陸部を目指した。これは彼にとって初の本格的な一人旅だった。出発前のポーズをとった彼の写真がある。自転車に跨がり、足を地面につけ、手はハンドルバーを握っている姿は、まるでレースのスタートラインについているようだ。帽子を被り、サングラスをつけ、革のボンバージャケットを着ている。スペア・タイヤをまるで山賊の弾帯のように首から肩にかけている。コルドバに行き、その北150キロ先のサン・フランシスコ・デル・チャニャルまで行く計画だった。そこでは当時アルベルト・グラナードがハンセン病病院で働き、副業として薬局を経営していた。

エルネストは晩に家を出発し、小さなエンジンを使ってすぐに街から出て、そのあとペダルを踏みはじめ

＊　ホルヘはセリアの弟で派手な性格だった。孤独な冒険家で、全国放浪に熱中していた。家族には大いに愛されていた――そしてエルネストも彼が大好きだった――が、かなりイカレた人物で、すくなくとも一度は精神病院に収容されるはめになった。

1950年元旦，オートバイで一人旅に出るエルネスト．後にこの写真はエンジン販売元の宣伝に使われた．

た。まもなくあるサイクリストが彼に追いつき、朝まで一緒に移動した。彼が最初のゴールと決め、そしてある家人が、冒険が終わる場所と予測していたブエノスアイレス郊外のピラルを通り過ぎたとき、彼は「勝利者の最初の幸せ」を感じた。彼は旅路についた。

V

エルネストの旅は、生涯を通じた儀式となる二つの習慣という新境地を開いた。旅と日記だ。* 彼は人生で初めて、日々の暮らしを記録し続けようという啓示を感じた。22歳だった。

2日目の夜には生地のロサリオに到着、そして翌晩、出発から「41時間17分後」、コルドバのグラナード一家の家に着いた。道中、彼はいくつか冒険を経てきた。まず、時速65キロで走る車の後ろにつかまって距離をかせいでいたら、後輪タイヤが破裂して道端に放り出され、たまたま彼が落ちたところで寝ていたリンシェラ（浮浪者）を起こすはめになった。二人は会話を交わし、浮浪者は親切にマテ茶を淹れ、「年増女ですら甘くなるほどの砂糖をぶちこんでくれた」（エルネストは苦いマテ茶が好きだった）。

エルネストはコルドバで友人を訪ねて数日過ごし、アルベルトの兄弟トマスとグレゴリオとともに市北部の滝にキャンプに出かけた。そこで岩登りをしたり、高所から水の浅い淀みに飛び込んだり、鉄砲水に飲み込まれそうになったりした。トマスとグレゴリオはコルドバに帰り、エルネストはアルベルトに会うためにサン・フランシスコ・デル・チャニャル郊外のホセ・J・プエンテ・ハンセン病病院に向かった。ハンセン病の免疫学的感染を研究しているアルベルトと、ピサニ診療所でアレルギーに関わっているエルネストのあいだには、いまやラグビーと本以上の共通項があった。グラナードにとって医学研究の世界は「私たち両方にとって一種の伝導性の糸で、当時そこには私たちの未来があるように思えた」。

アルベルトの研究に大いに興味を覚えたエルネストは、彼の回診に同行した。しかし彼らはすぐに口論をした。それはアルベルトによるジョランダという名の若く美しい女の子の治療をめぐるものだった。彼女にはまだハンセン病の症状——死んだ皮膚にできる大きな発疹——が背中以外には出ていなかった。新しい医者がくるたびに、彼女は自身の隔離の不当性を説得したがるのをグラナードは知っていた。「エルネストもこの法則の例外ではなく、少女の美しさと、自身の主張を感傷的に述べる様子に明らかに感銘を受けて、私のところにやってきた。すぐに口論になった」

エルネストは、この病気による隔離の決定には、もっと配慮が必要だと感じていた。アルベルトは少女の症状は絶望的で感染性が高いことを説明しようと努めた。彼は彼女の背中の皮膚に長い皮下注射針を刺して

＊　チェの死後、この日記を父親が発見し、それを清書して自身の回顧録『我が息子　チェ』に含めた。出版されたものは、判読不能の部分以外は原版に完全に忠実であると彼は言っている。

自分の主張を証明した。彼女は何も感じず、彼がしていることに気づいていなかった。「私は勝ち誇ったようにエルネストを見たが、彼の視線は私の微笑みを凍りつかせた」とグラナード。「未来のチェが私にぶっきらぼうに命じた。「ミアル、彼女に出ていくように言え！」。そして患者が部屋を出ると、友人の顔に抑えた怒りが浮かんでいるのがわかった。それまでそんな彼を見たことがなかったので、私は非難の嵐が過ぎさるのを待つしかなかった。こう言われた。「ペティーソ、おまえがあそこまで思いやりをなくすとは思いもしなかった。自分の知識を見せびらかすためだけに、あの若い女の子を騙したんだぞ！」」。グラナードが説明を重ねると二人は仲直りして、事は収まったが、決して忘れられはしなかった。

ハンセン病病院で数日過ごすと、エルネストは再び旅に出たくてたまらなくなった。その頃までに彼は旅をさらに遠くまで延ばすことを決めていた。アルゼンチンの果て、そしてまだほとんど旅したことのない北部と最西端の州まで行ってみたいという「思い上がった意思」を持っていた。彼は、オートバイを持っているグラナードを説得し、最初の目的地まで同行させた。

友人二人は出発し、グラナードがロープで繋いだエルネストをオートバイで引いた。ロープは何度も切れ、ある程度行ったところで、二人はエルネスト一人で旅を続けたほうがいいということで意見が一致した。アルベルトはサン・フランシスコ・デル・チャニャルに戻った。「ぼくたちはマチート（男）同士のあまり大袈裟ではない抱擁を交わした。そして彼がさよならと手を振りながら、騎士のようにバイクに乗って去るのをぼくは見送った」とエルネストは記している。

エルネストは、アルゼンチンのサハラと言われるサリーナス・グランデス（大塩原）の「一面銀色の土地」を問題なく横断し、ロレトという小さな町に到着すると、そこで地元の警察が一晩泊めてくれた。泊まっているのが医学生であると知った彼らは、残って町でただ一人の医者にならないかと言う。当時はまったくそんなつもりのなかった彼は、翌日再び出発した。

州都サンティアゴ・デル・エステロでは、日刊紙『トゥクマン』の地方記者が彼にインタビューしている――「ぼくについての生涯初の記事」だったとエルネストは大喜びで記している。そして彼は北にある次の都市トゥクマンに向かった。途中何度目かわからないほどのタイヤのパンクを修理中、彼はリンシェラに出会っておしゃべりした。「この男はチャコで綿を収穫した後、しばらく放浪して、サン・ホアンにブドウ収穫に行こうと考えていた。いくつかの州を旅して回るぼくの計画を知り、その行為が純粋に楽しみのためだとわかると、絶望したように頭を抱えた。「なんてこった、金にもならないのにそんな手間をかけるのか？」」

エルネストはこの放浪者に、自分の国をもっと知りたいと繰り返す以外に、自分がこの旅から何を得たいのかうまく説明できなかった。しかしこの男の言葉は、彼を考え込ませた。それまでの彼の日誌は、逸話を織り交ぜた事実の描写と軽薄な記述だったが、その後の彼は自分自身と自分の感情をもっと深く検討しはじめた。トゥクマンの北の森林地帯のサルタへと続く路上で彼は停止し、バイクから降りて深い枝葉のなかへと踏み入った。彼はそこで自分を取り巻く自然界のなかで、ある種の歓喜を体験した。後に彼はこう記している。「ぼくは自分のなかでずっと高まりつつあった何かが〔…〕熟したことに気づいた。それは文明への憎悪であり、平和に対する憎しみに満ちたアンチテーゼに思える、大きなノイズのリズムにあわせて狂ったように動く人々の不条理なイメージだった」

同じ日のもっと後に、彼は真新しいハーレーダビッドソンに乗ったオートバイ乗りに出会った。男はロープで引いてやろうかと提案したが、先だっての災難を思い出した彼はこれを断った。彼とオートバイ乗りはそれぞれ別の旅を続ける前に、一緒にコーヒーを飲んだ。数時間後に次の町に着いたとき、トラックからそのハーレーが降ろされているのを見て、乗っていた男が死んだことを知った。この出来事、そして辛くも彼自身は同じ運命から逃れたことが、新たな内省の爆発を引き起こした。「このオートバイ乗りの死は、大衆の神経末端に触れるような衝撃ではないが、男が偉業を成し遂げ名声を得ようという英雄的な意図など、最も漠然としたものさえ持たずにあえて危険を追い求め、見る者もない道のカーブで死ねるのだと知ると、この無名の冒険家は漠然とした自殺への「熱狂」に取り憑かれたように思えてくる」

サルタの病院で、エルネストは医学生だと名乗って寝る場所を求めた。トラックのシートを割り当てられ、翌朝早くドライバーに起こされるまで「王様のように寝た」。土砂降りの雨がおさまるのを待って、彼は濡れて滴る葉が美しい緑の景色のなか、フフイを目指して出発した。アルゼンチン最北の都市だ。到着すると「その州のもてなしの程を知りたい」彼は地元の病院を訪ね、そこでまたもやベッドにありつくために医師「資格」を使った。寝床を得ることはできたが、それは不平を言うインディオの幼い少年の頭のシラミを一掃してベッド代を稼いだ後だった。

そこがこの旅で彼が訪れた最北だった。ボリビアとの荒れた国境まで行きたいと思っていたが、父親宛ての手紙に書いたように「いくつかの氾濫する川と活火山が、この一帯への旅をおじゃんにしていた」。また、医学部の第4学年が数週間後に始まろうとしていた。

サルタに戻り病院を再訪した彼は、職員から旅で何を見たか訊かれた。「実際、いったいぼくは何を見ているんだろう?」。彼は熟考した。「少なくとも観光客と同じような満足を得ているわけではない。たとえばフフイの旅行者用パンフレットに、祖国の祭壇、国民旗が掲げられた大聖堂、説教壇の宝飾、奇跡を起こす小さなリオ・ブランコの処女、ポンペイが掲載されているのが、ぼくには奇妙に思える。[…]いや、そんなことでは国を知ったり、人生の意味を見つけたりはできない。それは贅沢なうわべでしかなく、真の魂はグランデ川が水面下から膨れ上がる水量の乱流を見せるように、病院にいる病人、警察に勾留されている人々、知りあった不安げな通りすがりの人々に映し出されるのだ」

エルネストは大人になって初めて、自国の厳しい二面性を目の当たりにした。彼は輸入されたヨーロッパ文化から抜け出した。その文化は彼自身のものでもあったのだが。そして疎外された、遅れた、先住民の中心へと飛び込んだ。旅の途上で友人になった社会から疎外された人々――ハンセン病患者、放浪者、勾留者、入院患者――の生活の不公平は、「グランデ川」の「水面下」に隠れた、この地域の「乱流」を示すものだ。この謎めいたグランデ川――彼が旅の途上で渡った川ではない――への言及は、重要かもしれない。なぜならそれは、ずっと昔から、アメリカとメキシコの国境に沿って流れ、裕福な北と貧しい南を分ける境界線として、政治的な象徴性を持つ川についての言及に見えるからだ。もしそうなら、これはその後、彼が取り憑かれる思考の初期兆候だ。新植民地主義的搾取の表出としてのアメリカ合衆国こそが、彼が身のまわりで目にした残念な状況の永続について、最終的に責めを負うべきである、というのがその思考だ。

アルゼンチン北部の州では、広大な無人の土地が少数の古い都市を囲んでいた。そこは莫大な富と特権を持った一握りの土地所有一族に牛耳られていた。何世紀ものあいだ、彼らとその祖先が確立した植民地構造が、彼らが支配する顔のない「異質」な大多数の先住民と共存していた。それはカタマルカ州の上院議員ロブスティアーノ・パトロン・コスタスのような強権的な人物が支配する地域だ。コスタスは専制的な砂糖工場所有者で、カスティージョ大統領が自ら選び抜いた後継者だったが、ペロン支援の1943年軍事クーデターで就任を阻まれた。数年後ペロンはこのクーデターを正当化するため、パトロン・コスタスは所有する砂糖工場をまるで「封土」のように運営した「収奪者」だったと非難した。アルゼンチンが現代世界で台頭するためには始末すべき「あり得ない」制度の代表がコスタスだと言うのだ。

こういった地域から都市に流れてくる、一般にコヤと称されるアルゼンチン・インディオと、カベシータス・ネグラス（小さな黒い頭）と呼ばれる混血は、着実に増えていた。職を求めて都市にやってきた彼らは、コルドバのゲバラの家の前にあったようなスラム街を形成した。ラ・ネグラ・カブレラやサビナ・ポルトゥガルといった家事使用人や、アルゼンチンの新産業と公共事業のための労働力は、これらの階層出身だった。それはペロンが国民にデスカミサードを受け入れよと呼びかけた際に訴えかけた、侮られた社会階層だ。かつては排他的だった都会の白人エリートは、こうした連中の存在が目障りで騒々しいと感じ、大いに苛立っていた。エルネストにとっては、初めてこれらの人々が使用人でも象徴でもなくなった。彼は彼らの真っ只中を旅した。

エルネストは学期開始前にブエノスアイレスに戻った。6週間の旅で彼は12の州をめぐり、走行総距離は4000キロ近くになった。彼は小型の自転車用エンジンを、購入したアメリメックス社にオーバーホールのために持ち込んだ。喜んだ経営者は、エンジン修理をただにするから広告に出てくれと持ちかけた。彼はこれに同意して、最近の長旅の概要を手紙に書き、彼を運んでくれたこの会社のクッチョロ・エンジンを称賛した。「長旅のあいだ完全に機能した。ついに圧縮が弱まったのは本当に最後の最後で、やっと修理に出した」

VI

その医学部4年目に、エルネストは学位のためさらに五つの試験に合格し、ピサニ診療所での仕事も続けていた。ラグビーもホセ叔父さんとの飛行練習も欠かさなかった。しかし世界探検への渇望が彼のなかで目覚め、自称アルゼンチン「襲撃」の成功に続く、新しい旅行計画を企みはじめた。ところが学期終了直前の

10月、予期せぬことが起きた。人生で初めて恋に落ちたのだ。

ゴンサレス＝アギラールの娘の一人カルメンが結婚することになり、ゲバラ一族は式に出席するため総出でコルドバに赴いた。客の一人はコルドバ時代の知り合いの少女だった。当時は子供だったが、いまや16歳の美少女となったマリア・デル・カルメン〝チチーナ〟フェレイラは、コルドバで最も古く裕福な一族の一員だった。ブルネットの髪、柔らかそうな白い肌、ぼってりした唇の彼女を見て、エルネストは「雷に撃たれた」ような印象を受けたと、結婚式に出席していたペペ・ゴンサレス＝アギラールは語る。

相思相愛だった。チチーナは、エルネストの「強情そうな体格」と後にドロレス・モジャーノが呼んだものと、ちゃめっけのあるくだけた性格に惹かれた。「私たちは彼の服装のだらしなさに笑ってしまうと同時に少し当惑していました」とモジャーノは記している。「私たちは実にお高くとまっていたので、彼が恥に思えたのです。彼は顔色ひとつ変えずに私たちの冗談を聞き流しました」

少なくともエルネストにとって、ここから生まれたロマンスは真剣だった。あらゆる証言から見て、チチーナはとても若かったが、女性じみた虚飾ばかりではなかった。非常に聡明で想像力に富んでおり、エルネストは彼女こそ自分が生涯を捧げる女性だと確信した。それはほとんどお伽噺のようなロマンスだった。彼は元貴族の貧しい一族の出身だった。彼女はアルゼンチン貴族の一員で、当時のコルドバの数少ない産業である石灰採掘所と工業団地の相続人だった。フェレイラ一家は、コルドバのチャカブコ通りの端にある、閉ざされた公園のような土地に、フランス様式の豪勢な大邸宅を所有していた。フェレイラ一族の女家長であるチチーナの祖母が、そこに住んでいた。チチーナと彼女の両親はそこからほど近い、ゲバラの旧宅からわずか二街区の別の大きな屋敷に住んでいた。彼らはマラゲーニョに広大な牧場も持っており、一家は夏をそこで過ごした。

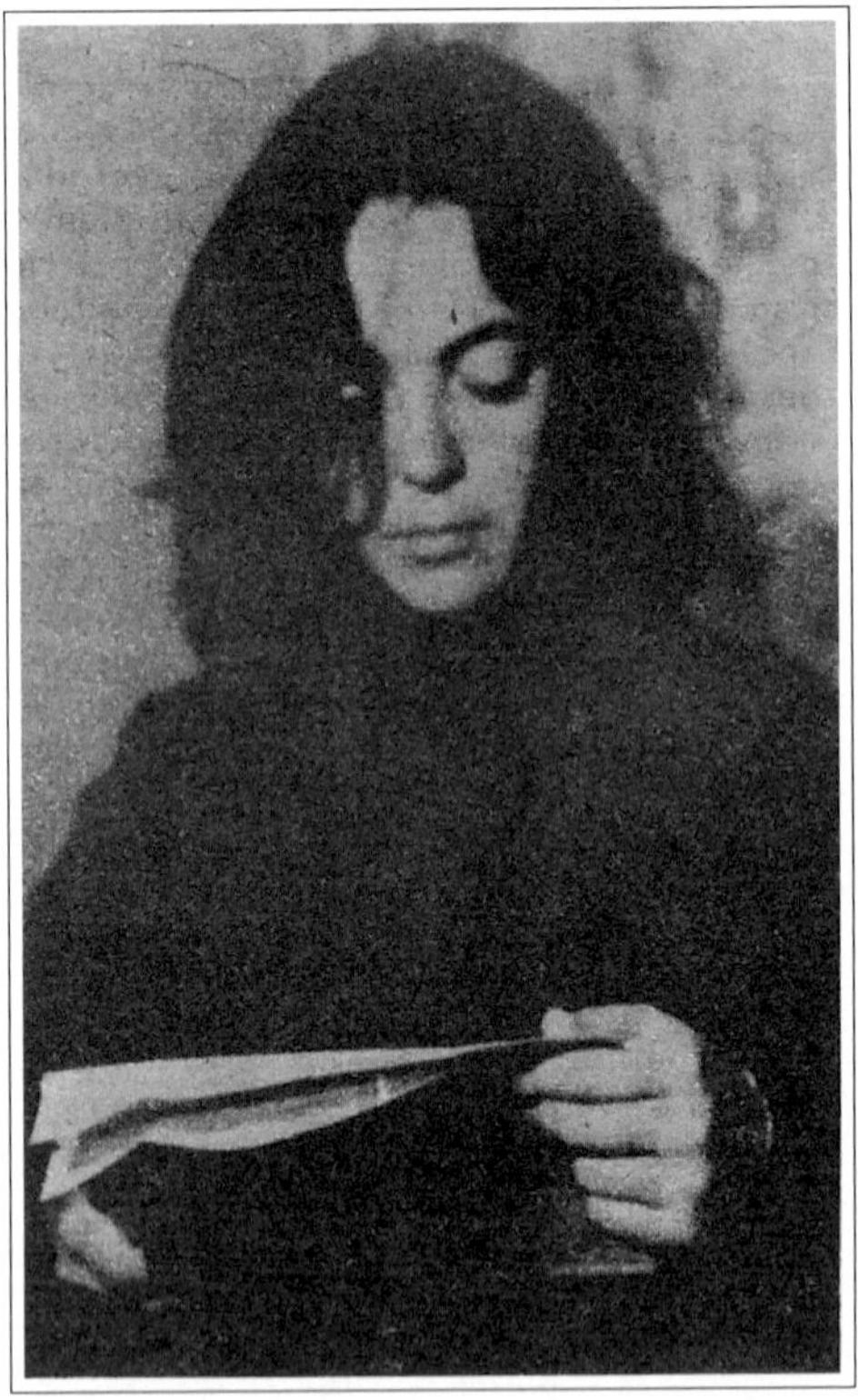

マリア・デル・カルメン“チチーナ”フェレイラ．エルネストが恋に落ちた裕福な女性，1950 年．

この大牧場には「二つのポロ競技場、アラブ種の種馬、そして一家所有の石灰採掘場の労働者が住む村がありました。一家は毎週、日曜日にミサのために村の教会を訪れ、祭壇の右の別の出入口と専用の内陣仕切りがある隔てられたアルコーブで、労働者の一団から離れて礼拝しました。いろいろな意味で、マラゲーニョはエルネストが侮蔑していたあらゆるものの典型でした。それでも、いつもながら予想のつかないエルネストは、この小さな帝国のお姫様と狂ったような恋に落ちました」とドロレス・モジャーノは書く。*

チチーナの両親は、エルネストは娘に相応しいと感じたかはさておき、すぐに彼を拒絶したりはしなかった。当初彼らは彼の風変わりでませたところに、親しみを持っていた。彼らの交際を見守っていたペペ・ゴンサレス＝アギラールは、フェレイラ家の人々がエルネストのだらしない格好と形式張らないところを面白がっていたのを覚えていたが、エルネストが文学、歴史、あるいは哲学について語り、自身の旅の逸話を披露したときには、傾聴していたともいう。

フェレイラ家のほうも多彩な連中だった。ペペ・ゴンサレス＝アギラールは彼らを、教養ある世知に長けた感性豊かな人々と評している。保守的な田舎社会で、この一家は著しく突出しており、世間は彼らに嫉妬するだけでなく、同じくらい偶像化して崇拝した。チチーナの父は今日でさえ危険なアマゾンを、長い時間かけて旅していた。彼らはほとんど道もないときに自動車レースに参加し、祖母が注意深く見守るなか、初めて飛行機を操縦した。一家の言い伝えでは、その祖母は彼らに「低空飛行」するよう注意したそうだ。第二次世界大戦中、チチーナの叔父の一人はド・ゴール将軍の隊に参加しようと向かっている途中、乗っていた船がドイツ軍に沈められて死んだ。

エルネストにとって、「フェレイラ家の雰囲気」は、非常に刺激的――そして魅力的――だったにちがいない。すぐにチチーナに会うためにしょっちゅうコルドバを往復するようになった。彼はフェレイラ家のコルドバの家とマラゲーニョを頻繁に訪れ、チチーナとそこに集まる彼女の友人の大グループに加わるようになった。

＊　チチーナとドロレス・モジャーノはいとこ同士で、建築家であるドロレスの父は、エルネスト・ゲバラ・リンチを彼の建設業を通じて知っていた。フェレイラ家は高名なロカ家と婚姻関係にあり、ロカ家の息子グスタボはエルネストの友人だった。大学改革に着手した人物の一人であるグスタボの父は、ゲバラ・リンチの知人で、やはりコルドバの有名建築家だった。フェレイラ、ゲバラ両家と子供時代からの友人であるタチアナ・キローガは、チチーナのいとこハイメ〝ヒミー〟ロカと当時付き合っており、後に結婚した。

彼女の友人たちによれば、チチーナの親族のなかで最もエルネストに惹かれていたのは、彼女の叔父で変わり者のマルティンだった。マルティン叔父さんはマラゲーニョに住む初老の隠遁者で、アラブ種の馬を育てていた。彼は決して大牧場を離れなかった。また、一族全員が連合軍の頑強な支持者だったにもかかわらず、彼だけは断固としてナチ・ドイツを支持したことでも突出していた。彼は夜行性のクラシック・ピアノの名手で、エルネスト、チチーナ、彼らの友人たちが語りあい踊っているあいだピアノを弾き、それはしばしば夜明けまで続いた。

あまりに拙速に、エルネストはチチーナに結婚を申し込み、新婚旅行としてカーサ・ロダンテ（トレーラーハウス）で一緒に南アメリカを旅して回ろうと説得していた。「諍いが起きたのはこのときだった」とペペ・ゴンサレス＝アギラールは言っている。「チチーナはまだ16歳で、そこまでの決意はなかった。また彼女の両親もこの計画を好意的には見なかった」

求婚後、エルネストの存在はフェレイラ一族のあいだで破壊的なものと見られるようになった。ドロレス・モジャーノの回想によると「彼に対する一家の反感は激しいものでした。どんなパーティーでも、彼は意見の直截さ、率直さ、嘲笑性のため危険な存在と見なされていたのです。エルネストが我が家の夕食に来ると、私たちは恐れと喜びの入り混じった状態で、最悪のことが起きるのではないかと身構えるのでした」。

タチアナ・キローガはエルネストについて、フェレイラ一家のフォーマルな晩餐にときどき現れる「ヒッピーっぽい病んだ」人物と評している――「喘息と手放さない吸入具［…］着ているのは気持ち悪い汚れたナイロンのシャツ」――ぞっとした主催者たちは、ものも言わずに彼を見つめていた。彼女から見ると、エルネストは自分の存在が引き起こした非難を十分すぎるくらいわかっており、「見下された気分にならないために」無礼なことを言ったと考えていた。ある晩、マラゲーニョでの夕食時に緊張は最高潮に達した。その場にはドロレス・モジャーノとペペ・ゴンサレス＝アギラールの両人が居合わせた。話題がウィンストン・チャーチルになったという。フェレイラ一家は極端にイギリス崇拝で、彼らの家でチャーチルの名が出るときには、常に畏敬の念が込められた。ドロレスによれば、年配の家族がそれぞれこの男にまつわるお気に入りの逸話を披露すると、エルネストは露骨にばかにした様子で聞いていた。そしてとうとうこらえきれず、この尊敬を受けている人物を、ただの「チンピラ政治家」とあっさり一蹴してみせた。ペペ・ゴンサレス＝アギラールは、この気まずい瞬間のことを覚えていた。「チチーナの父オラシオは「これには我慢ならない」と言ってテーブルを離れた。私は、この場を去るべき者がいるとしたら、それは私たちだと考えながら、エルネストのほうを見たが、彼はいたずらっ子のようにニタニタして、レモンを皮ごと噛りはじめた」

チチーナはエルネストと会い続けたが、秘密だった。あるとき彼女と家族が父のポロ競技を観るためにロサリオに赴いた際、チチーナはエルネストが女友だち一同と一緒に別の車に隠れてやってきて、そこで合流するよう手配した。父親が競技に興じているあいだ、二人は密会した。

チチーナの信心深い母ローラは娘の気持ちに気づいており、エルネスト・ゲバラが義理の息子になる可能性を警戒するあまり、タチアナ・キローガによると、アルゼンチンの守護聖人カタマルカの処女マリアに誓いを立てたという。もしもチチーナがロマンスを破談にすれば、ローラははるか遠くの処女マリアの聖地まで巡礼するという誓いだ（結局、彼女は巡礼を行ったが、それは辛い体験になった。運転手付きの車に乗っていたとはいえ、灼熱の砂漠で車が延々と故障し、この旅そのものがフェレイラ一家のお気に入りの話になった）。

1950年12月に学期が終わっても、エルネストは意外にもチチーナに近づくためにコルドバに来なかった。かわりに看護師資格を保健省で取得し、国有石油会社ジャシミエントス・ペトロリフェロス・フィスカレスの輸送船の「医師」職に応募した。表面上は、エルネストの旅行熱が、チチーナの魅力に打ち勝ったように見えるが、実際には彼女にもっと自分を「男らしく」思わせる手段である可能性が高い。おそらく、尊敬を受けている彼女の父や叔父の、見栄えのする功績に張り合おうとしていたのだろう。

1951年2月9日、エルネストはタンカー船アンナG号に乗ってブラジルに向けて出発し、6週間海上で過ごした。それから4度目の最後の航海を終える6月までのあいだ、彼は陸よりも海上で過ごした時間のほうが長かった。南はパタゴニア地方のアルゼンチンの港コモドロ・リバダビア、南アメリカの大西洋岸をイギリス植民地のトリニダード・トバゴまで北上し、途中キュラソー、イギリス領ギニア、ベネズエラ、ブラジルの港を訪れた。チチーナから心が離れることはなかった。港につくと彼は妹セリアに電話をかけて、彼女から手紙が届いていないか尋ねた。「彼は私に波止場まで走ってくれと頼んだので、私は言われるままに走って手紙を届けてあげたわ」と数年後に彼女は回想している。

友人や兄弟には、エルネストはロマンあふれる生活を送っているように見えた。立ち寄った先のちょっとしたエキゾチックな土産を彼らに持ちかえり、外洋での生活の話をしてくれた。確かに彼はいくつか冒険を体験していた。彼はカルロス・フィゲロアにブラジルの港でアメリカ人の船乗り――妹セリアの記憶では、それはトリニダードでのことで相手はイギリス人だった――と喧嘩した話をした。この事件は、彼のアングロサクソンに対する持ち前の憎しみを裏付けていたようだ。そしてオスバルド・ビディノストには、船の唯一の手術用メスが喧嘩で使われ、その証拠保全のため使用が禁止されていたので、船上で水夫に盲腸手術をするのに包丁を使った話をした。

しかし船乗りの生活は、エルネストの期待に応えるものではなかった。勤務している石油タンカーの寄港期間が短いので、何も見てまわる時間がないのが不満だったのだ。5月になり大学の5年目の授業が始まると、彼は最後の航海に出た。ブエノスアイレスに戻ると、彼は父親に捧げた自伝的エッセイを含むノートを父親に渡した。それには『苦悶（そのとおり）』というタイトルがつけられ、引用が織り交ぜられ、イプセンの「教育は人生が提起する状況に立ち向かう能力である」という一節の引用から始まっている。

不可解な分厚い隠喩の覆いをまとって書かれた『苦悶』は、エルネストが洋上で体験した憂鬱の原因と本質の、内省的かつ実存主義的な探究だった。物語は、船員仲間と過ごしたトリニダードでの上陸許可を中心に構築されている。それは知られているかぎり、エルネストによる初の短編小説執筆の試みだった。序文では鬱病を克服し、再び「楽観的に笑って、自分を取り巻く空気のなかで呼吸できるようになった」と書くが、彼は深い孤独に浸り、チチーナとの関係について苦しみ、社会の束縛に苛立って解き放たれたいと願っているようだ。

「ぼくはひざまずいて、答え、真実、動機を見つけようとした。自分は愛するために生まれてきたのであって、永久に机の前に座り、人は善かどうか思案するために生まれてきたのではない。なぜならぼくには人間は善とわかっているから。これまで国で、製造所で、伐採宿泊所で、工場で、都会で人と肘をこすり合わせてきたのだから。肉体的に健康で、協調精神を持ち、雄ヤギのように若く元気にあふれているが、自分は全景から排除されていると感じる。それが苦悶だ。［…］新たな生命を育てるのに何の役にもたたない不毛な犠牲を払うこと。それが苦悶」

Ⅶ

1951年6月下旬、エルネストは学校に戻った。23歳になり医学学位取得まであと2年残っていたが、もはや授業と試験の繰り返しには刺激を感じられなくなっていた。疫病に憑かれてしまったのだ。恋に傷つき、落ち着けなかった。原動機付き自転車の旅と数カ月の洋上生活によって旅行熱が刺激されていたが、チチーナと結婚し彼女を連れ去る望みは停滞していた。17歳になったばかりのチチーナは、いまだに箱入り娘だった。彼女の親の頑固な反対と、彼女自身の若さゆえの優柔不断という重い組み合わせによって、彼女とエルネストとの関係は一筋縄ではいかない未解決の待機状態にあった。遠距離恋愛がそれに拍車をかけた。

助け船を出したのはアルベルト・グラナードだった。この頃の彼は、南アメリカ全域を1年かけて旅する壮大な計画を練りはじめていた。彼は何年もそういった旅について話はしたが、何の行動も示さず、彼の家族もとっくに「アルベルトの旅」を無害なお伽噺として片付けていた。彼は30歳に近づいており、いまを逃せばもう不可能だと自覚していた。彼は連れが必要と考えた。こんな冒険のチャンスのためにすべてをなげうつ者など、エルネスト以外にいなかった。

エルネストは授業が休みの10月に、アルベルトに会いにコルドバに赴いた。後に叙情的に想起しているように、彼らはアルベルトの家のブドウの木陰で甘いマテ茶を飲んで、これから訪れるところに想いを馳せた。「白日夢の途上で、ぼくたちは遠く離れた国々に到達し、熱帯の海を航海し、アジアをくまなく訪れた。そして突然［…］問いが浮かんだ。北アメリカに行くのは？　北アメリカ？　どうやって？　ポデローサ号でだぜ。こうして旅が決まり、その後ずっと、その計画と同じ一般原則が追求された。即興だ」

ポデローサ（強力号）は年代物のノートン製５００ccバイクで、エルネストがサン・フランシスコ・デル・チャニャルを訪れたとき、アルベルトが彼を牽引しようとしてうまくいかなかったあのバイクだ。１９５２年1月4日、彼らはそれに乗り、ミラマールのビーチ・リゾートを目指して出発した。そこでは、チチーナが叔父や友人たちと休暇を過ごしていた。エルネストはさよならを言いたかった。そしてバイクのリアシートの彼は、贈り物を抱えていた。彼が英語で「カムバック」と名付けた、もがいてばかりの幼い子犬だった。

5 北への逃避行

I

チチーナが滞在しているミラマールは、エルネストとアルベルトと開かれた道のあいだに立ちはだかる最後の障害物だった。まだ彼女に心を奪われているエルネストは、出発をためらっていた。本当にこれでいいのか？　彼女は待っていてくれるのか？　彼は彼女の確約がほしかった。もしも彼女が子犬のカムバックを受け取ってくれたら、それは彼女が彼に戻って来てほしいというしるしだった。

アルベルトは、出発もしないうちに友人が二人の旅に終止符を打ってしまうのではないかと心配した。エルネストはそれを知っていた。「アルベルトは危ないと思い、自分一人だけでアメリカへ旅することも想定していたが、口には出さなかった」と彼は日記に書いている。*「問題はぼくと彼女のあいだにあった」。エルネストがチチーナから、自分を待ってくれるという約束を何とかとりつけようとしたため、2日の滞在予定が、「ゴムのように8日に延びた」。「広いお腹のようなビュイックのなかで」、彼は彼女がつけていた金のブレスレットを、旅のお守りと記念品として所望した。彼女は断った。

結局、エルネストは出発を決めた。記念品もチチーナの祝福も受けることができなかったが、カムバックを受け取ってもらえた。女友達たちはそれがエルネストが言い張るような純血のジャーマン・シェパードではなく、雑種だと嘲ったのだが。そして彼女はアメリカに到達したらスカーフを買ってきてくれと彼に15米ドルを渡した。不滅の愛情と忠誠心のしるしにしては大したことのない金額だ。1月14日に再びポデローサ号に乗ったエルネストは、おそらく不吉な予感を抱いていただろう。

II

もはや大旅行の邪魔をするものはなかった。二人の放浪者はうなりをあげて出発した。しかしアルゼンチンから出るまで、さらに4週間を費やした。バイア・ブランカ西部の何の変哲もないパンパを半分も行かないうちに、エルネストが熱を出して数日入院が必要になった。アンデス山脈東の傾斜地の風光明媚な湖水地方に着いた頃には、彼らのわずかばかりの資金は底をつき、手練のたかり屋——エルネストは皮肉をこめてマンゲーロス・モトリサードス（モーター付きのたかり屋）と呼んだ——になって、路端の家々の情けにすがりついた。彼らは、生きるためのたかりの技を競いあった。

ときには野宿も余儀なくされたが、たいていガレージや、キッチン、納屋、そしてしばしば警察で寝場所を確保した。警察では興味深い多様な犯罪者たちと牢や食事をともにした。ある夜、彼らがオーストリア人一家の納屋に泊まった明け方、エルネストが何かをひっかく音と唸り声を聞いて目を覚ますと、一対の目がじっとこちらを見ていた。この一帯にいる獰猛なプーマに注意するよう言われていた彼は、父からもらったスミス&ウェッソンで狙いをつけて発砲した。しかし仕留めたのはプーマではなかった。それは主人が可愛がっていた、ボビーという名のシェパードだった。エルネストとアルベルトは悲嘆と呪詛の声を背に逃げ出した。

彼らは湖を散策し、山の頂きに登り――危うく滑落死しそうになって肝を冷やした――リボルバーで野鴨を狩った。あるひときわ景色の良い湖畔では、戻ったら一緒に医療研究センターを設立しようと夢想にふけった。バリローチェのスキーリゾートの刑務所で、エルネストがチチーナからの手紙を開封すると、彼を待たないことにしたと記されていた。外では嵐が吹き荒れていた。「ぼくは信じ難い手紙を何度も読みかえした。ぼくの夢はすべて、あっさりと〔…〕崩壊した。〔…〕自分自身が怖くなってきて、泣きごとまみれの手紙を書きはじめたが、書けなかった。そんなことをしても無駄だった」。ロマンスは終わった。彼女が誰かほかの男と付き合いはじめたのは明らかだった。

アルベルトは、自分も二人の別離に多少の責任があるかもと思っていた。チチーナとその友人たちが見ている前で、彼はフェレイラ家の女中の一人――彼女はチチーナの叔母の水着を着ていた――をビーチに張った自分のテントに連れ込んで、使用人階級との公然とした親密行為を禁じる明確な社会慣習に逆らってみせた。「チチーナはそれがまったく気に入らなかった」とグラナードは回想している。「そして彼女は、エルネストを彼女のもとから連れ去った人物として私を恨んでいたと思う」

表向きは喪失から立ち直ったように見えたエルネストは、残りの旅を楽しもうと決めていた。アンデスを

＊　エルネストがこの旅について記した『旅ノート *Notas de Viaje*』には、日記からの抜粋も含まれるが、彼の死後に未亡人アレイダ・マルチによって清書、出版された。出版された版は真正な完全版だとされているが、どぎつい性的言及が削除されているのはほぼまちがいない。英語では１９９５年に『モーターサイクル・ダイアリーズ』と題して初めて出版された〔邦訳は１９９７年に『チェ・ゲバラ モーターサイクル南米旅行日記』棚橋加奈江訳、現代企画室として出版〕。

越えチリに入ったことを記す際、彼は次のように始まる一連の詩を引き合いに出している。「そして今、ぼくは自分の大きな根っこがはだかで自由に漂っているのを感じる」

チリに入ると、彼らはエスメラルダ湖横断フェリーが牽引する、水漏れの多い荷船の荷室の汲み上げポンプ担当を務めるかわりに乗せてもらった。チリ人の医師も数人乗船していたので、エルネストとアルベルトは彼らに「ハンセン病専門医」と自己紹介した。騙されやすい医師たちは、彼らにチリ唯一のハンセン病療養所のことを話した。それはイースター島にあり、そこは官能的で従順な多くの女性たちの住処にもなっていると、チリ人の医師たちは断言した。エルネストとアルベルトはすぐに、このハンセン病療養所を訪問場所に加えることを決め、バルパライソにあるイースター島友愛協会への推薦状を入手した。

彼らはバルディビアの太平洋に面した港で、地元の新聞『コレオ・デ・バルディビア』を訪ねた。おかげで彼らの輝かしい経歴とともに次のような見出しが紙面を飾ることになった。「二人の献身的なアルゼンチン人旅行者がオートバイに乗ってバルディビアを通過」。彼らは真面目な顔をして「これまで近隣国で研究を重ねてきたハンセン病専門医」を装ったのだった。実に幅広いテーマについてあれこれ意見を述べたらしい。というのも『コレオ』紙は「非常に短い滞在中に、我が国の社会、経済、衛生問題を掘り下げた」と彼らを称賛しているからだ。

彼らはテムコでも再度インタビューを受けている。1952年2月19日の『エル・アウストラル・デ・テムコ』紙に掲載された記事の見出しには「二人のハンセン病専門医、バイクで南米旅行」とある。添えられた写真のエルネストとアルベルトは、英雄気取りだ。エルネストはさりげなく親指をベルトにかけ、まっすぐカメラを見つめている。彼はかっこよく見える。アルベルトは少し茶目っ気のある表情で、敬意を示すかのようにエルネストのほうに体を傾けている。エルネストはこの記事について、「ぼくたちの大胆さが凝縮されている」と述べている。

翌日、ポデローサ号が転倒した。ギアボックスが壊れ、フロントフォークが折れた。ラウタロの小さな町で修理したが、そこでエルネストとアルベルトは即席の有名人になった。何度か食事をおごってもらい、新しい友人たちからワインを飲もうと誘われた。エルネストはチリワインがとても美味しいと思ってがぶ飲みし、村のダンスに参加する頃には「大偉業でもできる」気になっていた。さらにワインを飲んだエルネストは既婚女性をダンスに誘い、彼女の夫の目の前なのに、彼女を外に連れ出そうとしはじめた。彼女は抵抗したが、エルネストがしつこく誘っていると、彼女が床に倒れた。エルネストとアルベルトは二人とも集会場から追い出された。彼らは「もう手厚くもてなしてくれなくなった場所」を逃れ、町を離れたが、数キロ行った曲がり角で、後輪ブレーキが壊れ、ポデローサ号がスピードを上げて坂を下るにつれて、前輪ブレーキも効かなくなった。エルネストは突然目の前に現れた牛の群れを避けようと急ハンドルをきり、彼らは道の堤に突っ込んだ。奇跡的にポデローサ号は無傷で、不思議なことに後輪ブレーキも再び効くようになったので、彼らは旅を続けた。

「いつもどおり「マスコミ」の推薦状のおかげで、とても親切にもてなしてくれるドイツ人の家に泊めてもらった」とエルネストは書いている。「ぼくは夜通し急な腹痛に悩まされ、どうしても止まらなかった。部屋にあった室内用便器に恥ずかしい置き土産を残したくなかったので、窓によじ登って痛みのもとを夜の暗闇に放った……翌朝それがどうなったか見ると、2メートル下には大きな亜鉛板が広げられてその上で桃が干されていた。そこに加えられた光景は見ものだった。ぼくたちは一目散にそこを立ち去った」

激怒した主人たちを後に残し、二人の若者は北への逃避行を続けたが、彼らが跨る忠実な馬が期待を裏切りはじめた。丘にさしかかるたびにポデローサ号はエンストした。やがて完全に動かなくなった。トラックに乗せてもらい、次の町ロス・アンヘレスで壊れたバイクを預けた。彼らは地元の消防署長の娘3人とお喋りしたあとで、消防署に泊めてもらうことになった。エルネストは積極的な娘たちが「チリ女性の優美さを体現する存在で、彼女たちは可愛いかろうが醜かろうが、ある種の内面から自然に出てくる新鮮な何かがあり、それがすぐに人を魅了してしまう」という控えめな敬意を述べている。

アルベルトはもっとあけすけだ。「夕食後、私たちは女の子たちと一緒に外に出た。またもや私は、チリ人女性と我が国の女性の自由に対する態度のちがいを体感した。［…］私たちはぐったりして黙ったまま消防署に戻り、それぞれ自分の体験について思いを馳せた。［…］フーセルはやたらに興奮してベッドを整えていたが、その理由が喘息か女の子かはわからなかった」

翌日彼らはサンティアゴに向かうトラックに乗って出発した。ポデローサ号の屍を、倒れた同志の死体のように一緒に載せて。二人はチリの首都にあまり感銘を受けず、バイクを残していけるガレージを見つけると、二人だけでそこを去った。いまだにイースター島到達を目指しながら。

III

バルパライソで、彼らはラ・ジョコンダというバーを仮の住まいにした。寛大なオーナーがただで食べ物と宿を提供してくれたのだ。港に行くと、イースター島行きの次の船は6カ月先だと言われたが、彼らは望みを捨てなかった。まだイースター島友愛会を訪ねていなかったからだ。一方で彼らの想像力はすさまじく舞い上がっていた。「イースター島！」エルネストは日記に記している。「そこでは白人のボーイフレンドを持つのは女性の名誉。［…］そこでは――望ましいことに――仕事はすべて女性がやってくれる。男は食べて、寝て、彼女たちを満足させるだけ」。なんとも魅惑的なビジョンだった。「そこで1年間過ごすためなら何でもやる。仕事、勉強、家庭、その他はどうでもいい」

自称医師「学位」をやたらにふりかざしたエルネストは、ラ・ジョコンダの客の一人を診てくれと請われた。それは年老いた家政婦で、慢性気管支炎と心不全で伏していた。彼は彼女の部屋を見つけた。そこで「凝縮された汗と汚れた足」の匂いを吸い込んだ。彼女は、彼女の存在をひどく不快に思っているらしい家族の「隠しきれないとげとげしさ」に囲まれていた。彼女は死の間際で、エルネストにできることは何もなかった。適切な食事法、自分のドラマミン錠（鎮痛剤）の残り、その他の薬剤を少しばかり与えた後、彼は「老女のお世辞と親類の無関心な視線をあとに」そこを去った。

この出会いは彼の心を動かし、貧困の無情について考えるようになった。「思考が及ぶ最も遠い地平線が常に明日でしかない人々の最後の瞬間のなかに、全世界のプロレタリアートの生を包み込む悲劇が見られる。彼らの目には諦めの謝罪と慰めを求める絶望的な訴えがあるのに、それが虚空のなかに消え去る。まさに彼らの肉体が、やがてぼくらを取り巻く多くの神秘のなかに失われる。この不条理なカースト感覚に基づいた物事の秩序がいったいいつまで続くのか、ぼくには答えようがない。だがいい加減に支配者たちは、自分の政権の美徳を喧伝するのに暇をかけず、社会に役立つことにお金を、はるかに多くのお金をかけるべきだ」

数日後、イースター島友愛会から今後数カ月船が着かないと知らされると、エルネストとアルベルトはしぶしぶ当初の旅行計画で妥協することにした。船上の仕事を求めて波止場を回ったが何も成果がなく、彼らはチリ北部のアントファガスタ港に向かうサン・アントニオ号という貨物船で密航した。夜明けに親切な水夫と共謀して船にこっそり乗り込み、トイレに忍び込んで隠れた。一度船が動き出すと、アルベルトは吐きはじめた。トイレの悪臭は凄まじかったが、耐えられなくなるまでそこにいた。「午後5時、死ぬほど腹が減ってもう岸が見えなくなると、ぼくたちは船長の前に姿を現した」

船長は気のいい人で、若い航海士たちの前で二人を雷のように叱りつけたあと、二人に食事を与え、運賃支払いの足しに雑用を申しつけるよう彼らに命じた。エルネストの回想では「ぼくたちは大満足で食糧を貪り食った。だがあの高名な便所の掃除担当になっていると知ったとき、食べたものが喉にこみ上げてきた。そしてぶつぶつ文句を言いつつ下に降りると、ジャガイモの皮むき担当のアルベルトがいたずらっぽい視線を送ってきたので、ぼくは仲間の取り決めに書かれたことをすべて忘れて、仕事の交換を申し出たくなったことは告白しよう。不公平だ！　奴はウンコの山にたっぷり自分のウンコを加え、オレがそれを掃除しなきゃならないなんて！」

雑用が終わると船長は彼らを賓客として扱い、３人で夜遅くまでカナスタをして遊び、一緒に酒を飲んだ。翌日、チリ沿岸を航海中、アルベルトは再び料理当番になり、エルネストは短気な司厨長に見張られながら、灯油で甲板を磨いた。その夜、「退屈なカナスタ」の後、友人同士の二人は舷墻のそばに立って、海と空を眺めた。遠くにアントファガスタの町の光が浮かび上がりはじめていた。

アントファガスタでは、さらに北に向かう船で密航しようとしたが、出港前に二人で見つかり失敗に終わった。自業自得だった。積み荷の美味しいメロンに掛けられたターポリンの下に隠れていた彼らは、メロンを貪り食って何も考えずに皮を船外に投げていた。結局、増えていく水上のメロンの皮の列を見た船長が、彼らの隠れ家を見つけた。「完璧に剝かれたメロンの皮の長い列が、凪の海面にまっすぐ並んでいた。その後は恥ずかしかった」

航海の継続という夢を突然断ち切られた彼らは、陸路をヒッチハイクで進んだ。次の目的地はペルーだったが、まずはチュキカマタの巨大銅山をこの目で見たかった。これは世界最大の露天掘り鉱山で、チリ最大の富の源だった。エルネストは行く前から反感を覚えていた。海外支配の究極の象徴として「チュキ」は、チリ国内でも激しい議論の対象になっていた。これとチリ国内の他の銅鉱山は、アナコンダやケネコットといったアメリカの採鉱独占企業によって運営されていた。ケネコットのチリ子会社ブレイデン・カッパー社は、アメリカ人の植民地総督スプルール・ブレイデンの家族がかつて所有していた。ペロンが政権の座に就く際、アルゼンチン政治に干渉してアルゼンチンのナショナリストたちの逆鱗に触れた、あのブレイデンだ。これらの企業は莫大な利益を上げ、チリ経済はそこからの歳入に依存していた。それは銅市場の変動に応じて、年々変化した。この不平等な相互関係条件に憤慨して、多くのチリ人、とりわけ左派は鉱山国有化を訴えていた。これに対しアメリカは、当時のチリ政府に鉱山労働組合を解散させ、共産党を非合法化するよう圧力をかけていた。

鉱山へと向かう途中、乾燥した砂漠の山岳地帯で車を待っているあいだ、エルネストとアルベルトは行き場のないカップルに出会った。時間が経過し厳しい寒さのなかアンデスの夜の帳が降りると、彼らは話をするようになった。男は鉱夫でストライキをして捕まり、刑務所から釈放されたばかりだった。自分は幸運だったと彼は語った。他の同志は逮捕後消息を絶ち、たぶん殺されたようだ。しかし非合法のチリ共産党員の彼は仕事が見つからず、子供を寛大な隣人に預けて妻と一緒に山奥の硫黄鉱山を目指していた。彼の説明によると、そこは労働環境があまりに劣悪なため、政治的忠誠は問われないという。

エルネストはこの出会いについて詳しく記している。「ぼくたちを照らす1本の蠟燭の傍らで［…］この労働者の皺だらけの顔は、神秘的で悲壮な雰囲気を帯びていた。［…］砂漠の夜のなかで凍えつつ、この夫婦は世界のあらゆる場所のプロレタリアートを体現していた。彼らは自分たちを覆うみすぼらしい毛布さえ持っていなかったので、ぼくたちは自分たちの1枚を彼らに与え、アルベルトとぼくはもう1枚でなんとか自分たちを覆った。それは最も寒かったときの一つだったが、同時にこの、自分と馴染みのない人種とのあいだに少しばかり友愛を感じるようになったときでもあった」

そこには、資本家の搾取による、身を震わせた血の通う犠牲者がいた。エルネストとアルベルトは束の間、彼らと生を共有した――彼らと同じく寒く、飢え、同じように疲れて行き場がない。だが彼とアルベルトは娯楽旅行の途中だったが、他の二人は信条によって迫害されて旅に出ていた。

翌朝、チュキカマタに向かうトラックが通りかかった。未来の定まらない夫婦を後に残し、エルネストとアルベルトは荷台によじ登った。チュキカマタ銅山への立ち寄りは、夫婦のイメージがまだなまなましく心に焼きついているエルネストにとって、完全に政治的な体験となった。彼はアメリカの鉱山管理者たちを、「金髪で腕の立つ尊大なご主人様」と軽蔑を込めて書いている。管理者はできるだけ早く出ていくことを条件に、不承不承ながら二人に鉱山を手早く見学させた。そこは「観光地」ではなかったからだ。

彼らにあてがわれたガイドはチリ人で、「ヤンキーのご主人の忠実な犬」だったが、案内しているあいだボスをこき下ろした。彼によると、鉱夫がストライキを計画していると言う。「間抜けなグリンゴたちは、貧乏労働者へのわずか数センタボの昇給をケチって、1日で何百万ペソも損する」

エルネストは鉱山について日誌に特別に一章を割き、その生産過程とチリにとっての政治的重要性を入念に詳述している。彼の叙述では、チュキカマタを取り巻く鉱石の豊富な山々もまた「搾取されたプロレタリアート」とされている。「丘々は風雨にさらされて、自然の力との戦いで早々に老け込み、地学的年齢と釣り合わない老人の皺が刻まれた、灰色の脊稜を見せている。高名な兄［チュキカマタ］のまわりを固める山々のうちどれくらいが、その重い子宮に同じような富を抱えているのだろう？　必然的に生じる人命の犠牲という薬味を添えて、そのはらわたを抉る乾いた機械式ショベルを待ち受ける山がいくつあるのだろうか」

チリは白熱する大統領選挙運動の真っ只中にあり、労働者階級の大半が右派候補で前専制君主のカルロス・イバニェス・デル・カンポ将軍を支持しているようだった。彼はペロンのようなポピュリスト軍事独裁者になる野心を持っていた。エルネストは政情を「混乱」していると評しているが、選挙結果についていくつか推測もしている。共産党員有権者による投票が法的に禁止されたことで、左派候補サルバドール・アジェンデが選挙で勝つ機会が完全に奪われたため、彼はイバニェスが鉱山国有化と大規模な公共事業計画を公約に据えて、反米ナショナリズムの綱領で勝利すると予測した。* 彼はこの国への提言と予見的警告で締めくくっている。「せいぜい行うべき努力は、わずらわしいヤンキーの友人を背中から払い落とすことだが、投資されている多額のドルと、自分たちの利益が脅威に晒されていると見るやいなや、ヤンキーは効果的な経済圧力を容易に行使できることを鑑みれば、それは少なくとも当分のあいだ非常に困難だろう」

エルネストとアルベルトはチュキカマタを去ると、ペルーを目指し数日後に国境を越えた。無口なアイマラ族のインディオたちを乗せたトラックの荷台に乗り、彼らは内陸に向かって標高３８００メートルのチチカカ湖へと上がっていった。土地が開けると、流れ落ちる水で輝く古代インカの用水路が急峻な山々の斜面に切り込み、冠雪したアンデスの頂きの高みまで続いている光景が展開し、エルネストは歓喜した。「そこでぼくたちは数世紀にわたり進化を阻まれた伝説の谷にいた。そしてそれは現在もそこにあって、本当に幸

＊　エルネストの予想どおり、イバニェスが大統領に選ばれた。サルバドール・アジェンデは最下位だった。イバニェス政権下で鉱山は国有化されず、すぐに国際通貨基金（ＩＭＦ）に融資を懇願して、大きな国際収支赤字を補う必要に迫られた。ＩＭＦの厳しいインフレ抑制条件は、激しい社会不安を引き起こし、国はさらに二極化した。チリ経済における米国の支配的な役割は、サルバドール・アジェンデが南半球で民選された最初の社会主義者の大統領になる１９７０年まで続いた。アジェンデが最初に成立させた法案の一つが鉱山国有化だった。しかし、チリにおける米国の影響力は弱まらなかった。３年経たないうちに、アジェンデ政権はアメリカの支援を受けた軍事クーデターによって倒された。

せだった」

Ⅳ

エルネストの高揚は、長くは続かなかった。インディオの町タラタに立ち寄ったとき、彼はスペインによる征服の影響を探し、それを見つけた。「町の通りを歩くぼくたちを見つめる、打ち負かされた民族。彼らの眼差しは従順で怯えに近く、外の世界に対し完全に無関心だった。生きているのは単にそれが捨てられない習慣だからにすぎない、という印象を与える者もいた」

アルベルトとともにアンデスを彷徨しながら、その後の数週間にわたって「打ち負かされた民族」と接触したことは、エルネストに衝撃を与えた。4世紀にわたる白人支配の厳しい歴史的事実は、あまりに明白だった。彼の自国の先住民はほぼ完全に根絶され、現代アルゼンチンの何百万ものヨーロッパ移民の坩堝のなかで壊滅状態だが、ここペルーの高地では先住民はいまだに明らかに多数派で、彼らの文化はほぼ昔のままだが、従属させられて痛ましいほどだった。

彼らが乗る混み合ったトラックには、農産物と人間が同じように荒々しく山のように積まれていたが、エルネストとアルベルトはドライバーと一緒に前に座るよう勧められるのが通例だった。トラックの剝き出しの荷台に座るのは、薄汚れたポンチョをまとい、シラミがわき、汚れて悪臭の漂うチョロと呼ばれるインディオたちだった。エルネストとアルベルトは金がなく、乗せてもらうよう乞う必要があったが、それでも彼らには特権があり、当人たちもそれを自覚していた。専門職を持った白人、そしてアルゼンチン人である彼らは、まわりの人より社会的に地位が上で、ペルー先住民の想像を超えた、利益と特権を享受できた。

宿とたまの食事のため、彼らはどこの町にも署があるペルー憲兵隊グアルディア・シビルの慈悲にすがった。拒否されることはほとんどなかった。ある町では、彼らの窮状に反応を示した署長は「何だって？　アルゼンチン人の医者二人が金欠でひどいところで寝てるって？　そんなことはあってはならない」と大声を上げた。そして彼らのためにホテル代を支払うと言ってきかなかった。フリアカのバーで酔った憲兵隊巡査の奢りで酒を飲んでいると、その巡査は射撃の腕前を自慢しようとして、リボルバーで壁を撃ってしまった。バーの主人であるインディオ女性が助けを求めて走り出て、上官を連れて戻ってきたが、エルネストとアルベルトは奢ってくれた巡査の、銃なんか撃っていないという主張に話をあわせた。アルベルトが爆竹を鳴らしたんだと、彼らは話した。彼らは注意されただけで、放免された。バーを出る彼らに、インディオの女性は抗議の叫び声を上げたが無駄だった。「このアルゼンチン人たちときたら、全部自分のものだと思ってるんだから」。彼らは白人で、彼女はインディオだった。彼らには特権があり、彼女にはなかった。

貧乏人が金持ちと同じ権利を持つという、ペロン政権下の素晴らしい国の話を聞きたがるペルーのインディオから、彼らは繰り返し質問された。彼らは医者が末期患者に嘘をつくように、聞く人が聞きたいと思っていることを話すようになっていた。

インカ帝国首都の廃墟跡に築かれ、周辺に神殿や要塞がある風光明媚な植民都市クスコに刺激を受けたエルネストは、この地域の建築や歴史についての叙情的で学究的な記述で日記を埋めた。彼とアルベルトは、神秘的なインカ考古学とそれを生み出した文化をもっとはっきり理解するために、市の博物館や図書館で数時間過ごした。

彼らのたかりの達人としての幸運は、クスコでも続いた。アルベルトは、医学会で一度会ったことがある医師に会いに行った。インカ峡谷に行く二人に、医師は快くランドローバーと運転手を自由に使っていいと提供し、マチュピチュまでの列車のチケットもとってくれた。そこで二人は石造りの廃墟を数時間かけてまわった。サッカーに加わり、エルネストがスポーツの「比較的並外れた技能」と呼ぶものを披露したあと、彼らは当地のホテルの支配人から宿に泊まるよう招待された。しかし二日二晩泊まった後、彼らは満員バスでやってきた、儲かる米国からの観光客に譲るために、出ていくよう頼まれた。

停車と発車を繰り返しながら山地を走る狭軌列車に乗ってクスコに戻るとき、エルネストはインディオ専用の汚い三等車両を見て、それをアルゼンチンの家畜運搬車両になぞらえた。マチュピチュを去らざるを得なくなったことを明らかに恨んでいた彼は、米国人旅行者への鬱憤を漏らした。「当然、快適な一等車に乗って旅する旅行者は、こうしたインディオの状況を漠然としか理解できない。［…］彼らの大半はリマから飛行機でクスコに直行し、遺跡を訪ねてまた帰るだけで、それ以外のものは大事とも思わない」

この頃になると、彼は反感を抑えられなくなっていた。日記では、「金髪で、カメラを持ち、スポーツシャツを着たアメリカ人は、別世界から来た特派員」のようだ、とこき下ろしている。彼らの存在を苛立たしく、煩わしく思っていた。彼は「インカの大地」と名付けられた章で、米国人は「退行した「インカ」民族の典型と［…］自分たちを隔てている道徳的な距離に気づかない。なぜなら南アメリカ人の半先住民的な精神だけがそれらの微妙なちがいを認識できるからだ」と嘲っている。

エルネストは征服された先住民族に対し、彼がいま旅している彼らの土地、訪れた彼らの遺跡、彼自身の祖先が苦境に追いやった彼らの祖先を通じて、友愛の情を抱いていた。二つの民族、インディオとヨーロッパ人は膨大な流血のなかで出会い、そして何世紀にもわたる不寛容と不正がいまだにそれらを引き裂いているが、それはまたそれらを一つにしてもいる。新人種メスティーソは、この祝福されない融合から生まれた。彼らが共有する歴史の後継ぎとして、メスティーソはおそらくあらゆるなかで最も真正な南米人だ。そして、そのすべて――ヨーロッパ人、ヨーロッパ系クレオール、メスティーソ、そしてインディオ――は、クスコやマチュピチュの遺跡をまるで「異星人」の大群のように歩きまわる北からきたアングロサクソンに比べれば、互いにずっと近い。彼らは共通の言語、歴史、文化を持ち、同じ問題に直面している。

自分がなろうとしている医学研究者のように、エルネストは症状を見て、その原因を考えた。そして原因と思われるものを見つけると、解毒法を探し求めた。つまりエルネストの頭のなかでは、バルパライソの瀕死の老女も、チュキカマタへ向かう路上で会った迫害された夫婦も、「全世界のプロレタリアートの生きた見本」だった。彼らは不公平な社会秩序のせいで悲惨な状況に置かれ、開明的な政府が事態を変えないかぎり、その生活は改善されない。症状と原因は一つの醜いパッケージになっている。地元の政治体制の後ろに立って不正を持続させているのは、米国とその圧倒的経済力だ。チリの症状に対するエルネストの解毒法は、「煩わしい米国の友人を追い払う」ことだったが、同時に接収の危険性と難しさについても警告している。エルネストはこれらすべての害悪に対する治療法を持ちあわせてなかったが、探究していた。おそらく「世界を照らす赤い炎」がその答えだったが、まだ確信が持てなかった。

V

インカの領域で2週間過ごした後、エルネストとアルベルトはアンデス山脈のアバンカイという町まで旅を続け、そこの病院で無料の寝床と食事の提供を受けた。そのお礼に彼らはハンセン病と喘息について少し講義をし、看護婦をナンパした。エルネストは喘息の発作を起こした。アルゼンチンを出発してからほとんど喘息に悩まされることはなかったが、このときは重篤だったため、アルベルトは彼に三度アドレナリンを注射しなければならなかった。

「ハンセン病専門家」を大仰に宣伝していた彼らは、肩書きらしいこともしようとして、クスコの医師の友人から人里離れたウアンボ・ハンセン病治療所の有力者への推薦状をもらっていた。途中でハンセン病者居留地から森に覆われた丘を挟んで数キロ離れたウアンカラマ村で、エルネストの喘息がひどくなり、立っていることさえできなくなったため、彼らは役人に馬調達の助けを求めた。少し経つと、ケチュア語を話すガイドが痩せた馬を2頭連れて現れた。

数時間移動したとき、インディオ女性と少年が徒歩で彼らを追いかけてきていることに気づいた。追いついた二人は、馬は自分たちのものだと説明した。役人はアルゼンチン人医師を助けるために、馬を没収していたのだ。何度も謝って、エルネストとアルベルトは馬を返して徒歩で移動を続けた。

ウアンボ・ハンセン病治療所は、蚊だらけのジャングルの空き地に建てられた、土間の藁葺き小屋数軒からなる原始的な施設だった。そこでは、少数だが献身的な医療スタッフがごく少額の運営費で働いていた。二人は責任者の医師から、このハンセン病治療所の創設者であるペルー・ハンセン病治療プログラムの総責任者、ウゴ・ペッシェ医師が、有力な共産党員でもあると聞き、リマに着いたら会いに行こうと決めた。

彼らは、近くの裕福なアセンダード（大農場主）の家に泊まって食事を提供された。農場主は自分の所有する広大な荒れ地を開拓する手法を説明した。彼は貧しいコロノ（入植者）を誘致し、森の一区画を伐採させ作物を作らせていた。最初の収穫ができたら、コロノをもっと高地の条件の悪い地帯へと移す。こうすれば自分の土地をただで開拓できると、アセンダードは言った。

彼らはウアンボで数日過ごしたが、豪雨が始まってエルネストの喘息が悪化し、まともな病院での治療が必要だと考えた。アセンダードは彼らの旅にインディオの召使いの一人を付き添わせた。エルネストの見たところ、「この地方の金持ちの考えでは、召使いが、たとえ徒歩であろうと、すべての荷物と、この手の旅の不便を背負い込むのはごく自然なことだった」。農場主の目の届かないところまで来ると、彼とアルベルトはインディオに自分たちの荷物を持たせるのをやめた。そのチョロの表情からは、彼らの行為に対する気持ちが「わからなかった」。

アンダワイラスの町で、エルネストは喘息が治まるまで2日間入院した。そしてリマ行きのトラックを待つために、憲兵隊の兵舎に移った。ジャガイモ、トウモロコシの芯、キャッサバ以外に食べるものはほとんどなかった。兵舎は牢屋としても使われており、囚人とコンロを共有した。囚人の大半は犯罪者ではなく、3年の徴兵期間中に脱走したインディオだった。エルネストとアルベルトは歓待されたが、看守の一人が拘束された夫に食糧を持ってきたインディオの妻にみだらな愛撫をして、アルベルトが文句を言った。その後に雰囲気は冷え込んだが、幸運にもアンダワイラスを発つ家畜運搬トラックがあり、エルネストとアルベルトは追い出される前に出発できた。

その後さらに10日間、腹ペコでアンデスの不確かなルートをたどってリマへと向かった。「旅は同じやりかたで続いた。寛大な心を持った人がぼくらの窮乏を憐れむと、たまの食事にありつけるのだ」とエルネストは記している。全行程のなかで最も惨めな日々だった。そして親切にすがる彼らの戦略はいまや必死の域に達していた。

彼らはただで食べ物にありつく常套手段を完成させていた。彼らはまずアルゼンチン訛りを強調した喋りで興味を引きつけた。たいていそれが場を和やかにし、会話の糸口になった。そしてエルネストかアルベルトのどちらかが、遠くを見つめながらそれとなく自分たちの困窮を口にしはじめ、もう一人が偶然にも今日は自分たちが旅を始めてちょうど1年の記念日だと言う。「ぼくよりもずっと厚かましいアルベルトはひどいため息をついて、こう言う。「こんな状況にあるなんて恥ずかしい。お祝いさえできないんだから」（ぼくに向かって内緒のようにこう言う）」とエルネストは回想している。いつもここで施し候補者が彼らに酒を奢ろうとし、エルネストとアルベルトはお返しができないからと辞退しようとするが、いやいやここは一つと言われて、結局二人が折れることになる。これにエルネストがとどめを刺す。「最初の一杯のあと、ぼくはきっぱり二杯目を断って、アルベルトがぼくをばかにして笑う。奢ってくれた人は怒って、おれの酒が飲めないのかと言う。ぼくは理由を告げずに断る。男がしつこく求めてくると、そこでぼくはとても恥ずかしそうに、アルゼンチンでは食べながら飲むのが習わしだと告白する」

VI

5月1日、「一文無しだけど、充足している」彼らは、4カ月間の旅を経てアンデス山麓のリマに着いた。1533年、フランシスコ・ピサロが創設し、スペイン人総督の都市として誉れ高いリマは、1952年も美しかったが、社会的には階層化されていた。エルネストにとって、そこは「植民地の封建制から抜け出していないペルー」の象徴であり、「真の解放革命の血が流れるのをいまだに心待ちにしている」。

朝のあいだいくつか警察兵舎を彷徨ったあとでやっと米の飯を与えられた後、彼らはハンセン病研究者ウゴ・ペッシェ医師を訪ねた。ペッシェは彼らを温かく迎え入れ、ハンセン病病院オスピタル・デ・ギアに滞在できるよう取り計らってくれた。そこでは彼の親切な助手ソライダ・ボルアルテが対応してくれた。ほどなくエルネストとアルベルトは、ボルアルテの家で食事をし、洗濯をしてもらった。

その後3週間、彼らは食べて休息をとり、各種手紙の返事も出し終え、街を散策した。最も大事だったのは、家族からの送金を受け取ったことだった。ペッシェの講義にも出席し、彼の夕食に頻繁に招かれ、食後はハンセン病や生理学から政治、哲学まで、あらゆることを何時間も語りあった。

エルネストが尊敬を込めてエル・マエストロ（巨匠）と呼ぶこの男とエルネストのあいだには、特別な親近感があったとアルベルトは記している。ペッシェはイタリアの医科大学を卒業して帰郷すると、ペルー人のマルクス主義哲学者ホセ・カルロス・マリアテギに師事した。マリアテギの先駆的な『ペルーの現実解釈のための七試論』は、権利を剝奪された南米のインディオと小作人に潜む革命への力の概要を描いている。1930年にマリアテギが死んだ後も、ペッシェは医療の仕事を続けながら、ずっとペルー共産党の高名な党員だった。ハンセン病研究者としての名声に加え、彼は大学で講義も持ち、熱帯病の研究者としてもいくつかの発見で称賛されていた。オドリーア大統領は彼を一時アンデスに追放したが、最終的に彼がリマの教職に戻ることを許した。彼は、追放経験に基づく『沈黙の許容』という本を出版している。

ペッシェはエルネストが医療界で初めて会った、生涯を公益に捧げようとしている男だった。彼はまるでペルーのシュバイツァー、あるいはガンディーのように見えたにちがいない。エルネスト自身が望んでいた、信念を持った生き方を貫いている人だった。マルクス＝レーニン主義については、エルネストは興味を持っていたが、特定のイデオロギーに傾倒する前にもっと多くの知識を身につける必要があった。彼はアルベルトとともに旅を終え、アルゼンチンに戻り、学位のための試験を終え、もっと世界を探検する必要があった。

ペッシェは、自分の居場所を見つけねばという若者の懸念を感じ取ったらしい。そこでエルネストにたっぷりの時間と激励を与えることで応えた。10年後、エルネストは初の著書『ゲリラ戦争』をペッシェに送ったとき、彼から受けた影響に感謝している。彼はその本にこう書き込んだ。「ウゴ・ペッシェ医師へ――ご存じではないかもしれないが、私の生き方と社会に対する態度に多大な変化を起こし、相変わらずの冒険精神をアメリカ大陸が必要としているものへ、もっと調和のとれた目標へと導いてくださった」

エルネストとアルベルトは、リマでの時間すべてを哲学的啓発に費やしていたわけではない。ギア病院近隣の地元の若者とサッカーをし、ハンセン病患者にジョークを言い、ボルアルテの若い友人たちに会った。ある日曜日、彼らは闘牛に行った。エルネストにとって初めてのコリーダ・デ・トロス（スペイン式闘牛）で、彼は自分が受けた印象を簡潔なスタイルで記録に残している。「3番目の闘牛で、雄牛が派手に闘牛士を突き上げて彼を空中に飛ばしたときは、ある程度興奮したが、ただそれだけだった。6頭目の獣の死で、みじめさも栄光もないまま宴は終わった。ぼくはそこに芸術を見いだせなかった。流儀に従った勇敢さ。ほんのわずかの技術。興奮はそこそこ。手短かに言えば、日曜に他にやることがなければ、という程度のものだ」

エルネストの健康状態も良くなり、慎ましやかではあるが、いくばくかの資金もできたので、旅を続けることを決めた。米国到達の望みは諦めたが、ベネズエラまでは行こうと計画した。まず、ペルーのアマゾン地帯にあるサン・パブロ・ハンセン病居留地まで移動することにした。そこは3カ所のペッシェの治療センターのなかで最大だった。ペッシェは、二人の着ている汚れた継ぎ接ぎだらけのボロの代わりに、何着かを二人に与えた。エルネストは南国風の白いジャケットを貰い、サイズはあまりに小さすぎたが、それでもそれを着たエルネストは誇らしく感じた。ソライダ・ボルアルテは彼らに瓶詰めのマーマレードを与え、病院の患者と職員はみなで金を集めて彼らにペルーの通貨で100ソルとプリムス社の携帯用コンロを与えた。

1週間、アンデスの泥だらけの道を路線バスに乗って移動した彼らは、一等客室を備えたラセネパ号に乗ってウカヤリ川にいた。船の行き先はかつて天然ゴム採取の中心地だったイキトスだった。彼らと一緒に船に乗って通路にハンモックを張っているのは、ゴム採取労働者、材木商、数人の冒険家、旅行者、修道女、そして一人の魅惑的な若い娼婦だった。三等の乗客は、船の後ろに繋がれたはしけに積み荷の豚や木材と一緒に乗っていた。

船旅に7日費やし、そのあいだ彼らは乗客や乗組員と会話し、トランプを楽しみ、蚊を撃退し、濁った流れと過ぎゆくジャングルを見つめながら過ごした。彼らは娼婦と戯れた。彼女のみだらな振る舞いは修道女たちを憤慨させ、船上の男たちを騒がせた。「フーセルと私もそのルールの例外ではなかった」と数日後にアルベルトは船上で告白している。「南国美人に目がない私は特に」。喘息が再発していたにもかかわらず、エルネストは船上で乳繰り合えるチャンスに惹かれていた。船上2日目に彼はこう記している。「特別なことがないまま1日が過ぎた。例外は女の子と知りあったことだ。彼女は実に尻軽そうで、ぼくたちが数ペソなら持ってると思っていたにちがいない。彼女がお金の話をするたびに泣いてみせたのに」

金の話にもめげない二人の若きアルゼンチン人は、抜け道を見つけた。「彼女はこれまで私たちが見てきたもの、これから見る驚くべきものの話に夢中だ」とアルベルトは記している。「彼女も旅人になりたいと決めていた。それに乗じてフーセルと私は誰にも邪魔されずに、彼女に必要な個人指導を行おうとした。当然謝礼は先払いの現物払いだ」。数日後、彼はこう書き加えている。「日々のリズムは以前と同じだった。この女性はその魅力を、私たちのような話し上手と、カードゲーム担当の男のような金払いの良い人たちに振り分けていた」

性的な出会いは、エルネストに郷愁の念を抱かせた。「ぼくの健康状態に同情した小さな娼婦から受けた気のない愛撫が、眠っていた冒険前の日々の記憶に釘のように突き刺さった。夜通し蚊のせいで眠れないまま、いまやはるか遠くの夢になってしまったチチーナのことを想った。それは、とても心地よく、それが終わったのは――こんなふうに理想化するのはよくないかもしれないが――ぼくたちの性格から考えて仕方なかったんだし、最終的には記憶に苦味よりも溶けた蜂蜜を多く残す夢だった。ぼくは彼女に優しくゆっくりとくちづけし、彼女はそれを彼女を知り理解している古き友人からのくちづけと思うかもしれない。そして記憶はマラゲーニョまでさかのぼる。あの古びたホールで、彼女は新しい恋人に向かって奇妙で作ったような言葉をかけているにちがいない」

彼は星が散りばめられた夜空を見上げ、こんなものにチチーナを失うほどの価値があったのか自問した。夜の虚無から何かが、その価値はあったと告げた。

6月1日、イキトスに到着した。ジャングルに囲まれ、道が赤土でぬかるんだその街で、ペッシェ博士の推薦状を持ったエルネストとアルベルトは、地元の医療サービス機関を回った。サン・パブロ・ハンセン病治療所までアマゾンを下るボートへの乗船を待つあいだ、彼らは地元の黄熱病根絶運動本部に泊まり、イキトス総合病院で食事をとった。

喘息で動けなくなったエルネストは、イキトス滞在中の6日間、寝込んで自分で注射を打ちながら家に手紙を書いて過ごした。叔母ベアトリス宛ての手紙で、彼はアマゾン経由のルート案を述べた以前の手紙について触れている。「ところで、告白しなければいけません。首狩り族云々について書いたことは［…］嘘でした。残念ながらアマゾンはアルゼンチンのパラナ川と同じくらい安全です」。そして新しい喘息用吸引器とヤナル喘息治療薬のアンプルをボゴタに送るよう頼んだが、ぼくは健康だ、と請け合っている。エルネストは「喘息は治った」という言葉に下線を引いている。万が一に備えたいだけだと。

6月6日、エルネストとアルベルトは河船のエル・シスネ（白鳥）号に乗って出発し、2日後に、ペルーとコロンビアとブラジルが接するジャングルの国境に近い、アマゾン河岸にあるサン・パブロ・ハンセン病治療所に着いた。治療所には、施設管理者や医療スタッフから隔離された自分たちだけの村に、600人の患者が住んでいた。ここでもギア病院同様、二人のアルゼンチン人はみんなに大きな印象を与えた。二人は熱心に医師の患者巡回に加わり、サッカーをしてハンセン病患者と友人になった。アルベルトが研究所で何時間も顕微鏡を覗いているあいだ、エルネストは詩を詠み、チェスをし、魚釣りに行った。エルネストらしい無謀さも頭をもたげ、ある日の午後、彼は衝動的に広大なアマゾン河を泳いで渡った。2時間かけて渡りきり、岸で見守っていた医者たちの度肝を抜いた。

エルネスト24歳の誕生日である6月14日、スタッフがパーティーを開いてくれたので、ペルーの国民的な酒ピスコに酔いしれた。エルネストは立って感謝のスピーチをして、それを「聖ゲバラの日」というタイトルをつけて日記に記している。ホストたちに仰々しく感謝の念を表した後、彼は心からの南米主義的独白で締めくくった。「ぼくたちはこの旅を経てからは以前以上にはっきりと、はっきりしない架空の国籍で「ラテン」アメリカが分裂しているのは、完全な虚構であると信じています。ぼくたちは単一のメスティーソ民族で、それはメキシコからマゼラン海峡まで顕著な民族的類似性を示しています。よってぼくはあらゆる偏狭な郷党心の重荷から脱却するために、ペルーと統一アメリカに乾杯します」

パーティーは朝の3時まで続いた。場所は高床式の家で、バンドはペルーのワルツ、ブラジルのショーロ、アルゼンチンのタンゴ、そしてキューバのマンボを演奏した。事前の打ち合わせどおり、アルベルトはタンゴが演奏されるたびに音楽に疎いエルネストをつついて合図した。バンドがチチーナのお気に入りだった揺れるようなショーロを演奏しはじめたとき、アルベルトがエルネストを肘でつついて「覚えてるか？」と訊いた。しかし部屋のむこうにいた看護婦を見ていたエルネストはアルベルトが肘で突いたのをタンゴの合図と勘ちがいし、フロアに出て、他のみんながショーロにあわせて体を揺らしているなか、ゆったりとした情熱的なタンゴをひとり強情に踊った。アルベルトは笑いすぎて、エルネストに、ちがうよ、と言えないほどだった。

40日間滞在し、エルネストとアルベルトは先へ進もうと考えた。ハンセン病患者とスタッフがマンボ゠タンゴ号と名付けたいかだを彼らのために作ってくれた。二人は服、パイナップル、釣り針、生きた2羽の鶏をプレゼントされた。出発前夜、ハンセン病患者の楽団がカヌーに乗って職員用はしけに来て、セレナーデを演奏してくれた。エルネストは母に宛てた手紙に、この場面を記している。「実際、それはこれまでぼくたちが見たなかで最も興味深いショーでした。歌い手は盲目で、アコーディオン奏者の右手に指はなく、腕にくくりつけた棒をその代わりにしていました」。他の者も同様に異形で「怪物のような姿」で、川に反射する松明の明かりとランタンに照らされていた。セレナーデに続いて別れのスピーチがあり、「フレー、フレー、お医者さん」とみな叫んだ。アルベルトは腕を広げ、華麗な言葉で彼らに感謝の意を表し、エルネストはそれを、まるで「ペロンの後継者」のようだったと記している。

翌日、エルネストとアルベルトはいかだを押してアマゾン河の流れに乗せた。これまで以上に探検者気分を味わいながら、このままブラジルの都市マナウスまで行こうかなどと考えつつ、マンボ゠タンゴ号の舵をとって河を下った。マナウスまで行ければ、そこからアマゾンの支流経由で、こっそりベネズエラに抜けられると聞いていた。しかし3日後、コロンビアの小さな港レティシアを過ぎて河を下り、釣り針と残っていた鶏がなくなると、野心的な目的を諦めることを決めた。川沿いの入植者を説得して、いかだと食糧の蓄えと交換に、いかだを流れに逆らって漕いでもらい、彼らはレティシアまで戻った。そこからはひと月に2便、コロンビアの首都ボゴタ行きの飛行機が飛んでいた。

再びたかり屋に戻った彼らは、警察から無料で部屋と食事の提供を受け、次の飛行機便を半額に割り引く約束もとりつけた。アルゼンチンには南米最高のサッカー選手がいるという評判が、しばらくのあいだ彼らの役に立った。地元サッカーチームがプレイオフ・シリーズ戦の真っ最中だったため、エルネストとアルベルトはコーチとして雇われた。彼らはブエノスアイレスの最新の足さばきを披露し、チームの成績を上げた。チームはトーナメントを勝ち抜くことはできなかったが、まずまずの2位につけた。

7月2日、天然ゴム、軍服、郵便袋といった積み荷とともに、エルネストがカクテルシェイカーになぞらえた古い双発のカタリーナ水上飛行機に乗って、彼らは快適にレティシアを発った。アルベルトにとって、快適な飛行機に乗るのは初めての経験だった。興奮した彼は一緒に乗った乗客たちに、自分の莫大な飛行体験について大風呂敷を広げてみせたのだった。

VII

エルネストとアルベルトにとって、ボゴタはよそよそしく落ち着かなかった。この都市は、厳密な法と秩序が強制されている緊張した孤島で、周囲の地方では不穏な内戦が頻発していた。彼らはペッシェ医師の紹介状のおかげで病院に滞在し、大学で食事をとることができた。大学では学生と友人になった。しかしエルネストが母への手紙に書いているように、「これまで旅してきたあらゆる国のなかで、個人の権利が最も抑圧されている国の一つです。警察がライフルを肩にかけて通りをパトロールし、絶えずパスポートの提示を求めます。［…］張り詰めた平穏が、間もなく暴動が起こることを暗示しています。平野部は動乱の真っ只中で、軍もそれを抑えられません。保守派は内輪揉めで何も合意できずにいます。そして1948年4月9日の記憶がすべての人の気持ちに、鉛のように重くのしかかっています。一言で言えば息がつまる状況で、コロンビア人ならその気になれば我慢できても、ぼくたちはできるかぎりさっさとおさらばします」

エルネストがここで言及しているのは、人気のあった自由党指導者ホルヘ・エリエセル・ガイタンの19

48年4月の暗殺だ。コロンビアの政治制度はこの暴力によって破壊された。保守党政権が暗殺を命じたのではと疑ったガイタンの支持者は、首都の通りを流血の暴動によって3日間にわたって占拠し、これが「ボゴタ暴動」と呼ばれた。暴動は、南半球の外務大臣が集まるサミット中に起きた。彼らはアメリカの後押しで米州機構憲章に署名するために集まっていた。同時に、サミットに反対するラテンアメリカの「反帝国主義」の学生の会議も開かれており、各地の学生指導者が、このイベントに集まっていた。21歳のキューバ人法学生フィデル・カストロ・ルスもその一人だった。ガイタン殺害に続く暴動で彼は戦いに参加したが、キューバ大使館に逃げ込んで逮捕は免れた。キューバ帰国後、彼は政治活動を活発化し、樹立したばかりのフルヘンシオ・バティスタ政権打倒の武装蜂起を秘密裏に画策していた。

コロンビアでは、ボゴタ暴動が引き起こした暴力が二極化していた。自由党は1949年大統領選への参加を拒否し、政権側で軍部の支持を受けた保守党候補者ラウレアーノ・ゴメスが、対立候補がいないまま選出された。多くの自由党員が、コロンビアで創設されて間もない共産党のゲリラ・グループと同盟関係を結んだ。ゲリラは地方を拠点にしていた。混乱が広がると、軍と保守党の政治実力者たちが率いる農民自警団がこれに報復し、殺戮が日常になった。虐殺は単に「ラ・ビオレンシア」(暴力)と呼ばれた。国家的危機を婉曲表現したもので、1952年時点では、その終わりは見えなかった。

ボゴタを去る前、エルネストとアルベルトは警察とトラブルになっていた。ある日、家からの手紙をとりにアルゼンチン領事館に向かっている途中、彼らは警察官に止められて職務質問を受け、所持物の検査を受けた。警官はエルネストのナイフを没収した。それはガウチョの短刀を模した銀製のレプリカで、旅の餞別に弟ロベルトからもらったものだった。エルネストの喘息薬を見つけた警官を、彼は軽率にも煽った。「気をつけな、とても危険な毒だぜ」。彼らは即刻逮捕され、いくつかの警察署をたらい回しにされ、最終的に裁判官の前に連れていかれて、当局を「愚弄」したとして起訴された。この事件は彼らが身分証明書を提示すると収まった。しかしエルネストにとって、事は終わってはいなかった。エルネストにとって、逮捕した警官が懐に入れたナイフを取り返すことは、名誉の問題だった。最終的にナイフは戻ってきたが、警察を敵にまわしてしまった。友人の学生は、ただちにコロンビアから出ろと二人に促した。そして、二人の出発を助けるために金まで集めてくれた。

特に惜しいとも思わず彼らはバスでボゴタを去り、ベネズエラとの国境を目指した。イキトス以降、喘息はおさまっていたが、熱帯の低地へと降りていくとそれがぶり返した。アルベルトはエルネストにあまりに大量のアドレナリンを注射したため、それが友人の心臓に与える影響を心配しはじめた。

カラカスまであと1日というトイレ休憩の際、彼らは今後の見通しについて話し合った。二人とも中央アメリカからメキシコまで進むのは乗り気だった。だが一方で旅を続ける金がなかった。二人は合意に達した。エルネストの叔父マルセロは馬を育てていたが、そのビジネスパートナーがカラカスにいた。もしもその男が馬の輸送に使う飛行機にエルネストを乗せてくれたら、エルネストはブエノスアイレスに戻り医学の勉強を終える。アルベルトはなんとかしてベネズエラにとどまり、推薦状を持ってハンセン病治療所か大学のいずれかで働く。どちらもうまくいかなければ、メキシコまでなんとか旅を続けようと決めた。

あくる日の7月17日、彼らはカラカスに到着した。国内の石油ブームで豊かになり、移民が溢れる活気ある都市だ。エルネストは、それまで黒人と接したことがほとんどなかった。黒人はアルゼンチンでは珍しい存在だったが、南アメリカのカリブ沿岸ではどこにでもいた。カラカスをぶらついた彼は、かなりステレオタイプで、白人らしい、とりわけアルゼンチン人らしい傲慢で見下したような意見を書いている。「黒人はアフリカ民族の見事な典型例で、風呂に入りたがらないことで人種的純粋を維持してきたが、自分たちの土地が新たな種類の奴隷であるポルトガル人によって侵略されるのを見てきた。この二つの民族はどちらも、あらゆる種類の言い争いやつまらないことに満ちた、苦しい生活を体験してきた。生き残るための日々の戦いのなかで、差別と貧困が彼らを団結させているが、生活への態度の差が彼らを完全に隔てている。黒人は怠惰で空想に耽っている。彼らは軽薄な振る舞いと酒に金を使う。ヨーロッパ人には労働と倹約の伝統があり、その伝統は彼らとともにアメリカ大陸にも到来し、それが白人を、個人の野心とは無関係に進歩へと駆り立てる」

彼らは粗末なホテルに身を置いていたが、エルネストの友人の叔母マルガリータ・カルベントと連絡をとって以降、生活は向上した。彼女は彼らに食事を与え、カトリックのユース・ホステルに泊まれるよう手配してくれたので、彼らはそこからそれぞれの仕事に出かけた。エルネストは叔父のビジネスパートナーを探し、アルベルトは職を探すのだ。ペッシェ博士の推薦状のおかげで、アルベルトはカラカス近郊のハンセン病治療所で高給職を提示され、承諾した。エルネストは叔父の競走馬をブエノスアイレスからマイアミへ運ぶ次の飛行機に乗せてもらえることになった。燃料補給のためにカラカスに立ち寄ったときにエルネストが乗り込み、マイアミで荷を下ろしたあとで故郷に戻る手筈だ。

友人二人がカラカスで一緒に過ごす最後の日々は、差し迫る別離の悲しみのなかで重苦しく過ぎた。二人とも、近い将来のことを語ることで、自分の感情を隠そうとした。エルネストは学位をとって1年のうちにアルベルトに再び合流する。すべてうまくいけば、彼もハンセン病治療所で職を得て、いくらか金を貯めて新たな冒険に出発する。

7月26日、エルネストは積み荷の馬と一緒に飛行機に乗り込みマイアミへと飛び立った。しかし着陸時にパイロットがエンジンの不良を発見した。修理が終わるまで出発は延期するしかない。数日の遅れが予想されたため、エルネストはチチーナの従兄弟ハイメ〝ヒミー〟ロカのところに泊まった。彼はマイアミの建築学校を卒業間近だった。ロカもエルネスト同様無一文だったが、彼はスペイン料理のレストランとツケで食事できる取り決めをしており、そのツケは自分の車を売って払うことになっていた。エルネストの食事も彼のツケに加えられることになった。

飛行機の修理が長引き、数日の予定が数週間になったので、二人の若者は金なしで楽しい時間を過ごした。毎日ビーチに行って、街を散策した。スペイン料理レストランでは、親切なウェイターから特別に食事をもらい、バーではロカの友人が彼らにこっそりただでビールとフライドポテトを奢った。チチーナにスカーフを買って帰るための15ドルをエルネストがまだ持っていると知ったロカは、使えよと言ったが、エルネストは拒否した。チチーナとの関係はもう終わっているかもしれないが、彼は約束を守ろうと決めていた。ロカの嘆願にもかかわらず、彼は彼女にスカーフを買った。*

ロカの取り計らいで、エルネストはロカの知り合いのキューバ航空のスチュワーデスのアパートを掃除して小遣いを稼ごうとしたが、これは大失敗だった。掃除の仕方など見当もつかないエルネストは、一度はやってみたものの、スチュワーデスは二度と彼をよこさないようロカに伝えた。エルネストは掃除するどころか、部屋を前よりも汚くしてしまったという。それでも彼が気に入った彼女は、彼に当座の仕事としてレストランの皿洗いを紹介した。

エルネストはついに「北の国」アメリカにいた。南米を搾取する存在として、旅のあいだに彼を苛立たせた国だ。彼がそこで目にしたものは、どうやら彼の否定的な先入観をはっきり裏付けるものだったらしい。

＊　ペペ・ゴンサレス＝アギラールによると、故郷に帰ったエルネストはチチーナに再会しようとはしなかったが、スカーフは彼女に送ったという。

後に彼はブエノスアイレスの友人に、黒人に対する白人の人種差別的な行為を目の当たりにしたこと、そしてアメリカの警官に政治的所属を尋ねられたことを伝えている。ロカが覚えているのは、エルネストが南米の貧困者向け低所得者住居の必要性を説いたことぐらいだった。ロカによれば、政治の話など一切しなかった、ただ楽しもうとしていただけだという。

6　以前のぼくとはちがう

エルネストが戻ってみると、アルゼンチンは変わっていた。ブエノスアイレスに戻る5日前の1952年7月26日、エビータ・ペロンががんで死んだ。享年33。彼女の亡骸は、葬儀までの2週間安置され、その式では大衆が大きな悲しみを示した。彼女のために自由の女神よりも大きな記念像建設が計画された。悲しみに暮れる夫、フアン・ドミンゴ・ペロンは、取り巻きが囁き、敵が策謀するなか、大統領の任務を続けた。アルゼンチンの政治は平常運転だったが、ペロンのまわりの人々には、彼が我ここにあらずでいつもとはちがうように見えた。

エルネスト個人の生活にもドラマがあった。医学学位取得には30科目の試験に合格しなければならない。アルベルトと出発する前に16科目には合格していたが、次の学年で卒業するには5月までにさらに14科目に合格する必要があった。一刻も無駄にはできなかった。最初の試験期間は11月の予定だった。彼は猛然と勉強しはじめた。叔母ベアトリスのアパートや、ときにはパラグアイ通りの父親のスタジオに本の山を築いて勉強し、家にはたまに食事をとりに帰るだけだった。そのプレッシャーにもかかわらず、アレルギー治療院で過ごす時間も作った。ピサニ医師は彼が帰ってきたことを喜んだ。

彼は旅行中の日記をふくらませることで、アルベルトとしてきた旅を振り返りはじめた。彼は旅が自分を変えたことを知っていた。「これらの覚書を記した人間は、アルゼンチンの土を再び踏んだときに死んだ。それを編集し磨き上げた人間、自分は、すでにいない。少なくともぼくは以前のぼくとはちがう。我々の「アメリカ」放浪は、思っていた以上にぼくを変えた」

家はほぼ相変わらずだった。父は建設業と不動産賃貸業で悪戦苦闘していた。アラオス通りの超然とした女王蜂である母親はソリティアで遊び、9歳でまだ小学校に通うファン・マルティンの世話をしていた。ロベルトは高校を卒業して義務兵役に就き、セリアとアナ・マリアはともにブエノスアイレス大学で建築を学んでいた。母セレナのサロンは大きくなり、数人の新しい人物がゲバラ一家に加わった。アナ・マリアは学生仲間と勉強会を開いていた。そのなかにフェルナンド・チャベスとカルロス・リノがいて、ともに彼女の気を惹こうとしていた。その時点で彼女はリノと付き合っていたが、結局はチャベスと結婚した。ゲバラ一家はエルネストの帰郷を喜び、彼の旅行熱が冷めて、医者かアレルギー研究者としてブエノスアイレスに落ち着いてほしいと思っていた。

第一試験期間の真っ只中の11月、エルネストはひどく体調を崩した。今回の原因は喘息ではなく、病人の内臓に触れた感染による発熱だった。ピサニ医師は研究のために内臓をすり潰す機械を導入していたが、それを使いたかったエルネストは医学部で病人の死体を入手し、保護シールドをつけないまま内臓をすり潰した。その後、彼は体調を崩し、高熱でベッドに寝込んだ。父親がそれを見つけた。刻々と容態の悪化する彼を見て心配した父エルネストは、ピサニ医師を呼ぼうと言った。エルネストは拒否した。どのくらい時間が経っただろう、父親は息子に付き添い、間近で息子を見守った。「突然彼が私に合図を送ったので、顔を近づけると、病院に電話してすぐに強心剤を持ってくるよう頼んでくれと言った。ピサニ医師にも電話してくれと」。エルネスト・ゲバラ・リンチはこう回想している。

父エルネストが電話して数分のうちに、ピサニと看護婦がやって来て、ピサニがその場を引き受け、一人でエルネストに数時間付き添ってくれた。去るとき彼は、家族にいくつか薬を購入するように言い、絶対安静を命じた。家族はおろおろして夜通しで彼に付き添った。これは彼らが数年の間に経験した――彼の父親が言うには、エルネストの「軽率さ」が招いた――似たような多くのエピソードの一つだった。

父親の回想では「朝の6時頃にエルネストは回復し、驚いたことに着替えはじめた。私は何も言わなかった。彼が頑固だとわかってはいたが、出かけるために服を着ているのを見て、彼に尋ねた。「これから何をするつもりだ？」「試験があるんだ。試験官は朝の8時に来る」。私は答えた。「だからといって獣じみたことはやめろ。無理なのがわからないか？」。私が彼にかけたあらゆる反対の言葉は、無駄に終わった。彼はその日の試験を受けると決め、それは絶対だった。そして、実際そうした」

エルネストは11月に三つの試験に受かり、翌月10科目の試験に合格した。医師資格をとってベネズエラに戻るには、4月に残っているたった一つの試験に合格すればよかった。同時に彼は可能なかぎり多くの時間を、ピサニ治療院での研究に費やしていた。彼にとって研究は刺激的だった。なぜならアレルギーに苦しむ実際の患者の治療に専念できるだけでなく、研究所でその原因を探り出して、治療法を見つけることができるからだ。

ピサニはできるかぎり彼を励まし、発表したいくつかの研究論文を連名にした。科学季刊誌『アレルギア』の1951年11月―1952年2月号に掲載された『オレンジ抽出物注入によるモルモットの花粉感作』と題した論文では、ピサニ医師や他の数人とともにエルネストも共同執筆者になっている。

1953年4月11日、エルネストは最後の試験に臨んだ。父はそのときのことを覚えている。「電話が鳴ったとき私はスタジオにいた。電話をとると、すぐに息子の声だとわかった。その声は「もしもしエルネスト・ゲバラ・デ・ラ・セルナ医師です」と言った。息子は「医師」という言葉を強調した」

父親によれば「喜びはひとしおだった。しかしそれも束の間だった」。エルネストは、ブエノスアイレスに残るつもりはなかった。彼と旧友カリカ・フェレールは旅に出ようとしていた。エルネストがかつて調べたインカ遺跡を再訪するため、ボリビアに旅するという。さらに長期的な計画として、エルネストはインドに行こうかと話していたが、快適な生活のほうに興味があるカリカは、自分がパリでしゃれ込み、カクテルパーティーで美しい女性と腕を組んでいるところを想像していた。「覚えているかぎり、私たちの目的はベネズエラに行き、そこで少し、できるだけ少しだけ働いて、そこからヨーロッパに行くことでした」とカリカは後に語る。

エルネストの家族は、彼を引き止めることはできないと知っていた。そして彼らは、旅が肉体的に厳しいものになることも知っていた。「彼は自分の喘息や健康状態について、まるで考えようともしなかった」と父は言う。しかし「彼はもう子供でも青年でもなくエルネスト・ゲバラ・デ・ラ・セルナ医師だから、好きに何でもした」。エルネストがピサニ医師に旅立つことを伝えると、医師は彼に給料の出る仕事と、治療院のなかの住居、そして自分と一緒にアレルギー研究を続ける将来を提示した。エルネストは断った。彼の心は決まっていた。彼はピサニのように「停滞」したくはなかった。

6月、エルネストは医学学位の証明書を受け取り、その数日後に25歳の誕生日を祝った。彼とカリカは査証取得と旅の資金集めに着手した。カリカは次のように回想している。「まずは叔母たちに頼んでみた。叔母や祖母みんな［…］借金を頼める人なら誰でも良かった。そしてその過程で、エルネストと私は計算した。「誰それにはもう頼んだか?」「ああ、彼女にはいくらいくら頼んだ」「おばあちゃんがけっこうくれるみたいだし、ママもお金をくれる」」

　彼らはまもなくそれぞれ300ドル相当をかき集め、ベネズエラを除いて必要な査証を揃えた。石油ブームのベネズエラには、海外から求職者が殺到していたため、査証発行を引き締めていた。ベネズエラ領事館に出かけてみたが、帰りの航空券を持っていなかったため、査証が下りなかった。エルネストは悩むことはないとカリカに言った。途中どこかの国でとればよいと。同時に彼はこの出来事を友人たちに面白おかしく話した。ティタ・インファンテには、それが単に誤解によるものだと話した。領事が、喘息の発作を起こして顔を歪めた彼が怒っていると勘ちがいして、自分の身に危険が及ぶのではと怖がったためだと。

　カリカは旅の「エコノミスト」に指名されていた――金を持ち運ぶ役だ。彼の母親は息子に下着の下につけるマネー・ベルトを作ったが、それを見たエルネストは「貞操帯」と名付けた。二人は、7月7日のベルグラノ駅発ボリビア行き列車の二等席のチケットを買った。出発の準備は整った。

　彼らを見送るために、多くの家族と友人が駅に集まった。エルネストは、弟ロベルトからプレゼントされた戦闘服を身にまとっていた。二人が持ってきた荷物はあまりに多すぎた。エルネストの荷物は服よりも本のほうが多かった。インディオや荷物でぎゅうぎゅうの二等コンパートメントの木製ベンチに座った二人の若者は、粗末な身なりの同乗客と、自分たちの身なりの良い親戚や友人との差を、いやでも痛感させられた。別れの最後に、大量の贈り物と美味しい食べ物と包みが彼らの手に押し込むように渡された。カリカの母親はケーキを、別の人はお菓子をくれた。

　ロベルトの婚約者マチルダの手を握ってプラットフォームから見送っていたエルネストの母セリアは寂しそうにこう言った。「息子が行ってしまう。もう彼を見ることはないでしょう」。車掌が笛を吹いて、列車が駅を発つ。全員がさよならと叫び、手を振った。

列車がゆっくり離れると、一人が群衆を抜け出して、エルネストとカリカが座っているコンパートメントの横に並んで走った。セリアだった。ハンカチを振っていた。無言だったが、涙が頬を伝っていた。彼女はプラットフォームが終わってもうそれ以上走れないところまで並走した。そして列車は行った。

7　どこに向かうべきかもわからず

I

医師で筋金入りの放浪者であるエルネスト・ゲバラは、再び旅に出た。「今回は仲間の名前が変わった」と彼は『オトラ・ベス』（再び）と題した新日記に記した。＊「アルベルトはカリカに変わったが、旅は同じだ。二つのまったく異なる意志が、自分たち自身をアメリカ大陸すべてに広げる。自分が求めているものも、どこに向かうべきかもわからずに」

エルネストの乗った列車が発車して間もなく、従兄弟のマリオ・サラビアが驚くべき発見をした。サラビアはゲバラの家に滞在していたのだが、そこに戻った彼は、自分のシルクのシャツが3枚なくなっているこ

＊　この日記は、ゲバラの生涯の3年間を占め、彼の死後に未亡人アレイダ・マルチが発見して、清書した。私がこの本のためにキューバで調査していた時点では、わずかな抜粋を除き未公表だったが、アレイダ・マルチは全文を見せてくれた。彼女が亡き夫のイメージの「身持ちのよさ」を守るため削除したと認めている性的描写の数節を除いて、ほぼ省略されていないようだ。1997年の本書初版が出た後で、この日記のスペイン語、英語版が出版された〔邦訳は『チェ・ゲバラ　ふたたび旅へ』棚橋加奈江訳、現代企画室、2004年〕

とに気づいた。サラビアはエルネストが持ち去ったと疑い、エルネストの母セリアに告げた。彼女は驚き信じられなかったが、サラビアがエルネストに手紙で持ち去ったか尋ねると、彼はそのとおりと答えた。心配無用、シャツは有効利用させてもらった、シャツを売って、その金で「15日間食べて宿をとった」。仕返しにサラビアは、エルネストから保管を頼まれていた貴重な顕微鏡を売ってその金で「休暇を過ごした」と、嘘の返事を書いて送った。

エルネストとカリカは埃っぽいラ・キアカの国境駐屯地で3日間を過ごして疲弊したが、回復すると列車でボリビアへの旅を続けた。しかしカリカの要望で、今度は一等の個室寝台に乗った。2日後、彼らは凍てつく褐色のアルティプラーノを下り、月面実験植民地のようなラパスがある、大きな天然噴火口へと入った。景観は印象的だった。街の遠端で、噴火口のはっきりとした輪郭が崩れ、白い巨大な石筍が短剣のように屹立する、侵食された荒地へと続いていた。その向こうで、大地はそそり立つ高山の岩と氷河へと急上昇し、青白色のイリマニ火山を形作っている。

エルネストは心を奪われた。「ラパスはアメリカ大陸の上海だ」と彼は日記に熱く記している。「あらゆる国籍のあらゆる種類の冒険者が［…］この多色の混血の街で、ある者は腐り、ある者はうまくやっている」

薄汚いホテルにチェックインした後、彼らは色鮮やかな服を着たインディオと武装した自警団でごった返す急勾配の石畳の通りを探索した。これが悪名高い搾取の歴史を持ち、ラテンアメリカ最大のインディオ国家であり、最貧の国でもある革命ボリビアだ。多数を占める先住民は、事実上農奴として何世紀にもわたって困窮し、少数の支配一族が、ボリビアの主要収入源である錫鉱山と豊かな農地の厳しい支配によって莫大な富を築いてきた。しかしいまや、長年続いてきた状況が覆されようとしていた。1年前の民衆暴動で政権をとって以来、民族革命運動党（MNR）は軍を解散し鉱山を国有化した。激しく議論された農地改革法が、数週間後に施行されることになっていた。

ボリビアはまだ不安定で、多くの政治勢力が対立して体制の安定を脅かしていた。地方でしびれを切らした小作農が、私有大農場を襲撃して農地改革問題を強引に推し進め、鉱夫は新たに創設された労働組合、ボリビア労働者中央本部（COB）に率いられて、政府からさらなる譲歩を引き出すために、示威行進を敢行した。武装した民兵が通りをうろつき、解散させられた軍の不満分子による反クーデターの噂が流れていた。すでに1月にはある謀略が鎮圧されていた。実権を握るMNR連合内の左派と右派は正反対の政治課題を追求していた。共産党は労働者への全面的な権限委譲を要求し、他方、ビクトル・パス・エステンソロ大統領を含む中道右派は、共産党と地方の独占資本家の両方から距離をおく中道路線をとろうとしていた。

街をぶらついていたエルネストとカリカは、列車で知りあった若いアルゼンチン人と偶然再会した。彼は父であるイサイアス・ノゲスを訪ねてきていた。イサイアスはトゥクマン地方出身の著名な政治家兼製糖所所有者で、当時はペロンと敵対して亡命中だった。やがてノゲスが二人の家族と知り合いだとわかり、彼はカリカとエルネストを家に招いて豪勢な夕食をともにした。そこで二人はラパス在住の、国を追われたアルゼンチン人コミュニティの他のメンバーと会った。エルネストは彼らを招いたノゲスを、イダルゴ、つまり下級貴族と記している。「アルゼンチンから亡命してきた彼は［国外追放者］グループの中心で、そのグループは彼をリーダーで友人と見ていた。彼の政治思想は世界的に見てとっくの昔に時代遅れとなっていたが、彼は好戦的な地域で発生したプロレタリアのハリケーンとはまったく独立に、その信念を持ち続けていた。どんなアルゼンチン人にも、出身や来た理由を問うことなく、優しく手を差し伸べた。そして彼は堂々とした落ち着きで、下々の惨めな人に、際限なく家父長的保護を与えてくれた」

彼らはノゲスのところに滞在していた、彼の兄でプレイボーイの〝ゴボ〟にも会った。彼はヨーロッパでの享楽生活から戻ったばかりだった。気前がよく、多くの人と交際している社交界の浪費家であるゴボは、ギリシャの海運王アリストテレス・オナシスと友人だという。彼はこの若い旅人たちを気に入り、二人を街のバーやレストランに案内した。彼の紹介でアルゼンチン人が経営するキャバレー「ガジョ・デ・オロ」にも行った。そこでは政治家、亡命者、冒険家がラパスの放蕩者と酒を飲みながら歓談していた。ガジョ・デ・オロはすぐに彼らの行きつけの店になった。彼らはそこで、街角をうろつく連中とは別のボリビアの一面を見ることができた。あるとき下痢でガジョの男性トイレに駆け込んだエルネストは、数分後に席に戻ると驚いた様子で、二人の男がコカインを鼻から吸っていたとカリカに言った。

もう一つの行きつけの場所は、ホテル・ラパスのテラスだった。そこではアルゼンチンからの亡命者が酒やコーヒーを飲みながら、故国の政治やボリビア革命について語りあっていた。政府に要求しながら大統領官邸へと行進するインディオを見物するにはもってこいの場所だった。ある日、歩道の群衆を眺めていたカリカは、二人組のかわいい女の子を見つけ、そのうちの一人をナンパできるか試してみようと通りに下りた。女の子には、ラミレスという名のベネズエラの年配の将校が同伴していた。彼は故国の大使館付き武官として「贅沢な亡命」中だった。カリカのみえみえの下心にも寛大に対応した将校は一緒に一杯どうかと誘い、間もなくカリカは、以前拒否された二人の査証を発行する約束をラミレスから取り付けた。

ラミレスは、エルネストとカリカに査証を確約しただけではなかった。彼は二人を街に連れ出した。カリカは最初にラミレスと会った女の子と付き合いはじめ、エルネストもある晩に見込みがありそうな誰かと出会った。「口のついた、くねる何かが、ぼくの進む道と交差した」と彼は日記に書いている。「どうなりますやら」。「くねる何か」とはマルタ・ピニージャだった。所有地が首都郊外に何キロも広がる、金持ちの貴族の娘だ。

1953年7月22日、上向いてきた運で浮き立ったカリカは母親に威勢のよい手紙を書いた。ノゲスのおかげで、二人はホテルを出て、裕福なアルゼンチン人一家に下宿して手厚いもてなしを受けていた。二人は「情熱的な社交生活」を送っていたと彼は記している。「ラパスの最高の人々がぼくたちをランチに招いてくれる。［…］この地のアルゼンチン人は全員結束が強く、ぼくたちにとてもよく接してくれた。ラパスで二本の指に入るスクレやホテル・ラパスでいつもお茶や食事をした。［…］今日の午後は金持ちの女の子二人とお茶して、夜はダンスだ」

エルネストはボリビア革命についてもっと知りたかったが、彼らの交遊相手はこの国で起きている変革の天敵たるラパス・エリート層への入り口を与えてくれた。カリカの回想によると、たとえば裕福なマルタ一家は、その所有地を農地改革によって没収されようとしていた。ある夜ガジョ・デ・オロから帰宅する途中、街中をうろついていたインディオのパトロールが銃をつきつけて彼らの乗っていた車を停めた。「私たちを車から降ろして身分証を出せと命じると、ちょっと酔っていたゴボは彼らの一人に「おいインディオ野郎、その散弾銃なんかしまえよ、ヤマウズラでも撃ちな」と言った」とカリカは回想している。

カリカは裕福な白人の友人の人種差別的態度を自分でも見せたが、エルネストは目にしたことについてじっくり考えた。「善人と言われる人々、教養ある人々は起きていることに驚き、インディオとチョロばかり優遇されていると罵っているが、いくつかの政府の動きについては、あらゆる人に、ナショナリスト的な熱意の火花が感じられるように思う。［…］三つの錫鉱山の階層的権力に象徴される状況を終わらせる必要は、誰も否定しないし、若者はそれが、地位と富のより大きな平等に向かうための闘争の第一歩だったと考えている」

彼らはラパスに1週間しか滞在しないつもりだったが、発ち難かった。「ここはとても面白い国で、しかも現在はことさら興奮に満ちた瞬間となっています」とエルネストは7月22日の父宛ての手紙に記している。「8月2日に農地改革が可決され、全国的な騒乱と争いが予想されています。モーゼル銃や「ピリピピ」「マシンガン」で武装した人々の驚嘆すべき行進を目の当たりにしましたが、彼らは面白半分に銃を撃っていました。毎日銃声を耳にし、銃で死傷者が出ています。

政府は小作人の大衆や鉱夫をまるで抑え込んだり、先導したりできていませんが、ある程度の対応は見せており、対立するファランへ党による武装暴動が起きたら、彼らがMNR側につくのは確実です。ここでは人命は重視されず、何事もないかのように与えられ、奪われるのです。これらすべてのため、中立的な観察者にはとても興味深い状況です」

エルネストは騒乱になる可能性もある8月2日の歴史的出来事を、自分の目で見届けたいと思っていた。彼とカリカはノゲスが夕食に招待すると必ず応じた。カリカは母親宛ての手紙にこう書いている。「エルネストは、1週間何も食べていないのではないかというくらい食べました。彼は仲間内で有名です」。ゴボはエルネストが一度にどのくらい食べられるか賭けを始め、みんなが行くはずのリマで会ったら、大食いすれば食べ物がタダになるレストランにエルネストとカリカを連れていくと約束した。喜んだエルネストは「アルゼンチン民族の誇り高き模範を見せつけてやる」と宣言した。

このように夕食に招かれたある晩、ノゲスの家で二人はアルゼンチン人弁護士リカルド・ロホに会った。頭は禿げかかり、髭をたくわえ、長身で太ったロホはわずか29歳だったが、すでに政治経験はきわめて豊富だった。反政府の急進市民同盟に加わる反ペロン主義者である彼は、テロ容疑で拘置されたブエノスアイレスの警察留置所から逃亡してきたばかりだった。彼はグアテマラ大使館に逃げ込み、ハコボ・アルベンスの左派グアテマラ政府の旅券でチリに飛行機で飛んだ。ロホはラパスを目指し、エルネスト・ゲバラや他のあらゆる旅の途中のアルゼンチン人同様、イサイアス・ノゲスの家に押しかけた。脱出劇を自慢するため、彼はそれを報道した『ライフ』誌の記事の切り抜きを持ち歩いていた。ロホはボリビアからペルーに移動し、さらにグアテマラを経て最終的にアメリカに行こうと計画していた。

ロホもノゲスの家でゲバラの「野蛮」な食習慣に気づき、彼が医者だと知って驚いた。エルネストが話すことの大半が考古学についてだったからだ。「初めて会ったとき、ゲバラはそれほど印象に残りませんでした」と彼は後に述べている。「彼はほとんど話さず、他の人の会話を聞くほうを好みました。しかし突然、油断させるような微笑みを浮かべたまま、カミソリのような所感を述べて、話している者をこき下ろしました」。それは二人に共通の特徴だった。ロホもまた辛辣な機知と毒舌を持ち、エルネストと同じくらい議論を楽しんだ。初めて会った夜、彼らはエルネストのホステルまで、喋りながら一緒に歩いて戻った。ロホによると、「そのとき本当に共通していたのは、二人とも金に困っている若い大学生ということだけだったのですが、友人になりました。私は考古学に興味はなく、彼も政治に興味はありませんでした。少なくとも、当時の私にとって意味があり、後に彼にとって意味を持つようになった政治という意味では」。この出会いの後、二人は再び会おうと決めた。実際その後の10年間、ロホはゲバラの人生に出入りを繰り返すことになる（巻末の原注を参照）。

エルネストは8月2日はラパスにいたいと思っていたが、悪名高いボリビア鉱山の状況を自分の目で見たいとも思っていた。反革命暴動が危険な兆候を見せていたこともあり、彼とカリカは重要な日にラパスを留守にするのを承知で、ボルサ・ネグラの鉄マンガン重石鉱山を訪れることにした（鉄マンガン重石は、昔から軍需物資製造に使われてきたタングステンの原料だ）。鉱山の技術者は彼らに、革命前にストライキを行った鉱夫とその家族がマシンガンで撃ち殺された場所を見せてくれた。いまや鉱山は国のものだ。ここでもチュキカマタ同様、エルネストは見たものに心を動かされた。「この鉱山の沈黙は、その言葉を知らないぼくたちのような者にさえ襲いかかってくる」と彼は記している。

エルネストとカリカは、ボルサ・ネグラで一晩過ごし、ラパスに戻る準備をしていたとき、トラックの荷台に乗って街から戻ってくる鉱夫たちを見た。農地改革法支持のデモ行進をしてきた鉱夫たちは、空に向けて銃を撃っていた。「無表情と赤いプラスチック製ヘルメット」のせいで、エルネストに彼らはまるで「別世界からやってきた兵士」に見えたが、後にわかったことだが、彼らが関与するような不穏な事態はまったく起きていなかった。

ボルサ・ネグラ訪問は、アメリカが輸出市場を操っているかぎり本当の独立は不可能というエルネストの考えを強化した。「現在、ボリビアを動かしているのはこれだけだ。アメリカが買う鉱物。このために政府は増産を命じた」。ボリビア革命政府はすでに、改革に慎重さを求めるアイゼンハワー政権からの強い圧力を受けていた。そしてボリビアは米国の言うことをきいた。接収されたのは三大錫貴族所有の鉱山だけだった。ボリビアはいまだに鉱物購買者としてのアメリカと、彼らが提示する価格に依存していた。

アイゼンハワーが政権に就いて以降、アメリカは外国での「ソヴィエト共産主義の拡大」を封じ込める強引な政策を進めていた。1953年夏、ボリビアの大統領パス・エステンソロは、ワシントンを怒らせたら自分の政権がどうなるか、周辺国を見るだけで如実に思い知らされた。グアテマラの左寄りの政府は独自の農地改革によって、強力なユナイテッド・フルーツ社が自国内に持っていた利権を国有化したため、ワシントンの高圧的な攻撃に晒されていた。ユナイテッド・フルーツ社は報復を求めて、米国政府上層部に強力な友人がいるのを見せつけていた。

1953年3月にヨシフ・スターリンが死んだが、冷戦は和らぐことなく続いた。戦略兵器をアメリカと対等にするため、ソヴィエト連邦は水素爆弾を仕上げつつあったが、8月12日にそれが炸裂した。その2週間前、朝鮮半島で休戦協定が結ばれ、3年にわたる血みどろの戦いが終わった。停戦によって、半島は分断され荒廃したまま残された。いまや東側と西側は敵対するもうひとつの境界を挟んで対峙し、ますます分断が進む世界に新たな火種が加わった。

ワシントンが「安全」と見なしていた国キューバで、エルネストの人生にとって間もなく重大な意味を持つ出来事が起きていた。7月26日、国家暴動の引き金になることを望む若者の反乱グループが、軍事独裁者フルヘンシオ・バティスタに反旗を掲げ、サンティアゴ市のモンカダ兵営を襲撃し、一時的に制圧した。戦闘で反乱側は8人しか死なず、政府軍は19人の兵士を殺されたが、最終的に反乱側は敗走した。バティスタは攻撃を「共産主義者」によるものだとしたが、キューバ共産党はこれをブルジョアによる反乱と非難し、関与を否定した。その後69人の青年反乱兵が処刑か拷問によって殺された。26歳の学生反乱指導者フィデル・カストロと彼の弟ラウルなどの生き残り組は、勾留された。

II

革命下のラパスで、エルネストとカリカは新設された農民省のトップ、ニュフロ・チャベスと出会った。農地改革法案の施行が彼の仕事だった。エルネストはこの省を「謁見を待つ様々な高地インディオ集団だらけの奇妙な場所だ。それぞれのグループは独自の装束をまとい、村長か教化師に率いられて、母語で話していた。職員は入ってくる彼らにＤＤＴを浴びせていた」。

この光景にエルネストは憤慨した。それは、革命指導者と彼らが代表しているはずの市井の人々のあいだにまだ残る、文化的分断を示していた。カリカにはDDTの散布は十分妥当に思えた。インディオは「不潔でしらみだらけで、省のカーペットとカーテンをそういう害虫から護る必要があった」からだ。街の通りで、DDTで髪が白くなったインディオを見るたびに、彼とエルネストは顔を見あわせて言った。「見ろよ、ニュフロ・チャベスと一緒だったんだな」

エルネストとカリカのラパス滞在はすでに1カ月近くに達していた。持ち金の半分を使い果たし、ベネズエラ入国の査証も持っていた。旅に戻る頃合いだったが、二人とも張った根を抜くのは難しくなっていた。やっと出発しようと合意したとき、エルネストは「お互い、残していかなくてはならない恋の相手がいた。ぼくのさよならはむしろ知的なもので、甘美ではなかったが、ぼくと彼女のあいだには何か大切なものがあると思う」と記している。一方カリカは自分が本気で恋に落ちたと考え、カラカスで独り立ちしたら戻ってくると新しい恋人に約束した。

チチカカ湖をしばらく旅した後、エルネストとカリカはペルー国境に達した。国境の町プーノの税関で、エルネストの所持していた本が問題になった。エルネストによれば「2冊の本を没収された。『ソヴィエト連邦の人間』と農民省の出版物で、驚いたようにアカ、アカ、まっかっかだと非難された」。しかし「うまみのあるおしゃべり」をすると、警察署長は彼らを解放し、エルネストの本をリマに送り返すことで話はついた。

彼らはプーノからクスコに向かった。エルネストは再訪を喜んだが、カリカはまったく感銘を受けていなかった。彼は母親宛ての手紙に、クスコは興味深い街だが、「想像できるかぎり最も汚く」、あまりに汚いため「風呂が欠かせない」と書いている。しかし彼は、8日間そこに滞在したが、エルネストが「風呂に入ったのは1回で、それも健康のためだけにお互い取り決めたからだ」と冗談めかして言っている。

数日後、汚さと不快感に不平を漏らすカリカに、エルネストはイライラしはじめた。8月22日のセリアに宛てた手紙で、いらつきを記している。「アルベルトはインカのお嬢様と結婚し、(失われた)帝国を取り戻すために草の上に身を投げ出します。カリカは汚穢を罵り、通りに散らばっている無数の糞の一つを踏むたびに、空やその隙間に建っている聖堂を見上げるかわりに、汚れた靴を見つめるのです。彼はクスコの刺激的な不思議を嗅ぐことはなく、かわりにシチューと糞の臭気を嗅ぎます。気質の問題ですね。彼がいかにここが不満か考慮して、我々は速やかにこの街を去ることにしました」

目先の予定についてはわからないと母に告げている。なぜならベネズエラが「どんな状況かわからない」からだ。もっと先の予定として、何とか「1万米ドル」稼ぐ希望は捨てていないと言う。そして「アルベルトと一緒に、新たな旅に出るかもしれませんが、今度は北から南へのルートで、ヘリコプターを使うかもしれません。ヨーロッパ、そしてその後はいまだ暗闇」。つまり、何があるかわからないということだ。

まずマチュピチュに寄り道した。そこはいまだにアメリカ人旅行客で賑わっていたが、エルネストは今回も魅了された。その後、彼らはリマへの3日間の過酷なバス旅行に出た。休憩停車中、彼とカリカが丘を下ってアバンカイ川の冷たい水に浸かったのは、楽しい気晴らしになった。真っ裸のエルネストは、川のなかでぴょんぴょん跳びはねてみせ、上の道から見てショックを受ける女性乗客たちに手を振ってひどく楽しんだ。疲れ果ててリマに到着した彼らは、ホテルを見つけて「ヤマネのように」寝た。

9月4日の父宛ての手紙でエルネストは、ブエノスアイレスから「山のような手紙」が届いているのを期待していたのに、父からの手紙が一通だけだったと不満を漏らしている。「ぼくからのささやかな援助が至急必要なほどの経済的問題はないと聞いて、喜んでいます。何よりのことです。[…]が「良からぬことが起きたら」忘れずに少し急いで知らせてください」。彼は家族を助けるために稼げる仕事に就かねばならないというプレッシャーを感じていたが、父親の万事快調という言葉を聞いて、差し当たって良心の呵責はなくなった。同じ手紙のなかで、彼は手紙を送ってくれない母親に伝えてほしいと、トゲトゲしい小言を漏らしている。ソリティア遊びで机につくたび自分宛ての手紙を書けばいいと提案している。それがソリティア中毒の治療にもなると言って。

リマで、カリカはやっと寛げた。9月8日、彼は「すごくいいところです。心地良いだけでなく、モダンで清潔な素晴らしい街です」と母親宛ての手紙に記している。ギア・ハンセン病病院時代のエルネストの友人たちとペッシェ医師に会った彼らは手厚くもてなされ、温水の出る清潔なホテルと、食事を摂る大学のカフェテリアを見つけるのを手伝ってもらった。そしてゴボ・ノゲスとも再会した。「ゴボは私たちを社交界に紹介してくれました。カントリークラブで二度食事をしたんですが、それは本当に素晴らしく高価だった。もちろん完全におごりで、私たちは何度もグランホテル・ボリバール［リマで最も高級なホテル］に足を運びました」とカリカは捲し立てている。

これとは対照的に、エルネストはリマを禁欲的で批判的な目で見ていた。「そこの教会の内側は荘厳さで満たされていたが、その外側は——私見だが——クスコの神殿が見せる堂々たる厳粛さに及ばない。［…］大聖堂は［…］スペインで戦時の激情に頽廃が入り込み、豪華さと快適さを好むようになってしまった時期のものに見える」。彼の日記にはあるパーティーについてのみじめな言及がある。「喘息のぼくは酒が飲めなかったが、カリカは完全に酔っ払っていた」。彼らは新しい「革命的」な新作「3D映画」を初めて観にいったが、感心しなかった。「何らの革命にも思えず、相変わらずの映画だ」

エルネストはペッシェ医師と何度か会い、「幅広い話題について、打ち解けてじっくり議論した」。しかしその後、彼とカリカは拘束され尋問を受け、ホステルの部屋はペルーの刑事に隈なく捜索された。どうやら刑事は彼らを「指名手配中の誘拐犯」とまちがえたらしい。誤解は解けたが、警察の監視がまだ続いているかもしれないので、エルネストはペッシェとの連絡を避けることにした。

エルネストは警察との揉め事が、単なる人ちがいではないかもしれないと思っていた。国境での「アカ」文献没収騒動があったから、おそらく彼とカリカの名は不審者としてファイルに載っていた。ペルー独裁者マヌエル・オドリーアはまだ政権の座にいて、エルネストがカリカに話した表現では、ボリビアの左翼革命が「彼の鶏舎を汚す」のを心配しているにちがいなかったから、共産主義者ペッシェ医師との無用なつながりを怪しまれるのは得策ではなかった。またエルネストは没収された本を取り戻すのも諦めた。それにこだわっても、リマ滞在が面倒になるだけだった。

9月17日、エルネストは母からの手紙を受け取った。彼女は、エクアドルに着いたらエクアドル大統領が彼らを「泊めてくれる」よう手筈を整えたことを知らせてきた。翌日カリカは自分の母に手紙でこのニュースを知らせて、彼とエルネストには今後「部屋と食事について素晴らしい展望」があると大喜びで得意げに書いた。亡命アルゼンチン人の友人リカルド・ロホにも出会った。グアテマラに向かう彼は、エクアドルの港湾都市グアヤキルを目指していた。そこで彼はパナマ行きの船に乗るつもりだった。ロホはグアヤキルで会えるように、ペンションの名前を彼らに伝えた。

Ⅲ

ペルー沿岸部をバスで北上中、エルネストは再び喘息に苦しめられた。9月28日エクアドルに入って、国境の町ウアキジャスで移動のための便を待っているとき、彼は「旅程を1日無駄にして、カリカはこれ幸いとビールを飲んでいた」と不満を述べている。さらに一昼夜かけて船で川を下ってグアヤキル湾に入り、その沼のような三角州を渡って、熱帯の街グアヤキルに着いた。埠頭でリカルド・ロホとアルゼンチンのラプラタ大学から来た3人の法学生が彼らを出迎え、自分たちが滞在しているペンションに二人を連れていった。ロホの連れはエドゥアルド〝グアロ〟ガルシア、オスカール〝バルド〟バルドビノス、アンドロ〝ペティーソ〟エレーロだ。ロホと同じく、彼らもグアテマラを目指し、途中で少し冒険をしようとしていた。

ペンションは、グアヤス川の土手にあるカヌー用の船着き場を備えた、崩壊寸前のコロニアル様式の邸宅で、キンタ・パレハと呼ばれる荒廃した一画にあった。その大きな部屋を分割して、船積み用の木箱で作った小さな個室にしている途中だった。エルネストとカリカは他の4人と一緒にその洞窟のような部屋に入った。家の内部は奥にいくほど狭くなった。

ペンション運営に四苦八苦しているオーナーは、マリア・ルイサという優しい女性だった。このひなびた建物での暮らしは、雑然とした大家族の一員になって、苦労をともにするようなものだった。マリア・ルイサはこの場所を、母アグリッピーナ——一日中煙草を吸い続けながらずっと玄関ホールのハンモックに横たわっている老女——と夫アレキサンデルと一緒に切り盛りしていた。夫もかつては客だったが、借りが嵩んでマリア・ルイサと結婚するはめになったらしい。

結局、ベラスコ・イバラ大統領と会うために彼らがキトに行く必要はなくなった。彼はグアヤキルに滞在中で、彼の個人秘書の情にすがろうと、エルネストとカリカは着飾って秘書を訪ねた。10月21日、エルネストは彼との面談の様子を母に伝えるため、自嘲めいた手紙を記している。「秘書はベラスコ・イバラに会わせることはできないと言うのです。そして彼にぼくの壊滅的な経済状況を伝えると、それは人生のどん底の一つだと述べ、哲学的な口調でこう付け加えました。「人生には浮き沈みがあって、今の君は沈んでいるわけですな。元気を出しなさい、元気を」。エルネストとカリカは、元の木阿弥の無一文同然で、それは仲間も同じだった。同時にマリア・ルイサへの支払いも溜まっていた。彼らは金を持ち寄り、エルネストが厳しい経済統治を敷いた。カリカは旅の出発時点では「貞操帯」着用者だったが、これまでの旅程で、どちらが倹約家として優れているかは火を見るより明らかだった。エルネストは「究極の倹約」体制を敷き、彼自身がそれを破るのはたまにバナナを買うときくらいで、実際、その頃の彼はほとんどバナナしか食べていなかったのだ。

10月半ば、リカルド・ロホとオスカール・バルドビノスがユナイテッド・フルーツ社所有の船でパナマへと旅立った。残りの者は乗船可能な次の便でこれに続くことになった。こうしてエルネストとカリカは、グアロ・ガルシア、アンドロ・エレーロと仮住まいを続けた。彼らが仲間との時間を楽しみ、不本意ながらベネズエラへと出発できないまま、次の移動を画策しているあいだ、エルネストはグアヤキルを探索した。ペンションではチェスをして、新しい友人たちとおしゃべりした。みんなアルゼンチンへのホームシックを少し感じていて、話すのは家族や過去、そして未来の希望についてだった。

953年，中央アメリカへと向かう途中，水泳を楽しんだ．前がエルネスト．後ろに立つのが
ェドゥアルド“グアロ”ガルシアで，その右がリカルド・ロホ．

8 方向を見いだす

I

エルネストにとって、グアヤキル滞在を特に延長すべき理由など何もなかった。彼はグアヤキルを「船の行き来で1日がめぐる、独自の生命なんかほとんどない、うわべだけの街」とけなしている。しかし彼は去らなかった。とどまり、手持ちの小銭に頼り、孤立した友人たちと貧窮を分かちあった。彼はアンドロ・エレーロに、これまでは無条件の仲間意識という体験を楽しんだことはなかったと告白している。みんな躊躇なく持っているものを共有し、一緒に共通の問題に立ち向かう。最も近い体験と言えば、せいぜいラグビーをやっていたときだっただろう。彼のチームメイトは良き「仲間」で、一緒に飲みに行くには向いていたが、誰とも本当に親密ではなく、ピッチの外に出たら関係はおしまいだ。最も近しい友人はアルベルト・グラナードだと彼は言った。カリカは子供の頃から知っているいい奴だったが、実際のところまるで共通点はなかった。

本物の仲間意識とは無縁だった、と彼はアンドロに言った。常に渇望してきたものだが、自分の家族には、それが欠けていると感じていた。家族は分裂していて、招き入れた部外者で溢れ返っていた。彼は母について多くを語った。彼らの関係が特別なのは明らかだったが、エルネストは、彼女が詩人や軽薄な文人に囲まれており、そういった女性たちは「たぶんレズビアン」だと口を滑らした。エルネストよりも数歳年上のアンドロには、彼の発言が感情的に疎外された気持ちの表現なのだとわかった。彼は、エルネストは孤独で何より愛情を求めているのだと考えた。

「ゲバラはとにかく変わった男でした」とアンドロは回想する。「ときには無表情な感じで、ほぼ不愉快なほど。でもそれは喘息が原因でした。呼吸しようと苦労するときには顔をしかめるから、おっかなく見えることもありました。でもそれが過ぎるとリラックスして、目が微笑む。目の横に皺が寄るんです」

エルネストの喘息発作の激しさは、新しい仲間には衝撃だったので、できるかぎり彼を助けようとした。「覚えているのは、夜中に目が覚めると、ゲバラがアスマプル（薬）に手を伸ばそうとしていて、でも力が及ばなかった。他の誰かが取ってやらなきゃならなかった」とアンドロは回想している。

エルネストはこの新たな兄弟のような関係を楽しむ一方で、次に何をすればよいかについて、葛藤する感情に苦しんでいた。他の人々が用意してくれた進路はあった。ブエノスアイレスを発つ前に、アルベルトは、ハンセン病病院での仕事が彼を待っている、と記した手紙を送ってきた。もしもそこまでの旅費が必要なら、心配無用、自分が貸してやると。エルネストには、そこへ行く感情的な強い動機があった。彼はアンドロに、母にパリで治療を受けさせるための金を稼ぎたい、と話していた。彼は母ががんをいまだに患っているのではと心配しており、最良の治療を受けてほしいと願っていたのだ。

しかしそんなときに、グアロ・ガルシアが思いつきで、自分とアンドロと一緒にグアテマラに行かないかと提案した。彼らは米国の権力に挑んできた左翼革命を見物に行こうとしていた。グアテマラの闘争は、ラテンアメリカの将来を決定する可能性があった。エルネストはあっさりこの提案を受け入れ、自分の計画を諦め、すべての約束を反故にした。

だがグアテマラ行きを決めても、実際行くにはまた別の問題があった。パナマの入国査証が必要になるが、それを得るには支払い済みの帰国便の証明が求められた。彼らは無一文でこれが不可能だったため、親切な船長を探して、出国保証をしてもらうと同時に、タダ乗りさせてもらわなければならなかった。虫のよすぎる話で、彼らもそれを承知していたが、粘り強く波止場をめぐり歩いた。はじめは失敗してばかりで、単調な節約生活が続くばかりだった。

エルネストは寄港していたアルゼンチンのスクラップ船の船員と親しくなった。それは1951年に乗船して働いた、あの船の甘い記憶を呼び起こさせた。そして数回、船で赤ワインの食事をともにすると、彼はアメリカ煙草とジェルバ・マテを腕にいっぱい抱えてペンションに戻った。船にいたエルネスト家を知るアルゼンチン外交官が、一家からの予期せぬ知らせをエルネストにもたらした。「ほとんどついでのように」彼の叔母エデルミラ・モーレ・デ・ラ・セルナが最近死んだと彼に話したのだ。家族との文通を特徴づけはじめていたほとんど非情ともいえる無愛想さで、彼は叔父といとこに弔辞の手紙を送った。「このような状況で希望の言葉を送るのはとても難しいし、ぼくにとってはなおさらそうです」と彼は書いている。「自分の人生に対する姿勢から生じたいくつかの理由により、エデルミラの晩年を助けた宗教的慰めをほのめかすことさえできないぼくには」

もはや移動したくてうずうずしていたカリカは、ひとまず一人でエクアドル内陸の首都キトまで進むことにした。エルネストは数日待って状況が好転しない場合は、カリカに後を追う旨の電報を打つことにした。カリカが発って数日後、小さな船グアジョス号の船長がパナマ以降の行程を保証してくれたので、査証がもらえた。しかしエルネストがカリカに自分を待つなと電報で伝えた直後に、グアジョス号の出航が「無期限」に延期された。

エルネストは喘息の発作にあい、それが薬でさらに悪化して、吐き気と下痢を催した。マリア・ルイサのペンションに彼らは多額の家賃を滞納していて、日増しに借金が膨らんでいた。夜逃げも考えたが、ロビーで待ち構えるアグリピーナばあさんの目を盗んで外に出ることなどできないと悟って、その計画は諦め、持ち物を売りはじめた。

10月22日、エルネストは母宛ての手紙で自分の「100パーセント冒険家という新たな身分」を表明した。グアテマラに向かっていることを明かし、彼女から餞別として贈られた新品のスーツを売ったことを伝えた。「かあさんの夢の真珠は、質屋で雄々しく死を遂げ、同じ運命がぼくのすべての不必要な持ち物に降りかかりました」。大事にしていたカメラさえ売ろうと決めたが、「ぼくのブルジョア的所有欲の残滓」のため、実際に買い手が現れたら躊躇した。数日後、エルネストはやけくそになって日記にこう記している。「売る物はほとんど何も残っていないので、我々の置かれた状況は本当に危うい。1ペソもないが、借金は500［エクアドル・スクレ］、ヘタをすると1000になるかも。そういう状況です」

解決策を考え出したのはアンドロだった。自分が借金の保証人として残り、他の者が彼に送金したら、彼も出発して合流するという手筈だ。エルネストはこの案に反対した。なんと言っても自分こそが新参者だから、誰か残るならそれは自分だと。しかしアンドロの決心は堅く、友人である優美なホテル・フンボルトの食品買付人が、アンドロが働くことを条件に、彼らの借金の大半を清算することに同意し、話はついた。

その後も出航が延期されたが、ついにグアジョス号の出航準備が整った。エルネストは自分の船員用ダッフルバッグをアンドロのもっと大きなスーツケースと交換して、それに自分の本を詰めた。10月31日、アンドロはココナッツが山積みされた波止場でエルネストとグアロを見送った。その別れの瞬間についてのエルネストの記述は超然としている。「別れの瞬間はいつも寒々しく、いつも希望より劣り、その瞬間に、自分が深い感情を示せないことに気がつく」。しかしアンドロは、普段は無口なエルネストが「子供のように泣き叫びながら」、いかにアンドロの友情をありがたく思っているか伝えていたと回想している。アンドロはこの感情表現に心をうたれ、自分のほうも感動で胸がいっぱいになり、踵を返して、グアジョス号が出航する前に波止場から去った。

結局、アンドロは仲間に再合流できなかった。彼はサーカスでの「弾丸人間」といった様々な雑用仕事をしながら、数カ月エクアドルに残った。カリカはカラカスに着きアルベルトと連絡をとって仕事を見つけた。彼は故郷に帰るまで、ほぼ10年間ベネズエラで暮らした。彼もアンドロも、その後エルネストと再会することはなかった。

II

中央アメリカに向かって船で北上しながら、エルネストは自分がある地域、すなわち「国が本当の国家でなく」、独裁者が所有する「私有地」である地域に入りつつあるのを知った。その数年前にお気に入りの詩人パブロ・ネルーダが『ユナイテッド・フルーツ社』という詩を作って、地方独裁者が牛耳る多くの従属的「バナナ共和国」を作り上げた企業の悪事を暴いた。それをネルーダは「蠅たちの独裁」と呼んだ。「トルヒーヨという蠅、タコスという蠅、カリアスという蠅、マルチネスという蠅、ウビコという名の蠅〔…〕血まみれの蠅たちの縄張り」と記している。

実際1953年には唯一の例外であるグアテマラを除き、中央アメリカ地峡の後進農業国はすべてアメリカが支配する「バナナ共和国」だった。南北アメリカ大陸と繋がる細い首状の地形のパナマは、セオドア・ルーズヴェルトがアメリカによる支配確保のために新たにパナマ運河を建設してから50年を経た当時、主権国家といっても名ばかりだった。ナショナリズム感情は高まっていたが、アメリカは国を二分する運河地帯の統治を維持し続けていた。そこに独自の軍事基地が置かれ、パナマの経済と政治で支配的役割を果たしていた。

ニカラグアは1930年代以来、腐敗した将軍アナスタシオ〝タッチョ〟ソモサ・ガルシアが支配していた。ソモサは裏切りで自分の支配を確保した。長年の内戦とアメリカ海兵隊による「秩序回復」の侵略の繰り返しを終結させる会談中に、彼はナショナリストのゲリラ指導者アウグスト・セサル・サンディーノ暗殺を命じたのだ。忠実な反共産主義者ソモサはワシントンに多くの友人を持っており、CIAがグアテマラの改革主義革命闘争を潰すための攻撃を開始したのも、彼の求めに応じてのことだった。

小国エルサルバドルは、コーヒー栽培者による強固な寡頭支配下にあった。20年前に、共産主義に触発された農民反乱が3万人の犠牲者を出して鎮圧されて以降、軍人支配者たちが絶えることなく国を統治していなかった。農民の多くが封建的状況に置かれていた。隣国ホンジュラスには道がほとんどなく、未開発で人口も少なかった。その政府は、広大な大農場を持ち、国の港と鉄道を所有するユナイテッド・フルーツ社にほぼ従属していた。

コスタリカもユナイテッド・フルーツ社を迎え入れていたが、ホセ〝ペペ〟フィゲーレス・フェレールが主導した1948年の改革革命以来、ワシントンの機嫌を損ねずに、よい貿易条件を引き出していた。「中央アメリカのスイス」と謳われるコスタリカは、政治的寛容と中庸の雰囲気を滲ませていた。

植民地経済下に置かれ、アフリカ奴隷の血をひく貧しい黒人が住む近隣のカリブ海の島国では、ロンドン、パリ、ハーグで任命された白人総督が支配する帝国主義統治が渦巻いていた。これらヨーロッパ列強は、アメリカ大陸本土にも植民地を持っていた。ユカタン半島の小さなイギリス領ホンジュラス、南米北端のギアナ地方はオランダ、フランス、イギリスの手中にあった。米国も半世紀前にスペインから奪取したプエルトリコの実質的併合で、この帝国群に加わった。1952年、プエルトリコは米国にとって初の「コモンウェルス」（自治連邦区）となった。ハイチ、ドミニカ共和国、キューバだけが独立共和国だが、三国すべてが不安定か腐敗、あるいはその両方である政権に支配されていた。自己中心的で腹黒いラファエル・トルヒーヨ将軍が1930年以降ドミニカ共和国を支配、搾取してきた。1950年のクーデター以来、政治的に不安定な黒人国家ハイチは、その後フランソワ〝パパ・ドク〟デュヴァリエ医師の恐怖体制に屈する。キューバは1952年の軍事クーデターで政権をとった、傍若無人のフルヘンシオ・バティスタ将軍の支配下にあった。

III

グアジョス号がパナマの波止場に入り、エルネストとグアロは安宿の廊下に1泊1ドルで泊めてもらった。アルゼンチン領事館に行ってみると、ロホとオスカール・バルドビノスはすでにグアテマラに向かい、彼ら宛ての手紙を残していた。それにはパナマ大学学生連合の数人の名前と連絡先、そしてバルドビノスが、パナマ国会議員の娘で23歳のルスミラ・オジェールと急展開のロマンスを経て結婚したという、驚くべきニュースが記されていた。

彼らはパナマに残っていたルスミラに会い、彼女とバルドの突然の結婚がオジェール家に「革命」をもたらしたことを知った。彼女の父は家を出ていき、ルスミラの母はバルドと会うことを拒んだ。バルドは金目当てで結婚したごろつきだとオジェール家一同が責めたて、一大スキャンダルとなった。エルネストは日記のなかで、花嫁と「やるわけでも、真剣に思う」わけでもなくグアテマラに出発したバルドを罵倒している。バルドビノスの新しい妻については、「善人でとても知的だけど、敬虔すぎるカトリック教徒でぼくの好みではない」と書いている。

エルネストとグアロは、精力的に行動した。アルゼンチン領事が手助けしてくれたし、彼らの大学での繋がりも役にたった。二人は学生と親交を深め、イベリアとコカコーラという二つのカフェにたむろしていた詩人、アーティスト、政治活動家といった面白い人々と知り合いになった。新しい友人たちは、彼らの宿代の支払いを助け、エルネストを雑誌編集者に紹介して旅行記事発表の打診をさせ、さらに大学の医学部に繋ぎ、そこで彼はアレルギーについて講演することができた。

エルネストがアルベルト・グラナードとのいかだの冒険について書いた記事が『パナマ－アメリカ』紙に掲載されて、20ドルになった。マチュピチュについて書いた記事では、反米傾向が露骨すぎるとされ、『シエテ』誌の編集者と「揉めた」と日記に記している。その記事「マチュピチュ、アメリカ大陸の石の謎」は１９５３年12月12日に『シエテ』誌に掲載された。そのなかで彼はペルーの考古学的遺産を掠奪したアメリカ人を痛烈に批判している。インカ帝国の歴史とハイラム・ビンガムによるマチュピチュ発見を説明した後、彼はこう記している。「ここで悲しいことが起こる。廃墟全体を覆っていた茂みが剝がされ、完全に研究され記録され……研究者の手に触れたすべての物が完全に掠奪され、彼らは貴重な考古学的財宝を詰めた２００以上の箱を、得意満面で自分たちの国に持ち帰った。［…］先住民都市の財宝を見て驚嘆し、研究するにはどこに行けばよいか？　答えは明らかだ。北アメリカの博物館だ」。彼が編集者と採めたのも当然だろう。これらは挑発的な言葉だった。その結論は彼のなかで生まれつつある政治的観点を明らかにしている。「では、このインカ都市に二つの意義を与えるにとどめよう。戦う者には［…］大陸に響き渡る石の叫び声で「インドアメリカの市民、過去を再征服せよ」と呼びかける。その他の者には［…］ホテルの来訪者名簿に、あるイギリス人が、苦々しく帝国主義的な懐古を込めて書き綴った一言がぴったりだ――「コカコーラの広告のない場所を見つけてラッキーだ」」

パナマは、エルネストが不倶戴天の敵と見なすようになった国への攻撃を開始するには、もってこいの場所に思えただろう。彼は日記にそこで出会った人々の一覧を書き出し、描写した。彼らを人間性と、さらにますますその政治的「健全性」に基づいて評価するようになった。パナマ大学で「カルロス・モレーノ博士に会った。頭が良い扇動家で、感銘を受けたし、集団心理学については博識だったが、歴史弁証法についてはそれほどでもなかった。彼はとても親切で誠実で、我々に敬意をもって接してくれた。彼は自分がしていること、向かっているところをわきまえているような印象を受けたが、大衆を抑えておくのに必要な水準以上に革命を進める気はないだろう」

エルネストにとって重要なのは、モレーノ博士のマルクス主義イデオロギーの知識と革命家としての潜在的価値だった。国境を超えた革命でどれほど使い物になるかという尺度で人々が評価されているという印象は否定できない。将来の計画の兆候が、すでに彼の意識のなかに浸透していたかのようだ。

エルネストがパナマで剣を研ぎ上げているあいだも、ブエノスアイレスの父は放浪を続ける息子の世話を焼き続けていた。グアヤキルでスーツを質に入れたという手紙を受け取って以来、彼は腹を立てていた。「エル・ドクトル」であるゲバラはそれに相応しい格好をすべきと確信していた父エルネストは、新たに服一式――スーツ、ブレザー、ネクタイ――を作らせて、パナマに送った。それを受け取ったエルネストはすぐに父宛てに手紙を書いた。「アルゼンチン製の服は何と無価値なことか――全部でたった１００ドルにしかなりませんでした！」

11月末、エルネストとグアロの経済状況は再び絶望的になった。グアテマラまで乗船予定の船の出航は遅れていた。陸路で旅を続けようとしたが、さらなる査証の問題にぶちあたった。日記によると「状況は悪い。コスタリカ領事はろくでなしで査証をくれない。[…] 問題は難しくなっている」。

ルスミラは国を出てバルドに合流することにした。家族とは和解できたので、彼女はグアテマラのパナマ大使館で外交関係の仕事に就けないかと思っていた。彼女は出発する前に、エルネストとグアロを助けにきて、45ドル貸してくれた。彼らはやっとコスタリカの査証を取得し、出発の準備が整ったところだった。借金を返して残った5ドルを懐に、彼らは旅立った。しかしすぐにトラブルが起きた。

パナマ北部の半ばのどこかで、乗っていたトラックのブレーキが壊れ、その後に脱輪した。田舎を走る列車に2日間、無賃乗車し、徒歩で移動して、コスタリカに入国し、美しい太平洋に面したゴルフィト港に到着した。それはユナイテッド・フルーツ社が、「1万人の従業員」のために建設したバナナ輸出港だ。「街はしっかりと区切られており、守衛がいて立ち入りを遮っていた。もちろん最も快適なのはグリンゴたちの区域だった。そこはマイアミを思わせ、当然ながら貧しい人々はいなかった。グリンゴたちは、四方を壁で囲まれた家と自分たちが作った狭い社会グループのなかに囚われていた」とエルネストは記している。彼は会社の病院を訪れ、批判的に観察している。「病院は正しい治療が提供できる快適な場だったが、会社で働く人の区分によって対応は変わる。いつものことながら、グリンゴの階級意識が見受けられる」

彼らは翌日、エルネストが「有名なパチューカ号（パチューコ［ごくつぶし］を運ぶ船）」と呼ぶユナイテッド・フルーツ社の船に乗り込んだ。本当の船名はリオ・グランデ号で、コスタリカのプンタレナスまで運航していた。旅は好調にスタートしたが、数時間のうちに海が荒れた。「グアロを含むほぼすべての乗客が吐きはじめた」とエルネストは記している。「ぼくはナンパした黒人娘のソコッロと外にいた。寝ると雌鳥よりも淫乱な16歳だった」。経験豊富な水夫だったエルネストは、船酔いに悩まされることなく、その後2日間しなやかな肢体のソコッロといちゃついて過ごした。プンタレナスに船が着くと、彼は彼女に別れを告げ、彼とグアロはコスタリカの首都サンホセを目指して内陸に向かった。

なだらかな緑の丘の上の小都市サンホセは、カリブ軍団（Legión del Caribe）の新本部になっていた。カリブ軍団は民主主義を支持する地域の同盟で、以前はキューバ前大統領カルロス・プリオ・ソカラスの支援を受け、ハバナが拠点だったが、バティスタによるクーデター後、サンホセに移った。当時はフィゲーレス大統領主導下、ベネズエラ、ドミニカ共和国、ニカラグアから亡命してきた政治指導者たちがサンホセに集結して策略を練っていた。

ペペ・フィゲーレスは稀有な人物だった——南米の政治家として、ワシントンの保守、リベラル両派の為政者から尊敬されていた。彼は自身の政治改革で注意深く中立の立場を取り続けることで、この妙技を達成した。コスタリカ軍を廃し、銀行を国有化し、経済の国家管理を拡張したが、外国資本には手をつけなかった。コスタリカ共産党を禁止することでワシントンの好意を得る一方で、この地域で以前から続く専制政権に頼らず、民主的改革を支援するようワシントンに働きかけた。

当時、フィゲーレス以外のラテンアメリカの主要「民主側勢力」としては、ペルーのビクトル・ラウル・アヤ・デ・ラ・トーレのアメリカ革命人民同盟（APRA）、ロムロ・ベタンクール率いるベネズエラの民主行動党があった。ベタンクールはマルコス・ペレス・ヒメネスを支持する軍部に倒されるまで、リベラル連合政権を主導してきた。彼らが信奉する政策は穏健な「社会民主主義」だが、断固として反共であり、社会改革と外国投資を奨励した。作家であり政治家でもあるムラート（混血）のフアン・ボッシュ率いるドミニカ民主革命党は、亡命政党のなかで最も左寄りの勢力だったが、彼らですら明確なマルクス主義綱領からはほど遠い存在だった。

アヤ・デ・ラ・トーレは政治亡命者としてリマのコロンビア大使館でそれまでの5年間保護されていたが、ボッシュとベタンクールはともにコスタリカにいたので、エルネストは社会、政治改革について、彼らの考えをどうしても聞きたかった。エルネストはとりわけ彼らの米国に対する態度に興味を抱いていた。それが政治的正当性を判断するときの彼の風向計だった。しかし彼とグアロはなんとか生計をたてる必要もあった。このふたつの目的のために、二人は新たなたかり稼業を始めた。

彼らは、フアン・ボッシュとコスタリカの共産主義指導者マヌエル・モラ・バルベルデと一日中、話をした。数日後には、エルネストはロムロ・ベタンクールにも会った。3人のなかでエルネストが最も感銘を受けたのは、共産主義者モラ・バルベルデだった。彼は「物静かな男で［…］一連の痙攣のような動きが内面の不穏さを暗示していた」。彼は、最近のコスタリカの歴史とフィゲーレスのアメリカ寄りの政策に関するモラの分析を注意深く記している。「フィゲーレスはアメリカ国務省のお慈悲を信じているが、それが裏切られたら何が起こるやら。彼は戦うのか、あるいは服従するのか？　それがジレンマで、どうなるか見ものだ」とエルネストは記している。

エルネストはフアン・ボッシュについて「明確な考えと左翼傾向を持った文学者。我々は文学ではなく、政治についてのみ話した。彼はバティスタをギャングに囲まれたギャングと評した」と述べている。ロムロ・ベタンクールについては酷評した。「彼は頭のなかに社会に対する確固たる考えを持っている印象を与えたが、それ以外は優柔不断でいちばん都合のよいほうにすぐに流れる。基本的にアメリカ寄りだ。彼は［1948年の］リオ［汎アメリカ防衛］協定に賛成で、共産主義者の恐ろしさばかり語っていた」

その後まもなく、エルネストとグアロはエルネストが「タチョ・ソモサの農場」と呼ぶニカラグアへとヒッチハイクを開始した。土砂降りのなか、国境を越えるとリカルド・ロホが突然現れた。彼は、アルゼンチン人のベベラギ兄弟二人と一緒に旅をしていた。この兄弟は自分たちの車で南アメリカへ向かっていた。グアテマラで数週間過ごして暇を持て余したロホは、彼らと一緒に車に乗った。コスタリカへと向かう道は通行不可だったため、ロホたちは南行きのフェリーを検討するために海岸に向かい、エルネストとグアロはニカラグアの首都マナグアに向かった。

乾燥した灼熱の湖畔の街マナグアに、エルネストはあまり興味が持てなかった。彼は査証を求めて「いつもながら役立たずの領事館めぐり」に時間を費やした。ホンジュラス領事館で、彼は偶然、フェリーに乗れなかったロホたちと出会った。そこで彼らは二手に分かれることを決めた。ロホとワルテル・ベベラギは飛行機でサンホセに行き、エルネストとグアロはドミンゴ・ベベラギと一緒にグアテマラまで行き、そこでドミンゴが車を売り払うことになった。その晩、彼らはアルゼンチンとアルゼンチン政治について長い議論を交わした。エルネストの記録によると、お互いの政治的な立場について次のような結論に達したという。

「ロホ、グアロ、ドミンゴは急進的非妥協派［ロホの師であるアルトゥーロ・フロンディシ率いるアルゼンチン急進市民同盟のリベラル派］で、ワルテルは労働者寄り［左翼の労働党］、ぼくは一匹狼だ、少なくともエル・ゴルド［太っちょ。ロホのこと］によれば」

ワルテル・ベベラギは、1948年のペロン打倒計画に関与して投獄され拷問を受けた。その後、逃亡したが、米国亡命中に市民権を剝奪されていた。*ペロンが敵対者に対しいかに厳しいか知ったロホは、以前バルドビノスとともにグアテマラシティの記者会見でペロンに対する不満を公表していたため、自分の身に不安を覚えた。エルネスト自身はアルゼンチンに関する論争から距離を置いていたが、興味は持っていて、熱心に耳を傾け、ときどき辛辣な解説を披露したため、「一匹狼」というあだ名を頂戴した。

エルネストはグアロとドミンゴ・ベベラギとともに車でホンジュラス国境に向かった。所持金は合わせて20ドルだった。パンクしたタイヤの交換以外に停まることなく、ホンジュラス辺境の荒地を移動し続け、エルサルバドルの火山がそびえる一帯を1日で横断し、グアテマラの緑に覆われた高地を目指して進んだ。エルサルバドル側では国境通行料をコーヒー豆で支払い、グアテマラ入国時はランタンで物納した。12月24日朝、グアテマラシティに到着した彼らの持ち金は3ドルだけだった。

Ⅳ

1950年代、グアテマラシティは保守的な小さな田園地域だった。グアテマラはインディオが住む驚くべき自然美の圧倒的な辺境国だったが、シティはそのなかの都会で、特権的な白人と混血（メスティーソ）が住んでいた。まわりの高地には緑に覆われた火山、湖、そして先住民の小作農の村が点在するコーヒー農場があり、高度が下がるにつれて太平洋岸の熱帯低地にある砂糖園や農場が現れる。

それまでの歴代グアテマラ政府は、外向けにはこうした絵葉書のようなイメージを提示してきた――色鮮やかな服を着た先住民が、居住地のある円満なコミュニティで幸せそうに働いているというイメージだ。しかしそれは欺瞞だった。グアテマラにはいまだスペインによる征服の痕跡が生々しく残っていた。少数の白人と混血であるクレオールが多数の先住民を何世紀にもわたり支配し、先住民は寡頭支配層もしくはユナイテッド・フルーツ社が所有する、広大な農園で働いて暮らしていた。

この状況はずっと続いていたが、1940年代にファン・ホセ・アレバロが改革主義「革命」で、冷酷な独裁者ホルヘ・ウビコの専制政権を打倒し、民主主義への移行を呼びかけた。アレバロはすべての改革を実行することはできなかったが、左派の大佐ハコボ・アルベンスがそれを引き継いで先に進めた。最も怒りを引き起こしたのは、アルベンスが1952年に署名し法制化した農地改革法で、寡頭支配者によるラティフンディア（広大な私有地）制度を終わらせ、ユナイテッド・フルーツ社の資産を国有化した。

アルベンスは、アイゼンハワー政権と非常に緊密な関係を築いていたグアテマラ保守上流階級とユナイテッド・フルーツ社からすさまじい恨みを買うことになった。国務長官ジョン・フォスター・ダレスと、彼の弟でCIA長官のアレン・ダレスは、サリヴァン・アンド・クロムウェル法律事務所を通じて、ユナイテッド・フルーツ社と結びついていた。この事務所の顧客がJ・ヘンリー・シュローダー銀行で、この銀行は中央アメリカ国際鉄道（IRCA）の財務顧問を務めていた。グアテマラの鉄道の大半はIRCAが所有していたが、ジョン・フォスター・ダレスが取り仕切った取引により、それがユナイテッド・フルーツ社に売却された。アレン・ダレスはシュローダー銀行の重役を務め、CIAはこの銀行を極秘作戦の資金洗浄に利用していた。

ユナイテッド・フルーツ社とは、他にも親密な馴れ合いの関係があった。たとえばアメリカ州担当の国務次官補の親族であるジョン・ムーアズ・カボットは、ユナイテッド・フルーツ社の株を所有していた。アイゼンハワー大統領の個人秘書は、この会社の広報責任者の妻だった。こうした友人がいたため、ユナイテッ

＊　その後、ワルテル・ベベラギは著名な超ナショナリストになり、反ユダヤ主義を信奉した。著書『国家主義者の教義 *El Dogma Nacionalista*』で、彼は「民主主義」と「自由主義」を、退廃した現代社会の双子の悪魔と断じて攻撃している。

ド・フルーツ社はかなり好き勝手に振る舞えた。同社は、ハリー・トルーマン政権でラテンアメリカ各国の大使を務めた頑固なスプルール・ブレイデンを顧問として雇用していた。1953年3月、ブレイデンはダートマス大学で、グアテマラの「共産主義者」に対するアメリカの軍事介入を促す苛烈なスピーチを行い、その直後、本気ぶりを誇示するかのように、ユナイテッド・フルーツ社は州都サラマで武装蜂起を組織した。逮捕された襲撃者のその後の裁判で、反乱への同社の関与が暴かれた。だがその当時は公表されていなかったこととして、CIAもこれに関与しており、ユナイテッド・フルーツ社とともにグアテマラ政府の転覆を謀っていた。

1953年末、グアテマラとワシントンは一触即発だった。中央アメリカのグアテマラの隣国の支配者たち、とりわけソモサのような独裁者は、自国に累が及ぶのを声高に懸念した。同時に数百人の南米左翼がグアテマラに入った。政治亡命者もいれば、エルネストのようにグアテマラの「社会主義」試行を自分の目で直に見たいと考えた共鳴者もいた。アルベンス政権とアイゼンハワー政権の舌戦が日増しにエスカレートするなか、彼らの存在はグアテマラという火事場に燃料を投下することになった。

グアテマラに到着した頃には、まだ超然とした外面の下にほぼ隠されていたが、エルネストのなかで政治的転換が起きていたらしい――あるいは少なくともそう自分に言い聞かせようとしていたようだ。しばらくは、新たな信念に基づいた行動は起こさなかったが、こうした信念が育っていると考えれば、彼がなぜグアテマラに惹かれたのか理解できる。その証拠に、彼がブエノスアイレスで自分の旅行記を清書しているときに書いた謎めいた一節がある。同節は旅行記の他の部分とまったくちがっていたので、彼はそれを「余白メモ」と名付けた〔邦訳では「附記」〕。そこには「啓示」が書かれていた。

エルネストは自分が「星々が空に光の縞模様を作っている山の街」にいたという。大きな暗黒が包み込み、一人の男が彼と一緒にそこにいた。暗闇に埋もれ、見えるのは彼の4本の白い前歯だけだった。「ぼくに啓示を受容させたのが、その環境なのか、彼個人の人間性なのか、今もわからない。彼の議論は、様々な人々から何度も聞かされてきたが、心を動かされたことなどなかったのだ。実際、この話者は面白い男だった。若い時分に、教義の刃を逃れるためヨーロッパのどこかの国から逃れてきたのだ。彼は恐怖の味を知っており（命の価値を教えてくれる経験の一つだ）、そして国から国へと流れて無数の冒険を重ねた後に、遠く離れた土地にやって来て、大きなことが起きるのを辛抱強く待っていた。

とるに足らない言葉と陳腐な言葉で、それぞれが自分の立場を明確にしたあとで、議論がしぼんでしまい、別れようとしていたそのときに、彼はいつもと同じいたずら好きな少年の微笑みを浮かべて、4本の前歯のかみ合わせの悪さを強調しながら、こう漏らした。「未来は人民のものだ。彼らは少しずつ、あるいは一挙に、ここ、そして世界中で権力を握る。問題は彼らが文明化しなければならないことで、これは権力掌握の前ではなく、その後にしか起こりえない。彼らは自分たちの誤りから学ぶことでしか文明化されない。その誤りはきわめて深刻なものになるかもしれないし、多くの無辜の命が犠牲になるかもしれない。いや、ちがうな、無辜の命ではないかもしれない。適応能力のなさが示す、本性に逆らうという巨大な罪を犯すことになるかもしれないからだ。

たとえば君や私など、適応できない者はみな、ときに多大な犠牲を払って樹立させた権力を呪いながら死んでいく。［…］革命は、非人間的なかたちで、彼らの命を奪い、さらに人民のなかに残っている彼らの記憶を模範として使い、そして、そのあとやってくる若者を飼いならすための道具として使うだろう。私の罪はもっと大きい。なぜなら私は、もっとずる賢く、言い換えれば、多くの経験を積んでいる、あるいは何とでも呼びたまえ、そういう私は、崩壊しつつある腐りきった文明を象徴する頑固さだけのために犠牲を払ったと知りながら、死んでゆくからだ」」

このスターリンの虐殺から逃げてきたマルクス主義者と思しき謎めいた話者は、文明化されぬ大衆が行使する新たな権力に「適応できない」のが自分の罪なのだと述べてから、次にエルネストに警告を向ける。「「君は拳を握りしめ、歯を食いしばって、憎しみと戦闘を完璧に示しながら死ぬだろう。なぜなら君は象徴（例となる、命を持たない何か）ではなく、崩壊しつつある社会の正真正銘の一員だからだ。群衆の魂が、君の口を通じて話し、君の行動として動く。君も私と同じくらい役に立つが、君を犠牲にした社会への貢献がどれほど有用か、君は知らない」」

革命の道がもたらす結果について十分警告を受けたエルネストは、自分への「啓示」を受け入れた。「ぼくは彼の歯を、歴史を先取りした悪漢めいた笑みを見た。握りしめた彼の手を感じ、遠くから聞こえるささやきのような、型通りの別れの挨拶を聞いた。［…］彼の言葉とは裏腹に、ぼくはいまや悟った。［…］これからのぼくは人民とともにある。それがわかるのは、原理の折衷派解剖学者であり、教義の精神分析者であるぼくが、取り憑かれたようにわめきながら、バリケードや塹壕を襲撃し、自分の武器を血まみれにして、怒り狂いつつ、ぼくの手におちたあらゆる敵の喉を切り裂くさまが、夜のなかに刻まれているのが見えるからだ。

そしてぼくは見る、まるで大きな疲労が自分のなかの新たな高揚を打ち砕くように、ぼくが個人の意志による真正の革命の犠牲となって、見事なまでに「己の罪のため」と宣言しつつ倒れるのが。鼻孔が広がるのを感じ、火薬と死んだ敵の血の刺すような匂いを嗅ぐ。戦う準備の整ったぼくは体を捻り、勝利したプロレタリアートの野獣のような雄叫びが、新たな霊気と新たな希望とともに響きわたるよう、神聖な場所にいるかのように己の存在を整える」

この一節は、25歳のエルネスト・ゲバラのなかで蠢いていた並外れて情熱的な——そして芝居がかった——衝動を明らかにしている。強力かつ暴力的で、自分の死を予見し、死後に名ばかりの革命家たちに自分の遺産が利用されることを不気味なくらい予知しているこの「余白メモ」は、決定的な個人的証言と見なされねばならない。なぜならそこに含まれている心情は、彼の水面下の思考の周縁からその後すぐに立ち現れ、彼の行動の中に表現を見つけることとなるからだ（巻末の原注を参照）。

V

グアテマラシティで、エルネストたちはバルドとルスミラを訪ね、宿を見つけた。エルネストによるとそこで「立ち往生して、支払いが滞りはじめた」という。リカルド・ロホがやってきて、すぐにエルネストを彼の重要人物となるイルダ・ガデアという女性に紹介した。彼女はペルーから亡命してきたアメリカ革命人民同盟（APRA）青年部のリーダーで、当時アルベンス政府と連携していた。彼女は20代後半、ちんちくりんで、中国系インディオの容貌をしていた。「初めて会ったときはゲバラによい印象を抱かなかった。知的な男性にしては浅薄で尊大で自惚れていた」と彼女は後に述べる。

当初は彼を軽蔑していたが——それは当人が認めるように、近隣国で俗物かつ自惚れ屋の評判が高い「アルゼンチン人一般」に対する根深い不信感で拍車がかかっていた——イルダはすぐに彼に夢中になった。しかし差し当たって、彼はそれどころではなかった。彼は仕事探しで人と会うのに忙しく、イルダなど眼中になかった。イルダはアメリカ人マルクス主義者ハロルド・ホワイト教授に紹介してくれた人として、日記にそっけなく言及されているだけだ。「風変わりなグリンゴに会った。彼はマルクス主義についてばかげたことを書き、それをスペイン語に訳そうとしていた。仲介してくれたのはイルダ・ガデアで、ルスミラとぼくが翻訳を担当し、これまで25ドルもらった。ぼくはこのグリンゴに英語でスペイン語を教えた」。しかしこれは暇つぶしにすぎなかった。エルネストの希望はグアテマラ公衆衛生大臣へのインタビューで、いろいろ手を尽くしたがその男とは会えなかった。

「個人的意見としてグアテマラは興味深いが、あらゆる革命がそうであるように、親密さが増すと何かが失われる」とエルネストはアンドロ・エレーロ宛ての手紙に書いている。「革命的」グアテマラはエルネストの期待すべてには応えてくれなかったが、彼はまだ農地改革が行われた地方には足を踏み入れていなかった。首都はほぼ変わらないままだった。その商業中心地は露天商で賑わい、ぎらつくネオンで雑然としていた。中心部を離れた住宅地に住む裕福な住民は、ブーゲンビリアに覆われた塀のなかで静かに暮らしていた。それでもエルネストは、全ラテンアメリカからそこに集まっている政治亡命者の多岐にわたるコミュニティのなかで、新たに魅力的な人々と会った。ペルーから来たアメリカ革命人民同盟員、ニカラグアの共産党員、アルゼンチンの反ペロン派、ベネズエラの社会民主主義者、キューバの反バティスタ派などだ。

ホンジュラス人亡命者エレナ・レイバ・デ・オルストと会ったエルネストは熱く記している。「彼女はいくつかの点で共産主義者に近く、とても善い人に思えた。夜には［ニカノール・］ムヒカ［ペルーの亡命アメリカ革命人民同盟員］とイルダと議論し、エロい女教師とちょっとしたアバンチュールを楽しんだ。これからは毎日日記を書いて、グアテマラ政治の現実にもっと迫ってみよう」

エルネストはグアテマラの保健省で実入りの良い仕事を見つけようとはしたが、わざわざここまで来たのは、単なる職探しのためではなかった。彼は政治的探求の途上にあり、家族がこれまでその事実に気づいていなくても、彼の手紙を見れば、それ以外の彼らの考えはすべて完全に否定されるものになっていた。12月

グアテマラ，1954年．立っている右から3人目がエルネスト．右から2人目で彼の横にいるのが将来の妻イルダ・ガデア．彼女の横でサングラスをかけているのがリカルド・ロホ．一番前にいるのがグアロ・ガルシア．

10日、まだサンホセにいた彼は叔母のベアトリスに旅の近況を記した手紙を書いた。ここで彼は、私的な手紙のやりとりのなかで初めて自分のイデオロギー的信念をはっきり表明した。「ぼくの人生は、これまでお膳立てされた解決法の海でしたが、そこで相棒ガルシアとともに、人生の重荷を果敢に捨て、バックパックを担いで、ぼくたちをここまで導いてくれた曲がりくねった道へと出発しました。途中、ぼくはユナイテッド・フルーツ社の支配地域を通過し、あらゆるところに手を伸ばす資本家どもがいかに恐ろしいかを改めて確信しました。年老いて嘆き悲しむ同志スターリンの像の前で、ぼくはこれらのタコのような資本家どもが壊滅するのをこの目で見るまで休まないと誓いました。グアテマラでぼくは自分を完成させ、本物の革命家になるために必要なことを達成します」

ベアトリスにはまるでちんぷんかんぷんだったにちがいないこの宣言の後、エルネストは手紙の締めの抱擁と愛とキスをこう書く。「鋼の気質、空っぽの胃、輝く社会主義の未来への忠誠を持つ甥より。さよなら、チャンチョ［ブタ］拝」

マナグアで家からの手紙をチェックするためにアルゼンチン領事館へ寄ったエルネストは、父からの「ばかげた」電報を見つけた。エルネストからの便りがなく心配になった父は、必要なら送金すると申し出ていた。これに激怒したエルネストが12月28日にグアテマラから初めて父宛てに書いた手紙は、辛辣を極めていた。「ぼくはたとえ死にそうになっても、あなたに金をせびったりしないことがわかったと思う。期待通りに手紙が届かなくても、せいぜい辛抱強く待っていただくしかない。切手さえ買えないこともあるけれど、完璧にやりくりしているし、いつもなんとか生きのびている。何か悩みがあれば、電報代で酒を飲みに行くとかすればいい。だが今後あの類の電報に返事をするつもりはない」

辛辣な語調は、エルネストなりに自分と家族とのあいだに防衛ラインを敷こうとしたつもりらしい。彼は家族の説得によって止められたり、コースを外されたりすることのない距離を隔てた安全な場所から、こう言っているわけだ。「これがぼくだぜ、好き嫌いにかかわらずこれが本当のぼくなんだ。そっちにはどうしようもないので、せいぜい慣れてくれよな」

9　恥も栄光もない日々

I

良くも悪くも、エルネストはグアテマラの左翼革命を、率直に自分が共感した最初の政治目標として選んだ。いろいろ欠点と不備はあるが、グアテマラは南米で「最も民主主義的な空気」を感じることができる国だと彼は家族に伝えた。疑り深い者、分析的一匹狼、「原理の折衷派解剖学者であり教養の精神分析者」は、ついに行動に飛び込んだ。

何か有用な作業を見つけるのが、彼の直面した次のハードルだったが、皮肉なことに、ついに何も見つけることはなかった。その後6カ月は、「恥も栄光もない日々」が続いたと彼は記している。「この反復句はおそろしいまでに繰り返されるという特徴を持っている」。しかしそのあいだに様々な人と会っていた。イルダ・ガデアが彼を政府高官に紹介した。そのなかには貴族然とした経済相アルフォンソ・バウエル・パイス、アルベンス大統領秘書のハイメ・ディアス・ロッソートもいた。エルネストはグアテマラ革命について彼らを質問攻めにし、同時に医療関係の職を得ようと試みた。

エルネストはイルダを通じて、ニカラグア人政治亡命者で詩人の故ルベン・ダリオ研究者エデルベルト・トーレス教授に会った。カリフォルニアで1年英語を勉強して戻ってきたばかりのトーレスの若くて魅力的な娘ミルナが、アルベンス政府が設立した生産促進機構という農業金融機関でイルダと一緒に働いていた。ミルナの兄でグアテマラの共産党青年組織であるフベントゥ・デモクラティカ〔民主青年団〕の書記長を務めるエデルベルト・ジュニアは、中国旅行から戻ったばかりだった。親しみやすいトーレス家はイルダなどの亡命者が集う場所となっており、エルネストとグアロもこの一団に迎えられた。

エルネストはトーレスの家に初めて行った日、この街に来て数カ月になるキューバ人亡命者に会った。彼らは率直で、活気にあふれていた。アントニオ〝ニコ〟ロペス、アルマンド・アレンシビア、アントニオ〝ビゴテス〔ひげ〕〟ダリオ・ロペス、マリオ・ダルマウだ。キューバ人は亡命者コミュニティのなかで目立っていた。彼らだけが独裁政権に対する武装蜂起の経験があったからだ。試みは失敗に終わったが、決意と果敢さを示し、反バティスタ運動によって広く称賛――そして注目――されていた。ニコと同志は、青年弁護士フィデル・カストロ・ルスが率いたモンカダ、バヤモの兵営襲撃に参加した後、ハバナのグアテマラ大使館に逃げ込んで逮捕を免れた。アルベンス政権から亡命を認められたモンカディスタと呼ばれる彼らは、所属組織からさらなる命令が下されるまで、グアテマラで政府の賓客として待機していた。一方で晩餐会やピクニックでは名士扱いされた。

カストロはキューバで裁判にかけられ懲役15年を宣告され、ピノス島の独房で服役していた。しかし不利な状況にもかかわらず、グアテマラのキューバ人たち、なかでもニコは、自分たちの闘争の未来について熱い確信をもって話した。「ニコは自分のニカラグア滞在が短期的なものだと確信していた」とイルダは記している。「そしてすぐに別の国に行ってフィデルと合流して革命に奉仕する、と。彼の信念は実に強力で、それを聞いた誰もが彼を信じざるを得なかった」

エルネストも感化され、親しみやすく外向的なニコにすぐに強い好意を抱くようになった。彼らは互いに交流し、友人になった。小遣い稼ぎのために、ニコと同志はエルネストと組んで、委託された製品を売った。エルネストにエル・チェ・アルヘンティーノというあだ名をつけたのはニコだ。チェとは、アルゼンチン人が話すときによく使う「おい、あんた」といった意味のグアラニ語だ。

ホステルに住んでいたもう一人のキューバ人亡命者ホセ・マヌエル〝チェ＝チェ〟ベガ・スアレスが、激しい胃痛を覚えたとき、ニコとダルマウはエルネストに助けを求めた。ベガを診たエルネストは救急車を呼んで病院まで付き添い、スアレスは治療を受けて、数日で回復した。この出来事以降、キューバ人らはセントラルパークかペンションでエルネストに毎日会うようになったとダルマウは語る。

エルネストは公衆衛生大臣とやりあった。彼はエルネストに、アルゼンチンの医学学位をグアテマラで有効にするには医学校に1年間戻る必要があると告げたのだ。家族には経済的問題など大したことがないふりをして、1954年1月15日の手紙ではこんなへらずロを叩いている。「ありがたいエスキプラスのキリスト像を売っています。驚くべき奇跡を起こす黒いキリストです。[…] キリストの奇跡の逸話のストックはたっぷりあり、新しい逸話をでっちあげては、それが売り上げにつながるか試し続けています」。家族はこれを冗談だと思ったかもしれないが、実は大真面目だった。ニコ・ロペスは儲かりそうな仕掛けを思いついていた。グアテマラの小さな黒いキリスト像をガラス製の額に入れて、ライトアップする電球を下に設えたのだ。エルネストはその販売を手伝った。

エルネストの叔母ベアトリスは封書にお金を入れて彼に送ったが、それは届かず、受け取ったかどうか尋ねる手紙を再び送った。2月12日、彼は二つ目の手紙の返事を送ったが、相変わらずふざけたものだった。

彼はベアトリスにこう書いた。「民主主義国の郵便局員は、金持ちたちにしか手紙を配達しないのでしょう。もう送らないほうがいいですよ。叔母さんもお金持ちではないし、この国ではあちこちにドル札が落ちています。当初拾おうと何度も屈んだら腰痛になったことを伝えておきます」

II

ミルナ・トーレスと彼女の女友達たちはエルネストとグアロに恋心を抱きはじめていた。ある夜、ミルナとグアテマラの石油備蓄会社の重役の娘ブランカ・メンデスは、ふざけてどちらがエルネストとデートするかコインを投げて決めた。「ブランカが勝った」とミルナは後に書いている。「当然エルネストはそんなことは知る由もなかった」。しかしミルナはすぐに、年上で平凡なイルダが、エルネストのいちばんのお気に入りだと悟った。「友人たちも少しずつアルゼンチン人、とりわけエルネストが、政治について議論できるイルダと話すほうがいいのだと気づくようになった」。1月11日、ミルナは日記にこう記している。「アルゼンチンの若者は変わった人たちだ。彼らはイルダのところに行く途中、「おはよう」と言って私の仕事場の前を通り過ぎ、帰りは「さようなら、ミルナ……」とだけ言う。感情を剝き出しにするキューバ人に慣れていた私には、とても奇妙に思えた。愛想はとても良かったが、政治的な繋がりを重視していた」

イルダは博識で政治意識が高く、時間、人との繋がり、お金を惜しまない人で、エルネストが人生でこれらすべてを必要としているときに、彼の前に現れた。後にイルダは自分がエルネストに毛沢東、ウォルト・ホイットマンを教え、彼からサルトル、フロイト、アドラー、ユングについて教わって知見を広げたが、それらの人々について二人の意見は合わなかったと主張している。イルダはサルトルの実存主義哲学の偏狭さと、フロイトの生に対する性的解釈を否定した。こうした思想へのエルネストの信奉は、彼の解釈が次第にマルクス主義に傾倒していくにつれ弱まったと彼女は言う。

イルダ自身の哲学にはマルクス主義の影響がかなりあったが、社会民主主義的見解の範疇だった。それが彼らの論争の主な原因だった。エルネストは、イルダがマルクス主義者のような「考え」を持ちながら、主に都市中産階級を支持層に持つAPRAの党員であることを指摘した。エルネストは他のAPRA党員との会話から、APRAのイデオロギーの核心に根本的な反共主義があることを見抜いていた。彼はAPRAとその指導者ビクトル・ラウル・アヤ・デ・ラ・トーレを見下していた。彼はアヤ・デ・ラ・トーレが、反アメリカ闘争とパナマ運河国有化を標榜していた当初の反帝国主義的綱領を放棄したのを不快に思っていた。イルダは、党の指針哲学はいまだに反帝国主義と反寡頭体制であり、APRAが当初の指針を放棄したのは純粋に戦術的なもので、権力を奪取すれば「真の社会変化」が遂行されると反論した。

エルネストは、南米の現状を考えると、選挙に参加する政党が革命的であり続けることはできないと反論した。そういった政党はすべて必然的に右派との妥協を強いられ、アメリカに順応しようとする。革命の成功には、ヤンキー帝国主義との真っ向からの敵対が避けがたい。同時に彼は共産党にも批判的で、右派との戦術的連携を進めたため勤労大衆から乖離してしまったと感じていた。

他の人々も議論に加わった。ホンジュラス人亡命者エレナ・レイバ・デ・オルストもよく参加した。エルネストは彼女と感情的な親密さを育んでいた。彼女は政治的に活発で、マルクス主義に詳しく、ソヴィエト連邦と中国に行ったこともあった。リカルド・ロホも議論に加わり、彼とエルネストは絶えず議論していた。「ゲバラはソ連の革命達成に対する大きな共感について話し、ロホと私はしばしば異議を挟んだ」とイルダは記している。「それでも私は（ソヴィエト）革命に敬服していたが、ロホはそれを浅はかな論拠で見下していた。あるときそうした議論の後、彼らが私を家に送っているときに議論が再燃し、すぐに険悪になった。議題はいつも同じだった。唯一の方法は暴力革命だとエルネストは言った。闘争は反ヤンキー帝国主義でなければならず、それ以外の解決法は〔…〕裏切りだと。ロホは選挙プロセスこそ解決法だと強く主張した。議論を重ねるたびに、話し合いはますます白熱した」

エルネストと友人たちが政治理論について議論していた頃、CIAはグアテマラの近年の社会革命実験を葬り去る計画をかなり進めていた。1954年1月、極秘計画にはサクセス作戦というコードネームもつけられた。周辺のトルヒーヨ、ソモサ、ペレス・ヒメネスといった友好的な独裁者たち、そして近隣のホンジュラス、エルサルバドルの大統領は、CIAの計画に取り込まれていた。傀儡指導者として、反アルベンス「解放軍」を率いるために抜擢されたのは、元陸軍大佐で家具セールスマンのカルロス・カスティージョ・アルマスだった。彼の民兵組織はニカラグアで武器を与えられ訓練を受けていた。

作戦を上首尾に進めるため、CIAの忠臣がコスタリカ、ニカラグア、ホンジュラスのアメリカ全権公使になった。派手な新グアテマラ大使ジョン・ピューリフォイが着任したのは、わずか2カ月前のことだった。彼はサクセス作戦の統括とグアテマラの政権移行という明確な目的のために選ばれていた。

1月末、「北の政府」との連携に関する陰謀を詳述したカスティージョ・アルマス、トルヒーヨ、ソモサたちの往復書簡がリークされ、秘密作戦が明るみに出た。アルベンス政権はすぐにこのニュースを公にし、「北の政府」（アメリカ）に説明を求めた。2月2日付の父親宛ての手紙に、エルネストは「政治的にはあまりうまくいっていませんが、それはあなたの友人アイクの支援を受けているクーデターがいまにも起こりそうだからです」と書いている。

国務省は陰謀計画など何も知らないとシラを切り、CIAは水面下で平然と準備を続けた。捜査官がグアテマラ全土と周辺国に、今から見ればふざけているとしか思えるくらいおおっぴらに派遣されたが、CIAとしてはそれで緊張と不透明を生みだし、軍部分裂を促して、アルベンスの決意を挫き、うまくいけばクーデターを引き起こすつもりだった。

このような不安定な雰囲気のなか、エルネストが常日頃からアメリカに抱いていた疑念は先鋭化した。ロホが彼を、ラトガース大学教授でグアテマラ革命に関する本を書くための資料を集めていたロバート・アレクサンダーに紹介したとき、エルネストはアレクサンダーがFBIの捜査官なのではないかと明言した。イルダもロホもそんな疑念は抱いていなかったが、エルネストを説得するのは難しく、その可能性があることは認めざるを得なかった。

エルネストはアルベンス政権が、あまりに無策だと考えていた。「彼は武装市民軍を組織して最悪の場合に備える必要があると考えていた」と経済相のアルフォンソ・バウエル・パイスは回想している。興味深いことに、偏向報道について書き始めたエルネストは、グアテマラの報道機関の無制限の自由をむしろ主な軽蔑対象の一つとした。叔母に宛てた1月5日付の手紙に、彼は「ここは肺を拡げて民主主義で満たせる国です。ユナイテッド・フルーツが経営する日刊紙がたくさんありますが、ぼくがアルベンスなら5分で廃刊させるところです。下品で言いたい放題で、この国を泥棒、共産主義者、裏切り者らの巣窟のように見せて、北アメリカが望む雰囲気を作り上げているんだから」

家族宛ての手紙で彼はこう予測している。「カラカスでの［次回OAS］会議で、ヤンキーはグアテマラに制裁を強いるためにあらゆる罠を仕掛けるでしょう。政府が彼らに屈するのはまずまちがいなく、ペレス・ヒメネス、オドリーア、トルヒーヨ、バティスタ、ソモサらがやつらの騎馬となります。つまり反動政権のなかでも最もファシスト的で反人民的なやつらです。ボリビアは面白い国でしたが、グアテマラのほうがずっと面白い。経済的独立などほとんどないのに、あらゆる武装攻撃に耐えながら、来るものすべてに反抗している。［…］それでも表現の自由にすら逆らっていないのです」

不穏な嵐雲が地平線に押し寄せてくると、多くの政治亡命者が街を離れはじめた。ベネズエラ人の大半とAPRAのイルダの同志たちも同様だった。2月初め、オスカール・バルドビノスとルスミラが去った。バルドはホームシックで、ルスミラはアルゼンチンで外交官の職を何とか得ていた。そしてリカルド・ロホとグアロも同様に去るという。グアテマラ在住の政治亡命者で、グアテマラ革命を自ら防衛しようとする者はごくわずかだった。1930年代に国際主義者がスペイン共和国で戦ったように、これは政治的自由のために戦う好機だったが、何も起こらなかった。

エルネストは何があろうと、当面はとどまると述べた。「今のグアテマラはアメリカ大陸でいちばん面白い国で、手当たり次第あらゆる手段で守らなければならないのです」とベアトリス宛ての手紙に記している。

Ⅲ

職探しを続けながら、エルネストは興味がある医療問題について読みあさり、ときどき患者を治療し、ベネズエラ人のマラリア専門医ペニャルベル博士の研究所を手伝った。彼はまた、興味を持っていた医療と政治という二つの主題を結びつける新しいプロジェクトに着手した。「書き上げるまでに2年はかかる仰々しい本を準備しています」と彼はベアトリスに書き送っている。『ラテンアメリカにおける医師の役割』という題名で、まだ大まかな概要を決めて最初の2章を書き終えただけです。でも辛抱強く正しく取り組むことで、まともなことが言えるはずです」

著作が少し進むと、彼は書いたものをイルダに見せた。イルダの回想では「それは医療従事者が直面していた、国家による保護の欠如と資金不足、そして私たちの国々にはびこる大きな衛生問題を分析していた。彼は私にラテンアメリカ各国の健康に関する統計の収集を手伝ってくれと頼んだので、私はそうすると約束した。それが非常に価値のある仕事と考えたからだ。さらにそれは、これが社会問題に敏感でじっとしていられない人物の仕事であることを示していた」。提案された仕事は革命社会での医師マニュアルだった。エルネストが本を書き上げるまでに2年かかると考えたのは思いつきではなかった。彼はそれだけの時間を使い、グアテマラの奥地で医師として働きたいと思っていた。

同書の概要のなかでエルネストは、臨床問題と地理的、経済的要因について、植民地時代から現在までのラテンアメリカの医療史を年表にしていた。彼の広範な治療分析は、社会医療の予防プログラムのみが、未開発による疾病に適切に対応できると結論付けている。「医師と環境」と題された章の概略では、医師が社会主義への革命的転換の実現を助ける直接的な役割を果たす状況がはっきり書かれている。医師は人民のために適切な治療をほどこし、掠奪と利益を一掃するために、既存の権威に正面から立ち向かわなければならなくなる。「武装中立」から「戦闘状態」へと移行するなかで、医師は治療下にある人々とその健康状態に精通し、彼らの階級意識と日常生活における健康の重要性への認識を高めるのを助けなければならない。彼が仕えるべき「唯一の主権者」である人民を侵しているあらゆる障害——社会的なものやそうでないものも——と戦うことが、「革命的医師」の務めとしていた。*

＊　本書執筆中、チェによる概要を直接見るのはかなわなかったが、長年チェの個人的文書を研究している歴史学者マリア・デル・カルメン・アリエがその詳細を説明してくれた。２００４年、「医師と環境」という章の概要が『ラテンアメリカ——大陸の覚醒 *América Latina: Despertar de un continente*』というチェ名義のアンソロジーに収録された。

当時のグアテマラ国内は「武装中立」と言える状態だったが、アメリカの支援を受けたカスティージョ・アルマスの解放軍による「戦闘状態」の危機にあった。依然エルネストは、危機が到来したら、グアテマラ労働党（PGT、グアテマラの共産党）の武闘派は政府防衛を助けるために政府から武器を与えられると期待していた。もしもそれが実現し「人民」が侵略の撃退に成功したら、グアテマラで社会主義革命が文句なしに確立する。

執筆に取り組むことで、彼のマルクス、レーニン、エンゲルス、そしてペルー人のホセ・カルロス・マリアテギへの理解は深まった。イルダはそれらの読書マラソンに加わり、著作とそれらが提起する問題の議論に多くの時間を費やした。イルダはエルネストに毛沢東の『新中国』〔『新民主主義論』と思われる〕を貸した。「それは彼が大革命について読んだ初めての本だった。読み終えてその本について話しているとき、彼はソヴィエトの力を借りた中国人民による権力奪取までの長期闘争を大いに称賛した。彼は中国の社会主義への道程が、ソヴィエトがたどった道のりとはかなり異なり、中国の現実が私たちのインディオや小作農のそれに近いことも理解していた。私も中国革命に敬服していたので、私たちはそれについてよく話した」。エルネストは中国について、ともにそこにいたエレナ・レイバ・デ・オルストやエデルベルト・トーレスと話している。彼は旅行予定リストに中国を加えた。

アメリカ人に対するエルネストの反感と疑念を考えると、いくぶん皮肉なことだが、この時期の彼の政治教育に重要な役割を果たした人物の一人がハロルド・ホワイトだ。当初のこの年上の人物に対する警戒が和らぐと、やがて彼はイルダにこう言った。「この人は善きグリンゴだ。彼は資本主義に飽きて、新たな生き方を望んでいる」。こうしてエルネスト、イルダ、ホワイトは、多くの時間を3人だけで過ごすようになった。週末はたいてい田舎にピクニックに出かけた。エルネストの拙い英語とホワイトの大雑把なスペイン語をたびたびイルダが通訳して、会話をスムーズにし、最近の出来事から「マルクス主義、レーニン、エンゲルス、スターリン、フロイト、ソ連の科学、そしてパブロフの条件反射」まであらゆることについて意見を交わした。

Ⅳ

2月末、グアロ・ガルシアとリカルド・ロホがグアテマラを去った。残されたエルネストの最も親しい友人がイルダだった。すでに二人の知り合いは、ロマンスの萌芽を見たと思ってからかうようになったが、実際にはまだ何も起こっていなかった。

イルダがエルネストに夢中になったのは、知的親近感と彼女が彼に感じていた身体的魅力に加え、少なくともある程度は母性本能に触発されていた。彼らが出会ってすぐ、エルネストは彼女に喘息のことを伝えていた。「それ以来、彼の健康状態ゆえに、私は彼にいつも特別な関心を抱いていた」と彼女は書いている。自分がイルダに与えている印象に十分すぎるほど気づいていたエルネストは、真剣な交際を避けつつ彼女の感情を利用していたように見える。

グアロとロホが去った数日後、イルダは下宿にいたエルネストを訪ねた。彼女はエルネストが喘息の発作を起こしながらも、1階のロビーで彼女を待っていたことを知る。「彼に限らず、喘息のひどい発作に苦しんでいる人を見たのはそれが初めてだった。彼がひどく苦労しながら呼吸していること、そして彼の肺から出る深い喘ぎに大きなショックを受けた。私は動揺を隠し、とにかく横になれと言った。彼もそのほうがいいと同意したものの、階段を上がれず、私が手を貸そうとしても拒否した。彼は自分の部屋の場所を伝え、上に行って用意してある注射器をとってきてくれと私に頼んだ。〔…〕言われるがままにそうして、彼がアドレナリンを注射するのを見た。

少し休むと呼吸も楽になりはじめた。私たちはゆっくり階段を上がり、部屋に着くと彼は横になった。彼は10歳のときに自分で注射できるようになったと言った。そのとき私は彼の病気が持つ意味を完全に認識した。彼の人格の強靭さと自制力に感嘆せずにいられなかった。彼の夕食——米と果物——が運ばれてきた。〔…〕このすべてに心を打たれたことを隠そうと、ありとあらゆることについて話したが、そのあいだずっと社会に貢献することができ、こんなに知的で心の広い価値ある男が、こんなにも苦しんでいることを残念に思っていた。もしも自分が彼の立場だったら、銃で自殺しているだろう。まさにそこで私は彼に忠実であろうと決心した。もちろん感情的に深入りするのは避けようとも思った」

イルダは回想記で、エルネストが自分に迫ってきたと書いているが、エルネストの日記ではイルダのほうが積極的だったという。2月末、彼はこう記している。「まだ喘息に屈してはいないが、昨夜の嘔吐で最高潮に達したのはまちがいない。〔…〕イルダ・ガデアは相変わらずこちらを心配し、頻繁に会いに来て、いろいろなものを持ってきてくれる」。1954年2月と3月に、恋愛対象としてエルネストの注意を主に惹いていたのは看護師のフリア・メヒアだった。彼女はエルネストが週末を過ごせるよう、アマティトラン湖畔の家を用意してくれた。彼女も彼の職探しを手伝った。すぐに彼らは肉体関係を持った。

エルネストの秘められた情事を知らぬまま、イルダはコネを使って彼の職探しを助けた。彼女は自分の事務所で働いている、エルベルト・セイシグという共産党青年団所属の男性に話をもちかけた。セイシグはエルネストの仕事を見つけたが、それにはまず入党する必要があるとイルダに伝えた。エルネストは、入党するときは「自分自身の意志」で決めるとセイシグに伝えるようイルダに言って、仕事を得るために入党するのを倫理的観点から拒否した。この信念を持った態度で、イルダはますますエルネストに敬服することになった。

この頃、エルネストの金銭状況は依然危機的だった。リカルド・ロホは去る前にグアロの宿代の半分を支払っていたが、エルネストは多額の支払いをいまだに滞納しており、たまの仕事で入ってくる金では全然足りなかった。2月28日、彼は両親に手紙を書いて、ウリセス・ペティート・デ・ムラートの住所を尋ねた。彼はメキシコで映画を作っている父の友人の俳優だった。「万が一、何とかたどりつけたときに備えて」とのこと。同時に彼は看板塗装工場の仕事をオファーされているが、保健分野での仕事を探す時間がなくなるため気が進まないことを伝えた。彼は小作人向け集合住宅とバナナ植民地で医師として働くことを申し出ていたが、「クソな」グアテマラ医師組合に所属していなかったため、どちらの就職の機会も逃した。

実家からの手紙で、母の妹である叔母サラ・デ・ラ・セルナががんで危篤状態と知った。自己陶酔をむき出しにした、何やらそっけないほどの乱暴さで、彼は母セリア宛てに手紙を書いた。「慰めの言葉のようなものを送ることはできません。ご存じのように経済的理由からそっちに戻ることもできません。力強い抱擁と、未来を見据え、少し気晴らしをすること、こちらからできる助言はそれだけです。さよなら」

3月、イルダが彼の宿代滞納分の一部を支払い、フリア・メヒアがペテン県のジャングルでの医療職向けの面接を手配した。ティカルのマヤ寺院群での仕事だったので、一時的に気持ちは高揚した。「うまくいったと思う」と彼は日記に記している。ペテンはまさしく彼が行きたいと思っていた場所だった。彼は母と父にそこが「素晴らしい場所です。なぜならマヤ文明が花開いた場所だから［…］そこはクソよりも病気のほうが多い場所だし、カッコよく学べる（もちろん、望めばですが）！」。しかしこの職には医師組合の了承が必要で、エルネストを面接した組合長は不可解な人物だった。「自分の仕事を守ろうとしている反共産主義の策士に見えたが、ぼくを助けることに乗り気らしかった」と記している。「ぼくは十分注意深く振る舞ったわけではないが、そんなにヤバいこともしなかった」

ペテンで仕事をするかもしれないと聞いたイルダは、二人の関係について彼から何らかの約束をとりつけようと思ったらしく、騒ぎ立てた。数日後、エルネストはこう記している。「イルダはある夢を見たという。ぼくが主役で、明らかに彼女の性的な願望を反映した夢だった。こちらは夢どころではなく、喘息の発作を起こした。喘息がどのくらい逃げる口実になっているのかは、自分でもわからない。おかしいのは、自己分析によれば――受け入れることができるならば――逃げる必要など何もないという、名誉ある結論にしか至らないことだ。それなのに［…］イルダとぼくは同じ主人に仕える奴隷だが、二人とも行動でそれを否定している。たぶんぼくのほうが一貫しているが、根底では同じだ」

彼が自分の性格として認識していた躊躇は、政治領域にまで及んだ。「キューバ人が大袈裟に断言するのを完全にだまりこんで聞いていたぼくは、自分の矮小さを感じた。ぼくなら十倍客観的に演説できる。［…］もっとうまく読めるし、正しい主張だと聴衆を説得できるが、自分では納得できない。キューバ人にはそれができる。ニコはマイクに魂をふきこみ、ぼくのような懐疑論者さえも触発する。ペテンでぼくは喘息という問題と自分自身に直面するが、それは必要なことなのだろう。助けを借りることなく打ち勝たなければならず、そうできると信じているが、それはぼくの信念よりもむしろ、自分の天性――それは無意識の信念よりも強い――の働きによるものだと思える」。単にグアテマラ革命に共感するだけでは十分ではないし、エルネストもそれをわきまえていた。イルダはいまだにAPRAと関わっていたし、エルネスト自身は決定的な瞬間に、共産党入党を止めた。そうした行動の動機がいかにきちんと原理原則に則ったものであっても、結局のところ彼はまだ尻込みしていて、相変わらず懐疑的な部外者だった。以前同様、情熱のない一匹狼だった。

ペテンは湿気の高いジャングル地帯で、彼の健康に最悪なのは疑いようもなかったが、革命的医師になるという彼の計画の実践にもってこいの環境でもあった。喘息は、彼が拒絶しつつあった血縁という悪の足枷の象徴だった。彼は新たなアイデンティティを形成し、己を革命家として鍛えなおし、生来の制約を一気に突破しようとしていた。

自己分析の期間はやや気持ちをすっきりさせる助けにはなったが、喘息は容赦なく彼につきまとっていた。数日後、下宿のベッドに臥せていた彼は「何も起きていないが、一方でいろいろあった」と記している。仕事は魅力的だと、組合長は彼に言っていた。「イルダは手紙と現実的な形で愛を打ち明けてくる。ぼくは調子が悪かったが、そうじゃなければコマしてたかも。体だけの関係ならいいが、決定的な関係はいやだと彼女に警告した。彼女はとても戸惑っていた。去るとき彼女が残していった手紙はとても良かった。あんなブスでなければなあ。しかも27歳」

この頃になるとエルネストは、何一つ保証もないのに、誰彼かまわずペテンに行くと告げていた。「持っていく必要な物のリストを準備しよう。何がなんでも行きたい。イルダはぼくを緊張させ、不安でいっぱいになったぼくは、これまで以上にこの国に閉じ込められているように感じる」

グアテマラへの政治圧力は激しさを増していた。3月、カラカスで開かれた第10回米州機構パンアメリカ会議でジョン・フォスター・ダレスは、「共産主義に支配され」、それにより「半球の脅威」となりうる加盟国に軍事介入することを事実上正当化する決議で、過半数の賛成を得た。棄権したのはメキシコとアルゼンチンだけだった。決議の対象であるグアテマラだけが反対票を投じた。

勢いに乗ったアイゼンハワー政権はさらに攻勢に出た。ニカラグアのソモサの牧場のひとつで、ＣＩＡによるグアテマラ人亡命者の軍事訓練が進められていた。次の攻撃に使うために、傭兵パイロットと数十機の飛行機がニカラグア、ホンジュラス、そしてパナマ運河地帯に秘密裏に持ち込まれた。心理戦の工作員はプロパガンダとデマを放送するための録音テープの準備、グアテマラに空中散布するチラシの印刷、そして機が来たらソヴィエトがアルベンスに関与していた「証拠」とするため、ソヴィエト支給武器を買い占めてグアテマラ各地に仕込むことに余念がなかった。

ミルナ・トーレスは婚約者のいたカナダに飛んだ。彼女は「傷心の残高」を残していったとエルネストは書いている。*「しかし最悪なのは、自分が発てるかわからないことだ。相変わらずの不確実性……」。数日後、エルネストがペテンでの仕事について医療組合長に会うと、態度は冷たくはぐらかすように思えた。エルネストの不安は深まった。エルネストは日記のなかで自身を慰めている。「応えてくれるのはフリアだけだ」。フリア以外に対しては、苦々しい気分だった。いまや組合長は「糞ったれ」呼ばわりだった。次の打ち合わせに「何も期待していなかった」し、あちこち走り回らなければいけないから、手紙も書けないと愚痴っていた。「熱意は健康状態と環境に左右される。その両方が駄目になった。ペテンでの仕事はますます遠ざかるようだ。[…]すべてがどん詰まりだ。お手上げだ。イルダもとにかくうるさいだけ。どこかクソ遠くへ行きたい。ベネズエラとか」

しかし発てなかった。一文無しだった。今できる何か生産的なことをするために、彼はペニャルベルの研究所の寄生虫性疾患研究に没頭した。彼はイルダの宝石を売った金で家賃の一部を支払ったが、まだ数カ月分を滞納していた。大家の女性に数日のうちにもう1カ月分を支払う約束をしたが、約束の日が来ても一銭も払えなかった。「自分の腕時計、金の鎖、そしてイルダの指輪の宝石、そして金の婚約指輪――これもイルダのもの――を質に入れた」と彼は書いている。テキサテというところにあるバナナ農園の仕事はまだ可能性があったが、そこに行く途中で喘息の発作を起こした。「これからも万事こんな調子かな」

叔母サラが死んだと実家から知らせがあった。自分の苦労を脇において、彼は自分の気持ちについてじっくり考えた。「彼女を愛していたわけではないが、その死はこたえた。彼女は健康でとても活動的で、こんな死に方はいちばん似合わない。それでも、病気がもたらすはずの状況は恐ろしいものだから、これも一つの解だ」。彼は母宛てに快活かつ簡潔に記している。「元気を出そう。サラに起きたことはもう終わり、パリが待っていますよ」

4月になり、テキサテでの仕事を得るために残っている障害は、グアテマラでの居住許可を得ることだった。彼は運命論者になりつつあった。「日々時間は過ぎるが、どうでもいい。エレナ・デ・オルストのところに住むことになるかもしれないし、そうならないかもしれないが、いずれにせよなるようになるから、これ以上くよくよしない」

ある週末、地方から戻ってきたエルネストとイルダ、ハロルド・ホワイトは、蠟燭の明かりに照らされたフードを被った男たちが、キリスト像を抱えて復活祭の行進をするのを見たが、その光景にエルネストはぞっとした。「槍を持った男たちが、こちらに嫌悪の目を向けた瞬間は、まったく好きになれなかった」

4月9日、グアテマラのカトリック教会は、国内の共産主義の存在を非難し、全グアテマラ国民にこれに対抗して蜂起するよう呼びかける司教教書を発表した。このメッセージの意味は誰にでもわかった。民衆は、

＊　その前年にミルナはカリフォルニア留学中で、そこで出会ったカナダ人留学生と婚約していたが、後年の説明では、グアテマラに戻った彼女はグアテマラ人活動家のウンベルト・ピネダと恋に落ちたという。カナダへ行ったのは、そのカナダ人にやっぱり結婚しないと伝えるためだった。エルネストが「傷心」と記してほのめかしたのは、ウンベルトの懸念だった。ミルナが言うには本当に傷心していた唯一の人物は、彼女に恋していたキューバ人アルマンド・アレンシビアだった。

その司教教書が、グアテマラ大司教マリアノ・ロッセル・アレジャノをＣＩＡが焚きつけた直接的な結果だとは知らなかった。神父たちが教会で教書を読み上げるかたわら、そのメッセージを伝える何千もの小冊子がグアテマラの全地方で配布された。

エルネストは母宛てに長い手紙を記した。最近の書簡のやりとりで、彼女は息子とパリで会えるのではとわくわくしていた。彼は、今後の10年間でそれが唯一の機会かもしれないと母親に警告していた。その10年は世界中を探索するつもりだったからだ。彼の考古学と南米インディオの置かれた状況への興味を踏まえて、彼女は人類学者になるつもりはあるかと尋ねたらしいが、彼は否定した。「人生の目標をとっくに死んだものの研究にするのは、いくぶん矛盾しているように思えます」と彼は書いている。彼は二つのことを確信しているという。まず、「35歳になる頃には真に創造的な段階」に達し、「核物理学、遺伝学とかいった分野」で研究しているだろう。そして二つ目として、「アメリカ大陸は自分の冒険の舞台になるし、思ったよりずっと重要な性質を持つ舞台となるでしょう。南米を理解し感じられるようになったと心から信じています。我々は世界のどこの地域の人々と比べても、独自の特質を持っているのです」

4月末、エルネストは「英雄的な不屈の」決断をした。居住許可が認められない場合は、15日以内にグアテマラを去ることにしたのだ。宿の主人に予定を伝え、所有物の保管場所の準備を始めた。「ベネズエラのアルベルトが送ってきたアドレナリン1キロが届き、出発を求める、というよりも促す手紙が同封されていた」とエルネストは記している。「本当は行きたくはない」

エルネストが出発の準備を進める一方、ワシントンは不安定化計画始動の次の段階に入っていた。ピューリフォイ大使は、国際的に大々的に注目されつつ、協議のためワシントンに呼び戻された。計算ずくでリークされたニュースによると、彼の帰国はこの半球における最近の共産主義者の関与についてのカラカス決議に基づき、アルベンスに対するアメリカの方策について議論するためだという。4月26日、アイゼンハワーは、「アカども」はすでにグアテマラを掌握し、その「触手」をエルサルバドルなどの隣国に伸ばそうとしていると警告した。

5月15日、査証更新のために国から出る必要があると正式に告げられたので、エルネストの行き先は嫌でも決まってしまった。出発前、彼は誕生日間近の弟たち宛てに手紙を書いた。「中央アメリカは、こちらの表現を借りれば、レチュロ（魅力的）だ。毎年、何かの支持や反対の騒動が起こる。今現在ホンジュラスはすごいストの真っ最中で、国内労働者の25パーセント近くが働くのを止め、フルーツ企業のこの地域担当弁護士フォスター・ダレスは、これがグアテマラの干渉だと言う。反乱を呼びかける秘密のラジオ放送が存在し、反政府日刊紙も同じなので、UF（ユナイテッド・フルーツ）の助けを借りて、少しばかり革命のほうに向かわせて、以前の習慣を維持しようとしても不思議ではない［…］アメリカが直接介入してこないなら（まだなさそうだ）、グアテマラはこの類の企てにしっかり持ち応えられるし、メキシコにはこの運動に共感する人がたくさんいるから後ろ盾もある」

エルネストの楽観的な予想に反して、アルベンス政権を決定的に終わらせる出来事がまさにその日に起きた。1カ月前にチェコスロバキア製兵器を積んでポーランドの港を秘密裏に出航した、スウェーデン籍の貨物船アルフェム号が、グアテマラのプエルト・バリオス港に停泊した。ポーランドで奇妙な航海に関する情報を得て、その積荷と最終目的地に疑いを持っていたCIAは、この船が大西洋を横断し航路を何度か変更するのを監視していた。プエルト・バリオスに到着したとき、いち早くアルフェム号の積荷の本性――アルベンス政権のための2トン以上の兵器――について報告を受けたワシントンは、行動を起こした。

アルフェム号は、ソヴィエト圏がグアテマラに関与している証拠をアメリカに提供するものだった。アレン・ダレスはCIA最高諜報諮問委員会と国家安全保障会議を開き、翌月のグアテマラ侵攻日程の支持を得た。5月17日、国務省は兵器搬送を非難する声明を発表し、アイゼンハワーはこれに続いて、チェコの兵器が中央アメリカにおける「共産主義独裁」を強化しかねないと、公式に警告を発した。

グアテマラは厳しい立場に追い込まれた。こっそり輸送を手配し、それを暴かれたアルベンスは、何かを隠している男と見られた。これに続いてアイゼンハワーとダレス国務長官は報道陣に、輸送された兵器はグアテマラ軍が必要としているよりも多かったと伝え、グアテマラの本当の意図は近隣諸国に侵略して共産主義支配を強要し、場合によってはパナマ運河攻撃を開始するつもりかもしれないと匂わせた。ワシントンのプロパガンダ組織が総動員されたため、米国政府がいく度となく、アルベンス政権による軍の装備更新を邪魔し、アメリカに対する直接軍事支援の要請を拒否し、他の西側諸国がグアテマラ政府の求める武器を販売するのも阻止してきたことを記憶している記者は、まったくいなかった。

アルフェム号入港後1週間も経たないうちに、ダレス国務長官はホンジュラスと「相互安全保障条約」を結んだ。わずか数週間前に、ニカラグアの独裁者ソモサと結んだ同様の条約に続くものだった。こうしてホンジュラスはグアテマラが侵攻してきた場合、アメリカによって守られることになった。真意をはっきり示すために、表向きは防衛のための兵器輸送という名目で、アメリカ軍輸送機がニカラグアとホンジュラスに飛んだ。実際には積荷は、グアテマラ国境への前進命令を待つカスティージョ・アルマスの解放軍に手渡された。

5月20日、アレン・ダレスによってアルフェム号の武器のグアテマラシティへの引き渡し阻止の権限を与えられたCIA妨害工作グループが、プエルト・バリオス郊外の線路に爆弾を仕掛けた。爆発による損傷が小さかったため、CIA捜査官は通過する軍用列車に発砲した。グアテマラ兵1人が死亡し、数名が負傷したが、列車と積荷はそれ以上何事もなく目的地に到着した。
政治劇がエスカレートするさなか、エルネストは宿を出た。彼はまだ3カ月分の宿代を滞納していたが、家主は借用書と引き換えに彼を解放した。彼とイルダはサン・ファン・サカテペケスという村で一夜を過ごした。それは二人がともにした初めての夜だった。数日後、エルネストは借りた20ドルをポケットに入れてエルサルバドルへと発った。

V

グアテマラでの対決への熱狂的支持を表明していたわりに、エルネストはずいぶん軽率な振る舞いを見せた。またもや彼はクライマックスの直前に逃げ出した。グアテマラの隣国を訪れるには最悪のタイミングだった。持っていた「いかがわしい文献」をエルサルバドル国境で没収されたが、警察官に賄賂をつかませて入国は許された。新たなグアテマラ入国の査証を地方都市サンタアナで取得したのに、そのままエルサルバドルの首都サンサルバドルへと向かった。そこで、コパンのマヤ遺跡に行き、ついでに進行中の労働ストライキも「視察」しようと、ホンジュラスの査証を申請した。週末は太平洋岸に出かけてビーチで野営し、そこで若いエルサルバドル人たちと友人になった。後に母宛てに書いた手紙に、みなで少し酔っ払ったとき、ちょっとした「グアテマラ人っぽいプロパガンダを唱えて、真っ赤な詩をいくつか吟じました。その結果、みんなで警察署にしょっぴかれましたが、すぐに解放されました。司令官から〔…〕午後の薔薇や他の美しいものについて詠ったほうがいいと助言を受けました。（銃口の）煙のソネットを創るほうがまだましです」と書いている。

サンサルバドルに戻ると、ホンジュラスの査証は却下されていた。エルネストは、グアテマラから来たためだろうと考えた。当時の政治状況では、それは犯罪も同然だったからだ。ホンジュラスは諦め、タズマルにある前コロンブス期のピピル族のピラミッドを見るために、エルサルバドル西部のチャルチュアパに向かって、遺跡を探索し、日記に学問的観察を記している。その夜、彼はサンタアナ郊外の道端で寝て、朝になるとヒッチハイクでグアテマラ国境まで戻って、国境を越えてキリグアの古代インディオ遺跡を目指した。翌日ハラパに着き、プログレソ行きの列車に乗り、そこで彼を憐れんだ女性から20セントもらった。当時悪名高かったプエルト・バリオス港へと通じる完成間近の新道を歩いた。キリグアの遺跡に着いた彼は、ペルーのインカ遺跡の石造との類似に着目している。しかしとりわけ影像のアジア的特質に心を打たれ、「ブッダを思い起こさせる」石柱の彫像もあれば、ホー・チ・ミン似の影像もあると考察した。

翌日彼は「雄々しく」プエルト・バリオスを目指そうと決め、再び出発した。残っていたなけなしの金を列車代に使った。それは一か八かの賭けだったが、うまくいき、すぐにタールの詰まった樽を荷下ろしする夜勤の道路建設作業の仕事を見つけた。「朝6時から夜6時までぶっとおしの12時間勤務で、慣れた奴でも音を上げる辛い仕事だった。5時半になると我々は何も考えずにただ働くだけの機械か、ここで酔っ払いを指す「ボーロ」になっていた」。二晩目は——「前夜ほど期待を抱かず」——働いたが、シフトを立派に終えた。「蚊に悩まされ、手袋がほしかった」

翌朝、作業監督の一人がプエルト・バリオスからグアテマラシティまで戻る列車のチケットをくれると約束したので、エルネストは海辺の放棄された小屋で、成果を喜びながら寛いでいた。それは、彼が初めてやりとげた長時間の肉体労働だった。「頭から足まで埃とアスファルトまみれの完璧なブタ野郎になったが、実に満足だ。チケットを手に入れ、ツケで食事をさせてくれた老女から、グアテマラ（シティ）にいる息子に返してくれと1ドルもらい、何にでも立ち向かえることを証明したし、喘息さえなければもっとできた」

Ⅵ

「あの1ドルは返した」とグアテマラシティに帰ってきたエルネストは誇らしげに書いている。イルダは彼が戻ってきたことに驚き、喜んだ。二度と戻らないのではと恐れていたからだ。侵攻の緊張が高まり、多くの人が国を離れていた。知り合いの政府の役人は彼女に亡命先を探すよう促し、ハロルド・ホワイトも同じことを彼女に勧めた。

多くの噂が飛び交っていたが、エルネストが最初に聞いたものは彼自身に関係していた。彼はパラグアイ人の知り合いから、多くの人が彼をペロン派のスパイと思っていると聞いた。彼は噂を一蹴したようだ。おそらく滞納家賃を支払えないので、彼は下宿には戻らず、エレナ・レイバ・デ・オルストの家で食事し、タンゴを歌うキューバ人とニコ・ロペスと部屋を共有した。部屋にはこっそり出入りし、シングルベッド二つしかなかったため、くっつけて一つにして横向きで寝た。ニコは所属する組織の命令を受けて、メキシコに行く準備を進めており、日々「ただバカ笑いする以外のことはほとんど何もしなかった」。

エルネストの期待に反して、生活は以前と同じ繰り返しに戻った。以前の医療の仕事は蜃気楼のように遠ざかるばかり。再度面接に呼ばれ、待たされ、あげくにもう1週間先送りされた。家から少しだけ手紙が届いた。ニコは去り、エルネストはコカという名のグアテマラ人と一緒に別の部屋に移った。エレナ・レイバ・デ・オルストも出発する準備を進めていたが、彼女は別の女性の家で食事ができるよう手筈を整え、公衆衛生大臣にもう一度話してみると約束した。さらにダメ押しのように、喘息がぶり返した。

しかし、膠着していたアメリカとグアテマラの関係が動きだすと、エルネストの退屈な日々は終わることになった。カリブ海では、アメリカの軍艦が疑わしい船舶を片っ端から検査しはじめた。ダレス国務長官は、7月に予定される次回のOAS会議で対グアテマラ制裁が承認されるよう求める文書の準備に大わらわだった。サクセス作戦のCIAプロパガンダ担当局長ハワード・ハント（後にウォーターゲート事件で有名になる）は、南米ソヴィエト介入反対会議のメキシコシティ開催を企画していた。

CIAは南米全域で、グアテマラで高まる共産主義の脅威を警告する新聞記事、プロパガンダ映画、パンフレットを撒いた。アルベンスはピューリフォイ大使との会談に外務大臣を送り、ワシントンとの交渉開始と侵攻回避のために懐柔的手段を提案した。提案による進展はなかった。

CIAによる心理戦キャンペーンは功を奏していた。6月2日アルベンス打倒の陰謀が未遂に終わり、数人が逮捕された。翌日、将校グループが共産党員を政府ポストから解任するようアルベンスに求めた。アルベンスは、共産党は統制できていると答えた。しかし多くの将校の疑念は消えず、6月5日、退役した空軍長が寝返った。彼の声明はすぐに「解放の声」というラジオ放送で流された。同局からの放送を監督しているのはデイヴィッド・アトレー・フィリップスという名のCIA捜査官だった。彼らは解放軍に何千人もの兵がいるような印象を与えて、グアテマラ人にこれを支持するよう勧告した。放送は、軍部の恐れに便乗したアルベンスが、国軍を解散し、「農民軍」を組織するために共産党の牛耳る労働組合に兵器を引き渡そうと企んでいる、と非難した。6月6日、侵攻の脅威を理由に、アルベンスは30日間にわたり憲法保証を停止した。

6月14日、エルネストは26歳の誕生日を祝った。翌日、アイゼンハワー大統領がサクセス作戦を最終調整するための高官会議を招集した。2日後、アメリカ人の傭兵がグアテマラへの飛行爆撃作戦を開始した。6

月18日、兵士わずか400人の解放軍を指揮するカスティージョ・アルマスが、ホンジュラスからグアテマラに向け国境を越えた。侵攻が始まった（詳しくは巻末の原注を参照）。

10 ひどい冷や水

I

エルネストは初めての砲撃に興奮した。彼は母宛ての手紙で「恥ずかしながら、サルのように大喜びです」と告白している。空爆のなか、通りを走る人々を見て、「不思議な不死身の感覚」を覚えた彼は「喜びで舌なめずりした」。彼は暴力に陶然とした。「ちょっとした爆撃でさえ壮大さがあった」と彼は記している。「かなり近い標的に爆弾が当たるのを見た。あっというまに飛行機が接近して大きくなり、出たり引っ込んだりを繰り返す舌のような小さな炎が翼に見え、マシンガンの音とそれに反撃する軽機関銃の音が耳に入ってくる。突然それが空中で止まって水平になったかと思うと急降下し、爆撃で大地が揺れるのを感じる」

数日後、もう少し落ち着いた彼は日記にこう記している。「最近の進展は歴史的だ。こういう記述は自分の覚え書きのなかでも初登場だろう。数日前、ホンジュラスから飛来した飛行機がグアテマラ国境を越えて、街を横切りながら白日のもと、人々と軍事標的を機銃掃射した。ぼくは医療部隊に入り医療区域と夜市内を巡回する青年部隊に協力した」

夜間の灯火管制が敷かれており、エルネストの任務の一つは、爆撃の標的にならないよう灯火を隠させることだった。イルダはイルダで、グアテマラ革命を支持する政治亡命者の声明に署名し、パトロール中の男に食べ物を配布する女性部隊を事務所に集めた。

6月20日、エルネストは母親に誕生日の手紙を送った。「ぼくのことが少しご心配でしょうね。今のところ恐れることはないにしても、今後はどうなるかわかりませんが、個人的には自分が不可侵になったような気分を抱いています（不可侵は適切なことばではありませんが、無意識が悪い筆のすべりを起こさせたのかもしれません）」

母親への報せのなかでエルネストは、空襲とカスティージョ・アルマスの地上侵略による挑発にもかかわらず、アルベンス政府は慎重に事を進め、国境での揉め事を避けるために傭兵がグアテマラ内部深くまで入ってくるのを許しているが、それはアメリカとホンジュラスがグアテマラによる武力侵攻を主張して、相互安全保障条約を行使するのを避けるためだと書いている。その時点でグアテマラはホンジュラスに対して外交ルートで抗議をし、国連安全保障理事会の特別公聴会に訴えるにとどめている。「この紛争は全グアテマラ国民と、ぼくのようにこの国に惹きつけられている者を団結させています」とエルネストは書き、次のように結んでいる。「アルベンス大佐はまちがいなく根性のある男で、必要なら自分の役職に命を捧げる覚悟もあるのです」。この見立てはまもなく、悲しいほどまちがっていたことがわかる。

当初、戦線からのニュースは明るかった。政府軍は反撃し、いくつか成功をおさめていた。カスティージョ・アルマスは黒いキリスト像があるグアテマラの巡礼地エスキプラスの町に入ろうとしていたが、主要目標であるサカパとプエルト・バリオスの町に進撃中に身動きがとれなくなっていた。ＣＩＡの傭兵飛行機は最初こそ混乱を引き起こしたが、これまでのところ与えた損害は比較的小さく、しばしば標的を外していた。

対空砲に被弾して、戦線から離脱した飛行機もあった。侵略者への兵器と軍需物資をプエルト・バリオスで降ろそうとしていたホンジュラス籍の船シエスタ・デ・トルヒージョ号は拿捕された。国境を越えた攻撃の犠牲者を理由に、グアテマラは自国への国連の介入を求める十分な根拠を得た。

エルネストが母親宛てに手紙を書いた6月20日、サクセス作戦のアメリカ人監督官は、自分たちの解放軍が殲滅されかねないと恐れるようになった。アレン・ダレスの要求により、アイゼンハワー大統領はさらに2機の爆撃機の戦場配備を承認した。6月23日、新たな飛行機が配備され、その後の3日間、首都を含むグアテマラ主要都市の重要標的を攻撃、爆撃した。

同時にアメリカは、この危機を議論する国連安全保障理事会特別会合の開催を求めるグアテマラの要求を阻止するために、妨害作戦に着手した。6月の議長代行であるアメリカ大使ヘンリー・キャボット・ロッジは、この件のために事務総長ダグ・ハマーショルドと戦地に赴いた。最終的にロッジは6月25日の会合開催に同意したが、その頃には新たに配備された爆撃機が大きな損害を与え、その間にカスティージョ・アルマスの軍勢は体勢を立て直して新たな攻撃を開始した。

6月24日、侵略軍はチキムラという小さな町を掌握し、カスティージョ・アルマスはそこを「臨時政府」の本部にすると公表した。「解放の声」は陣太鼓を打ち鳴らして、政府防衛が崩壊するなか、至る所で成功をおさめる侵略軍が、制止不能な圧倒的軍勢であるという印象を聴取者に与えた。

アルベンスと一部の軍上層部の自信が崩れはじめた。一方ロッジ大使は安保理の他の国々が、グアテマラによる国連調査団派遣の要求に反対票を投じるよう、ロビー活動を行った。とりわけイギリスとフランスには圧力がかけられ、アイゼンハワーとジョン・フォスター・ダレスがワシントン来訪中の英国首相ウィンストン・チャーチルをせっついた。もしロンドンとパリがグアテマラに関してアメリカに賛同しないなら、アメリカはキプロス、インドシナ、スエズで積極的に支援しないというのが、彼らのメッセージだった。6月25日に安全保障理事会で票決が行われると、イギリスとフランスは棄権し、アメリカは5対4の僅差で国連による調査阻止を勝ち取った。グアテマラは孤立無援となった。

II

7月3日、サクセス作戦は名前通り成功した。その日、「解放者」カスティージョ・アルマスはピューリフォイ大使を伴ってグアテマラシティに飛行機で到着した。6月27日にアルベンスは辞職を強いられ、1週間にわたるグアテマラの軍部指導者間の複雑な勢力争いを経て、カスティージョ・アルマスはアメリカの仲介によって政権を握った。

「グアテマラ国民はひどい冷や水を浴びせられた」とエルネストは数日後に記している。彼は再度セリアに手紙を書いた。そこで彼はその前の手紙の英雄を称えるような美辞麗句を後悔し、そう書いたのは「それまで出かけたことのなかった前線に行く直前で、必要なら死も辞さない輝かしい夢に満ちていた」からだと説明している。

「すべては素晴らしい夢のように起こり、目覚めたあとでもしがみつきたくなるほどです。現実があちこちに迫り、いまや銃声が聞こえます。旧体制への熱烈な支持者への報酬が、その銃弾です。背信は軍の伝統であり続け、真の民主主義原則として軍の解体を呼びかける箴言（そんな箴言がないなら、ぼくが作ります）を改めて証明しています」。エルネストの心中で、他の責められるべき組織はアルベンス失脚を帮助し扇動してきた「反動的」報道機関とカトリック教会だった。そして彼は心のなかでそれらを、問題ある組織としてしっかり記憶した。将来どこかで社会主義革命を成功させるには、こいつらに特別な注意を払う必要があるというわけだ。

エルネストは軍の将校に屈したアルベンス——すぐにメキシコ大使館で亡命を希望した＊——を批判した。ピューリフォイに扇動された将校らは、彼に辞職を求めてそれを勝ち取った。アルベンスが国民に武器を与えて国を守らせなかったのが、とりわけ腹立たしかった。当然、彼は不機嫌だった。6月最後の日、共産党青年部が組織した武装市民軍に合流した。ニカラグア人の志願兵ロドルフォ・ロメロが、グアテマラシティ北部に駐留するアウグスト・セサル・サンディーノ旅団の「軍主任」を務めていた。エルネストは旅団に迎え入れられ、前線に行って戦うことを切望しながら数日一緒に過ごした。しかし公衆衛生大臣が現れて、彼を病院に移して指示を待たせた。この時点でロメロとエルネストは離ればなれになった（4年半後、反ソモサ・ゲリラ戦の支援者を探していたロメロは、司令官エルネスト〝チェ〟ゲバラの招待で解放後のキューバ首都ハバナに飛び、二人は再会した）。病院でエルネストは再び前線に赴こうと申し出たが、不満そうに記しているように「相手にされなかった」。彼は衛生大臣の再訪を待ったが、アルベンス辞任前日の6月26日土曜日、ちょうどイルダを訪ねて留守にしていたときに大臣が来て、そのまま帰っていったため、最後の機会を逃した。

アルベンス辞任が切迫するなか、イルダによればエルネストは、何とか政権崩壊を防ぐため、軍事顧問を無視し山間部でゲリラ戦を戦うために民衆を武装させるべきだ、というメッセージをアルベンスに送ろうとしていた（実は罷免の2日前にアルベンスは、エルネストが加わっていたような民兵組織に武器を配布しようとしていたが、軍がこれを拒否した）。こうしてエルネストは病院職についたまま不安と欲求不満を募らせつつ、降伏

＊　8月、結局カスティージョ・アルマスはアルベンスがメキシコに出国することを許したが、空港でこっぴどく彼に恥をかかせてやろうとしていた。アルベンスは空港で野次られ、税関では人前で服を脱がされた。

に次ぐ降伏によってカスティージョ・アルマスの勝利とグアテマラ革命の不名誉な崩壊が確定するのを見守るしかなかった。戒厳令が宣言され、共産党は禁止され、各国の大使館は怯えた亡命希望者で溢れはじめた。エルネストは自分が「アカ」と見なされていたので、病院から排除されると予想し、イルダも用心のため新しい住まいに移った。

カスティージョ・アルマスが首都に入った日、「人々が心から彼に拍手を送る」のを見た。軽機関銃を持ったアルマスの民兵が大いばりで練り歩き、国の解放者という立場を満喫しつつ因縁をつけてまわった。エルネストは、エデルベルト・トーレスが共産党員として逮捕されたという噂に気を揉み、ルベン・ダリオ研究者だったトーレスの父の運命も懸念した（実は、エデルベルトは潜伏していたが、彼の父に関するエルネストの懸念は現実となった。彼はすぐに拘束され、投獄された）。エルネスト自身の状況も覚束ないもので、予想どおり病院から追放されると、すでに亡命希望を出していたエルサルバドル人の女性の家に避難した。

政治的大変動のさなか、彼とイルダは追いつ追われつのロマンスを続けていた。彼女は彼に以前書いた詩の数節を送った。そこで彼女は、彼の言う「愚行」について語っていた。エルネストの日記によれば「彼女に起きているのは、ぼくを勝ち取るための算段、でっちあげの空想と、無関心なぼくに辱められた自由な女性の名誉を守ろうとする気持ちのごたまぜだ。彼女にちょっとした人獣詩を送った。

鳥のように身をまかせなさい、
私は熊のように君を奪う、
そして、おそらくゆっくりキスをする
そうすれば鳩である私も男らしい気分になれる。

彼女にまたもや最後通告をしたが、最後通告はこれまであまりに多かったので、大した効果はなかった。効果があったのは看護婦とヤッたという告白だった。彼女はまだぼくと結婚できると思っている」

7月半ば、新政権による魔女狩りが本格的に始まった。アルベンス政権と繋がりがあったり、共産党員と疑われたりした人はみんな逮捕されかねなかった。まだグアテマラに残っていた者たちも、避難しはじめた。エルネストは家の主人であるエルサルバドル人が国外に逃れる準備を進めると、避難場所を失った。彼らの家は閉鎖されることになり、エルネストは新たな隠れ家を見つけなければならなかった。エレナ・レイバ・デ・オルストは逮捕されていたが、彼女の叔母がエルネストを迎え入れてくれた。彼は毎日アルゼンチン大使館に通った。イルダによれば、大使館に出入りできることとグアテマラシティの混乱に乗じて、「大使館に避難している人々のために手を尽くし、武器を集め、困難な状況にある人たち、あるいは国外に出ることを希望している人たちに避難場所を手配した」。

数日のあいだエルネストはそのまま活動を続けていたが、そこでイルダが逮捕された。連行前に、警察はエルネストについて尋ねた。この警鐘をエルネストは無視できず、ついにアルゼンチン大使館に避難を依頼して認められた。「計画はきわめて流動的ながら、おそらくメキシコ行きが最も有力だ。〔…〕近くても遠くても、理由はわからないが、いまぼくは一方からのちょっとした圧力が運命を完全に捻じ曲げかねない瞬間にいる」

Ⅲ

エルネストは、塀で囲まれた大使館の敷地にすでに収容されていた大勢の人々に加わった。一度入ると、彼はすぐに落ち着かなくなり、イライラしはじめた。「避難所は退屈とは言えないが、不毛とは言える。したいことができない。まわりじゅう人だらけだからだ」

喘息は悪化していた。数日勾留されたイルダは、ハンガーストライキを実行して釈放されたと新聞には書かれていた。彼女がなぜ自分に会いに来ないのか理解できず、それが「ぼくのいまの居場所を知らないせいか、訪問できると知らないせいか」と思案した。

いまやエルネストは具体的な目的地を決めたようだった。アルベンスと逮捕を免れた彼の支持者の大半――そしてグアテマラ在住のラテンアメリカの政治亡命者の多く――はメキシコシティを目指していた。メキシコ大使館に避難して、グアテマラ新政権が安全通行証を出せばすぐにでも出発したいと思っている者もいた。メキシコでのわずか40年前の「反帝国主義」革命以来、政治的に寛容で文化的にダイナミックなその首都は、世界中から来た数千人の左翼政治亡命者の聖域になっていた。そのなかには1930、40年代のファシズムから避難してきた多くのヨーロッパ系ユダヤ人やスペイン共和派もいた。

エルネストは、申請中のメキシコ査証が却下される可能性も考えたが、その見込みを過度に気にすることはなかったようだ。今のところ落ち着いていた。暇つぶしに、彼は仲間の印象を記録しはじめた。最初に彼の興味を惹いたのは、名高い共産党農民指導者カルロス・マヌエル・ペジェセルだった。エルネストはペジェセルを「知的な男で、勇敢なようだ。他の亡命希望者に多大な影響力を持っているようで、その影響力が彼の人格から来るものか、党の最高指導者であるという事実から来るものなのかはわからない。〔…〕しかし彼のしぐさはいささか女々しく、若い頃は詩集を書いていた。このあたりでは実によくある病気だ。彼のマルクス主義思想はぼくが知っている他の人たちのような断固としたところがなく、それを隠すために癇癪を起こす。彼の印象は、誠実だがはしゃぎすぎた人物で、野心的な人にありがちな、つまずいたらあっさり信条を捨てかねないが、その一方で決定的瞬間にはきわめて大きな犠牲を払える人物だ*」。

キューバ人の知人ホセ・マヌエル〝チェ＝チェ〟ベガ・スアレスについてはこう書く。「彼は瓦礫並みにバカで、アンダルシア人並みの嘘つきだ。以前のキューバでの暮らしについては、大酒飲みと呼ばれ、バティスタの警察にひどく殴られたという以外、はっきりしたことはわからない。〔…〕ここに逃げ込む前の彼の振る舞いは臆病だった。ここでの彼は他意のない法螺話をするので、娯楽にはなる。彼はガキっぽく自分勝手で駄々をこね、他人はみんな自分の気まぐれに従うべきだと考えている。豚みたいによく食べる」

喘息に苦しみ、「ひどく退屈」していたエルネストは、日々を「無意味な議論とそれ以外の考えうるあらゆる暇潰し」をして過ごした。8月2日、カスティージョ・アルマスの無規律な解放軍に恥をかかされた士官候補生が反乱を起こした。反乱はピューリフォイ大使が出した、グアテマラ軍がカスティージョ・アルマスをしっかり支援することをアメリカは望む、という声明によって収束した。国外脱出の希望を抱いて各国大使館に押しかけた人々の状況は、彼ら自身の認識よりはるかに不安定だった。ワシントンの裏庭で起きた冷戦下初の重大な小競り合いで、共産主義への勝利を固めたいと願っていたCIAは、捜査官グループをグアテマラに派遣して、アルベンス政府が親ソヴィエトだったという証拠を集めた——そして場合によっては

＊　エルネストによる評価は先見の明があった。ペジェセルはメキシコに亡命し、それまでの信念を否定し、CIAの支援を受けて反共産主義のパンフレットを記した。

でっちあげた。ダレス兄弟も、国内に残る共産主義者と支持者と思われる者の逮捕をカスティージョ・アルマスに求めた。

カスティージョ・アルマスはこの作戦に喜んで協力し、革命による改革を後退させながら、自身の政権を強化するために抑圧的手段を次々に実施していた。彼は反共防衛国家委員会を創設し、「政治妨害」を含む幅広い犯罪に死刑を科す予防処罰法を制定して、共産主義に対抗しようとした。委員会はあらゆる共産主義容疑者を逮捕・拘束できる、大きな権限を持っていた。読み書きができない国民の投票が禁じられたので、直ちにグアテマラ人口の圧倒的大多数が選挙権を剥奪された。農地改革法は覆され、すべての政党、労働組合、農民組織が非合法化された。反体制的と思われる本は没取され燃やされた。ブラックリストにはヴィクトル・ユーゴーとドストエフスキー、さらにグアテマラの著名な（のちにノーベル賞を受賞する）作家ミゲル・アンヘル・アストゥリアスの小説も含まれた。アストゥリアスは市民権さえ剥奪された。*

国務長官ダレスはカスティージョ・アルマスに、外国大使館にいる推定700人の亡命希望者を拘束するよう求めた。「ダレスは、グアテマラ脱出を許せば、彼らがアメリカ大陸全域で「再循環」するのを恐れた」と、アルベンス政権崩壊に関する決定的著作『苦い果実 *Bitter Fruit*』の作者たちは記している。「彼の恐れはすぐに強迫観念になった。［…］7月初め、彼は新政権に「共産主義」亡命者の国外逃亡を防ぐ一つの手段として、彼らを「刑事訴追」するようピューリフォイに指示させた」。ダレスは共産主義者が直接モスクワに行く場合に限って、カスティージョ・アルマスが護送を許可する案さえ示した。さすがにそのような国際規範違反はやりすぎと感じたらしいカスティージョ・アルマスは、これには抵抗した。8月初め、彼は大使館にいた亡命者の大半に安全な通行を保証する査証の認可を開始した。

8月半ば、最初の安全通行証が届きはじめたが、エルネストの暮らしに変わりはなかった。チェスをし、イルダに短信を送り、仲間の心理政治学的人物像を書いて過ごし、グアテマラ人たちに注意を向けた。写真家でありダンサーでもあるロベルト・カスタニェダは「鉄のカーテンの向こう側」を旅して「そのすべてを心から称賛しているが、党には入るつもりはない。彼にはマルクス主義の理論的知識が欠けており、おそらくぼくたちがブルジョアの欠点と呼んでいるものに抗する良き兵にはならないだろう。だが、行動のときがきたら任務を果たすのは確かだ。〔…〕実際、彼はダンサーの女々しい身ぶりはまったくない」。もう一人、アラナについて彼はこう書いている。「彼は弱く、イデオロギー的土台はないが、党には忠実だ。知性は中程度だが、労働階級にとって唯一の理想の道は共産主義だと気づけている」

イルダは厳重な警護下にある大使館を二度訪れたが、中には入れなかった。喘息はエルネストを苦しめ続けていた。1日断食して、それが身体の「浄化」に役立つか試してみることを決心した。イルダは瓶詰めの蜂蜜と手紙を彼に送った。

日々時間が過ぎていった。エルネストは台所の手伝いをしたが、仕事が疲れると言って不平を漏らした。筋肉疲労は彼の体調の悪さを示していた。大使館の他の居住者に対する彼の記述はずっと辛辣になっていた。彼は、左翼で詩人でもあると自称している多数のグアテマラ人の若者たちにはとりわけ批判的だった。18歳のマルコ・アントニオ・サンドバルという学生――「とんでもない自己崇拝者」――は「死に際についての瞑想に憑かれていた」。詩人ウゴ・ブランコが塀を越えて大使館から逃げ出したとき、エルネストは彼を「駄目な詩人だ。知的な人物とさえ思わない。彼ら全員が備えている傾向は思いやりらしい。詩人にはよい子ちゃんの微笑みが伴う」と評している。

＊　アストゥリアスの息子はガスパール・イロムという偽名でゲリラの最高指導者になった。その偽名は父の小説に登場するインディオの一人からとったものだった。

安全通行証が少しずつ到着し、ペロンが大使館にいる人々とその家族のアルゼンチンへの亡命を認めたという知らせが届いた。エルネストは尊敬している人たちに、自分の家族や友人宛ての覚え書きという形で、独自の非公式な安全通行証を配布した。

ある夜、亡命共産党員のリーダーであるビクトル・マヌエル・グティエレスが壁をよじ登って大使館に忍び込んだ。グティエレスはカスティージョ・アルマスの指名手配リストの上位に名を連ねており、この事態はアルゼンチン大使館とグアテマラ当局のあいだに衝突を起こしたが、グティエレスは亡命を認められ、同志ペジェセルと同じ部屋に滞在した。この後すぐにエルネストは他の問題ある共産主義者と見なされた12人とともに大使館のガレージに閉じ込められた。彼らは「13人衆」の異名をとった。エルネストの明確とは言えない覚え書きによると、この強硬手段はミルナ・トーレスの恋人であるウンベルト・ピネダが騒動を起こした後にとられたという。彼らは協力しないと実力手段に訴えると脅され、他の亡命希望者と話すことを禁じられた。しかし13人衆の勾留後の最初の夜に、ウンベルト・ピネダと彼の兄ルイス・アルトゥーロが逃亡して、反新政権の共産党が計画していた地下抵抗運動に加わった。イルダの回想によれば、彼らの行動はエルネストに促されたものだったという。エルネストは日記で二人には「すごい度胸」があるとさらりと称えている。

このとき彼は人物描写の矛先をガレージにいる男たちに向けていた。「リカルド・ラミレスはおそらく青年運動の最も有能な指導者だ」と彼は記している。「彼の文化水準は全般的に高く、問題への対処方法は他の同志に比べまったく教条主義的ではない」*

8月も終わりに近づき、みんなの我慢も限界に近づいていた。「チェ＝チェ・ベガがあばずれの洗濯女と大騒ぎ」をしてから、ガレージ班はさらに厳しい監禁状態におかれた。アルゼンチン大使館にいた亡命希望者のうち――ペジェセルとグティエレスを含む――118人が、ブエノスアイレスから着いた5機の飛行機で退避すると、緊張はいくらか緩んだ。エルネストは帰国を持ちかけられたが、メキシコ行きにこだわっていた彼はこれを拒否した。大使は本国送還を強いることはできなかったため、不本意ながらエルネストに大使館敷地内からの退去を許した。

グアロ・ガルシアの友人の一人がアルゼンチンからの退避用機に乗って来て、家族から預かった150ドル、「スーツ2着、マテ茶4キロ、山ほどの細々としたどうでもいいもの」をエルネストに渡した。彼は贈り物に対する感謝の手紙を送ったが、メキシコ行きを画策しており服は持っていかないかもしれないと記している。「ぼくのスローガンは、少ない荷物、強靱な脚力、そして苦行僧の胃です」

Ⅳ

大使館を出ると、エルネストはまっ先にイルダを探した。彼女は7月26日に刑務所を釈放されて以来、ペルー大使館でパスポートを拒絶され、ひとり怯えながら不安定な状態に置かれていた。その後、彼女はリマからの認可が下りるのを待っていた。カスティージョ・アルマスの要望で喚問された大統領官邸で、一風変わった謁見をしたイルダは、再逮捕がないことを保証された。それ以来、彼女はエルネストを心待ちにしながら市中心部のアパートで静かに暮らしていた。

二人が会ったのは彼女がいつも食事をしていたレストランだった。「ある日、彼は私が昼食をとっている

＊　当時まだ23歳だったリカルド・ラミレスは、のちに「貧民ゲリラ軍」の指導者「ロランド・モラン」となった。貧民ゲリラ軍は、1960年代初頭に結成されたマルクス主義諸派のなかでも最強の組織で、歴代のグアテマラ政府と40年近く戦い続けた。

ときに現れた」とイルダは回想している。「親友である女主人を除いてレストランにいた誰もが故意に彼を無視した。女主人は彼を招き入れ、好きなものを食べていいと言った。食後、街中の通りを歩いていると、知人たちはみな私たちを見て驚き、怖がって話しかけようとしなかった。手を振りさえしなかった。私たちが警察に監視されていると思ったにちがいない」

自分に対する不利な具体的材料など何もないはずだと考えたエルネストは、メキシコ査証を取得する第一歩として、出国許可を得るために移民局にパスポートを提出した。許可を待つあいだ、アティトラン湖とグアテマラ高地に出かけた。数日後グアテマラシティに戻った彼はパスポートを引き取って、ついにメキシコ査証を手にした。

彼のイルダとの関係は十字路に差し掛かっていた。エルネストはメキシコでの新たな冒険に期待し、イルダはペルーに帰郷したいと思っていた。イルダによれば、エルネストは別離を気にしていないようで、いずれメキシコで再会して結婚しようと紳士っぽく請けあったが、彼女は彼を永久に失ってしまうのではと嘆いたという。二人のあいだの空気は重苦しかった。二人はかつて何度も一緒にピクニックに訪れたサン・ファン・サカテペケスに別れの小旅行に出掛け、エルネストによれば「たっぷりの愛撫と形ばかりの一発」をしたという。

実は、エルネストはイルダと結婚するつもりなどまったくなかった。最後の逢引の日に彼はこう書いている。「彼女はまだ国を出られないから、それを利用してすっぱり別れてしまおう。明日、告げたい人全員に別れを告げ、火曜にはメキシコへの大冒険が始まる」

9月半ば、エルネストは道中で会った同じ行き先の若いグアテマラ人学生フリオ・ロベルト〝エル・パトーホ（ガキ）〟カセレスとともに国境を越えた（二人は親友になり、数年後、エルネストはカセレスを称える「アヒルの子」という物語を書いている）。エルネストは自分の安全について少し懸念していたが、彼らの旅は平穏無事に終わった。*

最終的に、ジョン・フォスター・ダレスの政治亡命者に関する直感は正しかったことが明らかになる。エルネスト〝チェ〟ゲバラ以外にも、未来の革命家たちが大量にグアテマラで彼の手から逃れた。メキシコやその他の場所で彼らは本当に再集結し、アルベンスの大失敗の灰燼のなかから——しばしばゲバラの助けを借りながら——その後40年のあいだ、アメリカの為政者たちを悩ませるマルクス主義ゲリラとして、立ち現れることになる。

---

* 実は、エルネストの立場は彼自身の認識よりも危うかった。すでにＣＩＡは彼のファイルを作り始めていたからだ。ＣＩＡ長官アレン・ダレスの丁寧な伝記（『スパイ紳士——アレン・ダレスの生涯 *Gentleman Spy: The Life of Allen Dulles*』Houghton Mifflin, 1994）の著者ピーター・グロースはこう書いている。「クーデター数週間後に、グアテマラのアルベンス政権陥落の報告書を詳しく調べていたデイヴィッド・アトレー・フィリップスは、25歳のアルゼンチン医師について記された一枚の書類を見つけた。彼は社会革命真っ只中の前年1月に医療を学ぶためにこの街に来ていた。「この人物のファイルを作ったほうがいいですか？」と彼の助手は訊ねた。この青年医師はアルベンス体制支持者による死力を尽くした抵抗運動を組織しようとしていたようだった。その後、彼はアルゼンチン大使館に亡命を求め、最終的にメキシコに移動していた。「作っておいたほうがいいだろう」とフィリップスは答えた。〝チェ〟として知られるようになったエルネスト・ゲバラのファイルは、やがてＣＩＡの全記録のなかで最も分厚いものの一つになった」

11
我がプロレタリア生活

I

1950年代のメキシコシティは、今のようなスモッグに覆われた大都市ではまったくなかった。まだ地平線上には、聳える冠雪したポポカテペトル火山やイスタシワトル火山が見えた。迷路のような古い中心部――アステカの首都の廃墟跡に築かれた古いスペイン植民地都市――以外は静かな村のような地区と並木道があった。日曜の午後、レフォルマ通りではチャーロ――着飾ったメキシコのカウボーイ伊達男――の装束をした馬上の男もよく見かけた。しかし同時にこの都市は国際的で洗練されていた。1930、40年代に絶頂期を迎えた政治的、芸術的興奮がまだ残っていた。その時期、ディエゴ・リベラ、ホセ・クレメンテ・オロスコ、ダビッド・アルファロ・シケイロス、フリーダ・カーロ、ティナ・モドッティといった芸術家が創作に励み、名を上げた。ヨーロッパのファシズムから逃れてきた何千人もの亡命者が流入し、文化ルネサンスが華開いた。夜になると作家、芸術家、政治家が、メキシカン・ボレロの大スターを呼び物にして繁盛するキャバレーで交流し、活況の映画産業は監督エミリオ〝エル・インディオ〟フェルナンデス、喜劇俳優カンティンフラス、そして銀幕のアイドル、ドロレス・デル・リオとマリア・フェリックスといった映画界のレジェンドを輩出した。フランスの作家アントナン・アルトーやアンドレ・ブルトン、ジャック・ケルアックやウィリアム・S・バロウズといったビートの詩人や作家がメキシコの空気を浴びに集まった。

メキシコシティでは政治世界とクリエイティブな世界が常に混ざりあっており、悪名高い暗殺の現場としても知られていた――1929年のキューバの共産主義指導者フリオ・アントニオ・メリャ、1940年のレフ・トロツキーだ。モドッティはメリャの恋人だった。カーロはトロツキーと一時は関係を持っていた。壁画作家シケイロスはマシンガンによるトロツキー邸襲撃を率いたことがあった。その後、スターリンの工作員ラモン・メルカデルがピッケルによってトロツキー暗殺に成功する。革命後の支配政党となる制度的革命党（PRI）による権力掌握以降、*メキシコはラテンアメリカの多くの反帝国主義的ナショナリストから評価を受け、ワシントンから不承不承ながらも尊重されていた。1930年代、ラサロ・カルデナス大統領は国内の油田を国有化し、全面的な農地改革プログラムを断行した。ワシントンから完全に一線を画した外交政策をとったメキシコは、陰謀が蠢く高度に政治化された環境で、アメリカ、ソ連両国が重視し、大使館を置いて諜報活動を行い、亡命者、スパイ、放浪者が共謀しながら入り乱れていた。

メキシコの「ロマンティック」な時代の終焉に決定的瞬間はないが、その消失を何より象徴するのは、1954年7月2日におけるフリーダ・カーロの最後の公的登場だろう。それは寒い湿った日で、肺炎を患っていた彼女は、CIAによるアルベンス政権打倒に抗議する運動に参加するために、ベッドから出た。カーロの夫ディエゴ・リベラが彼女の乗った車椅子を押して、メキシコ文化の殿堂であるベジャス・アルテス宮殿へと向かった。そこでカーロは4時間ものあいだ民衆に加わって「人殺しのグリンゴどもは出ていけ！」と叫び続け、指輪で飾られてきらきらと光る両手を高く掲げた。左手には平和の鳩が描かれた旗を持ち、握りしめた右手を振り上げ抗議を示した。その11日後、彼女は死んだ。享年47。

II

エルネストが最初にメキシコから故郷に手紙を書いたのは1954年9月30日、叔母のベアトリス宛てだった。「モルディーダス〔賄賂〕の街、あるいは国といったほうがよいメキシコは、大動物のような無関心さでぼくを受け入れてくれました。撫でられることもなければ、敵意を剝き出しにされることもない」。目下の計画はまず仕事を見つけて生計をたて、そのあとメキシコをあちこち旅し、「北のタイタン〔アメリカ〕の査証を申請すること」だった。うまくいけば、ニューヨークの叔母エルシリアを訪ね、「もし駄目なら、パリを目指します」。

手持ちの金がもつのはせいぜい2カ月と思ったエルネストは、すぐに誰か助けてくれる人を探しはじめた。その一人が父の友人で、当時映画の脚本家をしていたウリセス・ペティート・デ・ムラートだった。グアテマラを出る前に、エルネストはイルダにペティートのことを話し、メキシコで映画のエキストラとして働くチャンスがあるかもしれないと言っていた。彼は「俳優になるという実現されていない芸術家としての野望」に挑戦できたかもしれなかった。イルダはそれを軽薄な計画だと言って、才能を無駄にしないでくれと彼に言った。イルダによると、そう言われて少しシュンとなったエルネストは、やりくりの手段として思いついただけだと弁解したが、最終的に彼女に同意して横道に逸れないことを約束したという。

＊　1929年の結党以来何度か党名を変えた後、メキシコで長期間にわたって政権を握るこの党は1946年に現在の党名を採用した。

だがいまや仕事が必要で、ペティート・デ・ムラートはメキシコでの数少ないコネの一つだった。彼らの話し合いはまずまず順調に進んだ。「彼はぼくを連れ回していろいろ見せて回り、政治について語りあった」とエルネストは日記に記録している。「彼には素敵な娘がいたが、彼女は聖職者並みに堅苦しい典型的なブルジョア教育を受けていた」。ペティートと娘のマルタはエルネストを都市郊外のテオティワカンのピラミッドに連れていった。エルネストはマルタをモデルにして、残っていた金の半分を使って買った新しいおもちゃ——ツァイスの35ミリ・カメラ——を試した。

ペティートはエルネストを自分の家に滞在するよう誘い、何か奨学金を受けられるよう助けると申し出たが、エルネストはこの申し出を断った。9月30日付の父宛ての手紙に、彼は何ら皮肉なしに、「お父さんが送ってくれたペソが残っているあいだは、ある程度の独立を守ろうと決心しました」と記している。確かに彼とペティートは政治的に相性が悪かった。「我々はいつも、お父さんとぼくが対立したのと同じ、自由などのテーマをめぐって対立し、彼はお父さん同様見る目がなく、さらにむかつくのは、彼が心の底ではグアテマラで起きたことを喜んでいるのがすぐわかることです」

「収穫ゼロの日」が続き、そのあいだ街を探索し、博物館を訪れ、友人を訪ねた。彼は同じくグアテマラからメキシコに亡命していたエレナ・レイバ・デ・オルストを見つけ出した。後に彼は日記に彼女とイルダのあいだに「何か変なこと」が起きていたようだと書いている。エレナはイルダのことを「きわめて軽蔑するように」話した。エレナが何を言ったにせよ、説得力があったらしい。日記にこう書かれているからだ。「イルダとの状況を、断ち切らなければならないと思った」

彼は故郷からの便りで、アルゼンチンに避難してきた「グアテマラ左翼」の大半が投獄されたことを知った。母に宛てた手紙は、なぜ自分の家族は自分がアルゼンチンに送り出した同志をもっと支援しなかったのかと、非難の言葉で埋め尽くされた。そのついでに、彼はグアテマラで起きたことをめぐる失望をセリアに語り、これからの自分について引き裂かれる思いを告白している。起きたことから見て、彼は「〔政治的に〕中途半端な手段は、裏切りの前段にしかならないと確信しています。困ったことに、その一方でこのぼくは、とっくに取っているべきだった断固たる態度を取っていない。なぜなら心の底で（そして表面上も）ぼくはどうしようもないクズで、自分のキャリアを鋼鉄の規律で邪魔されたくはないからなのです」

エルネストはいまだにグアテマラでの経験を消化中で、手紙では何やら事後分析を延々と続けた。彼はみなに、自分の考えたそこでの「真実」を理解してほしかった。グアテマラでの自分宛ての最後の手紙がプラトニック以上の思慕を示していると思った友人のティタ・インファンテに宛てて、彼はこう書いている。「いまグアテマラからぼくを遠ざけている——物質的かつ精神的な——距離を経て、あなたからの最後の手紙を読み返しましたが、不思議な感じでした。そこには、何もできないことに対する自暴自棄のなかに特別な温かみが見られ、とても感動しています」。スペイン共和国同様に、グアテマラは「内からも外からも」裏切られたが、その崩壊にスペインのような気高さはなかった。彼を何よりもうんざりさせたのは、アルベンス政権に対する歴史修正主義的な描かれ方だった。アメリカ大陸全土の新聞に「嘘八百」が書かれていた。たとえば「殺人やその類のことは起きていませんでした。それとは別に、もっと早めに銃殺部隊を動員すべきでした。もっと早く発砲していたら、政府にも反撃できる可能性があった」。

米国によるグアテマラへの介入は、米国と共産主義の世界規模の対立の皮切りとなる小競り合いにすぎないと確信したエルネストは、妹セリア宛ての手紙で、かなりまずいタイミングで、この恐るべき展望を提示した。彼は彼女がゲバラ一家の友人である若き建築家ルイス・ロドリゲス・アルガニャラスと婚約したと知った。どうやら彼女はメキシコで就職できないか兄に尋ねていたようだ。「他の国なんてばかげたことを考えず、そこにいろ。嵐が近づいている。核の嵐でなければ別種のもの、飢餓の嵐だ。北の友人にそれほど依存していないアルゼンチンはその影響が小さくてすむ」

彼はこの切迫した予想を父にも繰り返した。世界戦争は避けられないと、その数カ月後の手紙に記している。スターリン死後のクレムリンの激変によって、リスクは「とてつもなく」大きくなっている。「アルゼンチンはアメリカ大陸のオアシスです。恐ろしいことになるにちがいない戦争への突入を避けるため、ペロンに可能なかぎりあらゆる援助をすべきです――好き嫌いにかかわらずそれが実情なのです。ニクソンはこれらの国々を飛び回っていますが、どうやらアメリカ大陸の貧しい国々に、新たな朝鮮戦争に貢献するための人員と安い天然資源（支払いは高価な旧式機械）のノルマを割り当てているのです」

エルネストは仕事を探し続けていた。彼は病院での仕事のために面接を受けようとしていたが、ほとんど進んでいなかった。当面は、新しいカメラで街の公園や広場で人々のポートレートを撮って金を得ていた。その後の数カ月のあいだ、夜警、アルゼンチンの通信社アヘンシア・ラティーナのカメラマン、そして総合病院と小児病院の両方でアレルギー専門医兼研究者として働いた。

イルダ・ガデアが再び彼の人生に戻ってきた。エルネストがグアテマラを去ってすぐに、イルダは再逮捕されて一晩勾留され、警護付きでメキシコ国境まで連れてこられた。数日後、彼女は警護の者に金を払ってメキシコに密入国した。国境の町タパチュラで、メキシコ政府から政治亡命を認められるまで8日間足止めを食らった後、メキシコシティ、そしてエルネストのもとへと向かった。

別離以降のエルネストの考えと行動は、相手を心配する恋人のものではなかった。彼女が国境で孤立していると聞いたとき、彼は日記に言葉少なにこう書いている。「イルダはいまメキシコのタパチュラにいるが、どんな状態にあるのかわからない」

二人の断続的な関係をめぐるエルネストとイルダの記述は、相変わらずメキシコシティでの出来事について整合していない。最初に会ったときエルネストはこう記している。「イルダについては現状維持ということになったようだが、どうなりますやら」。イルダのほうは、二人の関係がもっと強烈だったという主張のままだ。「エルネストはまたもや結婚できないかと語った。私は待つべきだと言った。［…］自分の曖昧な答えが一種の反発を生んだと感じていた。それならただの友人でいようと彼が言ったからだ。私はちょっと驚いた。私は待ってくれと言っただけだ。でも私は彼の決定を受け入れた。まだここに来たばかりなのに、さっそく喧嘩だ」。彼らは会い続けて、ときには一緒に食事に行ったり映画を観に行ったりした。イルダはすぐにベネズエラ人の亡命詩人ルシラ・ベラスケスと一緒に、裕福な人々が住むコンデサ地区の下宿に移り住んだ。彼女も仕事を探しはじめた。

嬉しい進展だったのは、エルネストはグアテマラで出会ったキューバ人たちと再会したことだった。なかでも友人ニコ・ロペスは、ある日エルネストがボランティアをしていた総合病院に現れた。ニコはアレルギーを患っている同志の治療を求めていた。イルダによると、エルネストとニコはすぐに旧交を温めたという。ニコは将来について明るい展望を持っていて、フィデル・カストロ、彼の弟ラウル、そして他の投獄された同志も近い将来釈放されるはずだと自信たっぷりにエルネストに伝えた。

カストロを支持するキューバ人亡命者は、１９５４年初頭以降アメリカ大陸のあちこちからメキシコシティにぽつりぽつりと移動してきた。彼らはマリア・アントニア・ゴンサレスというキューバ人女性のアパートに、非公式の司令部を置いていた。彼女はディック・メドラーノというメキシコ人プロレスラーと結婚していた。カストロはキューバで注目を集めていた。バティスタは自身の実質的統治を正当化するための選挙を呼びかけていたが、カストロとモンカダ兵営襲撃事件参加者の恩赦による釈放を求める世論からの圧力が高まっていた。カストロが釈放されれば、メキシコが彼の大計画の拠点となる、とニコはエルネストに語った。その計画とは、キューバでバティスタ打倒のゲリラ戦を行う武装反乱運動を組織、訓練するというものだ。

エルネストは、彼が実家に送ったグアテマラ人亡命共産主義者の振る舞いを批判する母の手紙に対し、こんな返事をしている。「共産主義者にはあなたと同じような友情の感覚はありませんが、彼ら同士では友情はあり、むしろあなたの友情より強いかもしれません。私は誰もが自己保身だけを考えていた崩壊後のグアテマラで、それをはっきり目にしたのです。共産党員たちは信念と同志関係を失うことなく保ち、そこで努力し続けた唯一のグループでした。〔…〕彼らは尊敬に値するし、私も遅かれ早かれ共産党に入党すると思う。今の私がそうしない何よりも大きな理由は、ヨーロッパ中を旅したいという非現実的な衝動がまだあることで、鉄の規律に従ってしまうとそれができないからです」。

1カ月後の12月、彼は母に再度手紙を書いている。いずれ共産党に入党という宣言に対する彼女の懸念に答えたらしい。「お母さんがそれほど恐れている事態は二つの道で実現されます。共産主義の主張に直接的に納得するという肯定的な道と、あらゆるものに幻滅した結果という否定的な道です。私は二つ目の道を経てそこに到達しましたが、結局すぐに最初の道をたどるべきだと確信しました。グリンゴたちによるアメリカ大陸の扱い方は、増大する一方の憤りを呼び起こしましたが、同時に彼らの行動の理由の背後にある理論を学んで、それが科学的であることを知ったのです。そしてグアテマラの事件がやってきました」

グアテマラで見たことは彼の確信に重みを加え、どこかの時点で自分は信じはじめたという。「いつ理性の道を離れ、信仰とも言うべきものを得たのか、おおよそでも伝えることはできません。なぜならその道はとても長く、後戻りもたくさんあったからです」。そういうことだ。家族はすでにいやというほど事前の警告を受けてはいたが、いまやエルネストははっきりと所信を明らかにし、転向を表明した。彼は共産主義者だった。

Ⅲ

だが今のところエルネストは単に――たまたま医学学位を持っているだけの――外国で日雇い仕事を漁っているだけの若きアルゼンチン人放浪者にすぎなかった。イルダとの関係に浮き沈みはあったが、1955年には一定の安定状態に達した。二人の根本的な相違が和解に達したわけではなく、エルネストがときどき金を借りねばならなかったこと、そして日記に書いているように、「いますぐにヤラせる女がほしい」という欲求を満たすためだった。この頃になると、彼は相手がいつでもこの二つをホイホイ差し出すとわかるくらい彼女を熟知していた。

1月半ば、遅ればせながら彼女に新年のプレゼントを渡した。アルゼンチンの古典的名著であるホセ・エルナンデスの『マルティン・フィエロ』の緑の革装小型本だった。彼のお気に入りの本の一つだった。彼はそれに、腹立たしいくらい曖昧に思えたにちがいないメッセージを記した。「イルダへ。別離の日にあっても、あなたが私の新たな地平へと向かう野望と兵士としての宿命の感覚を保ち続けますように。エルネスト、55年1月20日」

イルダはいまだに無職だったが、家からの仕送りで支えられていた。そしてあれこれ忙しく活動を始めた。彼女はメキシコ自治大学でメキシコ革命について2カ月間の講義を受講し、エルネストと学習内容を議論した。彼らはジョン・リードの『反乱するメキシコ』やパンチョ・ビジャの回顧録といった関連書籍を読んだ。

その頃、メキシコシティには12人程度のキューバのモンカダ襲撃組がいた。グーテンベルグ通りの下宿に住んでいる者もいたが、ニコ・ロペスとカリスト・ガルシアはそことは別の、都心のホテル・ガルベストンに滞在していた。彼らは活動の非公式の取りまとめ役マリア・アントニア・ゴンサレスと、街の中心部エンパラン通り49番のピンクの醜悪なモダニズム建築にあった彼女の部屋で頻繁に接触した。ニコ・ロペスと病院で偶然出会って以来、エルネストは彼の同志と断続的に接触し、次第に新たにやってきた人とも頻繁に会うようになった。3月、そのなかの二人、セベリノ〝エル・グアヒロ〟ロッセルとフェルナンド・マルゴジェスを雇って、アヘンシア・ラティーナから依頼された第2回パンアメリカン競技大会の写真を現像させた。モンカダ襲撃者の一人でコスタリカから来たばかりのホセ・アンヘル・サンチェス・ペレスが、ティグレス通りのエルネストの部屋に転がり込んだ。2カ月ほど前に、サンチェス・ペレスはコスタリカで、ソモサが支援する侵略からフィゲーレス大統領を守るための戦いに加わっていた。

パンアメリカン競技大会が始まる直前、サンチェス・ペレスはエルネストにマリア・アントニアを紹介した。キューバ国家評議会に所属する研究者で、カストロの反乱部隊のメンバーの義理の息子であるエベルト・ノルマン・アコスタ——彼はキューバ革命に先立つ「国外追放」期の研究に何年も費やしてきた——によると、エルネストはニコ・ロペス、カリスト・ガルシアや他のキューバ人との接触のおかげで、信頼できる友人としてマリア・アントニアに迎えられた。また彼女の夫でレスラーのディック・メドラーノともすぐに意気投合した。

一方イルダは、エルネストとよりを戻したくてたまらなかった。最近口論して、エルネストから交際を断られていたからだ。「エルネストが恋しくなり、関係を修復したいと思っていた私は、こちらから動くべきだと思った」と彼女は記している。カナダからミルナ・トーレスが訪れ、イルダにチャンスがめぐってきた。

ミルナは男友達のウンベルト・ピネダとの結婚を決めていた。ピネダはグアテマラで数カ月に及ぶ逃亡生活を送ったのち、メキシコに来た。「彼女の友情に乗じて、キューバ人たちが住む家についてきてくれと頼んだ。エルネストがそこでよく写真を現像していると知っていたからだ」とイルダは回想している。この訪問で彼女が求めていた糸口ができた。彼らはよりを戻した。

アヘンシア・ラティーナはその春に閉鎖された。ペロンが作ろうとした国際報道機関が、これで失敗に終わり、エルネストの主な収入源も絶たれた。彼は未払い報酬を5000ペソと見積もった。「それだけあれば本当に助かるのだが」と彼は書いている。「それで借金を返し、メキシコを旅してまわり、死ぬほど堪能できた」。エルネストは金が入るのを心待ちにしていたが、もしもの場合に備えてアンヘシア・ラティーナのカメラを盗み出した。

「科学的」な面では多少の進展が見られた。2年契約に縛られたくなかった彼は、メキシコのアメリカ国境にあるヌエボ・ラレドでの魅力的な仕事のオファーを断った。また彼は、コネを使って製薬研究所の仕事を世話するという叔母ベアトリスのオファーも、尊大にも断った。「放浪、形式ばらないやり方、その他欠点にもかかわらず、私にはしっかりした明確な信念があります。この信念のため、あなたが言うような類の仕事に就くことはできません。そういったところは最悪な盗人の巣窟だからです。奴らは資格を持つ私の管理下にあるはずの人間の健康を不正に扱っています。[…]私は貧しいですが誠実です」。なぜ彼がそんなことを考えているのか、ベアトリスが一抹の疑問すら抱かないように、この手紙に彼は「スターリン二世」と署名した。

4月、エルネストはアレルギー学会に出席して『消化されかかった食物抗原に関する皮膚研究』と題した論文を発表するため、グアナファト州レオンに赴いた。彼によると論文は「控えめな評価」を受けたが、メキシコシティ総合病院の上司マリオ・サラサール・マジェン博士からは好意的なコメントがあり、学会誌『アレルギア』の次号に掲載されることになった。その後、エルネストが「メキシコ・アレルギー界の大立者」と呼ぶサラサール・マジェンは、彼に総合病院研修医の職と新たなアレルギー研究に着手するための少額の給与を提示した。無料の宿泊、食事、洗濯付きで月額150ペソの薄給をもらうことになった。とりあえずこの仕事で、生活必需品は満たされた。母宛ての手紙に彼はこう書いている。「友人たちの施しがなければ警察の記録簿に餓死者として名を連ねていたでしょう」。賃金に彼は無関心だった。「お金は面白い贅沢品だが、ただそれだけです」

イルダは結婚して彼を支えたいと申し出た。日記によれば彼は「いやだと言った。実際にここから出ていくまでは、ただの恋人同士でいるべきだ。それがいつになるかわからない」。しかしその後すぐにイルダが、ルシラ・ベラスケスと一緒に住んでいる彼女のアパートに越してくるよう誘うと、エルネストは応じた。二人は最近リン通りに新しい部屋を見つけており、イルダは国連ラテンアメリカ・カリブ経済委員会で臨時雇いの仕事を見つけていた。この取り決めはエルネストの食事の問題を解決したのみならず、それまで与えられていた病院のベッドよりも快適な寝場所を提供し、彼の仲間の輪を広げた。イルダには、メキシコで活躍する亡命者コミュニティに多くの知り合いがいた。雑誌『ウマニスモ』の編集者として名を知られたキューバ人亡命者ラウル・ロア、その共同編集者であるプエルトリコ人亡命者ファアン・ファアルベ・イ・ファアルベなどだ。他にも若きペルー人弁護士でAPRAの青年左派の指導者ルイス・デ・ラ・プエンテ・ウセダ*、プエルトリコ独立の闘士で、1950年のサンファン官邸襲撃を指揮してアメリカで服役中のペドロ・アルビス・カンポスの妻ラウラ・メネセスがいた。なかでもエルネストはプエルトリコ人と親しくなり、彼とイルダは彼らを訪ねてラテンアメリカ政治、とりわけプエルトリコ独立問題について語りあった。エルネストはこの目標に強く共感するようになった。

エルネストのイルダとの暮らしは、いつのまにかありきたりだが惨めともいえない、仕事、勉強、家庭生活の繰り返しになっていた。彼らは友人と会い、ときおり映画を観に行き、家で夕食を作った。多くの夜、ルシラがアパートに戻ってくると二人は勉強、たいてい経済学の本に没頭していた。そんな時、ルシラは何も言わずに二人のそばを忍び足で歩いて寝室に向かって就寝した。5月半ば、エルネストとイルダは週末になるとクエルナバカの人気あるリゾート地で逢引を重ねて関係を深め、首都から行きやすい他の場所も探しはじめた。暮らしは7月の母宛ての手紙にあるように、「単調な日曜日風のリズム」だった。

キューバでは、事態が急速に動きはじめていた。1954年11月、対立候補のいないままフルヘンシオ・バティスタが大統領に選ばれ、1月にはリチャード・ニクソンがアメリカから祝賀に訪れた。4月の復活祭の週末には、CIA長官アレン・ダレスがハバナでバティスタと会談した。ダレスは、アメリカ大陸への共産主義侵略に対抗する特別警察諜報部の開設をバティスタに勧めて納得させた。こうして、CIAから多大な資金と助言を受けて設立されたのが共産主義活動抑止局（BRAC）だ。その活動はすぐに悪評を得ることになる。

皮肉なことに、ダレスもCIAハバナ支局長もBRAC創設を提案したとき、フィデル・カストロのことは念頭になかった。5月、ピノス島に収監されていたフィデルと弟ラウルら18人のモンカダ襲撃者が釈放された。バティスタはこの軽率な恩赦を、母の日に敬意を表した善意のしるしだとした。

＊　エルネストとルイス・デ・ラ・プエンテ・ウセダはこのとき会っていない。イルダとエルネストが関係を修復しているとき、ウセダはすでにペルーに向かって発っていた。しかし彼とエルネストは数年後に、キューバでウセダがペルーのゲリラ運動を組織しているときに会うことになる。

Ⅳ

当時、バティスタはラテンアメリカ最悪の独裁者ではなかった。ラファエル・レオニダス・トルヒーヨは秘密警察を効率的に使って、1930年代から絶対独裁者としてドミニカ共和国を冷酷に支配してきた。トルヒーヨは西半球では類を見ない個人崇拝を公に強要した。ドミニカ共和国の首都サント・ドミンゴはシウダード・トルヒーヨと改名された。「神は天国に、トルヒーヨは地上に」「幸福な暮らしはトルヒーヨのおかげ」といったオーウェルじみたメッセージが、あちこちに掲げられた。

この派手な圧政に比べれば、バティスタは政治的には青二才だった。混血（ムラート）の将校だった彼は、かつて1940年代にも兵舎を出てキューバ大統領になったことがある。当時の彼は一般に公正と考えられた選挙によって政権に就き、共産主義政党である人民社会党（PSP）と連立政権を組んだ。その後には、退屈で汚職まみれのグラウ・サン・マルティンと彼の愛弟子カルロス・プリオ・ソカラスによる政権が続いた（グラウは1930年代にキューバ真正革命党を設立した。その後、この派閥は真正主義者として知られることになる）。バティスタは1952年にクーデターでプリオ・ソカラス政権を終わらせ、選挙を実施し、かつての同志である共産主義者に背を向けることで、ワシントンの寵愛を得た。だが権利を剥奪されたキューバの政党、学生、都市部のインテリ中産階級から見れば、バティスタは権力を奪取し、社会変革と真のキューバ民主主義をもたらす憲法改正への道を潰した独裁者だった。

モンカダ襲撃以来、バティスタは政権に対する反対運動を平気で警察暗殺部隊によって潰し、役所の汚職と収賄がかつてないほど横行した。1950年代半ば、キューバはカリブの売春宿として知られ、週末になるとアメリカ人がギャンブル、酒、ハバナに溢れる売春婦を楽しむためにやってきた。悪名高いシュワーツマンという人物がハードコア「ブルー」フィルムとまな板本番ショーを見せる劇場を運営し、同様にアメリカの犯罪組織も参入してナイトクラブや賭博カジノを開いた。

キューバの上流階級は、バティスタを混血の悪党と見なして蔑んでいた。彼が大統領の地位におさまったとき、ハバナの最も排他的な白人限定のカントリークラブへの入会を申し込んだが、即座に拒否された。フィデル・カストロに代表されるナショナリスト的理想主義のキューバの新世代にとって、彼は堕落した外国人に国を売る女衒にすぎなかった。バティスタの振る舞いは、グアンタナモ湾でのアメリカ海軍の駐留継続といった問題について以前から感じられていた怒りを増長した。グアンタナモ駐留は、ワシントンがキューバをまるで属国のように支配していた、20世紀初頭の恥ずべき日々の遺産だった（アメリカが米西戦争に勝利し、スペイン人をキューバから追放したときに始まったのだ）。

自国を変えたいと願っているフィデル・カストロの獄中生活は、その決意を強めただけだった。5月15日、モデロ刑務所の門から大騒ぎする報道陣の前に現れた彼は、不機嫌で攻撃的だった。彼はバティスタの「圧政」と戦い続けると誓った。

このとき、カストロの運動の強固な中核の大半は、バティスタに対する嫌悪感によって結ばれた中産階級の改革志向の知的職業人だった。モンカダ襲撃者のうち、PSP党員はごくわずかで、彼らの多くは、敵対する正統党青年部の活動家だった。1951年に党首エドゥアルド・チバスが自殺して空白状態になった左派にとって、カストロは最もカリスマ性あるリーダーとなった。急進派のカストロはモンカダにより、大言壮語だけの人物ではないことを実証した。彼の支持者は、ホセ・マルティのロマンティックな弁舌に染まったナショナリストだった。マルティはキューバ独立の主導者で、1895年にスペイン植民地軍への無謀な攻撃中、馬上で撃たれて死んだ。

このグループには、ニコ・ロペス、カリスト・ガルシア、そしてフィデルの弟ラウルといった、マルクス主義者なのにそれを戦術的に公言しない者が少数いた。フィデル自身は公には反共主義者だったが、その後よく知られるようになる狡猾な政治的日和見主義の兆候はすでに表れていた。自分の目標達成に役立つのであれば、あらゆる政治的色彩から人をかき集めてくるのがフィデルだが、その本性が明かされるのは後のことになる。その時点では、障害の多い戦いが待ち受けており、手当たり次第の助けが必要だった。運動の実際の哲学は、走りながら固めていけばよい。そのとき彼ら全員をまとめていたのは、フィデル・カストロの魅力だった。

カストロの組織は名前——七月二六日運動——を持っていたが、それはまだ彼と最も近しい支持者だけが知る秘密だった。公式にはカストロは政党設立の意志を否定し、正統党への忠誠をたびたび熱心に公言していた。実際は、メキシコに行く前にキューバに支持基盤を築き、闘争の次の段階として、バティスタを追放し、自分の党に政権を執らせるゲリラ戦を準備するのが彼の計画だった。

バティスタによる恩赦に乗じて、ニコ・ロペスとカリスト・ガルシアはハバナに戻り、リーダーに会って戦略立案を助けることにした。彼らがメキシコを発つ2日前の5月27日、エルネストは父宛てに興味深い手紙を書いている。アレルギー研究の説明から始めて、彼は今後の旅行計画についてとりとめなく書きはじめ、不思議なことに「キューバに行くかもしれない」という可能性をうっかり漏らしている。自分は二つの別個の「共同作業」に従事していると彼は書いた。一つはアレルギー研究で、もう一つは——父親は煙に巻かれたにちがいないが——メキシコの「優れた化学者」との「まだ直感でしかないが、何かとても重要な結果が出ると信じている問題」での共同作業だという。「俗に言う、夜明けの機が熟している場所への推薦を期待しているのです。［…］特にハバナは、自分の心を風景で満たしてくれる場所としてとりわけ魅力的で、この風景にはレーニンからの引用もたっぷり混じっています」

それでも7月初めにスペイン行きの船があると聞いて、彼はすべての計画を諦めてそれに乗る覚悟を決めた。旅費の一部を払えば、中国で開催される共産主義青年会議に参加できるという話もあった。「毛沢東の国」を直に見るのは魅力的だったが、ヨーロッパの魅力はそれより強く、「ほぼ生物学的必要性」なのだと、彼は数日後の母宛ての手紙に記している。

V

エルネストは刺激を求め、メキシコシティに聳え立つ二つの壮大な火山の一つポポカテペトル山に登る「即興」企画に参加した。頂上噴火口の下端までしか行けなかったが、彼は「母なる大地のはらわたを覗き込む」ことができた。

彼は、アルゼンチンから届く知らせを不安を募らせながら追っていた。6月16日、アルゼンチン海軍はペロン打倒を目論んで残虐な計画を実行した。大統領府への粗雑な空爆により数百人の民間人が死んだ。計画は失敗に終わったがペロンは動揺し、政権は崩壊の瀬戸際となり、はりつめた不安定な雰囲気が漂った。エルネストはメキシコで発表される報道を信用せず、母にニュースを求める手紙を書いた。「マスコミが誇張しているほど事態が悪くないことを願っていますし、無益な議論にはまっている家族もいないことを願います」。家族の強い反ペロン感情を知るエルネストは、家族の誰か、特に海軍で働いている弟ロベルトが危険な目にあっていないか心配していた。話を自身のニュースに戻し、エルネストは今の自分が、カール・マル

メキシコ，ポポカテペトル山に登る．

クスを婉曲に指す「サン・カルロス政策」を「6年生の子供たち」――おそらくそれほど世知に長けていない亡命中の友人たち――に教えることに自由時間の大半を割いていると、セリアに伝えている。

ハバナの政治状況は急激に悪化していた。フィデルは釈放されてから、組織の新メンバーを精力的に募集し、マスコミでバティスタをしきりに非難した。6月12日夜にハバナ旧市街で開いた秘密会議で、フィデル率いる11人の全国幹部会によって、七月二六日運動が正式に創立された。警察、学生、党の武闘派が関与する政治暴力が以前にも増して激しく再開された。首都に帰っていた亡命者が殺された。相次ぐ爆弾事件がハバナ各地で起こった。フィデルは暴力を解き放ったと政府を非難し、当局側は爆弾の一つを仕掛けたラウルを非難し、逮捕状を出した。フィデルは体制側が彼と弟の殺害を企てていると公然と非難した。6月16日、ラジオ放送からフィデルをすでに締め出していた警察は、残された主要な情報発信源のタブロイド日刊紙『ラ・カジェ』を廃刊にした。

活動の時間はほとんどないと悟ったフィデルは、ラウルにメキシコに逃げ、自分のメキシコ入国を準備するよう命じた。キューバのメキシコ大使館に亡命を求め、1週間潜伏した後、ラウルは6月24日にメキシコシティに飛び、その足でマリア・アントニアの家に向かった。そこで彼を待っていた一人が、エルネスト・ゲバラだった。

あらゆる証言から見て、二人はすぐに意気投合した。何よりも彼らはイデオロギー的に似ていた。フィデルの5歳年下の弟ラウルは、ハバナ大学でキューバPSP青年部に加入して、その広報紙『サエタ』の編集を手伝い、1953年5月にルーマニアのブカレストで開催された世界青年フェスティバルに参加した。ラウルはまちがいなく、ニコ・ロペスからエルネストのことを聞いていたはずだ。ロペスはハバナに戻ってから、ラウルやフィデルと一緒に滞在していた。

エルネストはラウル到着後すぐに、彼をイルダとルシラのアパートに夕食に招いた。エルネストはこのときのことを日記に書いていないが、イルダはすぐにラウルが気に入ったと回想している。「23歳か24歳と若く、しかも外見はそれよりさらに若く見えた。ブロンドで髭もなく見た目はまるで大学生のようだった。だがどうやって革命を起こすか、そしてさらに重要なこととして、何のための誰のための革命かということについて、彼の考えは非常にはっきりしていた」

ラウルは兄への信頼、そしてキューバと他の地域で、権力は選挙ではなく戦争によってのみ獲得できるという個人的信念を話した。これはエルネストの考えにも通じるもので、大衆の支持により権力を獲得し、社会を資本主義から社会主義に変えることができるという信念だ。イルダによれば「彼はフィデルがメキシコに到着したら私たちの家に連れてくると約束した。それ以来、彼は少なくとも週に一度はやってきたし、エルネストはほぼ毎日彼と会っていた」

永年の謎は、ソ連はいったいいつからキューバ革命に関与したのかというものだ。「関与」という言葉は強すぎるだろうが、フィデル・カストロの革命勢力とソヴィエト当局者の最も早い接触は、1955年夏のメキシコでだった。

1955年、ラウルの知り合いで27歳のソヴィエト外務省職員もまた偶然メキシコにいた。彼の名はニコライ・レオーノフ。彼らはその2年前、ラウルがヨーロッパの青年フェスティバルから戻る1カ月の船旅で出会って、友人になっていた。二人が最後に会ったのはラウルがハバナで下船するときだった。その数週間後、ラウルはモンカダ襲撃に加わって投獄され、レオーノフはメキシコまで旅を続け、ソヴィエト大使館に若手として勤めながら自治大学のスペイン語コースに通っていた。この二人、ニコライ・レオーノフとラウル・カストロが、偶然にも再会した。

レオーノフはその後、北米と南米担当のKGB第一総局副長官を務めたが、1992年に退職した。彼によると、ある日、買い物中に通りで偶然ラウルと出くわしたという。再会を喜んだラウルは彼にマリア・アントニアの家の住所を教え、立ち寄るよう誘った。レオーノフは大使館への事前報告なしに社会的接触を始めることを禁じられていたが、規則を破ってエンパラン通り49番に足を向けた。そしてそこでエルネスト・ゲバラと出会った。

レオーノフの回想では「医者の彼はインフルエンザに罹ったラウルを診ていました。最初の印象は冗談好きの楽しい男で、ラウルの治療といっても、とっておきの話やジョークで元気づけていただけでした」。紹介の後、エルネストとレオーノフは話しはじめた。レオーノフによると、エルネストはソヴィエトでの生活に関する質問を連発し、ソヴィエト文学から「ソヴィエト的人間の概念――「そういう人々の考え方とは？生き様とは？」」――まであらゆることを聞き出そうとした。レオーノフは本を進呈しようと申し出て、それでもまだ聞きたいことがあれば話そうと伝えた。エルネストは第二次世界大戦のソヴィエト空軍の英雄について書かれた『完璧な男』と、1918年から1922年のロシア内戦について書かれた小説2冊――ドミトリー・フールマノフの『チャパーエフ』とニコライ・オストロフスキーの『鋼鉄はいかに鍛えられたか』を望んだ。数日後、エルネストは本を受け取るために大使館に姿を見せ、彼らは再び話をした。「このときは友人として話しました」とレオーノフは言っている。彼らは連絡をとりあうことにして、レオーノフはエルネストに大使館入館証を与えた。レオーノフによれば、メキシコで彼らが会ったのはこれが最後だった。

12 神とその新たな右腕

I

1955年夏、エルネストはある出来事を日記に記している。「政治的事件は、フィデル・カストロに会ったことだ。キューバの革命家で、知的で自信に満ちた非常に大胆な若者だ。私たちのあいだには互いに共感するものがあると思う」

彼らが遭遇したのは、カストロがメキシコに到着した数日後の7月7日、エンパラン通り49番のマリア・アントニアのアパートでだった。しばらく話した後、エルネスト、フィデル、ラウルは角にあるレストランで夕食をともにした。数時間後には、フィデルはエルネストを自分のゲリラ活動に誘った。エルネストはその場で承諾した。

チェ（キューバ人たちは彼をそう呼びはじめていた）は、軍医になる予定だった。フィデルが野心的計画をまとめあげるのはまだかなり先のことで、まだほんの駆け出し期だったが、これこそがエルネストが探し求めてきた大義だった。

II

エルネスト・ゲバラとフィデル・カストロは、生まれながらに対照的だった。

28歳のカストロは熟練の政治人間で、自信に満ち溢れていた。彼はキューバ東部マヤリの地主の家に生まれた、9人兄弟のうちの一人だった。読み書きもできない父アンヘル・カストロは、ガリシアからの移民として無一文でキューバに来て、土地、砂糖、木材、牛によってささやかな財を築いた。マナカス大農場を自身の小売店、屠畜場、製パン所で支配したカストロは、300人の労働者とその家族の運命を握る地方の族長だった。

アンヘル・カストロは聡明で反抗的な三男（彼が二度目に結婚した、家族の料理人だったリナ・ルスとのあいだにできた子）に、金で買える最高の教育を与えた。彼は、サンティアゴのマリスト会が運営するドロレス小学校に通い、ハバナのイエズス会のベレン高校に寄宿し、ハバナ大学法学部に通った。負けず嫌いで気の短いフィデルは、不安定な大学キャンパスで銃を持った扇動家との評判を得た。モンカダ兵営襲撃以前にも、二つの銃撃事件——その一つの被害者は警官だった——に関与していたが、どちらの事件でも逮捕はうまく免れた。

彼はグラウ・サン・マルティンとプリオ・ソカラスの政権期に成人した。この時期を特徴づけていたのは汚職、ギャング、警察の暴力だった。彼は学生政治に没頭し、キューバの国民的英雄ホセ・マルティの純粋な修辞を引き合いに出して、汚れなき政府、学生の権利、社会的平等を求めた。エドゥアルド・チバス上院議員が、グラウ・サンマルティンを声高に非難して、大統領に立候補するために正統党を作ったとき、フィ

1955年5月15日日曜日にダークスーツを着たフィデル・カストロはキューバのピノス島の刑務所から釈放された．サンティアゴのモンカダ兵舎の襲撃を主導した罪で有罪判決を受け，2年近く獄中で過ごした．懲役15年の判決だったが，恩赦を受けた．一緒に写っている前列は，左から弟ラウル，フアン・アルメイダ，シロ・レドンド．

デルはこの新党の青年部に加入した。やがて彼は多くの人からチバスの後継者と見なされるようになった。彼は共産主義政党であるPSP内にも友人を持ち、一部の問題について彼らを支持していたが、それでも学生選挙ではカトリック派と手を組み、PSP系候補と対立した。

フィデルはまた断固たる反帝国主義者で、同じ考えを唱えるいくつかの学生連合に参加しており、その一つはプエルトリコ独立を訴えていた。彼は米西戦争後のキューバのアメリカ新植民地という地位と、それに続くアメリカによる軍事占領を十分すぎるほど認識していた。キューバは見せかけの独立を、1901年の恥ずべきプラット修正条項という犠牲のうえに勝ち取った。その憲法修正条項はワシントンのキューバ「防衛」への自由な介入権と、アメリカの海軍基地としてグアンタナモ湾の無期限租借を認めるものだった。フィデルが高校生の頃には、プラット修正は廃止されたが、アメリカはグアンタナモ湾にとどまり続け、キューバの砂糖基盤経済に大きな利権を持ち、政治活動で総督的役割を果たしていた。１９４９年、ハバナ旧市街の中央公園にあるホセ・マルティ像にアメリカの水兵が小便をひっかけたとき、フィデルはアメリカ大使館前で抗議行動を組織して、キューバ警察に殴られた。１９５１年、彼と弟ラウルは朝鮮半島での「アメリカの戦争」にキューバの部隊を派遣しようとするプリオ政権に、抗議の声を上げた。

独立したキューバを似非共和国に変え、腐敗した独裁政権を定着させたヤンキーに対し、フィデル・カストロは根深い反感を抱いていた。彼が生まれたマヤリは、広大な土地と砂糖工場の大半を実質的に保有するユナイテッド・フルーツ社の属領だった。アメリカ人と特権的なキューバ人従業員は、社の住宅地で排他的な生活を楽しんでいた。そこには店舗、病院、スポーツ施設、私立学校があった。フィデルの父は「ザ・カンパニー」に依存していた。土地の大半を同社から借りていた父は、自分のサトウキビをユナイテッド・フルーツの工場に売らねばならなかった。

おそらくフィデルは当初から、自分は将来キューバの指導者になると思っていた。学校で彼は、仲間の誰もが認めるリーダーになるために戦った。詩のコンテストで一位になり、ベレン高校ではバスケットボールチームの主将になり、ハバナ大学の学生政治で名を馳せた。12歳のとき彼はフランクリン・デラノ・ルーズベルトに、三期目の大統領就任を祝う手紙を送り、1ドル送ってほしいと頼んだ。ホセ・マルティは彼に生涯にわたり刺激を与えたが、同時に彼はユリウス・カエサル、ロベスピエール、ナポレオンといった有力な歴史上の人物も尊敬するようになった。彼は生まれながらに抜け目のない駆け引きとずる賢さに長けていたようで、それが政治での成功に役立った。また彼はうまいシラの切り方も知っていた。

これらの特質は、彼と後の彼の右腕との大きなちがいを際だたせている。エルネスト・ゲバラにとって、政治は社会変革のためのメカニズムであり、彼を駆り立てたのは権力そのものでなく社会変革だ。彼が確信を持てないのは、決して社会についてではない。彼には、カストロが強さの源にした、遺恨などなかった。彼自身の一家は落ちぶれたとはいえ上流階級で、ゲバラは己の血筋の自覚からくる社会的自信と特権感覚を持って育った。ゲバラ一家は、アルゼンチンの上流階級では異端だったとはいえ、それでも上流階級の一部だった。エルネストがいくら出自を否定し、家族の絆を断ち切ろうとしても、彼はどうしようもなくその血筋や階級の産物だった。

確かにエルネストは強いエゴを持っていたが、フィデル・カストロにはとうてい及ばない。大きな集団のなかで、エルネストは一歩引いて観察しながら話を聞いたが、カストロは歴史や政治から畜産まで話題がなんであろうと、断固として場を仕切り、権威扱いされないと気が済まなかった。

ゲバラが喘息によって自分の肉体的弱点を十二分に認識していたのに対し、カストロは自分に弱点があるなどまったく認めていなかった。彼は生まれながらのスポーツ愛好家ではなかったが、その気になれば何でも他人よりうまいと思っており、実際非常に多くの場合うまかった。カストロは勝とうとした。エルネストにとっては、若い頃にラグビーや他のスポーツを「プレイ」し、チームの一員として受け入れてもらうだけで十分だった。彼が望んだのは仲間意識であって、リーダーシップではなかった。

平均よりも長身で、髪をヘアクリームで固め、似合わないチョビ髭を生やしたフィデルは、栄養の行き届いた、勝手気ままに振る舞ってきた男の容貌をしていた。実際そうだった。彼は食べるのが好きで、料理も好んだ。獄中では、自分が手早く作った料理の詳細を手紙に楽しそうに書いて友人に送った。彼より背も低く痩せている2歳年下のエルネストは、舞台俳優や詩人を思わせる青く暗い印象的な眼差しだった。多くの点で、彼らの体型はその人格のちがいを反映していた。フィデルは身勝手でそれを意識することもなかった。エルネストは喘息に強制された自制の人だった。

多くのちがいもあったが、エルネストとフィデルにはいくつか共通の特徴があった。ともに少年の頃、大家族で可愛がられ、ひどく甘やかされ、自分の容姿に無頓着で、性的に貪欲だった。二人にとって、人との関係性は個人目標に従属するものだった。ともにラテンのマチズモが染み付いていた。女性は生まれつき弱いものと考え、同性愛を蔑み、行動する勇敢な男を称賛した。ともに鉄の意志と、思い上がった目的意識を持っていた。そして最終的に、二人は革命遂行を望んでいた。出会ったとき、彼らはすでに当時の歴史的出来事で直接的な役割を果たそうとして、阻止されていた。そして彼らは共通の敵――米国――を認識していた。

1947年、まだ大学在学中のフィデルは、キューバの離島で軍事訓練を受けるキューバ人とドミニカ人のグループに加わった。彼らはトルヒーヨ将軍打倒のために、ドミニカ共和国侵攻を目論んでいた。グラウ・サン・マルティン大統領がワシントンから警告を受け、遠征はキューバ軍によって最後の最後で阻止された。1948年、ペロンがボゴタで組織した「反帝国主義」青年会議に代表の一人として参加したフィデルは、野党自由党の党首エリエセル・ガイタン暗殺後に起きた暴動に加わった。彼は保守党政府に対する市民レジスタンスを組織しようとした。その後バティスタによるクーデター、モンカダ襲撃、投獄と続いた。

獄中でフィデルは、グアテマラの出来事を興味深く見守り、お馴染みの妖怪、ユナイテッド・フルーツ社に対して窮地に立たされたアルベンス政府の戦いに共感していた。アルベンスの凋落は教訓だった。それはフィデルに、キューバでの革命が成功したら、アメリカの利益保有者を敵にまわす前に、慎重に事を進めて権力の強力な足掛かりを確保しなければならないことを教えてくれた。同時にキューバを意のままに統治したいなら、ユナイテッド・フルーツをはじめとする外国企業を国有化しなければならないのは自明だった。この芸当を如才なく狡猾に進めるのがキモだと、フィデルにはわかっていた。

フィデルと会った多くの人と同様にエルネストにとっても、最終的に自分が成功を収めるという断固たる確信によって彼の類まれな魅力が高められているのは明らかだった。そしてフィデルはまだ、社会主義こそがたどるべき正しい道だとエルネストほど確信していなかったかもしれないが、同じ目標に共感は示した。フィデル・カストロの革命に確実に社会主義の道をたどらせるには、エルネスト・ゲバラを含む親しい人々の尽力が必要だった。

「キューバがマルティ以降に良いものを生み出しているとしたら、それはフィデル・カストロだとニコはグアテマラで語っていたが、そのとおりだった」とエルネストはフィデルと会って間もなく、イルダに話している。「彼は革命を起こすだろう。私たちは完璧に一致している。[…]私が全力で尽くせるのは彼のような人だけだ」。船にゲリラを満載して防御の固いキューバの海岸に上陸させるというフィデルの計画は「イカレている」と、エルネストは認めていたが、それでも彼を支援しないわけにはいかないと感じていた。

7月20日、エルネストは叔母ベアトリス宛ての手紙に謎めいた書き方をしている。「時間は私が持っていた奔流のような計画をふるいにかけ、いまや[…]やり終えられると確信できるものは一つだけです。それは[…]これから訪れる次の国に輸出されるものとなります。その国の名を知るのは神とその新しい右腕だけなのです」

新たな友人兼同志に敬意を表すため、エルネストはイルダとルシラにフィデルのための夕食の準備を頼み、ラウラ・デ・アルビス・カンポスとファン・ファアルベも招くよう頼んだ。その夜、カストロはその後の十八番となる三つの特徴を示した。他人を延々待たせる傾向、とてつもないカリスマ性、そして何時間も長口舌をふるう能力だ。長時間の遅れに腹をたてたルシラは自分の部屋に戻ってしまったが、辛抱強く待ったイルダは確かに感銘を受けた。「彼は若く〔…〕肌の色は薄く、180センチくらいの長身でがっしりしていた。ハンサムなブルジョアの旅人でもまちがいなく通っただろう。だが話すときの彼の目は情熱と革命への熱意で輝き、なぜ彼が聴衆の注意を惹くのかわかった。彼には偉大なリーダーの魅力と個性、そして同時に見事な純真さと自然さが備わっていた」と彼女は書く。

夕食後、イルダは畏怖の念を抑えて、カストロに闘争の場がキューバなのになぜメキシコにいるのか尋ねた。「彼は答えた。「とてもいい質問だ。説明しよう」」。彼の答えは4時間にわたって続いた。

数日後エルネストはイルダに、反乱勢のキューバ侵攻に加わるつもりだと伝えた。その後間もなく、イルダは彼に妊娠を告げた。

III

7月26日、モンカダ襲撃2周年を祝って、フィデルはチャプルテペク公園で式典――彼と他のラテンアメリカ亡命者たちのスピーチ――を催した。その後、フィデルがお気に入りの料理――ボンゴレ・スパゲッティ――を用意した家に、みなで集まった。

夕食時、エルネストはあまり喋ることなく静かに席についていた。遠慮している彼に気づいたフィデルが呼びかけた。「おいチェ、ずいぶん静かじゃないか。お目付役が一緒のせいか?」。イルダのことだ。「明らかにフィデルは私たちが結婚しようとしているのを知っていた。それでそんな冗談を言った。だがそこで気がついたのだが、二人は一緒に多くのことを話していた。エルネストはくつろぐと口数が多くなるのはよく知っていた。彼は議論好きだった。でもまわりに人がたくさんいると、引っ込み思案だ」

イルダはエルネストが黙っているのは、関わっている活動の重要さを熟考しているせいだと解釈したが、これはどう見ても後付けの神話化の匂いがする。彼女との関係で直面しているジレンマについて考えていた可能性のほうがずっと高い。彼は彼女との結婚を決めていた――男としてはそれが名誉ある正しい行動だ――が、日記にはこう書いている。「他の男ならこれは特別なことだろう。でもぼくにとってそれは不穏な話だった。これから子供が生まれるから、数日のうちにイルダと結婚する。これは彼女にとって劇的な瞬間だが、ぼくには重苦しい。結局彼女の思い通りになる――ぼくとしてはごく短期間だと思うが、彼女はそれが生涯続くのを望んでいる」

それまでずっと家庭重視に反抗してきて、信奉すべき大義とリーダーを見つけたばかりの男にとって、結婚は最悪のタイミングだった。それでもエルネストは話を進め、8月18日、彼とイルダはシティ郊外のテポソトランという小さな町の戸籍課で入籍した。証人になったのはルシラ・ベラスケス、フィデルの会計係としてハバナから来たばかりの（そして七月二六日運動の新生の全国幹部会の一員でもある）たれ耳の公共会計士ヘスース・モンタネ・オロペサ、そしてエルネストの総合病院の同僚二人だった。ラウル・カストロも出席したが、フィデルに目立つ行動を控えろと命じられていたので、台帳に記名しなかった。自分の行動はバティスタの秘密警察とアメリカのFBIに見張られているだろうと睨んだフィデルは、保安上の理由から参加しなかったが、その後エルネストとイルダが開いたパーティーには姿を見せた。エルネストはそこでアルゼンチン式のステーキ、アサードをふるまった。

エルネストとイルダはルシラと同居していたアパートを出て、コロニア・ファレスのナポレス通りに建つ5階建てアパートに移った。そしてそれぞれの親に結婚を知らせた。「私の両親は事前に知らせなかったことを叱る返事を送ってきた。知っていれば結婚に立ち会えたのにと言って」とイルダは回想している。「彼らはプレゼントとして500ドルの銀行為替も送ってきて、写真を送れという。母は教会での結婚を求め、故郷にいる私の友人に知らせるから、結婚した正確な日付を教えてくれと言ってきた」

エルネストは新しい義理の両親宛てに、誠実ながらもちょっと下品さ（中流階級のガデア一家は眉を顰めるであろう代物）をとり混ぜた返事をしたためた。「親愛なるご両親さま。私たちの爆弾ニュースを受け取ったときの皆様の驚きは、想像に難くないし、それが疑問の洪水を引き起こしたのも理解できます。結婚をお知らせしなかったことをお叱りになるのも、ごもっともです。こんなに早く子供を持つことになるのは予想外で、いま置かれている無数の困難を考慮して、私たちはこうするのが賢明と考えました。［…］私たちにお二人が示してくださった愛情あふれるお言葉に心から感謝しております。イルダとはずっと前に知りあっていたので、その家族もすでに知り合いのように感じています。いつ何時も自分がイルダにふさわしい人間であると示せるよう努めていく所存です。「小さな贈り物」にも感謝しています。過分なご配慮、ありがとうございます。ご心配なさいませんよう。確かに裕福ではありませんが、イルダと私には品格ある家庭を守っていくのに十分な稼ぎがあります。［…］

これであなたたちの愛情に満ちた手紙にきちんと答えていると信じますが、私たちの将来の予定を書き加えておかなければなりません。まず「エルネスト坊や」（もしも男の子でなければ、困りますね）を待ちます。その後、いくつか決まっている課題について考えます。ひとつはキューバ、もうひとつはフランスの奨学金制度で、どちらになるかはイルダがどこまで動けるか次第です。私たちの放浪生活はまだ終わりではなく、いろいろな面で私が敬服しているペルーか、あるいはアルゼンチンに落ち着く前に、ヨーロッパとその他二つの魅力的な国、インドと中国を少し見てまわりたいと思っています。特に私の政治的理想と一致している新中国にはとりわけ興味を持っています。すぐにでも行きたいし、それが無理ならあちこちの真に民主的な国々をまわった後で、いつの日か行きたいと望んでいます。イルダも私と同じ考えです。

私たちの結婚生活は、おそらく皆さまとはちがったものになるでしょう。イルダは1日8時間、私はいくぶん不規則ですが12時間働いています。私は最も厳しい（賃金は最も低い）部署で研究中です。それでも私たちは毎日うまく調整しながら、家を二人同等の自由な交際の場にしています（もちろんガデア奥様ことイルダの料理は、家事のなかでも最悪です――次に掃除、買い物と続きます）。[…]

申し上げられるのは、私の母も同じ弱点を抱えていたため、私自身これまでずっとこんなふうに生きてきたということです。そんなわけで散らかった家、月並みな食べ物には慣れっこです。そしてもしも彼女が本物の相方であるなら、無愛想な連れ合いこそ私が人生に望んでいるものです。

私は、ずっと同じ目標に向かって同じ道を歩んでいく兄弟として家族に迎えられることを望んでいます。あるいは私の（多くの）風変わりな性格を、イルダのように無限の愛で、そして私の彼女に対する同じ気持ちに免じて、大目に見てもらうことを望んでいます。

まだ見ぬ息子であり兄弟より愛を込めて――エルネスト」

エルネストは自分自身の家族に対して、結婚や、まもなく父になるというニュースなど大したことではないという態度で、母に宛てた9月24日付の手紙の最後にそれを記した。その手紙で彼は、4日前の最終的にペロンを打倒した軍事クーデターに対する自分の反応を、滔々と論じている。「ペロン失墜に憤りを感じていることを正直に告白します。それは彼にではなく、それがアメリカ大陸全体にとって意味することに対してです。あなたたちの多くは認めようとしないが、最近の強いられた放棄にもかかわらず*、敵は北にありと考えるすべての者にとってアルゼンチンは英雄だったのですから」

彼は祖国のさらなる社会的分断と政治暴力を予見した後、やっと自分自身のニュースに触れて、こう記している。「こんなときにあなたの彷徨える息子に何が起こるかなど、誰が知るでしょうか。故郷に帰って骨を埋めるのか［…］あるいは真の闘争期を始めるか［…］カリブで飛び交う銃弾が私の存在に終止符を打つかもしれない（これは大言壮語でも明確な可能性でもなく、現実にこの一帯で、多くの銃弾が飛び交っているというだけです）［…］あるいは単に、理想の追求に真剣に専念する前に、堅実な訓練を終え、人生の予定のなか自分のために持ち続けてきた欲望を満たすために必要なだけ放浪し続けるのか。物事はとてつもないスピードで動き続け、来年自分がどんな理由でどこにいるか、わかっていたり予測できたりする者などいないのです」

ほとんど追伸のように、彼はこう加えている。「私が結婚するとか、跡継ぎが生まれるとかいう正式な知らせを受けたかどうか知りませんが……もし受けていないなら、ここで正式にお知らせするので、他の人々にも伝えてください。私はイルダ・ガデアと結婚し、これから子供を授かります」

ちょうどこの頃、それまで数年間エルネストが診てきた年老いた患者マリアの健康状態が突然悪化した。あらゆる手を尽くしたが、彼女は喘息で窒息死した。彼女が息を引きとったとき、彼はベッドのそばにいた。この体験が彼に詩を書かせた。そのなかで彼は彼女を死に追いやったと感じている社会の無関心に対する怒りを吐き出した。『老いたるマリア、死にゆかん』のなかで、彼女はラテンアメリカのすべての打ち捨てられた貧しい命を体現している。エルネストにとって彼女は、バルパライソの老女、チュキカマタの逃亡中の夫婦、威嚇されたペルーのインディオたちになっていた。

かわいそうな老いたマリア［…］
あなたの望みを拒絶した

無慈悲な神に祈るな
死による慈悲を求めるなかれ、
あなたの生涯はひどい飢えをあてがわれ、
喘息をあてがわれて終わった。

だが私はあなたに宣言しよう、
希望に満ちた雄々しい低い声で、
最も赤く雄々しい復讐を
まさに私の理想の大きさに比するように
それを誓おう。

子供のようなこの手をとり
黄色い石鹼で磨かれたあなたの両手で
硬いタコと節をこすり洗う
医者である私の手の滑らかな恥辱のなかで。

安らかに眠り給え、老いたマリアよ、

＊　直前にペロンがアメリカの経済利権と和解し、スタンダードオイル社にパタゴニア地方の油田探査開始を認める法案を強引に成立させようとして物議を醸したことを指している。

安らかに眠り給え、老いた闘士よ、
あなたの孫たちは皆生きて夜明けを見るだろう、
それを誓う。

Ⅳ

その時点では「赤い復讐」の世界が煮えたぎるのは、エルネストの想像のなかだけでのことだった。彼が憤りを振り向けることができるのは、執筆、たまの政治的議論、そしてフィデル・カストロの革命計画に対して高まる期待に対してだけだった。

計画はゆっくり前進していた。8月に29歳になったフィデルは、まだキューバに残る活動メンバーたちと伝令を通じて定期的に連絡をとり、計画、構想、読書、執筆、命令、そしてなによりも喋ることに多忙だった。いつも喋っていた。キューバでしてきたように、フィデルは自分の多様な魅力と説得力に感化された者なら誰であろうと、その人生を乗っ取ってしまった。短軀でインディオっぽい顔の印刷屋兼レスラー（リング名「キッド・バネガス」）で、マリア・アントニアと彼女の夫の友人であるアルサシオ・バネガス・アロヨはフィデルの「キューバ人民にあてた第一宣言」を２０００部印刷するために引き抜かれた。フィデルは印刷したものを別の友人にキューバに密輸させ、亡き師エドゥアルド・チバス4回忌の日、彼の墓地で配るよう命じた。この宣言は七月二六日運動が、キューバにおける民主主義と正義の復元を求める革命的組織であることを明らかにしていた。そこにはフィデルの改革要求がひとつひとつ概説されていた。封建主義的な大土地所有の撤廃と小作農への土地分配、公共サービスの国有化、強制地代の削減、野心的な住宅、教育、工業化、地方電化の計画などで、事実上キューバにおける生活のあらゆる面を網羅していた。突き詰めると、それはキューバを近代的でもっと人道的な社会に変えるための急進的な手段の施行を求めていた。

フィデルの計画はパンフレット作成にとどまらず、軍事戦略へと向かった。彼は、キューバ南岸で土地が隆起しマエストラ山脈を形成する人里離れた一帯に、侵攻部隊を上陸させることを決定した。フィデルはオリエンテ州の山岳地帯で、ゲリラ戦を展開するつもりだった。そこはフィデルの出身地であるだけでなく、ホセ・マルティら19世紀のキューバ愛国者たちが、スペインに対する侵攻蜂起軍を上陸させた場所でもあった。

彼の選択には、そうした象徴的意味以外に堅実な戦略的理由があった。山脈はキューバで二番目に大きい都市サンティアゴに近接していた。ここでフィデルは、彼の地下組織コーディネーターであるフランク・パイスという20歳の学生の率いる有能な支部を頼りにしていた。配下の男たちが上陸して山岳地帯に展開中、サンティアゴ市は資金、情報、兵器、そして戦闘に投入する新兵の供給源になる。

大農場の医者の娘で最近組織に転向してきたセリア・サンチェスは、フィデルに必要な海岸図を入手して、それを大学時代の古い友人で侵攻計画の統率責任者であるペドロ・ミレーに渡した。ミレーは自らこの一帯に赴いて上陸可能な場所を選定した。9月、彼はメキシコに渡りフィデルに地図を手渡し、戦略について議論した。同時に運動下部組織はメンバーのなかから将来の兵を選んでいた。選ばれた者を軍事訓練のためにメキシコに連れてくるのは、ミレーの仕事だった。

フィデルは自軍の訓練をある男にすでに打診していた。隻眼のキューバ生まれの軍人指導者アルベルト・バヨ大将だ。スペイン軍の職業軍人だったバヨは、植民地軍でモロッコ人ゲリラ指導者アブド・エル・クリムと戦い、反フランコの共和国軍で戦った。その後、彼はカリブ海と中央アメリカ一帯のいくつかの戦争で兵に助言し訓練を施し、それらの経験について『カリブ海の嵐』という本を書いていた。当時は軍から引退し、大学講師を務めながらメキシコで家具工場を経営していた。まさにフィデルの求める男だった。

フィデルは、フロリダ、ニューヨーク、フィラデルフィア、ニュージャージーのキューバ人移住者コミュニティをまわる資金集め演説ツアーの準備を始めた。このために、友人ファン・マヌエル・マルケスが合流した。ファンは正統党の党首でアメリカに接点を持っていた。同時に彼はキューバの全国幹部会の幹部にメッセージを次々と送り、キューバでも資金を集めるよう指示し、運動メンバーの義務と責任をまとめた新たな規定の概要を示した。

この頃になると、キューバ人同志はチェと呼ぶ男の特徴をかなり理解するようになった。最初、多くのキューバ人の反感を買ったのは彼の独善性だった。ヘスース・モンタネの新しい妻でモンカダ襲撃の一員であるメルバ・エルナンデスがハバナから来たとき、ヘスースは総合病院で彼女をチェに会わせた。飛行機から降りたばかりでまだ着飾っていたメルバを一瞥したチェは、そんなにたくさん宝石をつけてたんじゃ、とうてい革命家にはなれない、と彼女にぶっきらぼうに言った。「本物の革命家は、外側ではなく内面を着飾るものだ」と彼は言った。エルナンデスのチェに対する第一印象は当然否定的だったが、他の人同様、彼をよく知るようになると、確かに彼は独断的で無礼でさえあるが、自分自身に対しても同じくらい厳しいのだとわかった。結局彼女はチェの指摘について考え、彼が正しいと判断してそれ以降は宝石をあまりつけなくなったと言っている。

エルネストは体調を整え、10月第2週、ポポカテペトル山に再び登った。この3回目の挑戦で、6時間半かけて彼はとうとう火山の真の頂上に到達し、「国旗の日」にアルゼンチン国旗を掲げた。

ベアトリスに宛てた辛辣な手紙のなかで、エルネストは息子につける予定の名前（ウラジミーロ・エルネスト）と、ペロン追放後の「新アルゼンチン」に関するジョークを記している。「いまや上流階級の人々はそこらのクズどもを在るべき場所に戻せるので、アメリカ人はこの国に慈悲深い莫大な量の資本を投資して、要するにそこは楽園［と化すでしょう］」。「絶妙な名前の」ハリケーン・イルダが到来したとき、メキシコ政府への奉仕の申し出を却下され、大惨事を間近で見る機会がなかったことを、彼は嘲るように嘆いてみせた。「街の一部が冠水し、人々が通りに取り残されていたが、それが上流階級の人々ではなく、みな純粋なインディオだったため、重視されなかった」。いかにも彼らしく、手紙の最後でもっとジェルバ・マテ茶を送ってくれと彼女に頼んでいる。

11月半ば、傍目にも明らかなくらい腹が膨らんできたイルダとともに、マヤ遺跡を見るためにチアパス州とユカタン半島に向かった。5日間のベラクルス滞在のハイライトは、港でアルゼンチンの船を見つけたことだった。エルネストはねだって数キロのマテ茶を入手した。「エルネストの喜びは想像に難くないだろう」とイルダは記している。「マテ茶は確かに彼にとって宿癖だった。彼はひとときもストローとマウスピース、そして2リットルの湯が入った魔法瓶を手放すことはなかった。勉強中も会話中もいつもマテ茶を飲んでいた。起きてまずやるのも、寝る前に最後にやるのもマテ茶を飲むことだった」

チアパス州のうだるような熱帯をパレンケのマヤ神殿に向かって南下中、エルネストの喘息――高地メキシコシティではまったく症状が出なかった――が突然ぶり返した。イルダは、彼女が旅での「最初の一発」と呼んでいる、持参していた薬を彼に注射しようと提案した。「彼は激しく拒否した。彼は病気のときに自分が保護されているとか、助けが要るとか感じたくはないんだと思った。素っ気ない彼に私は何も言わなかったが、傷ついた」

エルネストはパレンケ神殿のピラミッドとそのレリーフに魅了された。彼はパレンケと、チチェン・イッツァ、ウシュマルのマヤ遺跡について、遺跡の詳細な物理的特徴を、それを建てた古代文明の歴史と念入りに結びつけながら、何ページも日記に記している。彼は疲れたイルダを引っ張り回し、興奮して遺跡を走り回った。「彼は喜び勇んですべての神殿に登りたがった」と彼女は記している。「最後のいちばん高いのに登っているとき私はへたばってしまった。半分登ったあたりで足を止めた。とても疲れていたし、妊娠も心配だったからだ。彼は私に、おしとやかぶらずにさっさと来いと促し続けた」

結局、「疲れきって、我慢できなくなり、ひどく腹がたった」。イルダは、それ以上一歩たりとも進むのを拒否した。まったく気遣いをみせず、エルネストは誰かに自分たちの写真を撮ってもらった。写真のむさ苦しい身なりのイルダは、メキシコのソンブレロ帽を被り、怒りで目をぎらつかせている。彼女の横で黒っぽい半袖シャツを着てパナマ帽を被ったエルネストは痩せて、若々しく、まったく意に介さぬように見える。

ウシュマルを訪れた後、彼らは小さな沿岸貨物船アナ・グラシエラ号に乗ってベラクルスに戻った。イルダは海路に気が進まなかったが、エルネストは少なくとも一緒に死ねると冗談めかして安心させた。船旅は穏やかに始まったが、2日目に強い北風が吹き、エルネストの能天気な記述によると、それは彼らに「愉快なダンス」をさせたという。イルダの表現はもっと不愉快だ。「ほぼすべての乗客が船酔いになった。私も気分爽快からはほど遠かった。でもエルネストは少年のようだった。海水パンツをはいた彼は甲板じゅうをあちこち飛び回り、船の揺れを予測しながらバランスを保ち、写真を撮って困惑する他人を笑っていた」

イルダが示した言外の意味ははっきりしていた。エルネストは思いやりがなく無責任で、彼女はそれが大いに不満だった。生まれてくる子供の安全のため、彼女はその後の船旅を通じて寝台で過ごし、後悔したエルネストは温かいレモンティをせっせと運んできた。しかし後にイルダはこの体験を美化している。「それ

エルネストとイルダ．ユカタンへの新婚旅行，1955 年．

は２週間近くの忘れることのできない旅だった。あの美しい光景のなか、二人だけで始終互いに寄り添い、とても幸せだった」。対照的にエルネストは、旅の記述のなかで一度もイルダに言及していない。

フィデルはクリスマス前にメキシコに戻った。彼のアメリカへの資金集めと組織編成の旅は大成功に終わった。彼は２カ月かけて演説、説得、約束しながら東海岸を回った。彼はチバスとマルティを引き合いに出し、「１９５６年には自由になっているか、殉教者になっているかのいずれかだ」といったような大袈裟な明言をして、見返りに喝采を受け、革命軍の編成に着手するのに十分足りる金を集めた。彼が訪れたいくつかの都市では七月二六日運動支部と「愛国者クラブ」が開設された。マスコミでもますます注目されるようになり、キューバでは革命を開始するつもりだという公言により、期待感に拍車がかかった。メキシコに戻ったフィデル・カストロは、意気揚々と勢いに乗って戦争の準備を整えた。クリスマスの晩、彼はキューバの伝統料理であるローストポーク、豆、米、ユッカを作った。チェとイルダもいて、フィデルはキューバの将来に対する自身の計画を「すさまじい確信」をもって語ったので、イルダは一瞬、すでに戦争が終わって勝利しているかのような気持ちになったと書いている。

V

当人によれば、1956年はフィデル・カストロの革命にとって決定的な年になるという。体調を整えるため、エルネストは登山を続けていた。このとき彼はイスタシワトル山に挑戦していた。これはポポカテペトル山の隣の、高くはないがもっと難しい火山で、何度か登頂を試みたが失敗していた。

1月と2月に、フィデルの将来の兵がキューバからメキシコシティに到着し、隠れ家として街のなかに6軒の家を借りた。2月半ばには20人前後の将来の遠征隊が揃った。訓練が始まると、厳しい規律と守秘が課せられた。最初の訓練はシティ内の長距離歩行だった。その後アルサシオ・バネガスに率いられて、男たちは首都近郊の丘に赴き、訓練と耐久行進を行った。バネガスは脚を鍛え、バランス感覚を教えるために、彼らを後ろ向きや横向きで登らせた。ある遠征時に、彼はチェが苦しそうに喘ぎ、喘息薬の吸引器に悪戦苦闘しているのを見た。後に回復したチェは、見たことをフィデルにさえ言わないようバネガスに頼んだ。病気を理由に軍を失格にされるのではと心配していて、同志が彼の喘息について知らないと思い込んでいるのは明らかだった。

バネガスは友人が所有するブカレジ通りの体育館で男たちを訓練し、護身術の個人授業をした。バネガスの回想では「彼らに対しては非常に無愛想に振る舞ったよ。おまえらはセニョリータじゃないんだ、戦争をおっぱじめたいならタフになれ、と言ってやった」。彼はチェたちに「どう殴れば最大の痛みを与えることができるか、金玉を蹴り上げ、服を摑んで投げ倒す方法」を教えた。

アルベルト・バヨは隠れ家の男たちにゲリラ戦法理論の授業をして、2月にはチェを含む選抜隊がロス・ガミトス射撃場で射撃の腕前を磨いた。フィデルと所有者のあいだの取り決めで、ロス・ガミトスは決まった日には閉鎖され、彼ら専用となった。提供された七面鳥を使って、動く標的で訓練することもあった。

VI

バレンタインデーにエルネストとイルダは、ナポレス通りの同じアパートの別の階にある大きな部屋に越した。その夜イルダは陣痛を起こし、翌日出産した。

その後まもなくエルネストはこう書いた。「多くの時間が過ぎ、多くの新しい進展があった。いちばん大事なことだけ記しておく。1956年2月15日、私は父になった。イルダ・ベアトリスが第一子だ。［…］私の将来の計画ははっきりしないが、二つの研究計画を終えたい。今年は、私の将来にとって重要な年になるかもしれない。病院は辞めた。詳しいことはこれから書く」

しかし彼がそれを書くことはなかった。これは彼が3年近く前に医学部卒業試験に合格し、カリカ・フェレールと旅に出たときに書きはじめた日記の最後の一行になった。出発したときの彼は、ベネズエラのハンセン病病院で友人であるアルベルト・グラナードと再合流するつもりだった。だが代わりに彼はまったく別の方向に向きを変えた。革命への道だ。

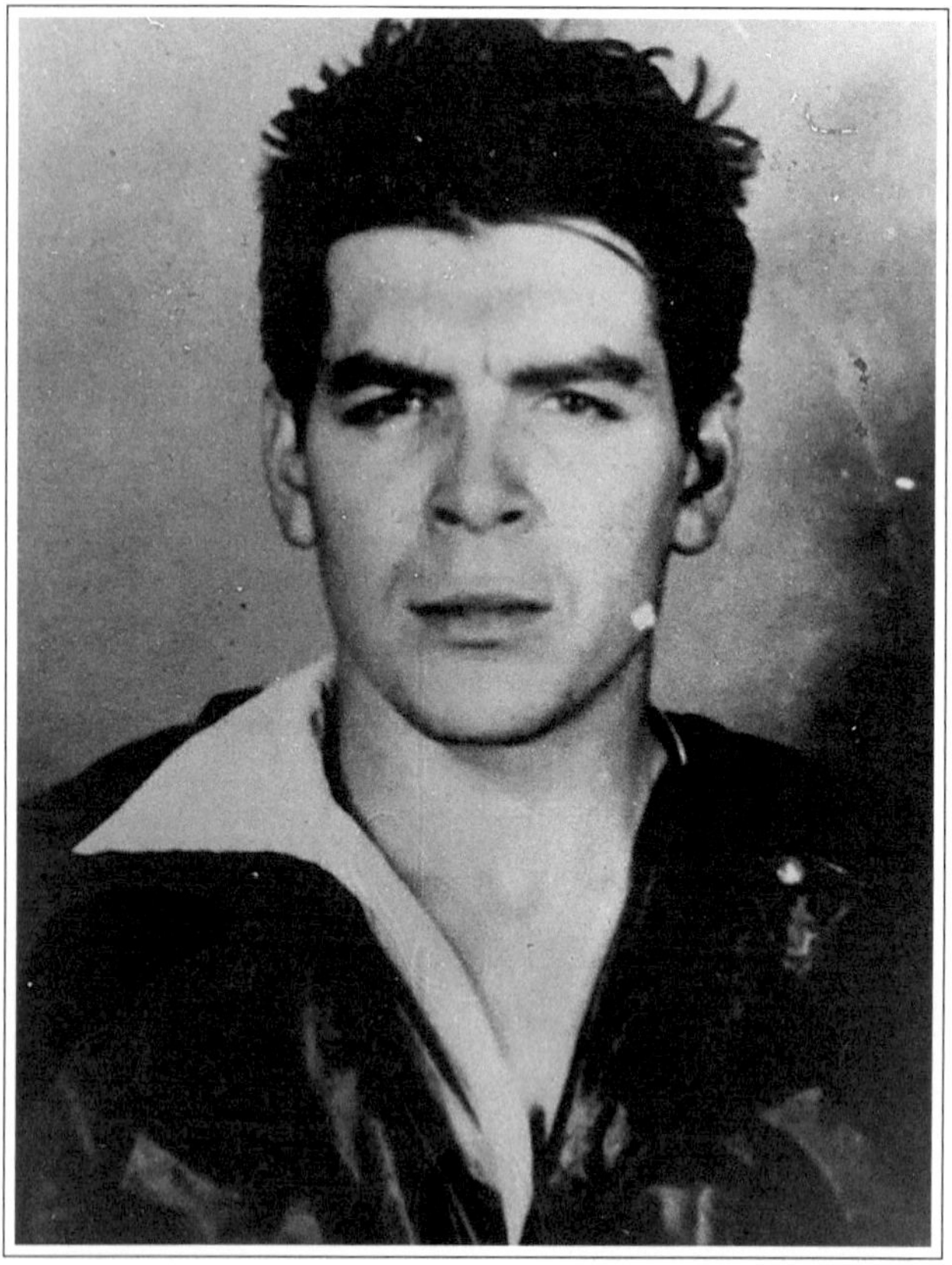

エルネスト・ゲバラの人相写真．メキシコで逮捕され，1956年6月24日に警察で撮影．

13

我が内なる神聖な炎

I

孤島に取り残され、ついに地平線の彼方に救出の希望を見た水夫のように、エルネストはキューバ革命という企てにエネルギーを注ぎ込んだ。体重を抑えようと、いつも朝食で食べていたステーキをやめ、夕食も肉、サラダ、フルーツという食事を続けた。午後になるとジムに直行した。この頃からすでに革命勝利の日を見据えていた彼は、アダム・スミス、ジョン・メイナード・ケインズなどの経済学者の著作の詰め込み勉強を始めた。ロシア－メキシコ文化協会から毛沢東とソヴィエトの文献を借りて、一生懸命学んだ。そしてメキシコ共産党の会合にもこっそり参加した。夜にはたいてい隠れ家のキューバ人たちとともに、キューバと他の南米諸国の状況について議論した。

マルクス主義の知識は熟してきた。古い哲学的覚え書きをもとに、彼はそれらを1冊にまとめた。このタイプライターで打った全300ページを超える哲学ノート最終版は、彼の興味の対象が絞られてきたことを反映して、マルクス、エンゲルス、レーニンに限られ、その理解も深まってきたことがわかる。索引最後の項目である「私」（スペイン語でyo）の概念はフロイトから引かれている。「その愛が目覚める場所で、私という暗黒の暴君が死ぬ」

彼は二重生活を開始した。完全に信頼しない人との接触は止めた。自分とフィデルの関係を知られないよう、友人関係には注意するようイルダに繰り返し警告した。最終的に――とりわけ彼が不信感を抱いていた――ペルーのアメリカ革命人民同盟（ＡＰＲＡ）の知り合いとは一切会うなと要求した。こうしてキューバ人以外にはほとんど会わなくなった。

エルネストは暇さえあれば赤ん坊と過ごした。彼女には大喜びした。生後10日目の2月25日、母に娘が生まれたことを知らせた。「愛しのおばあちゃんへ。我々二人は少し歳をとりました。果物で言うなら、少し熟しました。子供は本当に不細工で、他の同じ歳の子供とまったく変わらないのは一目でわかります。腹が空けば泣くし、しょっちゅうおしっこをする。〔…〕明かりが嫌みたいで、いつも寝ている。それでも他のどんな赤ん坊ともちがうとすぐわかることが一つあります。彼女のパパの名前が、エルネスト・ゲバラだということです」

同時にもう一つ別のアイデンティティ――見習い中のゲリラ、チェ――として、彼は優れた射撃手であることがわかった。3月17日、ミゲル〝エル・コレアーノ〟サンチェス――朝鮮戦争のアメリカ陸軍退役兵で、マイアミでフィデルが射撃教官として採用した――は射撃練習場でのゲバラの成績をまとめている。「エルネスト・ゲバラは正規射撃教習に20回参加したが、優秀な射撃手で約６５０発を射撃。優れた自制心、優れたリーダーシップ能力を持ち、身体持久力も優秀。命令の解釈の些末な誤りと薄笑いにより、懲罰腕立て伏せを何度か命じた」（巻末の原注を参照）

チェはすでに、集団のなかで目立っていた。確かに彼の強い個性、フィデルとラウルとの親密さ、そしてあっという間に集団内で傑出した存在に上りつめたことで、キューバ人訓練員が彼らの真っ只中にいるこの「よそ者」に対して当初感じていた恨みが悪化したのはまちがいない。キューバ人の多くは彼を「エル・アルヘンティーノ」（アルゼンチン野郎）と呼んだ。彼を最もよく知る者だけが彼をチェと呼んだ。

フィデルによれば、チェを――「彼の真剣さ、知性、そして性格」を理由に――メキシコシティの隠れ家の一つのリーダーに指名したとき、「些細で不愉快な出来事」が起きた。「そこには全部で20、30人のキューバ人がいた。その中の数人［…］が、チェがアルゼンチン人でキューバ人でないことを理由に、彼のリーダーシップに盾突いた。我々は当然この態度［…］我々の祖国に生まれたわけでもないのに、そのために血を流す覚悟のある人に対する恩知らずな態度を批判した。そしてこの出来事に自分がひどく傷ついたことを覚えている。彼も同じように傷ついたにちがいない」

実は、チェ一人がこのグループのなかで唯一の外国人だったわけではない。ギジェン・セラヤという19歳のメキシコ人もいた。彼はホンジュラス亡命者の会合で、エレナ・レイバ・デ・オルストを通じて何カ月も前にフィデルと少し話をしただけだったが、家出してフィデルたちに合流し、受け入れられていた。そのうち、ドミニカ人亡命者やイタリア人商船員を含む他の外国人も合流したが、そこでフィデルは一線を引いた。「各種国民の寄せ集め」はいやだというのだ。

家に宛てた手紙では、エルネストの生き方のなかで革命的思考が最優先となっているのがますますあらわとなり、ふざけているときにすらそれが出た。セリア宛てに幼い娘について書いたとき、父としての自慢にも新たなひねりを加えた。「私の革命家としての魂は、ひどく膨れ上がっています。彼女はまさに毛沢東にそっくりになっています。すでに頭の真ん中に禿げの兆候が見られるし、哀れみ深いボスの目と彼の隆起した顎もあります。まだあの指導者よりも軽く、体重5キロほどですが、これもやがて張り合えるようになるでしょう」

妊娠中はいったんおさまっていたイルダに対する苛立ちが露骨になってきた。文通でお馴染みのアルゼンチンの話題に戻った彼は、母親に対してアメリカ企業の利権にアルゼンチン新政権が屈しているのを罵倒してから、まったく場ちがいにもイルダにジャブを入れている。「我々の偉大なる隣人による援助は、この地域に限ったものではないと考えるとホッとします。［…］どうやらAPRAにも支援が行っているようですから、みな間もなくペルーに戻れるし、イルダも安心して行けるはずです。私というアカい疫病の熱烈な奴隷との拙速な結婚のおかげで、彼女から次期国会で議員として高報酬を得る楽しみを奪ってしまうのは残念至極です」

エルネストはイルダに対し、革命とは彼らがともに犠牲を払うべき大義であり、その最初の犠牲が長期にわたる別離だと告げた。彼女は彼が戦地に赴くことに対して痛みと誇りの両方を感じたと書いてはいるが、実際には十中八九、事の成り行きにひどく不満を抱いていた。だが自分自身もある程度は革命への献身を唱えてきたので、なかなか止めるわけにもいかなかった。そんなことをしたら、それを彼女が中道的なAPRAの政治哲学に、救いようもなく縛り付けられている証拠だとあげつらわれたことだろう。

フィデルのもとにはアメリカやキューバの支持者から資金が入りはじめ、すでに数丁の銃を手に入れたし、メキシコ人武器密売人で彼がエル・クアテ（相棒）と呼ぶアントニオ・デル・コンデを通じてもっと買い付けようとしていた。エル・クアテは武器購入のため米国に送られ、時機が来たらカストロ「軍」がキューバまで航行できる船を探すよう言われた。同時にフィデルはメキシコシティ以外で、もっと秘密裏に部下の教練を仕上げられる場所を探していた。

フィデルは明らかに、モンカダ襲撃3周年の7月26日に侵攻決行を図っていた。彼自身が1956年の革命開始を公然と誓っていただけでなく、当時の事態の展開を見ると、彼が革命という切り札を切りたいなら、すぐに行動を起こす必要があった。いくつかの方面からの競合が、ますます深刻になってきていた。潜在的なライバルの一人は、前大統領カルロス・プリオ・ソカラスだった。ソカラスはまず最近結成された過激派地下学生組織である革命幹部会を支援して、未遂に終わったバティスタ暗殺計画を実施させ、反抗勢力の様子を見た。そしてその後は、フィデルを解放した恩赦に乗じてキューバに戻っていた。公式には暴力行使を否定しつつ、彼は合法的かつ民主的な手段でバティスタに対抗すると述べて、自分の支援基盤を拡大しようとしていた。

1955年秋のキューバは、市民の反乱が警察による残虐行為によって抑え込まれ、革命幹部会による警察に対する武装攻撃が行われて、厄介な状況にあった。年末にはフィデルの七月二六日運動を含む幅広い層の反政府勢力が、砂糖農場労働者のストライキを支援し、これに続いて多くの街頭暴動が起きた。反乱の機運は高まっていたが、反政府陣営には組織性や連帯が皆無だったため、まだバティスタが優位を保っていた。

その均衡が変わるときに、フィデルは先頭に立つつもりだった。1956年、彼は正統党から公式に離脱した。党の指導者が党員の「革命意志」を支援していないと非難したのだ。これは巧妙な一手だった。自分が取って代わるつもりの政党に忠誠を装うことなく、自分の革命を自由に進められることになったからだ。こうして、キューバの様々な反バティスタ陣営に属する者は誰につくか選択を迫られ、フィデルは敵と味方をはっきり判別できるようになった。

フィデルは裏切りの危険には注意を払い、それを防ぐため、すでにメキシコにいる部下を細胞構造にしていた。彼らをグループに分け、教練でしか会わないようにして、互いに相手のことを訊くのを禁じた。隠れ家の場所をすべて知っているのはフィデルとバヨだけだった。最後にはフィデルは違反に対する処罰リストを作った。いまや七月二六日運動は戦時規則下に置かれ、裏切りは死罪とされた。

フィデルが非常に警戒したのには十分な理由があった。たとえメキシコであっても、バティスタが彼を殺そうと思えば、それなりの手段や方法があるのはわかっていたのだ。実際、ほどなく彼が暗殺対象になっているのは裏付けられた。1956年初め、バティスタの軍事情報局（SIM）はカストロの陰謀を非難し、キューバで彼の支持者を一斉逮捕した。SIM捜査局長がメキシコに来ると、フィデルはすぐに暗殺計画を嗅ぎつけた。彼が計画を察知していることを公表すると、計画は中断されたが、キューバ政府の工作員と彼らに雇われたメキシコ人は活動を続け、彼の動向を追って、バティスタに報告した。

キューバ国内の政治状況は激化し続けた。4月、軍の将校によるバティスタ政権転覆計画が警察に暴かれた。革命幹部会の一部隊がハバナのラジオ局を占拠しようとして、一人が射殺された。数日後、カストロのモンカダ襲撃を真似るように、プリオの真正党武闘派が、指導者を平和的な反政府という立場から脱却させることを目論んで、地方の軍宿舎を攻撃した。彼らはそれにより虐殺された。その後、政権側はプリオの党を一斉に弾圧し、プリオはマイアミに亡命した。

メキシコではフィデル一派のキューバ人は40人に増えていた。教練におけるエルネストの不断の優秀さがフィデルに認められ、ある日フィデルはこのアルゼンチン人を他の隊員に対する模範として挙げ、努力が足りないと彼らを叱責した。5月、訓練員は同志の能力評価を求められ、エルネストは仲間から満場一致で「指導層か参謀長の地位」が適任とされた。これは重要な出発点だった。エルネストは、切望していた新しい仲間の敬意を勝ち取ったのだ。

II

エルネストはついに、自分の演技力を試してみたいという昔からの衝動を満たした。バヨと、フィデルを取り巻く主要人物の一人であるシロ・レドンドは、メキシコシティから56キロほど離れたチャルコで売り出し中の大牧場を見つけた。サンミゲル牧場は広大だった。放牧地と荒れた丘があるその牧場は、ゲリラの訓練に完璧な地形だった。母屋自体は大きくなかったが、敷地は石垣のような高い要塞に囲まれ、四隅には銃眼を備えた見張り用の小塔があった。ひとつ問題があった。価格が25万ドル近くすることだった。牧場の所有者エラスモ・リベラは波瀾万丈の経歴の持ち主で、若い頃はパンチョ・ビジャと肩を並べて戦っていたが、元革命家であっても強欲さを失ってはいないようだった。

バヨはリベラと交渉する際、母国外の大牧場購入に関心を持っている裕福なエルサルバドル人大佐の代理人を装った。バヨが外国訛りのあるゲバラを大佐として紹介すると、リベラはこの作り話に騙された。リベラはエルサルバドルとアルゼンチンの訛りのちがいがわからなかったし、金持ちの依頼人の気分を害するような質問をするつもりもなかった。とにかく嘘がばれることはなかった。リベラは、母屋を大佐の仕様にあわせて「修理」するあいだ、1カ月8ドルという名ばかりの賃料で牧場を貸すことに合意した。売却はその後、ということになった。そしてその修理を実施するのは、そのために集められた数十人の「エルサルバドル人労働者」ということになった。

取引が決まると、フィデルは牧場に送り込む兵士グループを選ぶようバヨに命じた。バヨはエルネストを高く評価しており——後に彼はエルネストを「全員のなかで最高のゲリラ」と呼んだ——彼を「兵団主任」

と名付けた。5月末、彼らは最初の訓練グループとともに大牧場へと出発した。エルネストはイルダに別れを告げ、もう戻ってこないかもしれないと伝えた。フィデルはアメリカ軍払い下げの哨戒用魚雷艇がデラウエアで売りに出ているのを見つけ、それを買って7月のキューバへの航海に間にあうようメキシコに持ってこようとしていた。すべてが順調に進めば、彼らは牧場での訓練を終え、そこから船でキューバに直行できる。

訓練は厳しかった。サンミゲル牧場の城壁に囲まれた敷地が彼らの本拠だったが、男たちは隣接する乾燥した藪に覆われた丘に設けられた2カ所の即席キャンプからの出撃訓練で大半の時間を過ごした。食糧と水は不足し、バヨとチェは彼らを持久行進と、日没から夜明けまで続く夜間行進に連れ出した。藪のなかを行進していないときは、戦闘シミュレーションと歩哨に従事した。このときチェは初めて、キューバ人たちと長時間、日々の生活をすべてともにした。キューバ人のなかには、まだチェをお節介な外国人と見なし、その存在を不快に思う者もいたが、そのチェがいまや直属の親分なのだ。そしてみんな、チェがきわめて規律に厳しいが、医者としての仕事に加え、行進や訓練に自ら参加する人物だと知った。

キューバ人たちは、この学のある良家のアルゼンチン人医師が、かなりだらしないと知って衝撃だっただろう。街で着ていたボロい茶色スーツを見て変わり者なのは知ってはいても、驚いたはずだ。彼の身なりは、キューバ人たちが考える「プロ」のあるべき姿とかけ離れていた。1950年代の社会的に階層化した南米では、まともな都会男性たるもの、身だしなみを整え、きちんとした服装をするのが当然だった。ところが訓練場に出た彼らは、チェが体を洗おうともしないことを知った。イルダによれば、「エルネストはキューバ人たちの清潔さへの執着を面白がっていた。日々の仕事が終わると、キューバ人はみな風呂に入って着替えた。「別にいいけどさ、でも山ではどうするんだい？　風呂に入ったり着替えたりできないと思うがなあ」

と彼は言った」

反逆者の一人でムラートの作曲家ファン・アルメイダは、後にチェの厳格さについて書いている。ある男が、長距離行軍、度を越えた規律、食糧不足について抗議して、それ以上歩くことを拒否した。不満を抱いた男は「スペイン人［バヨ］とアルゼンチン人［ゲバラ］の指導に露骨に反抗して、道に座りこんだ」という。チェは兵たちにキャンプまで戻るよう命じた。不服従は死刑に値する重大な規律違反だった。すぐに事件を報告されたフィデルとラウルは、軍法会議を開くために急遽メキシコシティからやって来た。そういった不都合な出来事を隠蔽するキューバ革命の伝統に沿って、アルメイダは反逆した訓練者の名を記していないが、アルベルト・バヨは回顧録のなかでカリスト・モラレスという名の男に対する劇的な裁判を詳述している。バヨの説明によると、カストロ兄弟はモラレスを、同志に感染させる前に「根絶」すべき「伝染病」になぞらえて、死刑を命じた。バヨは彼の助命を嘆願したが、モラレスは死刑を言い渡された。しかし後にフィデルは彼を赦免し、モラレスはゲリラ戦で手柄をたてた。キューバの歴史学者マリア・デル・カルメン・アリエによると、チェはモラレスの軍法会議を要請したが、処刑には反対したという。

当時スパイ防止活動を担当していたフィデルの側近ウニベルソ・サンチェスは、モラレスの死刑執行役になるはずだった。フィデル・カストロの最も完全な伝記の著者タッド・シュルツによるインタビューでサンチェスは、他にも裁判は行われ、そのうちの少なくとも一つで、潜入したスパイが暴露されて、処刑されたと打ち明けている。「その身元不詳の男は隠れ家の軍法会議で判決を下され、ウニベルソの命令により反乱軍の一人に処刑された。「彼は射殺され畑に土葬された」」と彼は言った」とシュルツは書いている。サンミゲル牧場の近隣に住む地元民は、頑丈な塀に囲まれた屋敷の敷地には、3人の死体が埋められていると今も話す。しかしウニベルソ・サンチェスが告白したとはいえ、そういった噂はただの伝説として一蹴することもできる。キューバではこのような出来事への言及はタブーで、公式に解明されることはなく、なかったことにされている。

6月初めまでに、アルメイダのグループはメキシコシティに戻り、次のグループが訓練のために牧場に入った。6月14日、チェは28歳の誕生日を祝った。すべてが順調に進んでいるように思えたが、6月20日にフィデルとその仲間2人が路上で逮捕された。数日のうちに、市内にいた運動のほぼ全メンバーが検挙された。隠れ家は強制捜査され、隠していた書類と武器が押収された。バヨとラウルは警告を受けて潜伏した。イルダ――フィデルが彼女の住所を秘密書簡の受領に使っていた――も逮捕されたが、その前にフィデルの書簡とエルネストの政治的文書のうち過激なものをどうにか隠しおおせた。彼女はエルネストとフィデルの活動について繰り返し尋問され、赤ん坊と一緒に一晩を留置所で過ごして釈放された。

フィデルと同志は、キューバやメキシコの共産党員と共謀してバティスタ暗殺を企んだと告訴され、ハバナは彼らの送還を求めた。7月22日、フィデルは疑われていた共産党との関係を公式に否定する、入念に言葉を選んだ声明を許され、反共主義の正統党の指導者エドゥアルド・チバスとの親密な関係をアピールした。これと同時に、まだ逮捕されていないラウルと他の同志は彼の弁護団結成を急いだ。

牧場では、チェが確実にやってくる警察の手入れに備えていた。武器の大半を新たな隠し場所に移し終え、6月24日に警察が来たときには、彼と12人の同志は準備ができていた。衝突回避を望んだフィデルは、チェたちに投降を勧めていた。チェはこれに従い、同志のいるミゲル・シュルツ通りにある内務省管理下の監獄に連行された。

メキシコ警察が撮ったエルネストの人相写真には、きれいに髭を剃ってはいるがボサボサ頭の決然たる表情の若者が写っている。正面撮影で彼はまっすぐカメラに視線を向けている。横顔の撮影では彼の突き出した額がはっきり写り、口は堅く閉じられ、表情は思慮深い。写真の下の逮捕記録には、彼の氏名、生年月日と出生地、現住所、肉体的特徴、彼にかけられた嫌疑――査証で定められた滞在許可期間の超過――が記されている。その下に1行、「観光客と主張」と記されている。

人相写真撮影2日後の6月26日、彼は警察に最初の供述をした。彼が認めたのは、すでに警察が知っていたことだけだった。グアテマラからの入国の状況を説明したとき、彼は自分がアルベンスのシンパで彼の政権で働いていたことを認めた。メキシコに来てから、名前は思い出せないがある人がマリア・アントニア・ゴンサレスに紹介してくれた。その後、彼女の家が母国の現政権に「不満」なキューバ人たちの拠点であることを知った。最終的に指導者フィデル・カストロ・ルスと出会った、と自供した。その1カ月半ほど前、キューバ人たちが反バティスタ革命運動指揮のために訓練を受けていると知った彼は、医師として貢献しようと申し出て受け入れられた。カストロの要望で、彼はチャルコ牧場賃貸の仲介役も務めていた。彼は牧場にいた男たちや銃の数についてはごまかし、ライフルは2丁しか持っていないと偽って、射撃練習と小規模の狩猟に使ったと述べた。さらに38口径のリボルバーも「護身用」と偽った。

その同じ日、メキシコの政府寄り大判日刊紙『エクセルシオール』は、「メキシコ、キューバ反乱を阻止し、首謀者20人を逮捕」という大見出しをつけて一面全面で報じた。翌日の続報は、メキシコ連邦警察から

チェ・ゲバラとフィデル・カストロが一緒に写った初めての写真．1956年夏，彼らはメキシコで獄中にいた．

の情報として「共産主義者から支援を受けていたとされるキューバ人陰謀者をさらに逮捕」と報じた。

連邦安全保障局（DFS）の情報では、首謀者は他ならぬ「アルゼンチン人医師エルネスト・ゲバラ・セルナ。［…］キューバ人策謀者たちと、ある国際的な性質を持つ共産主義組織との主要なつながりとなる人物である。［…］他にもドミニカ共和国とパナマでの国際的な性格を持つ政治運動に関係するゲバラ医師を、DFSは「メキシコ－ロシア文化交流協会の常勤メンバー」と認定」。勾留された反乱軍の集団写真の説明文ではフィデルと並んでチェが大きく取り上げられ、彼が「共産主義と密接な繋がりを持つため、反フルヘンシオ・バティスタ運動がアカ組織と共謀していると疑われた」と書かれた。

メディアが騒ぎ続けるなか、フィデルの仲間は彼の釈放に奔走した。友人で弁護士のファン・マヌエル・マルケスがアメリカから飛行機でやって来て、被告弁護士を二人雇った。同情的な裁判官によりフィデルは7月2日に釈放されることになったが、内務省がこれを妨害した。この妨害にもかかわらず、判事はなんとか国外退去命令を阻止した。フィデルは他のルートを探り、政府高官に賄賂を送るようウニベルソ・サンチェスに指示したと言われているが、この試みは失敗に終わった。男たちはハンガーストライキを行い、7月9日、21人のキューバ人が釈放され、数日後にさらに数人が解放された。フィデル、チェ、カリスト・ガルシアはまだ塀の中だった。

7月6日、チェは両親宛ての手紙を書いて窮状を伝え、ついに自分の活動のすべてを打ち明けた。「かつて、もうかなり前のことですが、ある若いキューバ人指導者から運動に参加するよう誘われ、もちろん承知しました」。今後について、彼はこう伝えている。「私の将来はキューバ革命の将来と不可分です。勝利を勝ち取るか、そこで死ぬかのいずれかです。［…］予測不能の理由で、もう手紙を書けなくなり、後には敗北が運命であるのなら、この手紙の文をお別れの言葉と思ってください。雄弁ではないが偽りのないものです。生涯を通じて私は試行錯誤で自分の真実を探し求めてきました。そして今、正しい道に乗り、さらに私より長生きする娘ができたことで、自分の円環が閉じられました。これからは自分の死を悩んだりはしません。ヒクメット［トルコの詩人］のように「墓に持っていくのは未完の歌の悲しみだけ」なのです」

彼らの革命的陰謀に関する警察によるリークと扇情的な新聞の見出しにもかかわらず、彼らの勾留は公式にはまだメキシコ移民法違反の罪によるものだけだった。一方その背後で、メキシコとキューバの当局者が彼らの処遇について言い争っていた。同時に警察は、エルネスト・ゲバラについてさらに探ろうとしていた。7月の第1週、彼は少なくともさらに二度尋問されている。どういうわけか、このとき彼は隠しだてせず長々と話している。これらの警察への供述はメキシコで極秘扱いされていたが、キューバ国家評議会の歴史学者エベルト・ノルマン・アコスタがその写しを入手している。門外不出のこの書類を精読すると、ゲバラが率直に共産主義者だと認め、キューバのみならず、南米全域での武装革命闘争の必要性をはっきり供述したことがわかる。

ずいぶん経ってからフィデルは、チェのメキシコ警察への供述について、優しく戒めるように言及し、この亡き同志がいかに「バカがつくほど正直」だったかを示す例としてたまに挙げた。だが当時は、当然ながらフィデルは激怒した。チェが自分の共産主義的信念についてべらべらと話している一方で、フィデル自身は自分を最良の西欧ナショナリズムと民主主義的伝統に基づく愛国的改革者を名乗っていた。アイゼンハワー政権によるバティスタ政府支援を拡大させる絶対確実な条件は、共産主義の脅威だ。だからフィデルやその追随者が、キューバを共産主義国に変えるつもりだという証拠など出ようものなら、革命は始まる前に頓挫しかねなかった。それを考えれば、チェの発言はあまりに無謀で、カストロの敵がまさに求める攻撃材料を与えるものだった。

7月15日の第二公式声明でカストロは、アメリカ大使館が自分の釈放を遅らせるようメキシコ当局に圧力をかけたと非難した。彼がこの情報をどこから得たかは不明だが、彼は正しかった。アメリカは確かにメキシコに、彼の釈放を遅らせるよう依頼していた。しかしワシントンが動いたのは、フィデル・カストロに不安を覚えていたからというよりも、自国の利益のためにバティスタをなだめようとしたからだった。カストロが釈放されると、キューバの指導者が7月22日にパナマで開催されるアメリカ大陸首脳サミットをボイコットする恐れがあった。アメリカは全首脳の確実な参加を望んでいた。

フィデルは危険をなるべく避け、それまで以上に共産主義から距離をとるため、以前よりさらに主張を強めた。彼は、自分が共産主義者だという主張は「ばかげている」と述べ、かつてバティスタがキューバ人民社会党（PSP、キューバの共産主義政党）との同盟関係にあったことを指摘した。彼は自分が「共産主義組織」とまったく無縁である証人として、メキシコ秘密警察ナンバー3のメキシコ連邦安全保障局のグティエレス・バリオスの名を挙げた。

フィデルが27歳のフェルナンド・グティエレス・バリオスについて言及したのは示唆的だ。彼はグティエレス・バリオスと何らかの取引をしていた。どちらも取り決めの詳細を明らかにしたことはなかったが、このメキシコ人の協力がカストロの最終的な解放の鍵となった。数年後のインタビューで、グティエレス・バリオスは当初からカストロに「共感」していたと認めている。「第一に、私たちは同世代で、第二に彼の理想と信念の感覚が理由だった。彼は常にカリスマ的指導者だった。そして当時のカストロにとって、革命運動で勝利するか、死ぬか以外に選択肢がないのは明らかだった。［…］最初から友好的な関係があったのはこうした理由からだ。［…］私は彼を犯罪者とは思っていなかった。独裁政権打倒を目指す理想を持った男であり、その罪は私の国の（入国管理）法を犯したことだった」。（わずか40年前に革命が起こったばかりの）メキシコのナショナリストたちは、お節介な隣人米国などにまったく好意など持っていなかったし、ある種の嫌がらせをしてやろうという態度が、グティエレス・バリオスの行動に一役買っていた可能性は高い。実際、グティエレス・バリオスはその後の30年以上にわたるメキシコの秘密警察長官としての長いキャリアのなかで、ワシントンの指名手配リストに載っていた数人を含む多くの南米革命亡命者を保護している。

フィデルが二度目の声明を出した7月15日、エルネストはセリアからの諌めの手紙に反抗的な返事を出した。彼の口調から判断すると、彼女はそもそもフィデル・カストロと関わったことを詰問し、ハンスト後になぜ彼が他の人たちとともに解放されなかったのか不思議がる返事を書いたようだ。彼はフィデル解放後も、おそらく自分とカリストは獄中に残るだろうと彼女に伝えている。彼らの入国申請に問題があったのだ。しかし、解放されたらすぐにメキシコを出て、近くの国に行き、「いつでも必要に応えられるよう準備万端」

にしておき、フィデルの命令を待つつもりだった。

「ばあさん、私はキリストでも博愛主義者でもないんですよ。キリストとは真逆の人間です。信じるもののためならあらゆる武器を使って戦い、自分が十字架などに釘で打ち付けられないよう、相手を死なせるのです。[…]本当に怖いのは、これらすべてに対するあなたの理解の欠如と、穏健さ、エゴイズム、等々に関するあなたの助言です。[…]これらはつまり一個人が持つ最も忌むべき性質です。私は穏健でないだけでなく、今後も決して穏健にはならないように努力し、我が内なる神聖な炎が臆病な他力本願の明かりに変わったときに、自分の糞の上にゲロを吐くくらいのことはします。穏健な利己心とやら、つまりは蔓延する怯えきった個人主義ということですが[…]私はそれを駆逐するためにあらゆる手を尽くしてきたんです。[…]

ここ数日の獄中生活とその前の訓練の日々で、私は大義について同志と完全に一体化しました。[…]「私」という概念が完全に消え、「我々」という概念に完全に道を譲ったのです。それが共産主義者の士気であり、もちろん教条主義的誇張に思えるかもしれませんが、「私」が取り除かれたのを感じるのは実に素晴らしいものでした（今もそうです）」。ここで謹厳な調子を破って軽口をはさんでいる。「［便箋についた］しみは血ではなく、トマトジュースです[…]」。そしてこう続ける。「偉大な発明や芸術の傑作が「穏健」や「穏健な利己心」から生まれると思うのはそちらの大まちがいです。あらゆる偉業には情熱が必要で、革命には我々人間が集団として持っている、多くの情熱と大胆さが必要なのです」

彼は二人の個人的関係の変化について独白して手紙を締めくくっている。「何よりも、その痛み――息子に生きていてほしいと願う、老いゆく母の痛み――は尊敬に値するし、私が耳を傾けるべきもので、耳を傾けたいと本当に思っています。お母さんを慰めるためだけでなく、自分にときどき起こる認めたくはない思慕の情を鎮めるためにも、お母さんに会いたい」。彼は手紙に自分の新しいアイデンティティを署名している。「息子、チェより」

チェが母に伝えなかったのは、長期勾留の責任が何よりも当人にあることだった。結局、将来のキューバ革命活動に比べれば、そんなことはどうでもよかった。いちばん大事なことは、フィデルが釈放されて闘争を前に進めることだった。

バティスタはパナマ・サミットに参加し、7月22日、アメリカ大陸の親欧米路線の政治経済発展を表明する共同声明が採択された。アイゼンハワーが軍事独裁者との親交を続けるなか、フィデルの弁護団はラサロ・カルデナス――農地改革を立案した元メキシコ大統領――に会いに行った。カルデナスはフィデルのためにアドルフォ・ルイス・コルティネス大統領に圧力をかけようと答えた。これが功を奏し、フィデルは2週間以内にメキシコを離れることを条件に、7月24日に釈放された。

チェとカリスト・ガルシアだけが刑務所に残った。表向きは彼らの入国者としての状態がより「複雑」だというのが理由だ。チェの場合、彼の共産主義との関係が大きく関係していたのはまちがいない。ガルシアの拘束は明らかに、1954年3月以来、メキシコにきわめて長期にわたって不法滞在していたためだった。この頃、国外退去命令の危険はきわめて高かったにもかかわらず、グアテマラ人の友人アルフォンソ・バウエル・パイスとウリセス・ペティート・デ・ムラートによる外交手段を使おうという申し出を、チェは断った。偶然、チェの叔父がハバナのアルゼンチン大使で、イルダは彼を利用してチェを釈放させようとしていた。「フィデルは承認しましたが、その考えをエルネストに話すと、彼は絶対いやだ！　キューバ人と同じ扱いをしてほしいんだ！　と言うのです」とイルダ。

チェがダダをこねる間に、フィデルは先に進む必要に迫られていた。メキシコはもはや安全な場所ではなかった。彼は、メキシコ警察とバティスタの工作員の両方に狙われていた。予防措置として、部下を分散させ、その大半をメキシコシティから遠く離れた地方に送り、事態の進展を待たせた。チェは自分抜きで進めてくれとフィデルに伝えたが、フィデルは見捨てたりしないと誓った。この太っ腹ぶりを、チェは決して忘れなかった。「我々をメキシコの刑務所から出すには、貴重な時間と金を振り向ける必要があった」と後に彼は記している。「評価している人々に対するフィデル個人のこのような態度こそが、彼の惹きつける狂信的忠誠心の鍵だった」

ちょうどこの頃、チェは『フィデルへの頌歌』と名付けた詩を作った。彼はそれをイルダに見せて、キューバに向かう海上でフィデルに捧げるつもりだと言った。未熟で美文調だが、この詩はエルネストのフィデルに対する気持ちの大きさを明らかにしている。

さあ行こう、夜明けの熱烈な預言者よ
遠く知られざる道を
君が愛する緑のカイマン*を解放するために。
最初の銃声が響くとき
ジャングル全体が汚れなき驚きのうちに目を覚ますとき、
君の側には、晴朗な戦士たちがいる
我々は君とともにある。
君の声が四方から吹く風に流れ出るとき
農地改革、正義、パンと自由、
同じ訛で君の側にある、

我々は君とともにある。
暴君に対する浄化作戦に
終わりが訪れるとき、
君の傍で最終戦の準備万端、
我々は君とともにある。
もしも我々の行く道が銃弾で阻まれるなら、
我々はキューバ人の涙でできた屍衣を求めよう
アメリカ大陸の歴史となる
ゲリラの骨を覆うために。
ただそれだけだ。

Ⅳ

1956年8月半ば、57日間の勾留を経て、チェとカリスト・ガルシアは釈放された。どうやらフィデルが誰かに袖の下を掴ませたらしい。チェはそれをイルダにほのめかし、後にフィデルが「友情のために何か手を打ったが、それは彼の革命家としての姿勢を傷つけるものだと言うこともできる」と記している。

＊「緑のカイマン」とはワニの形をしたキューバ島の比喩（東側が頭部）。キューバの共産主義詩人ニコラス・ギジェンが使った。

チェと最初の子イルダ・ベアトリス．チェは「ぼくの小さなマオ」と呼んだ．

以前の同志たち同様、チェとカリストは、数日以内にメキシコから退去することを条件に釈放された。そしてこれも他の同志たち同様に、彼らは地下に潜った。しかしチェはまず身辺を整理し、赤ん坊に会うため、3日間だけ家に戻った。イルダによると、彼はイルディータのベビーベッドの側に座って何時間も過ごし、詩を朗読したり黙って娘を見つめたりしていたという。そして彼は再び去った。

チェとカリストはフィデルの命令に従って、週末にはイスタパン・デ・ラ・サルの隠れ家に向かい、偽名でホテルにチェックインした。3カ月続くこの潜伏生活のあいだ、チェは用心してメキシコシティに数回戻っているが、イルダが彼に会いに来るほうが多かった。チェはマルクス主義と革命に没頭し、それがいまや生活を支配していた。家に戻ると、イルダに「革命原則」を滔々と説き、難解な政治経済の本を熱心に読んだ。娘にすらイデオロギーをあらわにした。彼はアントニオ・マチャードがリステル大将に捧げた詩を朗読して聞かせ、ときどき娘を「我が小さなマオ」（毛沢東）と呼んだ。

あるとき、イルダはエルネストが娘を抱き上げて、真剣な口調でこう言うのを見た。「愛しの娘よ。小さなマオよ。これから君が生きていくのが、どんな困難な世界か知らないだろう。君が大きくなる頃、この大陸全土、そしておそらく世界全体がアメリカ帝国主義という大きな敵と戦っているだろう。君も戦うしかなくなる。私はそこにいないかもしれないが、闘争が大陸に火をつけるだろう」

9月初め、喘息の再発に苦しめられたエルネストは、カリストとともに、イスタパン・デ・ラ・サルから気候的に乾燥したトルカに移った。そしてフィデルは、ベラクルスでの他の遠征者との集会に合流するよう彼らを呼び出した。その後、彼らは首都に戻ってカーサ・デ・クコにあった隠れ家の一つで数カ月過ごした。そこはリンダ・ビスタの北部近郊にあるグアダルーペの聖母の聖地に近かった。フィデルは死にものぐるいで出発を準備し、男性は近親者の情報を提供するよう求められた。チェは後に、これが彼と同志にとって重要な節目だったと回想している。彼らは、自分たちが間もなく死ぬかもしれないと自覚した。

フィデルは相変わらず、がむしゃらに活動を続けた。監視を避けるために部下を分散させるだけでなく、フィデルと張り合うようになってきた革命幹部会との政治同盟関係を強化しようとしていた。8月末、幹部会の指導者ホセ・アントニオ・エチェベリアはメキシコを訪れフィデルと会っていた。彼らは反バティスタ闘争にともに専念することを表明したメキシコ憲章と呼ばれている文書に署名した。実際の協力関係には満たない文書ながら、両グループがあらゆる行動の前にお互いに事前通告することが定められ、カストロら革命分子がキューバ上陸を果たしたら、行動を協調させると同意した。

数週間後、戦いに備えて40人の新兵がキューバと米国から到着した。サンミゲル牧場はすでに失っていたため、訓練は遠く離れた基地で行わなければならなかった――その基地はベラクルスと、米国とメキシコ国境のすぐ南のタマウリパスにあった。その頃、国内活動を調整する地方幹部だけを残し、フィデルの主要メンバーのほぼ全員がメキシコシティで彼と合流していた。しかしフィデルの資金はほぼ底をつき、キューバに向かう船もまだなかった。待ち望んでいた哨戒魚雷艇購入は頓挫し、古いカタリナ飛行艇を買う計画もすぐに失敗に終わった。

9月、フィデルは極秘にアメリカ国境を越えてテキサスに赴き、かつての敵である元大統領カルロス・プリオ・ソカラスと会った。罷免以降、プリオはいくつかの反バティスタ陰謀に関係しているとされ、最新の情報ではドミニカ独裁者トルヒーヨとともにキューバ侵攻を画策していると言われたが、ここにきてフィデルへの資金提供に合意した。おそらくフィデルが仕事の面倒な部分を引き受けてくれて、プリオ自身が政権に返り咲けると思ったか、あるいは単にフィデルを自分の反バティスタ活動に好都合な陽動作戦と見なしたのだろう。プリオの動機がなんであれ、この出会いのお膳立てに関与していた者によると、カストロは少なくとも5万ドルを手にして――後にさらに積み増しされた――この会合から戻ったという。フィデルはそれまで声高に大統領在職中の汚職を批判していた男から金を受け取るという政治的リスクを冒したが、その時点では他の選択肢はほぼなかった。

当時ロシア－メキシコ文化協会に資金提供していたKGB職員ユーリ・パポロフによると、フィデルが受け取った金はプリオからではなく、CIAからだったという。彼はこの主張の情報源を明らかにしていないが、もしもこれが事実なら、万が一カストロが四面楚歌になりつつあったバティスタとの戦いに勝った場合に備えて、CIAは早くからカストロを取り込もうとしていたという説が有力になる。タッド・シュルツによると、確かにCIAはカストロの七月二六日運動に資金を流していたが、それは後の1957―1958年になってからで、キューバのサンティアゴ市にあったアメリカ領事館に所属するエージェントを通じて行われたという。

フィデルが得た金の出処がどこであろうと、彼は相変わらず人の指図は受けなかった。プリオという悪魔と契約を結んだかもしれないが、彼が約束を果たしたという証拠は出てきていない――実際にそれが紐付きの金だったとしてもだ。彼がプリオ――あるいは知らないうちにCIA――から受け取った資金は、彼の権力奪取という目標の足を引っ張ることはなかった。

フィデルには船が必要だった。9月末、彼はメキシコ在住アメリカ人ロバート・エリクソン所有の全長12メートル弱のおんぼろ原動機付きヨットを見つけた。エリクソンがメキシコ湾沿いの港町トゥスパンに所有する川辺の家も一緒に買うことが条件だった。お値段しめて4万ドル。その船――グランマ号――は外洋航海などできず、必要な大きさよりはるかに小さかったが、必死だったフィデルはエリクソンの示した条件を呑んだ。頭金を支払うと、配下の男たち数人に、その家に住んで、グランマ号のオーバーホールを監督するよう命じた。

10月末、チェとカリストは街の中心に近いコロニア・ローマの隠れ家に移った。チェは週末はイルダと会い続けていた。イルダは彼が戻るたびに、二度と会えないかもしれないとわかっていた。この不確実さと、チェの出発が差し迫ると、イルダはストレスで神経をすり減らし、次第に心配を募らせた。チェは彼女を元気づけるために、短い休日を使ってアカプルコに行こうと誘った。

イルダによれば「週末だけとはいえアカプルコ旅行を楽しみにしはじめていた。［…］そこへ知らせが届いた。[…]ペドロ・ミレーが滞在していたロマス・デ・チャプルテペックのキューバ人女性の家に警察が踏み込み、いくつかの武器を押収して彼を逮捕したという。土曜日にエルネストが来たとき、それを伝えた。彼は落ち着いて、警察が監視しているかもしれないので、警戒を倍にしなければならないと言った。日曜日の朝早く、グアヒロが来た。「チェはどこ?」と尋ねたときの口調から、緊張しているのがすぐにわかった。エルネストは風呂に入っていると言うと、彼は浴室に真っすぐ向かった。髪を梳かしながら出てきたエルネストは、静かにこう告げた。「警察が追っているようだ。気をつけなきゃいけない。私たちはこれから内陸に向かうことになるので、次の週末は帰って来れないだろう。すまない、アカプルコ旅行はまた今度だ」

イルダは動揺した。彼女はエルネストに、何か差し迫ったことが起きようとしているのか尋ねた。「いや、単なる用心だよ」と彼は答え、身の回りのものをかき集め、私を見ようとはしなかった。それが終わると彼はいつも去りぎわにやるように、ベビーベッドのほうに行ってイルディータを抱きしめ、私のほうを向いて、私を抱きしめてキスをした。私はわけがわからず身震いして、彼に身を寄せた。[…]彼はその週末に発ち、帰らなかった」

ミレーの隠れ家の露見は、組織内に裏切り者がいるということだ。疑いの目は、カストロの最も親しい友人で、その秘密を知っていた一人ラファエル・デル・ピノに向けられた。最近デル・ピノは人員調達と武器密輸を任されていた。しかし直前に姿を消しており、ミレーの滞在先を知っていたなかで行方の知れない唯一の人物だった(その後のキューバの調査で、デル・ピノが数年にわたりFBIの密告者だったことが判明した。被害がそれだけですんだのは、彼がもっと金を要求しようとして、アメリカの担当者に情報を出し惜しみしていたためかもしれない)。

フィデルはメキシコシティにいた同志を新たな隠れ家に送り、グランマ号の修理を急ぐよう命じた。チェとカリストは、アルフォンソ〝ポンチョ〟バウエル・パイスが家族と住んでいた家の小さな使用人部屋に隠れた。初めてそこで過ごした夜、近所のアパートに強盗が入ったため警察が一軒一軒捜索し、彼らは危うく再逮捕されそうになった。事前に警告を受けたチェとカリスト（彼は黒人だったから、メキシコでは目立った）は、部屋のベッドのマットレスの下に隠れた。警察が来たとき、アルフォンソが対応して注意を逸らした。作戦が功を奏し、警察は彼らがいた部屋を調べることなく出ていった。彼らは差し当たり難を逃れたが、翌日カリストは新しい隠れ家に移り、エルネストだけがバウエル・パイスの家に残った。彼はメキシコを去るときが来るまで、そこに滞在することになる。

その頃フィデルは、最後に残ったハードルをいろいろ解決しようとしていた。ここ数週間、友人とライバルの両方が侵攻を延期するよう彼を説得していた。オリエンテ州在住の彼の調整役フランク・パイスは、彼に二度――8月と10月――会いに来た。パイスはキューバ東部全域で、グランマ号上陸に合わせた武装蜂起の火付け役を任されていたが、彼は自分たちにはそのような大計画に着手する準備がまだ整ってないと主張した。しかしフィデルの決意は堅く、パイスは手を尽くすと同意した。フィデルはメキシコを出発する直前に部隊の上陸時間を暗号で知らせると伝えた。

10月、キューバ人民社会党（PSP）はフィデルに使者を送った。彼らの緊急メッセージは、キューバは武装蜂起に適した状況にないというもので、彼らはPSPも参加する武装反乱につながる段階的な市民反対運動勢力にフィデルらが加わることを求めた。フィデルはこれを拒否し、自分自身の計画を進めるので、キューバに着いたとき、PSPとその武闘派が反乱を起こして支援してほしいと伝えた。

このとき、フィデルとPSPの関係は友好的だったが張り詰めていた。彼は公にはこの繋がりを否定していたが、PSPには彼の親しい友人がまだ何人かいたし、ラウルやチェといった共産主義者もフィデル陣営にいた。彼は党と制約なく連絡を取り続けていたが、批判的な距離も保っていた——否定的な評判を避けるためだけでなく、強い立場に立つまでは政治的妥協をせずにすませるためだった。その頃ソヴィエト大使館は、カストロ派とロシア－メキシコ文化協会のメンバー間の繋がりをめぐる嫌な評判に困惑していた。11月初め、ニコライ・レオーノフはモスクワに呼び戻された。事前に了承を得ずキューバ革命分子と接触を始めたことに対する処罰だったという。

キューバの反乱者勢に自分たちも一枚嚙もうとしたのは、PSPだけではなかった。フィデルがメキシコを出る準備をすると、革命幹部会が負けじとばかり革命という切り札を切って、出し抜こうとしはじめた。8月にホセ・アントニオ・エチェベリアが協力文書に署名していたにもかかわらず、革命幹部会は独自の暴力活動にこだわっていた。10月に行われたフィデルとエチェベリアの2回目の会合の直後、革命幹部会の武装集団がバティスタの軍事情報局長のマヌエル・ブランコ・リコ大佐を殺害した。フィデルは、自ら侵攻を企んでいながら、殺害を「不当かつ独断」と公式に非難した。キューバの反政府派市民に何をほのめかしているかは、明らかだった。この自分は責任ある革命家だが、エチェベリアは無謀で、さらなる暴力を招くテロリストだというわけだ。数日後に、フィデルの言葉は予見的明察の色を帯びることになった。大佐殺害犯を探していた警察が、ハイチ大使館にいた10人の不運な亡命希望者を殺害した。

11月23日、チェが長いあいだ準備を整えてきたときがとうとうやってきた。フィデルが出発を決断したのだ。彼はメキシコシティ、ベラクルス、タマウリパスにいた革命分子に、翌日トゥスパンのすぐ南にある石油の町ポサ・リカに集結するよう命じた。事前の知らせもなく、チェはキューバ人に車で拾われ、メキシコ湾岸に向かった。11月24日になっていた、その夜、彼らはヨットに乗り込んで出発した。

こうした隠密行動が皮肉だったのは、フィデル・カストロのキューバ侵攻計画などみな知っていたからだ。

キューバ在住の誰もが、彼がそれを実行するのは知っていた。唯一わからなかったのは、彼がズバリいつどこに革命軍を上陸させるつもりかということだった。事実、その数日前にバティスタの参謀総長がハバナで記者会見を開き、フィデルが侵攻に成功する可能性について話し——そして嘲り——軍はキューバ島のカリブ海岸沿いの陸と海のパトロールを強化した。

フィデルはフランク・パイスが管轄するオリエンテ州七月二六日運動の支援に賭けて、最後の瞬間までグランマ号の正確な上陸場所、時間を秘密にしていた。メキシコシティ出発直前、彼は航海に5日かかると踏んで、グランマ号はオリエンテ州のプラヤ・ラス・コロラダスと呼ばれるビーチに11月30日に到着するというメッセージをパイスに暗号で送った。

11月25日の夜明け前の暗闇のなか、チェはグランマ号に乗り込もうとする多数の男たちに混じっていた。フィデル・カストロ革命軍のメキシコ国土での最後の数時間は、いらだちと混乱のなかにあった。まだ到着していない面子もいたし、到着しても最後の最後になって、乗る場所がなく置いていかれた者もいた。ようやく、彼らはなんとか沖に出た。82人の男と銃と装備の山がぎっしり詰まったグランマ号はトゥスパンの川岸を離れ、川を下って、メキシコ湾、そしてキューバに向かった。

エルネストは、母に転送する手紙を書き残していた。「死の前の感傷を避けるため」それを送るのは「実際に芋が火にかけられてからになりますが、そのとき陽光が降り注ぐアメリカの片田舎で、息子が傷ついた男たちの手当てをするためにもっと外科について学んでおけばよかったと悪態をついていることをお母さんは知るでしょう。[…]

そしてつらい部分がやって来ましたよ、老いたるお母さん。これまでつらいことから逃げたことは決してないし、いつも好きだったのですが。空が真っ黒になったことはないし、星座が軌道から外れることもなければ、冠水もないし、ひどく不遜なハリケーンもない。良い兆しです。勝利の合図だ。でももしそれが誤りならば、そして結局は神でさえ誤るのですが、お母さんのご存じない詩人のようにこう言いましょう。「私が墓に持っていくのは、未完の歌という悪夢だけ」。最後の別れとなることに抵抗するさよならの愛をすべて込めて、再度キスを送ります。息子より」

第Ⅱ部　チェになる

にすわったチェ．マエストラ山脈で同志と，1957 年初頭．

14
悲惨な始まり

I

家に宛てたエルネスト最後のメロドラマ的な手紙は、自分が直面する危険については正確だったが、それに対する自分自身の反応についてはまちがっていた。芋が本当に「火にかけられる」、つまりグランマ号上陸から数日後に、反政府勢力が政府軍の奇襲に不意をつかれたとき、エルネストは、野戦での医療処置経験がないことなど、まったく気にする余裕はなかった。

それに続くパニック状態の混戦のなか、男たちは撃ち殺されて四方八方に逃げ、エルネストは応急処置キットと弾薬箱のどちらを確保すべきか瞬時に決断を迫られた。彼は後者を選んだ。エルネストの生涯で決定的瞬間があったとすれば、それがこの時だった。彼は医学学位を持っていたかもしれないが、彼の真の本能は兵士のそれだった。

その直後、首に跳弾が当たり、致命傷を負ったと思い込んだ彼はショック状態に陥った。彼は茂みに向けてライフルを撃ってからじっと伏せ、最良の死に方を夢想しはじめた。頭に浮かんだのはジャック・ロンドンの小説『火を熾す』だった。アラスカで火が熾せず、木に寄りかかって威厳を持って凍え死ぬ男の話だ。

エルネストは「勝利か死か」の叫び声をあげて、粘り強く反撃する自身の姿を思い描きはしたが、奇襲と負傷の衝撃で、一瞬希望を失った。多くの同志——完全に取り乱す者もいれば、物陰に向かって移動しながら兵士らしく敵に撃ち返す者もいた——とは対照的に、エルネストは横たわって差し迫った自身の死の可能性に思いをめぐらしていた。

初めての戦闘で救急処置キットではなく弾薬に手を伸ばしたことで、エルネスト・ゲバラの根本的な何かがあらわになったが、負傷の際の態度も彼の本性を示している。死に対する運命論だ。その後の2年の戦争を通じて、彼が無類の戦闘好きで自身の安全を顧みないことで悪名高い歴戦のゲリラへと成長する過程で、この特質はますます露骨になった。セリアの不肖の息子は、ついに自分の本分を戦争のなかに見出した。

II

波立つメキシコ湾を横断し、カリブ海へと入るグランマ号の航海は紛れもない大失敗だった。航海は予定の5日ではなく、7日間を要した。そして船酔いで衰弱した反乱軍は、キューバ海岸の上陸場所もまちがえた。彼らの到着と同時に、フランク・パイスによるサンティアゴ市での蜂起が起こる予定で、トラックと100人の受け入れ隊がクルス岬の灯台で彼らを待っていた。その両勢が協力して近くの町ニケロを攻撃し、マンサニージョ市を襲った後にマエストラ山脈（シエラ・マエストラ）に撤退することになっていた。だがサンティアゴの反乱はフィデルがまだ海上にいるうちにすでに実施されており、奇襲の要素は決定的に失われていた。バティスタはオリエンテ州に増援部隊を送り、フィデルの上陸部隊を阻止するために海軍と空軍の警備隊を配備した。

1956年12月2日の夜明け前、グランマ号はラス・コロラダス海岸に接近した。船上の男たちがなんとかクルス岬の灯台を見つけようと必死になっていたとき、航海長が船外に落ちた。残っていた暗闇の貴重な数分を無駄に費やして船は辺りを旋回し、やっと叫び声が聞こえて彼は救助された。フィデルは水先案内人に最も近い上陸地点を目指すよう命じたが、グランマ号は砂州に乗り上げてしまい、キューバ到着は上陸というより難破になった。弾薬、食糧、そして医薬品を残したまま、陽光降り注ぐ午前半ばに浅瀬を歩いて一行は上陸した。

何も知らない彼らは、キューバ沿岸警備隊のボートにすでに発見され、国軍に報告されていた。上陸した場所は予定集合地点の2キロ近くも手前で、彼らと乾燥した陸地のあいだにはマングローブが生い茂る湿地があった。どのみち、受け入れ部隊は2日間、無為に待った後、その前夜に撤退していた。上陸部隊は孤立無援だった。

陸地に到着後、疲れ切った反乱軍はばらばらの二グループに離れてしまい、さらに装備を捨てながら、茂みのなかを四苦八苦しながら進んだ。後にチェが書いているように、彼らは「方向を失って堂々めぐりする影の部隊、まるでよくわからない超自然的作用によって動かされて歩く幽霊部隊だった」。彼らを探す政府軍の飛行機が絶え間なく頭上を飛び交い、念のため茂みに機銃掃射をした。2日経ってやっと両グループは再会し、地元小作人の案内で内陸部へと行軍し、マエストラ山脈を目指して東に向かった。

深夜を過ぎ12月5日になったとき、隊はサトウキビ畑で足を止めて休憩し、サトウキビの茎を貪り食った――こうして、うかつにも自分たちの存在の痕跡を残した。その後、夜明けまでかけて、アレグリア・デ・ピオと呼ばれる場所まで行軍した。案内人は彼らを見捨て、最寄りの軍分遣隊まで出かけて反乱兵を通報した。反乱兵はサトウキビ畑の端にあった低湿地で野営してその日を過ごしたが、何が待ち受けているかまったく気づいていなかった。

午後4時30分、軍が攻撃した。不意打ちを食らった反乱兵は狼狽《うろた》え、銃弾が飛び交うなかを逃げ惑った。フィデルと近くにいた同志たちはサトウキビ畑から森に逃げ込み、他の者についてくるよう命じた。その命令に従おうとした男たちの一部は装備を放棄し、一目散に逃げ出した。ショックや恐怖で麻痺してしまい、動かなかった者もいた。これがまさに、チェが弾薬箱を救い出そうとしたときだった。銃声が響いて隣にいた男の胸に当たり、チェの首にも当たった。チェは野戦日記に曖昧な書き方をしている。「銃弾はまず箱に当たり、その後に私をなぎ倒した。数分間、希望を失った」*

負傷して怯え、降伏すると絶叫する男たちに囲まれ、死を確信したチェは、空想の世界に入り込んだ。フアン・アルメイダが彼を我に返らせ、起き上がって走れと言った。チェとアルメイダと他の3人は、轟音をあげて燃えるサトウキビ畑を後にしてジャングルに逃げ込んだ。

チェは幸運だった。首はかすり傷だった。同志たち数人は、何とか生き延びたものの、その後数日でバティスタの軍勢は捕らえた男たちを即座に処刑し、負傷者や投降者さえもそれは免れなかった。生き残った者は必死で山岳地帯に逃げ込み、何とか仲間を見つけようとした。グランマ号で上陸した82人のうち、山で再結集したのはわずか22人だった。**

チェたちは夜通し彷徨い続けた。夜が明けると洞窟に隠れ、包囲されたら死ぬまで戦うと不吉な誓いをたてた。チェは日記にこう書いている。「私たちは缶入りミルク一つと水をだいたい1リットル持っていた。近くの戦闘の音が聞こえた。飛行機が機関銃を撃っていた。夜になると外に出て、月と北極星を頼りにそれが見えなくなるまで進んで、(その後)寝た」。山脈にたどりつくには東に進み続けなければならないとわかっていた。チェが「北極星」を見つけたが、彼の天文学の記憶は自分で思っているほど完全ではなかった。かなり後になって、彼は自分たちが実は別の星を追っていたのに気がついた。正しい方角に進んでいたのはまったくの幸運だった。

喉が渇いて必死の逃亡者5人は森のなかを進み続けた。すでに水はほとんどなくなり、唯一の缶入りミルクはうっかりこぼしてしまった。その日は何も口にしていなかった。翌12月8日、海岸が見えるところまで来ると、下に淡水らしき池を発見した。しかし密林と45メートルの崖があいだを遮り、降りる道を探しているあいだに飛行機が頭上に現れたため、再び身を隠さねばならず、日没までをわずか1リットルの水で過ごした。日が暮れるまでのあいだ、飢えと渇きに耐えられなくなった彼らは、唯一見つかったサボテンの実をむさぼり食った。夜通し移動して小屋に着き、そこでグランマ号で来た3人の同志を見つけた。こうして8人になったが、他に誰が生き残っているかはまったくわからなかった。わかっていたのは、他の同志を見つけるには、東に向かいマエストラ山地に入るのがいちばんだということだった。

その後、食べ物と水を探し求め、飛行部隊と敵の歩哨から身を隠す、生き残りを賭けた試練の日々が続い

＊　チェの私的な野戦日記『戦闘員の日記 *Diario de un Combatiente*』は彼の著書『革命戦争の道程 *Pasajes de la Guerra Revolucionaria*』〔邦訳『革命戦争の日々』〕の材料となり、1963年にハバナで刊行された。本書執筆時点では、日記そのものはチェがキューバにきた最初の3カ月に関する慎重に編集された抜粋以外は公開されていなかった。私はチェの未亡人アレイダ・マルチが見せてくれた日記の全文に基づいて作業をしている。ゲバラ自身の書いた省略のないバージョンは、ゲリラ戦争の間の彼の人生について、生々しく垣間見せてくれる。詳しくは巻末の資料の項を参照。

＊＊　グランマ号生存者の厳密な数は不明なままである。公式記録は昔から、生き残って再集結し反乱軍の中核となった者の人数を12人としてきた。この数字は、キリストの使徒じみた露骨なシンボリズムで、革命側のキューバ記者や公式の歴史家カルロス・フランキの著書『ロス・ドセ（12人）』では神聖なものとされた。初期の支持者の多くと同様、フランキは後にカストロに反対して亡命した。

た。あるとき、沿岸の湾を一望する洞窟から、反逆者の敗残兵狩りに加わる海軍部隊がビーチに上陸しているのが見えた。その日、身動きのとれないチェたちは、水を分け合い、双眼鏡のアイピースをコップ代わりにして飲んだ。後にチェはこう書く。「状況は良くなかった。発見されたら、逃げられる見込みはまったくない。その場で最後まで戦うしかないだろう」。暗くなってから彼らは、「罠にかかったネズミ」のように感じていた場所から出ようと決意し、再び移動した。

12月12日、農民の小屋を見つけた。音楽が奏でられているその小屋に入ろうとしたとき、なかから「わが戦友に」という乾杯の声が聞こえた。兵士の声だと思った彼らはそこから逃げた。夜中まで川床沿いに行軍し、極度の疲労でふらついて先に進めなくなった。

食物も水もないままもう1日隠れて過ごした後、再び行軍を開始したが、士気は低く、疲れ切った多くの仲間がもうこれ以上いやだと愚痴って足をひっぱった。空気が変わったのはその夜遅くに、ある農民の家に着いたときだった。チェは気が進まなかったが、彼らはその家のドアをノックし、温かく迎え入れられた。迎えてくれた主人はセブンスデー・アドベンチストの牧師で、この地域にできたばかりの七月二六日運動農民ネットワークの一員だった。

野戦日記によれば、「彼らは私たちをとても快く受け入れ、食物をくれた。みな食いすぎて食あたりになった」。後に『革命戦争の道程』〔邦訳『革命戦争の日々』〕で、チェはその体験を暗いユーモアを込めて描写している。「小さな家は地獄絵図になった。まずアルメイダが下痢に襲われた。そしてすぐに恩知らずの八つの腸が真っ黒な忘恩の証拠を示した」

翌日は大食いからの回復と、周囲の村落から次々と絶え間なく訪れる興味津々のアドベンチスト派信者への応対に費やされた。反政府勢力の上陸は一大ニュースで、口コミによって地元の人々は驚くほど状況をよく知っていた。チェたちは、グランマ号の16人が、降伏後即座に殺されたと知った。それ以外に5人が捕虜となっているらしく、人数不明の仲間が、彼らのように何とか山岳地帯に逃げおおせた。フィデルの生死は不明だった。

彼らは、この地域の別々の家に分散して滞在することにした。他にも予防措置をとった。軍服を脱いで農民の服装をし、武器と弾薬を隠した。チェとアルメイダだけが、グループの非公式な共同リーダーとして拳銃を携帯した。病気で動けない男一人が後に残された。しかしそこを離れたとたん、彼らの存在が軍に知られたことがわかった。滞在していた家を出てわずか数時間後、兵士が来て武器の隠し場所を見つけ、病気の男は捕虜になった。密告した者がいたのだ。いまや兵士はすぐ後に迫っていた。

幸運にも、間もなく助けが来た。彼らの存在を知った七月二六日運動農民ネットワークの要人ギジェルモ・ガルシアが、彼らを案内して危機から救い出したのだ。フィデル、あるいは「アレハンドロ」*――彼の偽名――が無事なのもわかった。フィデルと二人の仲間が反乱運動の協力者と連絡をとって、ガルシアを生存者捜索に派遣していた。

山奥のフィデルの隠れ家までは数日の行軍だったが、ガルシアのおかげでチェと同志は親切な農民に道中助けてもらった。ようやく12月21日の夜明けに、彼らはフィデルが待つコーヒー大農場に着いた。そこで彼らは、ラウル・カストロも生き延びていたのを知った。ラウルも別の仲間4人と、過酷な長旅を経てやって来ていた。

計画が壊滅的な打撃を受けたのに、フィデルはすでに立て直しを図っていた。農民を動員して、いまだ逃

＊　カストロのフルネームは、フィデル・アレハンドロ・カストロ・ルスだ。

走中のグランマ号生存者の発見を手伝わせ、フランク・パイスとセリア・サンチェスの助けを求めるために、サンティアゴとマンサニージョに密使を送っていた。セリアは山岳地帯での七月二六日運動農民ネットワークを設立した女性だ。とはいえ、見通しは悪かった。グランマ号から上陸した82人のうち、再結集したのはわずか15人で、残された武器は9丁。ほぼ3週間が過ぎ、これ以上の生き残りを発見する可能性はどんどん小さくなっていた。チェの到着とともに、ヘスース・モンタネが捕虜になり、フィデルの友人フアン・マヌエル・マルケスら2人の死亡も判明した。そしてチェは、友人ニコ・ロペスが殺されたことを知った。その後の数日で、チェが刑務所にいたときの旧友カリスト・ガルシアを含む5人の遠征兵がぽつぽつ合流したが、フィデルの反乱軍はいまや名ばかりだった。再建には地元農民に頼るしかなかった。

チェたちにとって、フィデルとの再会は不愉快なものだった。フィデルは武器を失ったことに激怒した。「おまえたちは、犯した過ちの代償をまだ払っていない。そんな状況下で武器を放棄したら、命で支払うのが当然だ。軍との遭遇戦になったら、生き延びる唯一の希望は、おまえたちの銃だった。それを放棄するなんて犯罪でありバカだ」。その夜チェは喘息の発作に襲われたが、それはフィデルの非難による感情的動揺がもたらしたにちがいなかった。数年経って、彼はフィデルの「訓戒」が「作戦中を通じて、そして今でも心に焼きついている」と認めている。

確かにフィデルの言い分はもっともだったが、いささか不当なところもあった。というのもその頃にはすでに密使がマンサニージョから戻っていて、新たに武器が手に入るというセリア・サンチェスの約束を伝えていたからだ。実際、チェが到着した翌日にはカービン銃数丁と軽機関銃4丁などの新しい銃器が届いた。チェの喘息は忽然と消えたが、武器が到着してもあまり気分は上向かなかった。フィデルの武器割り当てのやり方に重要な象徴的意味があったからだ。フィデルはチェから拳銃——彼の地位の象徴——を取り上げ、それをクレセンシオ・ペレスという農民ネットワークの狡猾な有力者に与えた。かわりにチェに与えられたのは、「ダメなライフル」と彼が不満げに呼んだものだった。

それは瞬時に自分の評価を示したり取り消したりすることでまわりの人々の感情を操る、フィデルの卓越した能力を思い知らされた体験だった。チェはフィデルからの承認にひどく敏感で、彼の取り巻きグループの一員という立場を維持したいと切望していた。彼が不滅の忠誠を誓い、フィデルを「夜明けの熱烈な預言者」として描いた『フィデルへの頌歌』を書いてからまだ数カ月しか経っていなかった。おそらくチェの傷心に気づいていたフィデルは、翌日、彼に名誉挽回の機会を与えた。突然、同志の戦闘即応性を試そうとして、チェを戦闘準備命令の伝達役に選んだ。チェは嬉々としてこれに応えた。彼は日記にこう記している。

「知らせを伝達するために私は走った。男たちは素晴らしい闘志をもってこれに応えてくれた」

その日、セリアの密使が多くの武器を持ってマンサニージョから到着した。ライフルの銃弾３００発、トンプソン軽機関銃の銃弾55発、ダイナマイト９本が追加された。遠征隊のもう一人の医者であるファウスティーノ・ペレスが、フィデルの尖兵役としてハバナに派遣されることになり、入手したばかりの照準付きライフル――後に彼は日記でこれを〝宝〟と呼んでいる――をくれたので、チェは大喜びした。

状況は回復した。フィデルは目先の重要な戦闘計画に関心を移したので、怒りも弱まった。しかし厳しい叱責は遺恨をもたらしたはずだ。確かにフィデルは自分の武器を手離さなかったかもしれないが、そもそもグランマ号の沖合の座礁から始まる大惨事をもたらしたのは、そのフィデルの判断だった。そしてアレグリア・デ・ピオで奇襲を受け、不測の事態に備えたバックアップ計画のない彼らは、他のことはおかまいなしに生き残るので精一杯だった。そしてチェのグループは最善を尽くして、生き残ったのだ。

不満を抱いたにしてもそれを表に出すようなことはなかったとはいえ、その後数日にわたり、フィデルの指揮のやり方に対するある種のいらだちがチェの日記に忍び込みはじめる。12月22日、チェは「ほぼ完全に動きのない日」だったと述べている。翌日も「まだ同じ場所にいる」。そしてクリスマス・イブ。「私には無益に思える待機」のなか、彼らは追加の武器と弾薬を漫然と持っていた。クリスマスの日について、皮肉を込めてこう書いている。「豚肉を使った贅沢な饗宴の後、私たちはようやくロス・ネグロスに出発した。行軍はとてもゆっくりと始まり、途中で鉄条網を破って自分たちの存在を誇示してみせた。住居襲撃の訓練を実行しようとしたところで、その家の所有者ヘルメスが姿を現した。そしてコーヒーとおしゃべりで2時間を無駄にした。やっと街道を進むことを決め、少し進んだが、［我々のたてた］騒音で道中のあらゆる小屋が私たちの存在に気づいた。しかも小屋は大量にあった。夜明けになって目的地に到着した」

チェは組織、規律、行動を望んだ。彼は戦争を開始したかった。この時期に彼をわずかながら元気づけたのは、キューバの新聞に書かれたフィデル遠征軍のある忌まわしい人物に関する記事だった。「恐ろしい前歴を持つ、故国を追われたアルゼンチン人共産主義者」。「もちろんその姓は、ゲバラ」とチェは記している。

III

メキシコでも他同様に、アレグリア・デ・ピオでの大失敗のニュースは各紙の一面を飾った。アメリカUPI通信社のハバナ特派員は全面勝利というバティスタ政府の主張を鵜呑みにして、スクープとして発信した。多くの新聞がそれを取り上げた。フィデルとラウルとともに、エルネスト・ゲバラも死亡者リストに名を連ねた。

イルダは事務所でニュースを聞いた。「職場に着くと、誰もが重々しい顔をしていた。当惑するような沈黙があり、何が起きたのかと思った。そしてみんなが私を見ていることに気づいた。一人の同僚が新聞を渡してこう言った。「報道のことですが――みんなとても気の毒に思っています」

ショックを受けたイルダは家に帰った。その後数日間、ミルナ・トーレス、ラウラ・デ・アルビス・カンポス、バヨといった友人たちが彼女のところに集まった。彼女を慰めようと、バヨは、報道はまだ確認されていないし、自分個人はそれを信じていないと断言した。彼女は心配しつつ続報を待ったが、最初の報道を追認、あるいは否定する報道は皆無だった。

ゲバラ一家も同じくらい報道に心をかき乱された。最初に聞きつけた父エルネストは『ラ・プレンサ』紙の報道編集室に駆け込んで確認を求めたが、待つしかないと言われた。セリアはAP通信に電話したが、同じ答えだった。

クリスマスが近づいても、ゲバラ家は意気消沈したままだった。続報のないまま何日も過ぎた。そこへメキシコの消印が押された手紙が届いた。それはエルネストがグランマ号出航後に投函するようイルダに残していた手紙だった。そのなかで彼は母に死と栄光を語っていた。イルダはそれを投函し、それが最悪のタイミングで届いたのだった。父親の回想では「私たち家族にとって、とにかく恐ろしいことだった。妻はそれを私たちみんなに、涙も流さず読み上げた。私は歯を食いしばった。なぜエルネストが祖国とまったく関係のない革命に手を貸さなければならないのか、理解できなかった」。

数日後、父エルネストはアルゼンチン外務省に呼び出された。彼の従兄弟である駐ハバナ大使から電報が届いたばかりだった。どうやらエルネストは反乱兵の死者や負傷者、あるいはバティスタ政権に捕らえられた捕虜にも含まれていないようだった。父は興奮して家に駆け戻ってこの吉報を知らせた。「その日の午後、すべてが変わった。微かな楽観の光が私たち全員を包みこみ、我が家は再び賑やかで幸せな場に戻った」

父エルネストはこのニュースをイルダに電話で伝え、彼女のほうもエルネストがまだ生きているという希望を新たにする他の噂を耳にしていた。「私はその希望にすがりついて生きていた」と彼女は後年回想している。同時に彼女は故郷ペルーに戻り、家族と一緒にクリスマスを過ごすという計画を進めた。しかし出発の準備を進めていても、彼女は心をまだひどくかき乱されていた。「メキシコ最後の数日は、エルネストの状況をはっきりさせる知らせがないことに動揺し当惑していたので、荷物をまとめられなかった。だからほとんどの物を人に譲るか、あっさり捨ててきた」*。12月17日、彼女と生後10カ月のイルダ・ベアトリスはメキシコを離れリマに向かった。

エルネストが生きているという証拠を待ちつつ、ゲバラ一家は在ハバナのアルゼンチン大使館からの有望な報告にすがった。クリスマスが来て過ぎていった。そして12月31日午後10時頃、一家が新年を祝う準備をしていると、一通の航空便の手紙が玄関のドアの下から差し込まれた。セリア宛てで、キューバ、マンサニージョの消印が押されていた。中身は便箋一枚で、紛うことなきエルネストの筆跡で次のようなメッセージが記されていた。「ご老体各位。私はまったくもって元気です。命を二つ使って、残りはあと五つ。依然同じ仕事をしています。ニュースはあまり入ってこないし、今後もそれが続きそうですが、神はアルゼンチン人だと信じていてください。皆さんに大きなハグを、テテより」

テテはエルネストが幼児だった頃の愛称だ。彼はまるで猫のように、七つの命のうちまだ二つしか使っていないと知らせている**。シャンパンのコルクが抜かれ、乾杯が始まった。そしてちょうど真夜中前に、もう一通の封筒がドアの下に差し込まれた。これもセリア宛てだった。なかの赤い薔薇が印刷されたカードにはこう記されていた。「新年おめでとう。TTはまったくもって元気です」

父エルネストは回想している。「これは私たち全員の予想をはるかに超える吉報だった。新年の鐘が鳴り響き、我が家に来ていた全員が幸せそうだった。エルネストは、少なくとも今のところ無事だ」

Ⅳ

金床型のキューバ南東端ほぼ全域に160キロにわたり延びるマエストラ山脈は、カリブ海の大陸棚から鋭くそそり立って、その反対の山腹の50キロにわたる肥沃な低地内陸部とのあいだに、険しい天然の障壁を形成している。山脈には標高1970メートルの最高峰トゥルキーノ山がそびえ、1950年代末には内陸地に残る数少ない手つかずの自然だった。近づき難いため、伐採されていない原生熱帯雨林がまだ残っていた。

わずかな小さな町と村しかないこの山地には、かつかつで生活する農民《グアヒロ》が6万人ほどまばらに居住していた。ぼろぼろの麦わら帽子を被り、節くれだった裸足で、母音を省いたわかりにくい早口のスペイン語の方言を話す、貧しい文盲の黒人、白人、混血たちは、キューバの都市在住の中産階級の侮蔑的なジョークのネタになっていた。グアヒロとは愚鈍な者、間抜けな田舎者を意味した。グアヒロのなかには小作農もいたが、多くは不法占拠者、いわゆるプレカリスタだった。彼らは自分で土間の小屋を建てて住みつき、地面を整地し、農業、養蜂、炭焼きをして、どうにか極貧の暮らしをしていた。キューバのその他の地方農民同様、グアヒロは収穫期《サフラ》のあいだに、平地でサトウキビ刈りや、牛牧場で牛飼いをして現金収入を得た。進取の気性

＊　おそらくこのために、イルダはエルネストから預かっていた手紙、詩、その他の文書の多くを失ったのだろう。
＊＊　チェは、ネコには九つではなく七つの命があると信じていたようだ〔欧米には、ネコには九つの命がある、つまりなかなか死なない、という格言がある〕。

があるものは、違法なマリファナを育て、警備隊《グアルディア》を避けるために密輸路を使ってそれらを市場に出した。伐採権を持つ少数の木材会社が森から材木をとり、コーヒー農場もいくつかあったが、山地の大半ではまともな雇用はなく、道路や学校すらなく、実質的に文明の利器は何もなかった。外の世界のニュースはトランジスタラジオか、もっと一般には「ラジオ・ベンバ」と呼ばれる盛んな口コミ網によって伝達された。

マエストラ山脈のグアヒロの生活の過酷さは、その土地所有者、つまりサンティアゴ、マンサニージョ、バヤモ、オルギンといったオリエンテ州の町や都市に住む人々の生活とは際立って対照的だった。山中でも、そのふもとの平原でも、最良の土地は私有地で、たいていキューバ都市部に住む不在地主が所有し、マジョラールと呼ばれる武装した現場監督が管理していた。彼らの仕事はしつこいプレカリスタたちを追い払うことだった。この気ままで、ときには残忍な男たちが、この一帯では重要な役割を果たし、この地域に遍在する入植地や駐屯地に配属された、ろくな訓練も賃金も得ていないグアルディア・ルラル（地方警備隊）に代わり実質的な警察機能を果たしていた。人里離れて険しいため、マエストラ山脈は昔から法を逃れる犯罪者の砦でもあり、この高地では政府命令に効き目はなく、血の復讐と報復行為は、マチェーテやリボルバーによって解決された。グアヒロの貧困と支配者への畏怖を悪用し、この警備隊はチバートと呼ばれる密告者を使って事態を把握し、犯罪を捜査した。グランマ号着岸直後にフィデルたちを捜索するため、彼らはすかさず密告者ネットワークを配備して、圧倒的成功を収めていた。

当然ながら、プレカリスタとマジョラールのあいだでは暴力が頻発した。「それぞれの側によく知られたリーダーとその配下のならず者たちがいた」とヒュー・トーマスは書いている。砂糖業界の大物フリオ・ロボのトラック運転手をしていたクレセンシオ・ペレスは、数人の男を殺し、子供が80人いると噂された、プレカリスタのボスでもあった。ペレスは大家族と無数のコネを持ち、彼の頼みなら何でもきく者が相当数いた。セリア・サンチェスは、山岳地帯における市民反乱支援ネットワーク構築のために彼のところに赴いた。政府当局を嫌うペレスは自分自身、家族、ギジェルモ・ガルシア――彼の甥――といった親戚、そして配下の労働者をフィデルに自由に使わせた。

フィデルはそういった男との連携に何ら不安を抱いていないようだった。1956年のクリスマス以降、配下の「参謀」を再編していた彼は、クレセンシオ・ペレスと彼の息子の一人を、5人編成の新たなエスタド・マジョル（参謀本部）に抜擢した。彼ら二人と、フィデル自身が司令官《コマンダンテ》としてそれを統括し、フィデルの護衛としてウニベルソ・サンチェスとチェを置いて、この計5名がエスタド・マジョルとなった。自分たちのグループを率いてアレグリア・デ・ピオから脱出したことで力量を見せた弟ラウルとファン・アルメイダは、それぞれ5人を率いる小隊長を命じられた。モンカダからの古参で早くからフィデルを信奉していたラミロ・バルデス、新たに復帰したカリスト・モラレスと、もう一人アルマンド・ロドリゲスは、前哨偵察員に任命された。

直近の大失敗と自軍の実際の規模を考えれば――さらに成功の見込みも怪しげなことを考えれば――彼が手持ちの15人のうち7人に将校階級を与えたのは、ほとんど滑稽に思えたが、それは彼の生まれながらの果てしない自信のなせる業だった。彼は自軍の3分の2以上と、兵器と物資を実質的にすべて失っていたが、山脈までたどりついて、都市部地下の七月二六日運動とのライフラインを回復し、新たな地勢に慣れて軍再建を手助けしてくれるクレセンシオ・ペレスを味方につけた。彼はその新たなグアヒロ将校を、農民新兵すべての担当につけ、甥のギジェルモ・ガルシアをその副官に任命した。

実際、フィデルはすでにキューバ最高司令官まがいに振る舞っていた。彼は権力奪取のための軍に厳格な階級制を設け、自分は当然のようにそのトップに就いた。彼のよく知られるようになる独裁者的性向はすでに露骨で、てんてこまいの都市部地下組織に武器と補給品を要求するメッセージを平原部に発し続けると同時に、山岳部とその住民を自陣に取り込もうとした。

革命に勝利した後に、マエストラ山脈の「気高い農民」についてあれこれ叙情的な発言が見られたが、実のところこの初期のフィデルたちはまったくの他所者だった。彼らは地元民の心情や気持ちを知らなかったし、理解もできなかった。地元民との交渉はクレセンシオとその配下の男たちに頼り、しばしば悲惨な結果となった。最初の頃、一帯の農民と接触する際、フィデルは軍の将校を装って、彼らの本音がどんなものか慎重に探っていた。

1カ所に長くとどまり過ぎて軍に捕まるのを危惧したチェは、長居するというフィデルの決定に苛立っていた。セリア・サンチェスが送ってきた志願者数人を待っているとき、彼は日記にこう記している。「私には賢明に思えなかったが、フィデルはこだわった」。密使がマンサニージョと行き来して、手榴弾、ダイナマイト、機関銃弾とともにチェが希望した3冊の本を持ってきた。「代数、キューバ史入門、そしてキューバ地理入門」。志願兵は現れなかったが、新たに6人のグアヒロがキャンプに合流し、反乱軍は増えはじめていた。地元民が志願してくれるという事実は勝利だった。最終的に12月30日、フィデルはそれ以上待つのはやめて、新たな隠れ家を目指して山の奥深く分け入ることを決めた。

チェの日記の記述は、以前よりも自信たっぷりの落ち着いた調子になる。大晦日の夜遅く、陸軍の大隊が彼らを追って山に入る準備をしているという知らせを密使がもたらした。チェはこう記している。「今年最後の日は新兵教育、読書を少し、そして戦争にちょっと貢献して過ごした」

V

1957年元旦、雨の日に敵の計画の新たな詳細がもたらされた。400人の兵士が山に向かっており、地域の駐屯地すべてが強化されているという。地元のグアヒロに導かれながら、反乱軍は疲労困憊しつつ山行を続けた。1月2日夜の苦しい体験をチェは「ぬかるんだ道を進む、のろくて辛い行軍で、多くの男たちが下痢に苦しめられた」と記録しているが、翌日の彼の日記には陰気な満足の調子がうかがえる。「ネネ・ヘレスが酷い怪我を負って瀕死だという吉報が届いた。ネネ・ヘレスは私たちがラ・アレグリア［・デ・ピオ］で［待ち伏せしていた］私たちの居場所に、兵士を案内した奴だ」。1月5日、彼らは標高1300メートルのカラカス岳が見えるところまで来た。マエストラ山脈主脈の、ジャングルに覆われた連山の第一峰だ。「ここからラ・プラタまで急勾配で森に覆われているので、見晴らしはよく、防御には理想的な場所だ」とチェは述べている。

約束された志願兵のうち9人がマンサニージョから到着し、カラカス岳側面のムラート渓谷に野営し、敵軍の動きの最新情報を待った。相反する報告がグアヒロの密偵から届いた。付近に敵兵はいないという者もいれば、チバート（密告者）が彼らの存在を知らせるために近くの駐屯地に向かったという者もいた。1月9日彼らは再び移動を決め、翌日午後に見晴らしのよい新しいキャンプから、密告者がいるという報告が正しかったことを自分たちの目で確かめた。18人の海軍兵がマシアス駐屯地から続く道沿いに歩いて現れたのだ。しかもまったく不用心な様子だった。だが反乱軍は攻撃しなかった。彼らはギジェルモ・ガルシア――グランマ号生存者探索の最後の任務から手ぶらで帰ってくるところだった――と食糧補給を待っており、フィデルは敵と戦う前に十分準備を整えたいと思っていた。チェは機会を逃したことを残念に思った。「楽な標的だったのに」と彼は日記に書いている。

自分たちが潰されたという政府発表を否定し、戦闘能力に対する民間人の信頼を高めるために――そして自分たち自身の士気強化のために――反乱軍は侮れない勢力だと証明する必要があった。つまり攻撃をしかけるということだ。できれば孤立した、防御がゆるい駐屯地を狙い、不意打ちをしかけるのが望ましい。海岸沿いの数棟の小さな兵舎で警備兵も少ないと報告があったラ・プラタが、条件としては完璧だとフィデルは考えた。チェの考えはちがった。彼は1月10日の日記にこう記している。「フィデルの計画では、数日分の食糧を持って森に入り、奇襲をかけて逃げることになっていた。それもありだろうが、［携行する荷が］重すぎる。私の計画は、十分な食糧を備えた［司令部］キャンプを作り、［そこから］攻撃パトロール隊を送り込むというものだった」

チェは戦闘時に誰をあてにできるかも懸念していた。「ラミロ［・バルデス。滑落して膝を痛めていた］が一時的に脱落するし、マンサニージョから来た男たちの一人、ないしは二人が確実に脱落する」。そのうち一人はすでに自分が結核だと述べ――チェはこれを「眉ツバ」と思っていた――除隊を認められ、他にも優柔不断な者が数人いた。彼はチバートの脅威にも気をもんでおり、日記のなかでこの脅威に取り組むことを誓っている。「見せしめが必要だ」

翌日、チェの予想どおり、マンサニージョ志願兵のうち5人が戦線離脱を選んだが、フィデルは前進を決めた。この一帯で彼らの存在はあまりに知れ渡ってしまったので、とどまり続けることはできなかった。最初の目標は3人の地元マジョラールこと農場監督を殺すことだった。農場監督は「農民の恐怖の対象」であると、チェは記している。木材とサトウキビのヌニェス－ベアッティ社で働く3人の監督官は、その残忍さによりグアヒロの不評を買っていた。彼らを殺せば、反乱側は地元民のあいだで人望を得られる。

行動不能のラミロを、自衛用の拳銃と一緒に信頼のおける農民の家に残して、それ以外の男たちはラ・プラタを目指した。ギジェルモ・ガルシアが新たに数人の農民志願兵を伴って現れた――反乱「軍」はいまや32人に膨れ上がっていた――が、まだ武器は不足で、銃23丁、少しのダイナマイトと手榴弾しかなかった。彼らは協力者がマチェーテで木に目印を刻んで作ってくれた道を、エウティミオ・ゲラに付き添われて、夜になるまで歩いた。エウティミオは地元のプレカリスタの有名なリーダーで、ご近所の一人とともに彼らの案内人として志願した。

1月15日、人質――蜂蜜を集めていた地元の10代の若者で、密告されると困るので連行することにした――を引き連れて、反乱軍はラ・プラタ川の河口を望む、軍のキャンプまで800メートルほどの地点に到着した。望遠式照準器を使うと、目標が見えた。川岸と海岸のあいだの空き地の真ん中にある、建設中の兵舎群だ。制服をだらしなく着た男たちが雑用をしていた。その区画の向こうに、彼らが処刑を誓ったマジョラールの家があった。夕暮れになると兵士を乗せた沿岸警備隊のボートが現れ、岸の男たちに合図を送っているようだった。これが何を意味するのかわからなかったため、反乱軍は隠れてそこにとどまり、翌日まで攻撃を延期した。

1月16日の夜明け、兵舎を監視するために見張りを置いた。警備隊のボートは消え、兵士は一人も見えなかった。これに彼らは狼狽したが、正午に接近を決定した。隊の全員が川を渡渉して、兵舎へと続く道沿いに取りついた。日暮れから間もなく、男二人と少年二人が道に現れたので、反乱軍は彼らを捕らえた。一人はチバートの疑いがあった。情報を引き出すために彼を「少し締め上げた」と、チェは婉曲に日記に記している。男によれば、兵舎には兵士が10人いて、殺害予定の3人のマジョラールのうち最も悪名高いチチョ・

オソリオがこちらに向かっており、間もなく現れるという。

若い黒人の少年に付き添われ、オソリオがラバに乗って現れた。反乱軍は彼を騙すことにして、こう叫んだ。「止まれ、地方警護隊だ！」。オソリオは「蚊！」――政府軍の暗号――と自分の名を叫んで返した。反乱軍は近寄って、オソリオのリボルバーと少年が持っていたナイフを取り上げ、フィデルが待つ場所に連れていった。

次に起きたことは、キューバ革命の語り草になっている。チェの日記によれば、「〔フィデルは〕自分を、不法行為疑惑を調査中の地元警備隊の大佐と思い込ませた。酔っ払っていたオソリオは、政権のあらゆる敵について話し、「タマを切り落としちまえ」と文字通り言った。これで誰が友人で誰がそうでないかが確認できた」。喋れば喋るほど、何も知らないオソリオは少しずつ墓穴を掘っていった。フィデル「大佐」が、自分たちの案内役エウティミオ・ゲラについて何か知っているか尋ねると、オソリオはゲラがフィデル・カストロを匿ったのは知っていると答えた。実は自分はずっとゲラを探していて、見つけたら殺してやるとオソリオは言った。酔ってご機嫌のマジョラールにさらに墓穴を掘らせるために、もし「フィデル」を見つけたら、奴も殺さなければならないなとフィデルは水を向けた。のちに発表されたチェの記録〔『革命戦争の道程』〕によれば、オソリオはこれに強く同意し、「〔玉を〕ちょん切っちまうべきだ。クレセンシオ・ペレスも同じだが」とつけ加えた。調子にのったオソリオは、これまでいたぶり殺した男たちのことを自慢しはじめ、自分の勇ましさの証拠として足を指さした。チェの後の記述では「ほら見ろよ、と彼は言って私たちのメキシコ製のブーツを指し、「俺たちが殺した〔…〕クソッタレどもの一人から分捕った」と言った。こうして、知らぬ間にチチョ・オソリオは自分の死刑宣告に署名した」。

酔いすぎからか、おめでたすぎたのか、オソリオは、フィデルが本物の警備隊幹部だと信じ、そのご機嫌をとろうと、兵舎に彼らを案内して警備上の弱点を教えようと申し出た。さらに「調査官」ごっこで捕虜の役を演じるために、あえて縛られた。兵舎に近づくと、オソリオは斥候が立っている場所と警備員の寝場所を説明した。反乱兵の一人が確認のため先行し、戻ってきてオソリオの情報が正確なことを報告した。ようやく反乱軍は攻撃準備を整え、オソリオを二人の仲間の監視下に残した。「銃撃が始まったら即座にそいつを殺すよう命じた」とチェは事もなげに記している。「彼らは厳格にこれを守った」

午前2時40分だった。反乱軍は三手にわかれて散開した。標的はトタン屋根の兵舎と、その隣の第２の標的であるマジョラール所有の質素な家だった。約40メートルまで近づくと、フィデルは機関銃で２回撃った。そして他の全員が攻撃を開始した。兵士たちに降伏するよう叫んだが、返ってきた答えは発砲だった。チェとグランマ号の同志ルイス・クレスポが手榴弾を投げたが、どちらも不発だった。ラウルが着火したダイナマイトを投げたが、これもまた何も起こらなかった。フィデルはマジョラールの家に放火を命じた。最初の2回の試みは銃撃によって退けられたが、チェとクレスポによる3度目の試みが成功した。ただし、火が上がったのはマジョラールの家ではなく、その横のココナッツでいっぱいの倉庫だった。

兵舎内の兵士は、焼き殺されるのを恐れたらしく逃げはじめた。実際、一人はクレスポのほうに走り寄ってきて、胸を撃ち抜かれた。チェは別の男を狙って撃ち、暗かったが当たったと確信した。数分間銃弾が飛び交い、銃撃戦は弱まった。兵舎にいた兵士たちは降伏し、マジョラールの家を調べると負傷者だらけだった。戦いは終わった。チェは日記に記録している。「[鹵獲した]成果はスプリングフィールド銃８丁、機関銃1丁と１０００発の銃弾。使った銃弾は約５００発。弾薬帯、ヘルメット、腸詰め、ナイフ、服、そしてラムも「手に入れた」」

駐屯地はひどい被害を受け、兵舎は銃弾まみれで、まるで「ざる」のようなありさまだった。兵士２人が死んで倒れ、5人が負傷し、3人が瀕死だった。その他に3人を捕虜として捕らえた。反乱軍に負傷者はいなかった。撤退する前に建物に火を放った。チェは、兵舎の指揮官である軍曹と一緒に何とか逃亡したマジョラールの家に、自ら火をつけた。

丘に戻った反乱軍は、チバートの容疑のある者に警告した後、捕虜と一般人を解放した。フィデルはチェの反対を押し切って、下の破壊された空き地に残っていた負傷者の治療用に、持っていたすべての薬を兵士たちに与えた。最初に人質にとった10代の少年が、騒動の最中に偵察役と一緒に逃げたことを知ったとき、反乱軍の気勢は少し挫かれた。さらに悪いことに、彼らは兵器2丁――ショットガンと先程チチョ・オソリオから没収したリボルバー――を持って逃げていた。

まだ午前4時30分だった。明け方の暗さに乗じて、彼らはパルマ・モチャを目指して西に逃れた。それは川にちなんで名付けられた農村で、海から3キロほど上流だった。到着した彼らは、チェの表現を借りれば「痛ましい光景」を目にすることになった――空軍が一帯を爆撃するという警告を受けた家族が、家財を持って逃げ出していたのだ。「見え透いた作戦だ」とチェは日記に記している。「農民全員を立ち退かせ、その後で放棄された土地を［ヌニェス－ベアッティ］社が奪うのだ」

自分たちの行動による思わぬ結果を直接見た彼らは、追ってくる兵士を奇襲するための場所を探して移動した。彼らは動揺し疲れきっていた。行軍の休憩中に、フィデルは弾薬の数を報告するよう命じた。ライフル1丁につき40発を持つことになっていたが、新たに志願したグアヒロの一人セルヒオ・アクーニャが100発持っていることがわかり、フィデルは余った分をよこすよう求めたが、彼はそれを拒否した。フィデルが彼を逮捕するよう命じると、アクーニャはライフルの撃鉄を起こして威嚇した。ラウルとクレセンシオが、銃と弾薬を渡すようアクーニャを説得したことで、これは収まった。彼の犯した違反は、反乱軍にとどまりたいと「正式に」頼めば水に流すと伝えたのだ。チェはこの解決方法が不満で、日記にこう記している。「フィデルはこれに同意したが、後に禍根を残す実に良くない前例を作ってしまった。アクーニャはうまく自分の意志を押し通したように見えるからだ」

反乱軍は前進を続け、三方を森に覆われた高台に囲まれ、チェが「地獄の小川」と名付けた川の側の空き地に建った、農民の家に着いた。そこには水と退避路があり、待ち伏せにはもってこいの場所だった。彼らが着いたとき、持ち主は海岸への脱出に加わる準備をしていたので、反乱兵が自由に使えた。その後数日で彼らは態勢を整え、家と空き地へと続く未舗装の道がよく見える森のなかに待ち伏せ場所を設けた。

だが男たちはびくびくしていた。ある朝、チェとフィデルが戦闘員の場所を視察に来たとき、遠くから来るチェを見た一人の戦闘員が彼を狙って一発放ち、チェはすんでのところで撃たれそうになった。チェにも非があった。彼はラ・プラタで戦利品として得た軍の伍長の帽子を被っていたのだ。それ以上に不安だったのは反乱軍の反応だった。彼らは銃声を聞いて、すぐ防御態勢に入るどころか、あっという間にジャングルのなかに逃げ込んでしまったのだ。後に発表した報告で、チェは狙われたことは述べているが、男たちが逃げたことについてはまったく触れていない。むしろ戦時の男たちの状況を褒め称える例え話としてこの逸話を使っている。「この出来事は戦闘がもたらす気晴らしを待つ私たちのなかに、広く行き渡っていた高い緊張状態を示すものだった。そんなときは鋼の神経を持つ者でさえ、必ず膝が震えるのを感じ、誰もが輝ける戦いの瞬間が訪れるのを待ち望んでいるのだ」

数日間はすべてが平穏だった。フィデルはその一帯に残っていた少数の農民の一部に食糧の提供を命じ、行方不明になった豚を探しにきた農夫に金をやった。その豚は野営初日にフィデルが食糧用に撃ち殺していたからだ。彼らは、政府軍がラ・プラタ攻撃のために、地元農民を強制的に徴兵しているという噂を聞いた。

案内人のエウティミオ・ゲラは家に帰ったが、フィデルからのメッセージをいくつか携え、軍の動きを突き止めろと命じられた。反乱側は一心にラジオを聴いたが、軍の活動に関するニュースは放送されなかった。

1月22日未明、遠くの銃声を聞いた彼らは戦闘準備をしたが、朝になっても兵士は一人も現れなかった。そして正午、空き地に誰か現れた。チェの隣に座っていたカリスト・ガルシアが最初にそれを見つけた。銃の照準器をのぞいてみると、それは敵兵だった。見ていると総勢9人が視界に入り、小屋の周りに集まった。そして銃撃が始まった。彼はそれを野戦日記にこう記している。「フィデルが発砲すると、直後に男は「ああ、母さん」と叫びながら倒れた。仲間2人もすぐに［同じように］倒れた。不意に私は、自分の居場所から20メートルほどしか離れていない家に、兵士一人が隠れているのに気がついた。足しか見えなかったので、私は彼のいる方に向けて撃った。2発目が当たって彼は倒れた。ルイス［・クレスポ］がフィデルがよこした手榴弾を持ってきた。フィデルは家のなかにもっといると伝えられていたからだ。ルイスに援護された私は家に入ったが、幸いそこには誰もいなかった」

チェは撃ち倒した兵士のライフルと弾薬帯を回収し、死体を調べた。「弾は心臓の下から入って右側に出ていた。彼は死んでいた」。チェは自分が初めて人を殺したことを確信した。

VI

チェが戦闘で能力を示していた頃、イルダと赤ん坊はアルゼンチンのゲバラ家を訪ねていた。正月に父エルネストはイルダに電話して息子の最初のメッセージを伝え、ブエノスアイレス行きの航空券を送っていた。彼女は3週間をリマで自分自身の家族と過ごした後、1月6日に赤ん坊を連れてブエノスアイレスに飛び、初めて夫の親戚に会った。そして質問攻めにあった。なぜエルネストは海外の大義のために茨の道に入ったのか？　そもそもフィデル・カストロとは、いったい何者なんだ？　イルダには、彼の叔母たちがいまだに「エルネスト坊や」と呼ぶエルネストが、一家お気に入りの息子であることがすぐにわかった。「エルネストへの深い愛情のせいで、彼の両親は彼が危険に瀕しているという考えになじめないようだ。彼らはすぐに、彼がアルゼンチンにいたらよかったのに、という気持ちに戻ってしまう」と彼女は書く。イルダはエルネストがたどってきた政治的な変遷について知っていることを精一杯説明しようとしたが、すでに本人が手紙で伝えていたことを繰り返すにとどまり、彼らは明らかにそれを受け入れられずにいた。最も安心を必要としていたのはセリアだった。「私は義理の母セリア夫人に、エルネストが彼女に感じていた深い親愛の情を伝えた。これは彼女を慰めるための誇張ではなかった。私は彼にとって彼女がどんな存在かわかっていた」

イルダと赤ん坊は1カ月ゲバラ家と一緒に過ごした。リマに戻ると、チェからの手紙が彼女を待っていた。1957年1月28日付だった。「親愛なるばあさんへ、ここキューバのジャングルで、血に飢えて生きながら、この［ホセ・］マルティ調の興奮した文を書いています。まるで本物の兵士のように（少なくとも私は汚れてボロボロの服を着てはいるが）、傍らに銃を置いて、これまではなかった葉巻を口に咥えて、ブリキの皿の上でこの手紙を書いています」。同じように自慢げで心のこもった調子で、彼は陽気にグランマ号の「いまや誰もが知る」上陸以降に起きたことすべてを、直面した危険と克服した困難を自慢げにさりげなくまとめてみせた。「我々の不運は続いています。［…］［我］々はこれまたいまや有名になったアレグリアで奇襲を受けて、鳩のように散り散りばらばらになりました。［…］首に怪我をしましたが、ただ猫の命のおかげによってまだ生きています。［…］［数］日間、私はこの丘陵をひどい傷を負ったことを考えながら歩きました。［…］我々は態勢を立て直し再度装備を整え、部隊の兵舎を攻撃して、5人の兵士を殺しました。［…］［奴らは］我々を追って精鋭部隊を送ってきました。我々はこれを撃退し、3人の死者と2人の負傷者という犠牲を負わせました。［…］その後すぐに3人の衛兵を捕らえて銃を取り上げました。

これらすべてに加え、我々に損害はなく、山岳地は我々のものになったので、敵の意気消沈ぶりもわかろうというものです。奴らが我々を捕まえたと思ったとき、我々は奴らの手を石鹸のようにすり抜けるのです。当然すべての戦いに勝ったわけではなく、これからもっと多くの戦闘があるでしょう。しかしこれまでのところこちらのペースで進み、これからもさらにそうなるでしょう」

彼は手紙に「チャンチョ」と署名し、彼女に「大きな抱擁」を送り、赤ん坊にも抱擁とキスを送った。そして出発するときに慌てていて、メキシコシティで撮った彼女と赤ん坊のスナップショットを置いてきてしまったから、それを送ってくれないかと頼んでいる。彼はメキシコの郵便受けの住所を彼女に教えた。そこに送れば、手紙は最終的に彼のところに転送される手筈になっていた。

イルダはこの手紙にあまり喜んだとも思えない。回顧録で、彼女はそれを何のコメントも加えずに採録している。落胆した妻であり母親である彼女が、彼のことをひたすら思い悩んでいたというのに、彼は心沸き立つ冒険に興じ、汚れた葉巻を吸う「血に飢えた」ゲリラとして徹底的に人生を満喫していた。やっと手紙をよこしたときにも、彼女の苦労について尋ねもせず、心配している素振りさえ見せなかった。

Ⅶ

その後3週間、反乱軍はマエストラ山脈をさまよって新たに数人の志願者を加えたが、脱走と密告者に悩まされた。1月30日、彼らがベースキャンプに選んだカラカス岳の傾斜地が空爆された。急襲による死傷者はなかったが、反乱軍はパニックを起こして森のなかを逃げ惑った。同じ頃、残忍で悪名高い将校——犠牲者から切り取った耳の個人コレクションを持っていると言われたホアキン・カシージャス少佐——率いる追跡部隊が、彼らを支持する民間人を装ったスパイを送り込んでいた。彼の配下の兵士が通った後には、燃え落ちた小屋と反乱軍に協力したとされて殺された農民が連なった。

チェは、恐れ知らずで向こう見ずでさえあるゲリラ兵として頭角を現していた。アレグレリア・デ・ピオからの道中でライフルを失ったひどい失敗を埋め合わせて、能力を示したかった彼は、いつも最も危険な任務に志願した。カラカス岳で空爆を受け——フィデルを含む——他の誰もが逃げ出したとき、チェはとどまって逃げ遅れた者を助け、兵器やフィデルの司令官帽を含む、放棄された持ち物を回収した。

他にも強い性格が現れてきた。彼はゲリラの新兵、特に都市から来た者に対し、検察官並みの厳しさを示しはじめた。個人の勇気、不屈の精神、戦いへの献身に対し、不信感を示すのだ。同様に、出会った農民も信用せず、しばしば日記のなかで彼らを「おおぼら吹き、口だけの奴ら」、あるいは「神経質」と描写している。彼はまた臆病者を憎むようになっていった。これはすぐに、戦時の彼の最も名高く恐れられた性格となった。とりわけ反乱軍の一人、〝ガリシア人〟ホセ・モランを嫌っていた。モランはグランマ号にも乗っていた古参兵だったが、チェは彼を臆病者ではないかと疑い、脱走する可能性があると見ていた。

チェは他の者への見せしめとして、罰を与える機会を探っていた。3人の軍事スパイが反乱軍に拘束されて、自分の正体を自白したとき、チェは彼らの死刑を求めた。フィデルは彼らに警告を与え、司令官宛ての手紙を持たせて兵舎に送り返して赦免した。屈強で統制のとれた戦闘部隊となったゲリラを見たいと切に願い、仮病を装う者や反抗的な者に対してフィデルが甘いのを懸念していたチェは、1月末にフィデルがやっと軍規を制定すると喜んだ。そのとき以降、「脱走、不服従、敗北主義的行動」の三犯罪は、死罪だとフィデルは部下たちに告げた。脱走者のひとりセルヒオ・アクーニャが、軍により身の毛もよだつ最期――アクーニャは拷問され、4度撃たれて、吊るし首にされた――を迎えたとき、チェはその出来事を「悲しいが教訓的」と評した。

1月末までに、フィデルの小さな一団はキューバ全域で存在感を示していた。ハバナにいるフィデル配下のファウスティーノ・ペレスが、反乱軍のために3万ドルを調達したという情報が届いた。また七月二六日運動の都市部細胞が各都市でサボタージュを決行しているという。さらに反乱軍の攻撃に困惑した陸軍上層部の不満は爆発寸前だとの情報もあった。バティスタは陸軍参謀長を罷免しようとしたが、参謀長と将官らは、反乱軍は実質的に殲滅され敗走中で、軍にとって何ら脅威ではないと主張し続けているという。このプロパガンダはフィデルを大いにいらつかせ、彼はファウスティーノ・ペレスに、自分の存在を世界全体に向けて立証できる、信頼のおけるジャーナリストを山岳地帯に連れてきて、インタビューを手配するよう命じた。彼は戦略を詰めるために七月二六日運動の全国幹部会を求め、フランク・パイスとセリア・サンチェスに会議を計画するよう伝えた。

2月初めに反乱軍は数日休息をとって、土砂降りの雨と毎日続く空軍によるあてのない空襲をやりすごした。やや小康状態のなか、チェはラウルにフランス語を教えはじめたが、移動が始まって中断され、チェは下痢で体調を崩し、ごく短期間ながらマラリアの症状により行動不能になった。ロス・アルトス・デ・エスピノーサと呼ばれる丘で軍に奇襲されたとき、フリオ・セノン・アコスタ――読み書きのできない黒人グアヒロで、最近チェがアルファベットを教えはじめていた――が殺された。それはグランマ号上陸以来、反乱軍初の戦死者だった。後にチェはセノン・アコスタを「私の最初の生徒」と呼んで、革命の心と魂を作り上げた「高貴な農民」として褒め称えた。

チェとフィデルは次第に、案内役を務める農民エウティミオ・ゲラ――出入りが多く、彼がいないときに限って軍の攻撃があった――が裏切り者ではないかと疑いはじめた。ロス・アルトス・デ・エスピノーサでの奇襲後、事情に精通した農民から、彼らの疑いが正しいことを知らされた。あるとき出かけたゲラは軍に捕まり、見返りと引き替えにフィデルを裏切る約束をしていたのだった。カラカス岳の爆撃も最近の奇襲も、彼の協力により実施されていた。しかし彼らがこれを知ったとき、ゲラはすでに姿を消しており、続いてガリシア人モランも消えた。

2月半ば、メンバーの多くが病気になって士気が低下した。フィデルは休息することにした。隊はクレセンシオ・ペレス監督下のグアヒロの農場で「回復休暇」を与えられた。機を同じくして特使が、七月二六日運動全国幹部らがオリエンテ州に向かっており、『ニューヨーク・タイムズ』の著名記者ハーバート・マシューズが、フィデルにインタビューするためにマエストラ山脈北面の農場に到着したという知らせをもたらした。それは宿命的な会合となるものだった。

15 水と爆弾の日々

I

チェ・ゲバラはいまや戦争に身を置いて、革命を成し遂げようとしていた。理想のためなら人を殺すことも厭わない、目的が手段を正当化する領域へと、彼は意識的に飛び込んだ。人々はもはや単なる人ではなくなった。各個人が物事全体の構想のなかである立場を表し、おおむね敵か味方のいずれかと見なされた。その中間の人々は必然的に信用できない。彼の目標はフィデル・カストロの権力掌握を支援することで、彼は毎日殺すか殺されるかという可能性とともに目を覚ました。

チェの世界観は家を離れることで拡がったが、何を信じるかを決めようとする探究がマルクス主義という形で解決したことで、その世界観は収斂した。現実はいまや白か黒かだった。同時にチェは、自分が選んだ信条は無限と信じていた。彼がやっていることは、歴史的な必然だった。

II

全国幹部会議が開かれる農場へと向かう2日目、反乱軍が親切な黒人一家が作ってくれたヤギのシチューを座って食べていると、突然ガリシア人モランが再び現れた。彼は自分の失踪について、説得力に欠ける弁解をした。食糧を探しに出かけた彼は、裏切り者のエウティミオを見失って、キャンプへの戻り方がわからなくなったという。チェは日記でこう述べている。「ガリシア人の行動の真相はなかなかわからないが、私にはそれは不満を抱いての脱走にしか思えなかった。〔…〕奴をその場ですぐ殺せと進言したが、フィデルはこの問題を先送りにした」

途中、彼らはエウティミオの友人が所有する田舎の商店に着いた。友人はいなかったためドアを壊すと、「缶詰の楽園」があったので、貪り食った。追手を巻くために偽の足跡をつけたあと、夜通し移動し、2月16日の夜明けにエピファニオ・ディアスという農民協力者の農場に着いた。会議はそこで行われることになっていた。

全国幹部会のメンバーたちはすでに到着しはじめていた。フランク・パイス、セリア・サンチェスがすでにいた。次にファウスティーノ・ペレス、そしてサンティアゴから来た新たな女性活動家ビルマ・エスピンが到着し、アイデー・サンタマリアと彼女の婚約者アルマンド・アルトも来た。これはピノス島刑務所から釈放されたフィデルが1955年夏に集めた、七月二六日運動指導部の中核メンバーだった。

23歳のフランク・パイスは幹部会で最年少だったが、すでにオリエンテ州で政治活動家として目覚ましいキャリアを積んでおり、学生同盟の副総長を務めていた。七月二六日運動の創設以来、彼はオリエンテ州に

葉巻に火をつけるフィデルとチェ．マエストラ山脈にて．

おける反乱活動の取りまとめ役として、フィデルと運命をともにしてきた。37歳のセリア・サンチェスはモンカダ襲撃事件の囚人釈放運動で活動し、彼女の故郷マンサニージョを拠点に、運動創設以来フィデルに協力してきた。クレセンシオ・ペレスを採用し、グランマ号到着を待つ受け入れグループを組織したのは彼女だ。フィデル同様に、37歳のファウスティーノ・ペレス医師――クレセンシオと親戚ではない――はハバナ大学を卒業し１９５２年のクーデター以後、反バティスタの学生指導者だった。フィデルとともに運動に加わり、メキシコに渡りグランマ号に乗り込んだ。27歳の法学生で著名な判事の息子であるアルマンド・アルトは、正統党青年部の出身だった。彼はファウスティーノ・ペレスに合流して、学生の反バティスタ活動を組織し、フィデルの運動創設を助けた。アルトの婚約者で25歳のアイデー・サンタマリアはモンカダ襲撃に加わり、その後7カ月間勾留された。彼女もまた七月二六日運動の創設メンバーで、１９５６年11月のオリエンテ州におけるフランク・パイス率いる蜂起に参加していた。彼女の一家はフィデルに関与したことで、すでに非常に大きな犠牲を払わされていた。正統党青年部の武闘派だった彼女の兄アベルは、フィデルの副官だったが、モンカダで拷問死し、もう一人の兄アルドは運動で投獄されていた。サンティアゴの裕福な家庭の娘で、MITを卒業した27歳の新人ビルマ・エスピンは、フランク・パイスの学生グループの一員だったが、このグループは七月二六日運動と合流し、1956年蜂起に参加していた。大半が中流階級の都市住民であるこの若者たちは、運動の全国的な地下組織全体を担っており、新メンバー採用、兵器と志願者の確保と山岳地への密輸、現金と補給品の調達、プロパガンダの流布、外国との関係の管理、都市部サボタージュの実施、政治基盤を固める持続的活動など、あらゆる活動を担当していた。

歴史的な日だった。フィデルはセリア・サンチェス——すぐに彼の最も親しい友人であり愛人となる——と初めて会った。ラウルは、将来の妻となるビルマ・エスピンと出会った。チェはこのとき初めて、フィデルの革命運動の支柱を形作る男女の面々を見た。

概してチェは、フィデルの中流階級で教育水準の高い仲間は、自分たちの闘争が何を成し遂げるべきかについて、気弱な考えに絶望的に縛られていると考えた。そしてこの仲間がチェ自身とはまったくちがう見方をしているというチェの考えは正しかった。彼らの大半は過激な社会変革という彼のマルクス主義的観念を持たず、自分たちは腐敗した独裁政治を追放し、かわりに伝統的な西欧民主主義を実現するために戦っていると考えていた。チェの都市指導者たちとの最初の出会いは、彼の否定的な予想を裏付けるものだった。彼は日記にこう書いている。「それぞれと個別の会話を通じて、ほとんどが反共組織に所属していることが明らかにわかった。とりわけアルトは」。しかし翌々日になると彼の分析は若干修正された。「女性のなかでは、アイデーが最もよい政治志向を持っているようで、ビルマがいちばん興味深い。セリア・サンチェスは非常に活発だ。アルマンド・アルト〔は〕、新しい考えに馴染みやすい」（詳しくは巻末の原注を参照）。

　その後の数日で、一つはっきりしたことがあった。フィデルは自分の反乱軍を、運動の絶対的な最優先事項にしようとしていた。全国幹部会は、運動戦略のあり方について、独自の考えを持っていたが、フィデルはゲリラ兵の支援と強化に直接注力すべきだと発言した。彼はハバナに近いビジャ・クララ州のエスカンブライ山脈に第二戦線を張るというファウスティーノの提案と、山脈を離れて海外で演説して資金を集めようという主張を退けた。結局、他の者はフィデルの主張に圧倒され、全国的な「市民レジスタンス」支援ネットワークの編成開始に同意した。フランク・パイスは、2週間以内にサンティアゴから新戦闘員部隊を彼のところに送ると約束した。その集合場所は、将来的に山脈への秘密の入り口となる、エピファニオ・ディアスの農場となった。

　チェは全国幹部会のメンバーではなかったため、しょっぱなから越権しないよう用心して、会議には参加しなかった。しかし会議での話すべてに通じており、彼の日記で明かされているように、山脈の武装戦闘員と、平原の都会人との間に将来生じる亀裂の兆候が、すでにはっきり表れていた。その時点では、フィデルは山脈を最優先するという自分の意見を、まちがいなく生き残りを賭けた問題として押し通せた。だが戦争が拡大するにつれ、この亀裂は、右派と左派のあいだの対立、そして平原指導者たちとフィデルの覇権争いとなって拡がっていった。

　ハーバート・マシューズ――『ニューヨーク・タイムズ』上級特派員で、スペイン内戦、ムッソリーニのアビシニア侵攻、第二次世界大戦を報道したベテラン記者――は、2月17日早朝にキャンプに到着した。チェはマシューズによる3時間のフィデルへのインタビューに立ち会っていないが、後にフィデルから概要を聞いて、自分にとって最も重要な点を日記に記している。フィデルはアメリカによるバティスタへの軍事援助に不満を漏らした。そしてマシューズがあなたは反帝国主義者かと尋ねると、フィデルは用心深く、もしもそれが祖国に対する経済的鎖の一掃を意味するならそうだと答えた。これは自分がアメリカ、あるいはその国民に対して憎しみを感じているという意味ではないと、フィデルは急いで付け加えた。フィデルがチェに語ったところでは、「グリンゴ（マシューズ）は好意的で、ひっかけるような質問はしなかった」。

しかしフィデル自身はちょっと相手を騙していた。汗をかいた戦闘員に「第2縦隊からの伝令」を持たせてインタビューの場に飛び込んでこさせたのだ。フィデルはマシューズに、自分がかなり多くの戦闘員を抱えていると思わせたかった。実際には、この時点で反乱軍の武装者は20人もいなかった。インタビューが終わると、マシューズは車でマンサニージョに送られ、そこからサンティアゴに向かい、ハバナまで飛行機で飛び、さらにニューヨーク便に乗り換えた。大スクープを手にしたと確信しており、一刻も早くそれを公表したかったのだ。

「グリンゴは早々に去った」とチェは日記に記している。「そして私が警備についていると、エウティミオがエピファニオの家にいるから警備を強化しろと言われた」。ファン・アルメイダが先遣隊を率いて、エウティミオを捕らえた。裏切りが発覚したことを知らない彼は、武装を解かれてフィデルの前に連行された。エウティミオの名が記され、彼が敵に協力していたことを証明する軍発行の通行証書を、反乱軍はすでに握っていた。フィデルは彼にそれを見せた。

「エウティミオは跪いて、ひと思いに殺してくれと請うた」とチェは書いている。「フィデルは彼を許すそぶりを見せて騙そうとしたが、エウティミオはチチョ・オソリオの最期を覚えており、その手には乗らなかった。フィデルは彼の処刑を宣言し、シロ・フリアスが古き友人のような口調で、彼に心のこもった説教をした。男は沈黙とある種の威厳のなか死を待った。激しい土砂降りが始まり、すべてが真っ黒になった」

次にずばり何が起こったかについては、キューバの国家機密として何十年も慎重に守られてきた。エウティミオ・ゲラの処刑――キューバ反乱軍によって初めて処刑された裏切り者――を目撃した者のうち、誰がとどめの一発を撃ったのか公式に述べた者はこれまでいない。答えはチェ個人の日記にある。今後決して公式発表されるとは思えない一節だ。

「状況は人々にとっても、［エウティミオにとっても］気まずいものだった」とチェは書いている。「だから私は32［口径］拳銃で彼の脳の右側を撃って、この問題に決着をつけた。右側側頭部［の脳半球］に射出口ができた。彼は少し喘いで死んだ。その後、彼の持ち物を外そうとしたが、ベルトに鎖で結ばれていた時計は外すことができなかった。そのとき彼は恐怖よりはるかに遠い所から落ち着いた声で私に語りかけた。「引きちぎれよ、小僧。何の問題もないだろう……」。私はそれに従い、彼の持ち物は私の物になった。我々はその夜うなされて泣き、私は喘息の発作らしきものを起こした」

チェの話は恐ろしいとともに、彼の性格を明らかにしている。彼の淡々とした処刑描写、銃弾の射入出口の科学的記述は、暴力に対するおどろくほど超然とした態度を示している。チェにとって自らエウティミオを処刑したのは、彼の言葉を借りれば、気まずい雰囲気を終わらせるための手段にすぎなかった。エウティミオ死後の最後の言葉に関する彼の回想は、とにかく理解不能で、凄惨な光景に超現実的な次元を添えている。

またこれはこの出来事に関するチェの公式説明とはまったく対照的だ。『革命戦争の道程』の「裏切者の最期」という章で、彼はこの場面を文学的な気取りをもって描写し、犠牲を通じた贖罪に関する暗い革命の寓話に転化している。エウティミオがフィデルの前に跪いたときのことを、彼はこう書いている。「その瞬間、彼は年老いたかのように見えた。彼の髪にはそれまで気づかなかった、かなり多くの白髪があった」

「説教」のなかでシロは、多くの友人と隣人に死と苦しみをもたらしたとエウティミオを叱責した。チェはそれについてこう記している。「それは心を打つ長い話で、エウティミオは頭を垂れて黙って聞いていた。彼に何か要望はあるかと尋ねると、彼はあると言った。革命、いやむしろ我々に自分の子供の面倒を見てほしいと」。革命はエウティミオとの約束を果たした、とチェは書いている。しかし彼の名は「すでに忘れ去られている。おそらく彼の子供たちでさえ覚えていまい」。子供たちは新しい姓名を名乗り、キューバの国立校に通い、他の子供たちと同じ待遇を受けて、より良い人生のために励んでいると言うのだ。

「しかしいつの日か」彼は付け加えた。「彼らは自分の父親が背信を理由に、革命権力によって処刑されたと知ることになる。買収に惑わされ、名誉と金への欲望に目がくらんだ犯罪を犯そうとした農民が、それでも自分のまちがいを認め、自分は慈悲などに値しないと考えて少しも命乞いせず、最期の瞬間に子供たちのことを思い、司令官に寛大な処置と配慮を求めたことを、彼らが知るのも正当なことなのだ」

チェはこの寓話を、宗教的象徴主義が色濃くにじむ、エウティミオの生涯の最期の瞬間の描写で結んでいる。「ちょうどそのとき激しい嵐で、あたりが暗くなった。土砂降りのなか、空に稲妻が走り、雷が鳴り響いた。稲妻が近くで光り、直後に雷が鳴ったとき、エウティミオ・ゲラの生涯は終わった。近くいた同志でさえ銃撃の音は聞こえなかった」

この出来事は、マエストラ山脈のゲリラと農民のあいだに、チェの神秘性が広まる重要な契機となった。彼は革命規範の違反者に対し、直接行動に出る冷酷な意志を持つ人物だという評判を得た。匿名希望のキューバ人の情報によると、実際には他の誰も引き受けたがらないのがはっきりしてからやっと、チェはエウティミオを殺す役を引き受けたという。おそらくフィデルもいやだったのだろう。フィデルは実行者を選ばないまま、雨を凌ぐためにその場から去った。

グアヒロの一人がエウティミオの墓に木の十字架を置こうとしたが、チェは彼らが野営していた土地の家族に迷惑をかけることを理由に、それを許さなかった。代わりに近くの木に十字が刻まれた。

処刑で悩んだにしても、翌日彼はそんな素振りはまったく見せなかったようだ。日記では、七月二六日運動の美人活動家の農場到着をこう評している。「（彼女は）運動の偉大な崇拝者で、何よりヤリたがっているように見える」

Ⅲ

2月18日、七月二六日運動指導者の首脳会合は終わり、フィデルは、都市の同志に持たせて島全域にばらまかせる声明の執筆に午前中を費やした。フィデルの『キューバ人民への訴え』には、チェの心情に近い闘争的な言葉が散りばめられており、彼は日記でそれを「真に革命的」であると称賛している。

この声明は戦争を概略し、状況にふさわしい誇張表現で記された。反乱軍は殲滅されなかったばかりか、近代的兵器と人数ではるかに勝る敵部隊に80日間にわたり「果敢に反撃し」、彼らの一隊は「マエストラ山脈の農民の支援により着実に兵力を増してきた」と彼は述べている。

フィデルは、砂糖収穫、公益企業、運輸、通信システムに対して経済的サボタージュを強めるよう呼びかける6カ条の「全国への指針」で締めくくっている。そして、「革命派に拷問を加えて殺す腰巾着たち、その頑迷さと柔軟性の欠如が国にこのような状況をもたらした政権の政治家たち、そして運動成功の途上に立ちはだかる者たちの即決処刑の早急な執行」を求めた。加えて彼は反バティスタ闘争を最高潮に持ち込むために、キューバ全土で「市民レジスタンス」の組織を作るよう訴えた。そして「運動の経費増大をまかなう」資金調達の拡大と「革命的ゼネスト」を求めた。

サトウキビ畑を焼けという命令を正当化するために、フィデルはこう書いた。「この手段に反対し、労働者の生活はどうなると言いつのる者たちに尋ねよう。やつらが労働者の給料を搾取し、老齢年金を騙し取り、債券で支払い、8カ月にわたる飢餓で彼らを殺したとき［…］なぜ彼らを守ろうとしなかったのか？＊　我々が血を流しているのは、まさにキューバの貧しい人々のためではないか！　明日のパンと自由を勝ち取れるなら、今日の少しの飢えなど、どうでもいいではないか？」

フィデルの声明はかなりのごまかしに基づいていた。ハーバート・マシューズに実際よりも大きな部隊を持っていると信じ込ませて騙したのと同様に、今度は「農民の支援」により自分の部隊は「着実に兵力を増してきた」と謳った。この時点では、そんな支援などほぼでっちあげだった。チェがまだ疑っていたクレセンシオの忠誠を除けば、反乱軍への農民支援は、まだ非常に危うかった。反乱軍はたった一人の農民エウティミオ・ゲラの裏切りで、ほぼ壊滅状態だった。他にも多くの農民は軍の助言を受け入れて、ラ・プラタ攻撃以降、山岳地帯から逃げていた。注目すべき例外もあったが、金をもらった運び屋であろうと、食糧やその他の補給品を提供する者であろうと、反乱軍が頼っていた農民の多くの本心は利己心だった。見知らぬ農民に対し、絶えず自分を擁護者として押し通そうとするフィデルの行動は、自分の農民に対する掌握が危ういのを、まちがいなく認識していたことを示している。

ディアスの農場から山に戻ったフィデルは、勾留されていた農民と対面した。フィデルはその男に、自分たちは「革命派」の情報を探している警備隊だと告げた。怯えた男は反乱軍について何も知らないと言い、フィデルの求めに従って、もし疑わしい者を見たら近くの駐屯地に報告すると約束した。チェは日記にこう記している。「フィデルは彼に自分たちは革命派で、貧者の味方であり、警備隊に手を貸す意志を示した彼を縛り首にすると言った。この男ペドロ・ポンセの反応は尋常ではなかった。彼は汗をかいて立ち上がり、震えながらこう言った。「いやそんなバカな、家に来て鶏肉とご飯を食べてください」。フィデルが農民たちからの支援不足を愚痴る痛罵をしてから、食事の申し出を実行させた」

このエピソードは、出版されたチェの戦争報告には含まれていない。フィデルの人を騙す嗜好がいささか行き過ぎるときもあるのを示しているからにちがいない。それでも、おそらくフィデルがそういった予防措置をとるのは賢明だっただろう。グアヒロのなかには積極的に共感を示す者もいたが、彼らの多くにとって反乱軍は、マエストラ山脈に死と破壊をもたらした苛立たしい存在だった。軍はいまだに優勢だった。軍は町と道路を支配し、エウティミオ・ゲラにしたように、物質的エサと恐怖によって、人々を味方に引き入れていた。フィデルは支配を確立するまでのあいだ、裏切り者、あるいはスパイを無力化するために、策略、賄賂、選択的テロを利用しなければならなかった。グアヒロのあいだでは、反乱軍を助けた者はすべて、その報いを受けるだろうというのが共通認識だった。一般市民は軍の残虐行為と、密告者に対する報復措置のあいだの危険な罠に巻き込まれていた。エウティミオを処刑したことで、チェは反乱軍の「迅速な革命的正義」という新たな方針の先頭に立つことになった。

2月18日、新たな出来事がそれを明確にした。ちょうど幹部会のメンバーがディアスの農場を発つ準備をしていたとき、拳銃の銃声が近くで鳴り響き、誰もが武器を摑んだ。だが取り越し苦労だった。チェはこう書く。「すぐに「何でもない、何でもない」と叫ぶ声が聞こえて、ガリシア人モランが現れた。45口径の銃弾で脚を負傷していた。［…］私は応急処置をして、ペニシリンを与え、添え木で脚が曲がらないようにした。

＊　キューバのサトウキビ労働者の大半は、ザフラと言われる収穫期の4カ月間しか雇ってもらえない。ティエンポ・ムエルト、すなわち「死の季節」のあいだ、彼らは移動労働者となるか、コーヒーやタバコといった他の作物を収穫した。

［…］フィデルとラウルは、彼がわざとそんなことをやったのだろうと責めた。私にはそうなのかわからなかった」。このときも、モランの本当の動機ははっきりしなかったが、彼の「事故」のタイミングが、エウティミオ処刑の翌日で、訪問者が出発する直前だったため（彼らが、モランの戦場離脱を許可していた）疑いの目で見られた。

モランは「脱走、不服従、敗北主義的行動」が死罪に値することを知っており、戦線を離脱したがっているのではとあからさまに疑われていた。チェはモランの仇敵であり、いつも彼を監視し、数日前には彼を処刑すべきだと発言していた。モランは自分がいつ殺されてもおかしくないと思っただろうし、おそらくそれは正しかった。

後にチェは、バティスタ側に寝返ったモランの墓碑銘めいたものを記している。「モランのその後の顛末、彼の裏切りとグアンタナモにおける革命家による死から見ても、彼が故意に自分自身を撃ったのは確実に思える」。このようにモランについての簡潔なチェの書きぶりは、戦争に参加した男たちについての多くの描写と共通している。キューバの新たな公式史を作り上げているという役割を自覚していたチェは、「新」キューバで大切にされる、あるいは非難される価値観の代表として、それぞれの個人に象徴的な意味を与えている。エウティミオ・ゲラは魂が堕落させられ、その名が裏切りの代名詞となり、そのまちがいが繰り返されてはならない農民だ。これとは対照的に、フリオ・セノン・アコスタというグアヒロは彼の文章のなかで、革命の殉教者、労働者と農民が模範とすべき典型となった。ガリシア人モランは逃亡兵、裏切り者で、結局は裏切りの究極の代償を払うことになったが、それは革命の敵に対してチェが当然だと定めた宿命だった。反乱軍の表向きの敵は、確かに軍の部隊と秘密警察だったが、内なる敵も同じくらい危険だった。チェは革命を、歴史の教訓を究極的に具体化したものであり、未来への正しい道だと考えていた。自分の正しさを確信した彼は、反乱軍の生存を脅かしかねない者を異端審問官の目で睥睨した。

Ⅳ

出発して付近の丘陵に入り、フランク・パイスが3月5日に到着すると約束した志願者を待つことにした。チェの喘息がぶり返した。彼はそれを後に「私個人にとって戦争中で最も辛かった日々」と呼んでいる。チェはこの慢性疾患の発作に定期的に襲われた。屈強な同志たちは、彼がマラソン行軍に意志力だけで遅れずついてこようと頑張るのに驚いたが、喘息で動けなくなると、多くの者がチェに手を貸すしかなく、ときには彼を担ぐ必要さえあった。おそらく西半球最高の、不釣り合いなほど喘息罹患率が高い、湿気の多い亜熱帯の国キューバに、チェのような深刻な喘息患者が行き着くことになったのは皮肉だった。

この「自己」を排してグループの一部になりたいというチェの根深い欲望が、喘息によって強いられた本質的孤立から派生したものだという印象は拭いがたい。彼にとってはありがたいことに、彼は求めていた男同士の友愛を見つけた。もう一人で耐える必要はなかった。実際、マエストラ山脈では完全に絶望的な身体状態となり、同志の支援に依存することが、文字通り死活問題となったときもあった。しかしゲリラ共同体では、誰も一人で苦しむ必要はなかった。チェが助けを必要とする日もあれば、次の日には他の男がそうなることもあった。チェがゲリラの生活精神を個人的に強烈に畏敬するようになったのは、何にも増してこの共有感のためだったのかもしれない。

チェが「水と爆弾の日」と名付けた2月25日、チェたちは、だんだん近づいてくる迫撃砲と機関銃、ライフルの音で目を覚ました。軍が一帯をくまなく捜索していると考えた彼らは、日没後にキャンプを移したが、状況は悪かった。食糧は実質的に底をつき、チョコレートとコンデンスミルクだけで凌いでいた。チェはここ数日「危険な喘息発作」の悪化を感じていたが、それが眠れないところまで悪化した。農民協力者から提供された豚肉を食べた後、ほぼ全員が食あたりを起こし、チェは2日間吐き続けて、さらに衰弱した。雨でびしょ濡れになりながら行軍したが、喘ぎが止まらなくなった。そこは農民たちがいっさい関わりを持ちたがらない地域だった。食糧は底をつき、新しい案内役も突然姿を消した。フィデルは山地に退却するよう命じたが、すでにチェは衰弱して歩けなくなっていた。他の者が待っているあいだ、彼は最後に残っていたアドレナリン・アンプル2本の片方を注射して、どうにか自分の足で立てるようになった。

丘の峰に到達した彼らは、尾根に陣取るために敵部隊の隊列が登ってくるのを見て、先にそこに着こうと走りはじめた。迫撃砲が炸裂したとき、反乱軍は兵士に見つかったのを悟った。後に認めているように、チェはほとんど脱落しかけた。「行軍の歩調に合わせることができず、たびたび遅れをとっていた」。誠実な相棒ルイス・クレスポは彼と彼の背嚢を交互に担いで、彼を「アルゼンチンの売女の息子め」と呼んで銃床で殴るぞと脅した。

敵軍から逃れたものの、再び激しい雨でずぶ濡れになり息絶え絶えのチェは、行軍の最後の行程では担がれて移動した。エル・プルガトリオ（煉獄）と呼ばれる、名前のとおりの隠れ場所に着いたとき、フィデルは決断を下した。農民に金を払ってマンサニージョまで喘息薬を急いで取りに行かせ、グアヒロの付き添いをつけてチェをそこに残し、フィデルたちは先に進む。計画では、チェは回復したらすぐにディアス農場に戻り、新たな反乱軍志願者に会い、彼らを山岳地帯まで率いてフィデルに再合流することになった。

チェと一緒に残るために選ばれた人物は、エル・マエストロ（先生）と呼ばれていた。彼はモンカダ襲撃に参加していたと偽って志願してきたが、それでも隊列に加わることを認められていた。後にチェが述べているように、彼は「怪しげながら屈強な男」だった。フィデルが出発すると、彼とエル・マエストロは薬を持った農民が戻るのを待つために、森に身を隠した。彼らはそこで「希望と恐怖」の2日間を過ごした。チェの喘息は一進一退を繰り返し、眠れなかった。捜索する軍の機関銃と迫撃砲の音が聞こえた。運び屋が喘息薬のびんを持って来たが、症状が少し緩和しただけだった。その夜、チェはまだ歩けなかった。3月3日、彼は力をふり絞って移動を始めたが、通常1時間で登れる丘に5時間かかった。彼はそれを「精神的勝利と身体的敗北の日」だったと書いている。

ディアス農場に着くまでに1週間かかった。予定より5日遅れだ。エル・マエストロはほとんど手助けしてくれなかったし、地元農民はさらにひどかった。いつもは親切なある農民が彼を見てあまりに不安がったので、チェは自虐的にこう記している。「びびりメーターが壊れたみたいに怖がっている」

チェの遅れはそれほど問題にならなかった。まだ新兵は到着していなかったからだ。ただしエピファニオ・ディアスが新情報を持ってきた。良くないニュースだった。数日前、フィデルの縦隊がロス・アルトス・デ・メリノという場所で敵部隊の奇襲を受けて二手に分裂してしまったという。フィデルの消息は不明だった。

V

キューバ革命を特徴づける多くの皮肉の一つは、マエストラ山脈の反乱軍にとって最も絶望的な日々が、バティスタ体制への最も壊滅的打撃の一つと同時期だったことだ。2月末、ハーバート・マシューズによるフィデルの挑発的なインタビューが、爆弾のようにキューバを襲った。「マシューズによるフィデルのインタビューは、あらゆる予想を超えていた」とチェは高揚して記している。バティスタ政権の国防相はマシューズの記事を作り話だと非難し、彼とフィデルが一緒の写真を提示するよう挑発したが、これはすぐに政権が犯した広報上の最大の失態の一つとなった。

マシューズの三部構成記事の第1弾は、2月24日の『ニューヨーク・タイムズ』に掲載された。翌日バティスタは報道検閲を解除し、記事は瞬く間に各種新聞に翻訳、転載され、キューバ全土の放送で論評と議論を巻き起こした。インタビューは、政府の報道とはまったく逆に、フィデルがまだ健在だと証明したし、国際的なパブリシティという面でもきわめて強力だった。マシューズはフィデルの理念に共感していた。「キューバの若者世代による反乱のリーダー、フィデル・カストロは生きており、島の南端、マエストロ山脈の険しくほぼ立ち入り不可能な広大な地帯で懸命に戦って、成功を収めている。〔…〕何千人もの男女がフィデル・カストロと彼が掲げた新政策を心の拠り所にしている。〔…〕数百の聡明な市民たちがカストロ氏に手を貸している。〔…〕政府による苛烈な反テロリズム〔政策〕が、人々をさらにいっそう反バティスタ将軍へとかき立てている。〔…〕状況から判断すると、バティスタ将軍がカストロ反乱を抑え込むことはまずできないだろう」

マシューズは立派で逞しい人物として彼を描写している。そして現実の部隊規模をめぐるフィデルのごまかしに騙されていた。「なかなかの男だ――がっちりした180センチの長身、オリーブ色の肌、丸顔、もじゃもじゃの髭。彼はオリーブグレイ色の戦闘服を着て、自慢の望遠照準器つきライフルを手にしている。配下には50人以上の男がいるようで、彼によると軍の兵士は彼らを恐れているという。「これらの銃で1キロ先の兵でも仕留められる」。〔…〕この男の個性は非常に強烈だ。部下が彼を崇拝し、全島のキューバ若年層の想像力を彼が捉える理由はすぐにわかる。彼は教養ある、献身的な狂信者、理想に身を捧げ、勇気と卓越した指導者としての資質を持った男なのだ」

マシューズによるフィデルの政治活動の記述を読むと、彼がほとんどルーズヴェルト支持者のようにすら思えてしまう。「この革命運動は社会主義を謳っている。これはまたナショナリズム的でもあり、南米でこれは一般に反米を意味する。綱領は曖昧で、一般論ばかりだが、キューバにとってのニューディールとすら言える、急進的で民主主義的、そして反共産主義的なものだ。その強さの真の核心は、それがバティスタ大統領の軍事独裁と戦っていることにある。〔…〕〔カストロは〕自由、民主主義、社会正義、憲法復活と選挙の必要性を強く信じている」

その後数日にわたりメディアが沸き立ったが、反乱軍がラジオに登場したことでそれがさらに勢いを増した。2月28日、『ニューヨーク・タイムズ』はマシューズとフィデルが一緒に写っている写真を掲載し、この遭遇のすべては記者がでっち上げたものだという体制側の無謀な主張を劇的に打ち砕いたことで、騒ぎは頂点に達した。さらに、「この架空のインタビューが行われたという区域は、物理的に入れないのだ」というオリエンテ州の軍事司令官の豪語は、自分は無敵で捕まえられないというフィデルの主張に説得力を与えるだけだった。

しかしフィデルのインタビューに続き、フランク・パイスとアルマンド・アルトが逮捕されたという悪い知らせが届いた。そして3月13日、チェがディアスの農場で反乱軍への新たな志願者を待っていると、ラジオがハバナでのバティスタ暗殺の企てについて、最初の詳細を放送しはじめた。ホセ・アントニオ・エチェベリア率いる革命幹部会所属の武装集団がカルロス・プリオの真正党の党員数人とともに、大胆にも白昼のさなか大統領官邸を襲撃し、一時的にハバナの24時間放送のラジオ・レロホを奪取した。だが襲撃は失敗し、その後の銃撃戦で少なくとも40人が死亡した。死亡者にはエチェベリア以下30人以上、官邸警備員5人、たまたま居合わせた不運なアメリカ人旅行者1人が含まれていた。皮肉なことに襲撃時にリンカーン暗殺についての本を読んでいたバティスタ自身は無傷で生き延びた。

チェは日記のなかで、革命幹部会をいつも「テロ集団」と呼んでいた。フィデルとエチェベリアはメキシコで協定を結んではいたが、実際には彼ら二人は熾烈なライバルだった。この暗殺未遂により、エチェベリアがハバナで既成事実を作り上げ、権力闘争でフィデルとその運動を出し抜こうとしていたのは確実となった。指導者の死により革命幹部会は大打撃を受けたが、その後の出来事が示すように、まだ舞台から消えてはいなかった。革命幹部会はフィデルの覇権に対し、最後の最後まで挑み続けることになる。だがこの時点では、ハバナの七月二六日運動の細胞が負傷者を救助し、反乱兵を自分たちの隠れ家に匿うと同時に、ここぞとばかり幹部会の武器保管庫を手に入れた。

命が危険にさらされたことで、バティスタは一時的に有利になった。保守的な実業界が彼に味方し、彼はこの事件によって、伝統的キューバ社会を無政府状態から護る最後の砦を築いた軍事独裁者として、強い力を持ち、主導権を握っているように見えた。続く数日で警察は多数を逮捕し、逃亡中の暗殺事件の生き残りを射殺した。そして暗殺計画への関与を疑って、著名な元上院議員で正統党の党首代行ペラジョ・クエルボ・ナバロを殺害した。

多少の事故はあったが、3月17日にサンティアゴからの志願者50人と少数の兵器がディアスの農場に到着した。チェにとって最大の問題は、これだけ多数の男たちに十分な食糧を見つけ、打ち合わせ通りロス・アルトス・デ・エスピノーサから程近い集合場所まで、山々を越えて彼らを移動させることだった。行軍を始めると、サンティアゴ出の新兵たちは、グランマ号で来た男たちが当初持っていたのとまったく同じ欠点を抱えていたとチェは述べる――軍規の欠如と身体的持久力不足だ。彼らは食べ物に文句をつけ、最初の山にほとんど登れない者さえいた。それをなんとか登り切ったとき、「その最大の革命的偉業」を労うために、丸一日休んだと、チェは皮肉をこめて日記に書いている。

グアヒロ数人を助けのために呼び寄せて、チェは新兵を連れてゆっくり山脈に分け入り、8日間の痛々しい山行の末、フィデルたち——彼らも結局は少し前の奇襲を生き延びていた——に合流した。差し当たって、彼らは安全だった。チェは自分の使命を果たし、反乱軍はわずか18人から、70人に増えた。

16 痩せた牛と馬肉

I

靴ずれに苦しんで文句ばかりの新兵たちを率いて、1週間かけてマエストラ山脈を登ってきたチェは、ラ・デレーチャという山の中腹の辺鄙な集落でフィデルに再合流した。ここでも、チェは再び叱責された。今度は志願兵のリーダー、ホルヘ・ソトゥスに上下のけじめをしっかり叩き込まなかったことに対してだった。新兵は尊大で、道中でチェを苛立たせ、多くの部下からも怒りの抗議を受けてきたが、チェはソトゥスに規律の必要性を説くだけにとどめてきた。フィデルに対処を任せるつもりだったらしい。

フィデルに言わせると、チェはきちんと指揮をとっていなかった。フィデルの不満は、参謀の再編に反映された。部下を昇格して、部隊をラウル、フアン・アルメイダ、ホルヘ・ソトゥスが率いる三つの小隊に分けた。チェは降格され軍医に任命された。チェは日記にこう記している。「ラウルは私に政治委員を兼任させるべきだと主張したが、フィデルは反対した」

この事件は、チェの公式戦争記録では触れられていないが、ラウルのチェに対する評価だけでなく、フィ

ラウル・カストロとチェ．反乱軍のふたりの急進派．

デルの政治的判断力も明らかにしている。すでにバティスタはフィデルを共産主義者だと非難しており、これをフィデルは積極的に否定していた。チェのような露骨なマルクス主義者を政治委員に任命すればバティスタの思うつぼだし、圧倒的に反共主義者の多い七月二六日運動の兵士の多くに敬遠されることになるからだ。

その後フィデルは差し迫った戦争計画決定のために、チェを含む上層部の8人と秘密会議を開いた。チェは新兵の最初の実戦テストとしてすぐに軍と一戦交えるべきだと主張したが、フィデルとその他の多くは徐々に慣れさせようと言う。「トルキーノ［丘］を目指して森のなかを進み、なるべく戦闘を避けることになった」とチェは日記に書いている。

3月25日、サンティアゴの独房にいるフランク・パイスからの秘密メッセージを密使が届けた。情報筋によるとクレセンシオ・ペレスがホアキン・カシージャス少佐と取引し、反乱軍が1か所に集まったらその場所を軍に密告し、殲滅することになっているとパイスは記していた。日記のなかで、チェはパイスの情報を信用しているらしい。彼にはすでにクレセンシオの忠誠を怪しんでいたからだ。グアヒロのリーダーであるクレセンシオは、農民兵を補充する命を受けてしばらく一隊を離れていた。つい先日、彼は武装者140名を集めたと主張するメッセージを送ってきた。しかし、ディアス農場からの道中、彼に会ったチェは、彼の元にいるのはわずか4人――快方に向かいつつある兵の残党――で、新兵など一人もいないことを知っていたのだ。フィデルがサトウキビ畑を焼けと言ったとき、クレセンシオがうろたえ、怒ったのも知っていた。こうした意見の相違は、反乱軍指導部と、その最大の農民協力者との、革命戦略をめぐる不理解の深い溝を改めて強調するものだった。指導部には、これが裏切りに至るほどエスカレートするかどうか確信はなかったが、危ない橋を渡るわけにはいかなかった。フィデルは最も信頼のおける男からなる小グループを呼び集めて、動員を命じた。

改造革命軍の最初の行軍は、まるでキーストン・コップスのどたばた喜劇映画だった。最初の大きな山に登っている途中、最も風変わりな志願兵の1人――グアンタナモ湾アメリカ海軍基地から逃亡してきた10代のアメリカ人3人のうちの1人――が疲労で気を失った。下りの途中で、先発隊の2人が道に迷い、第二部隊全員がすぐにこれに続いた。ソトゥスの小隊と後衛部隊も同じように道に迷った。「フィデルがひどい癇癪を起こした。だが最終的には、我々全員が事前に決めておいた家に到着した」とチェは書く。

1日かけて休養し、農夫の土地から盗んだユッカとブランテン（バナナの一種）を貪り食った後に待っていたのは、「悲惨な登りの行軍」だった。そこは、かつて奇襲を受けたロス・アルトス・デ・エスピノーサだった。彼らはホルヘ・セノン・アコスタの埋葬場所で、彼のために短い追悼式を行った。そこで失くした毛布がキイチゴの木に引っかかっているのをチェは見つけた。それが「迅速な戦略的退却」を思い起こさせ、彼は今後決してこのようなかたちで装備を失くすまいと誓った。新人──「パウリーノという名の混血」──が、チェの重い薬の運搬を手伝う専門要員に任命された。体を酷使して薬を運んできたために、チェの喘息が悪化していたからだ。

これがその数週間の反乱軍の生活パターンになった。フィデルは戦闘から離れているあいだ、食糧、兵器、弾薬の蓄えを増やし、農民支援ネットワークを拡張するつもりだったが、翌日まで命をつなげるだけの食糧を確保する必要があった。山岳地帯を移動中、彼は農民と取引して、収穫の一部を彼らのために蓄えておいてもらうようにしたが、事態は依然非常に厳しかった──彼らは80人を超えていたため、もはや大挙して農民の家を訪れ、食糧を分けてもらうわけにはいかなかった。食事はたいていプランテン、ユッカ、そしてキューバ農民の主食であるマランガと呼ばれるでんぷん質の紫色の塊茎だった。食通のフィデルにとって、このバカス・フラカス（痩せた牛）期間はことさら不愉快で、機嫌が悪かった。4月8日、ちょっとした任務でキャンプを離れ夕食を食べ損なったフィデルが、いきなり癇癪を起こすのをチェは見た。「帰るのが遅れたフィデルは、私たちが米を食べたのと、事が思い通りにならなかったことに腹を立てた」

食糧不足のため、必死の行動をとらざるを得ず、単なる強盗に近い行為もあった。ある夜には数人の男が雑貨屋から掠奪、また別のグループは、密告者と言われたポパという名の男を脅して、彼の牛を没収しに送り出された。二番目の分隊が戻ったとき、「襲撃はうまくいき、彼らはポパの馬を連れてきたが、彼は密告者ではなさそうだったと言う。馬の代金は支払わなかったが、彼が変な真似をしなければ支払うと約束した」とチェは記している。馬は鍋にされたが、最初グアヒロたちは有用な使役動物が食用に殺されたと怒って、食べるのを拒否した。残った肉を塩漬けにして、ジャーキーの一種トサホを作った。フィデルはこれを作っているあいだ、キャンプ移動の計画を延期した。チェは皮肉っぽくこう述べている。「トサホについて熟考して、フィデルは考えを変えた」

マエストラ山脈の外の政情は不安定になっていた。暴力が拡大し、新たな選挙を求める声が上がっていた。一部の政治家は反乱軍との対話を呼びかけた。これは反乱軍が重視されていることを示していたが、バティスタはどこにも反乱などないのだから、そのような対話は必要ないと宣言した。彼は11月のサンティアゴ暴動の「鎮圧者」、バレラ・ペレス少佐を大佐に昇格させ、マエストラ山脈掃討のために１５００人の兵を与えた。

フィデルはクレセンシオ・ペレスから、意味不明なメッセージを受け取った。そのなかでこのグアヒロ指導者は、以前主張していた人員を確保していない――そして武器も持っていない――と認めたが、数人の志願者は集めているから、フィデルが迎えに来てくれと求めていた。自分は「足を痛めている」から、志願者たちを連れていけないと言う。チェのメモは謎めいている。「フィデルの返答は、真剣な申し出はすべて受け入れるし、あとで武装した男たちを連れて来いというものだった」。フィデルは用心深かった。グアヒロが裏切りを画策している場合に備えて、罠かもしれない状況に陥るのを避けようとしていた。

必要に迫られた反乱軍は、山脈の住人たちとの関係を強化しようと努めた。チェは野外診療も始めた。「それは単調な仕事だった」と彼は回想している。「処方できる薬はほとんど持っていなかったし、山岳地帯の臨床症例はほぼ同じだった。歯のない早老の女性、腹が膨れ上がった子供、寄生虫、くる病、一般的なビタミン欠乏」。彼はそれが、農民の過労と貧弱な食生活のせいだと書いた。「我々は人々の生活を決定的に変える必要性を切実に感じている。農地改革という考えが明確になり、人民との心的交渉は、理論ではなく、我々の実存の基本要素になった」。チェは、自分では気づいていなかったかもしれないが、かつて夢見た革命医師に進化していた。

II

反乱軍が山岳地帯の生活に慣れつつあった頃、平原部の運動指導者たちは「市民レジスタンス」の地下支援ネットワークで、山脈のためのライフラインを築こうと頑張っていた。フランク・パイスは、正統党の党首で前上院議員エドゥアルド・チバスの兄ラウル・チバスをリクルートして、ハバナ支部長に抜擢した。元キューバ国立銀行総裁で、ハビエル・パソスの父でもあった経済学者フェリペ・パソスはハーバート・マシューズのインタビューの手配に一役買い、このネットワークにも加わった。サンティアゴでは、著名医師アンヘル・サントス・ブッチがネットワークを率いた。

この連携は、全国幹部会の主要メンバーが逮捕されたことで、打撃を受けた。ファウスティーノ・ペレスと、七月二六日運動の地下プロパガンダ担当でジャーナリストのカルロス・フランキが、官邸襲撃に関与した容疑で逮捕された。彼らはフランク・パイスがまだサンティアゴで勾留中に、ハバナのエル・プリンシペ刑務所でアルマンド・アルトと合流した。連絡は秘密の手紙によって続いていた。運動のリーダーたちのなかで、自由の身なのはセリア・サンチェスほぼ一人だった。彼女はフィデルの外界との主要な連絡役になっていた。彼は定期的に彼女に手紙を送り、おだてたり激怒したりしながら、拡大する自軍のためにさらなる資金と補給品を求めた。

4月15日までに、反乱軍はチェが初めて人を殺した場所、アロヨ・デル・インフィエルノに戻っていた。食糧を探し、地元民から情報を集めるために分隊が派遣されると、近所にフィリベルト・モラという密告者がいるという。フィデルは苛立っていた。密告者がいるという知らせは、政府機が上空を通過したのと同時刻に届いたので、フィデルは再度キャンプを移動させようとした。出発の準備が整うと、新分隊長ギジェルモ・ガルシアが密告者と思しき人物を連れて現れた。ガルシアは彼を騙して連れてくるために、軍の士官を装っていた。チェの日記によれば「この男、フィリベルトは騙されていた。だがフィデルを見てすぐ、事態を悟って謝りはじめた」。怯えた彼は過去のすべての罪を告白した。それにはアロヨ・デル・インフィエルノの奇襲で軍の手引き役を務めた話も含まれていた。もっと驚いたことに、モラの仲間の一人が軍に反乱軍の現在地を知らせるために隊を離れたことが判明した。「密告者は処刑された」とチェは記している。「彼の頭を撃ち抜いた10分後、私は死亡宣告した」

キャンプをたたんでいるとき、セリアからの手紙と500ドルを持った使者が到着した。手紙は、追加の金がすぐに届き、もっとジャーナリストをというフィデルの要望に応えて、何人か見つけて彼女自身が山脈に連れていくと約束していた。独房からこっそり送られた、アルマンド・アルトからの手紙も届いた。チェは、アルトが書いていることすべてに不快感と疑念を抱いた。彼は日記に「そのなかで彼はまちがいなく反共主義者であるという本性をあらわにし、ヤンキー大使館とのある種の裏取引さえ匂わせていた」*

4月末になると、さらに多くの農民が加わって、反乱軍の補給システムもうまく機能しはじめた。食糧を持った男とラバが毎日やってきた。アメリカCBS放送のロバート・テーバーとウェンデル・ホフマンという二人のグリンゴが、セリア・サンチェスとアイデー・サンタマリアに伴われ、フィデルに会いに来るとい

＊　この手紙は、キューバ革命史の公式記録からは抹消されており、またゲリラ戦のあいだに七月二六日運動と米国政府とで行われた極秘の接触を匂わせるようなあらゆる記録も消されているが、そうした接触は明らかにあった。これまでの研究では、こうした接触は1957年夏に始まっている。チェの記述から見て、米国政府の高官はフィデルの同志の一部に、すでに3月の時点で接触を図っていたようだ。

う知らせも届いた。『ニューヨーク・タイムズ』に掲載された、キューバにおけるフィデルと反乱軍についてのハーバート・マシューズの記事が、アメリカのマスコミ業界の広い興味をかきたてたのだ。テーバーはCBSラジオ用に収録を行い、また反乱に関するテレビ用ドキュメンタリー番組をカメラマンと作る計画もしていた。フィデルは防衛力を高め、チェが記しているように「ジャーナリストに印象づけるため」に、参謀本部を反乱野営本部の上の丘の頂上に移した。

ジャーナリストたちは彼らの思惑どおりの感銘を受け、すぐに仕事を始めて、初日はアメリカで有名になっていた3人のアメリカ人逃亡者にインタビューした。フィデルは自分自身のインタビューのために、もうひとつ華々しいメディア戦略を考えていた。キューバ最高峰トゥルキノ山に登って、その頂上で記者会見を開くのだ。4月28日、ほぼ全員が頂上——フィデルの小型高度計によると1850メートル——に登った。そのキューバ最高地点でフィデルはテーバーとホフマンによる撮影インタビューを受け、みんなが銃を空に撃った。喘息で喘いでいたチェは最後にたどりついたが、登頂に大いに満足感を覚えた。

トゥルキノ山から下り、喘息が快方に向かいはじめたチェに、フィデルは後衛を命じ、ヴィクター・ビュールマンを助けさせた。アメリカ人逃亡者の一人であるビュールマンは、腹痛で自分の背嚢を担げないと訴えていた。チェは嫌々ながら彼を助け、このアメリカ人青年は何よりもホームシックに苦しんでいるのではないか、と日記で不満を漏らしている。

トゥルキノ山登頂と同じ頃、反乱軍がこれまで見たことのない類の志願者たちが流入してきた。大義にロマンティックな憧れを抱いた若者たちだ。ある少年は、彼らを2カ月かけて追ってきたという。チェはキューバ中心部カマグエイ州から来た他の二人の若者、「二人の冒険野郎」を最初は不採用にしたものの、反乱軍は贅沢が言える立場ではなく、結局は受け入れられた。その一人ロベルト・ロドリゲスは、最後には「革命戦争中、最も好ましく、最も愛された人物」の一人、「バケリート」（小カウボーイ）となったと後にチェは記している。バケリートはその快挙により、キューバ革命の英雄たちの殿堂のなかでも神聖な地位を得た。「バケリートは政治理念など抱いていなかったし、すべてを素敵な冒険と見ている、陽気で健康な少年にしか見えなかった」とチェは記している。彼は裸足でやってきたので、セリアが余っていた靴一足を貸してやった。それはメキシコで履かれているような類の革製の靴だった。彼の足はとても小さかったため、これしかあう靴はなかった。新しい靴を履き、棕櫚の葉の大きな帽子を被ったバケリートはメキシコのカウボーイ、バケロのように見えたため、そのあだ名がついた。

もう一人の新志願者はフリオ・ゲレーロというグアヒロで、エル・ムラートの谷における故エウティミオ・ゲラの隣人だった。軍から反乱軍との繋がりを疑われて、彼の家は焼かれていた。フィデルを殺せば賞金を与えると提案されたとゲレーロは言ったが、賞金はエウティミオに約束されていたと言われる1万ドルよりもずっと少額で、たった３００ドルと身籠った牛1頭だったという。

反乱軍は、政治的な情熱が確認できなくても兵士候補者を拒否する余裕はなかったし、同様に民間人の協力者を過度に精選することもできなかった。革命幹部会による官邸暗殺未遂の際に奪取した武器が、密かにサンティアゴ市に運ばれているという知らせをある七月二六日運動員がもたらしたとき、フィデルはそれを回収させるために、地元の案内人とともに彼をサンティアゴに送り帰した。チェはこの案内人について日記に、彼は「マリファナ卸業という職業柄」、山地に精通していたと記している。

ガリシア人モランが再び現れて、チェは驚いた。傷を負った足をまだ引きずりながら、モランは「極秘計画」を提案したいと興奮して語った。フィデルがメキシコに残された七月二六日運動員を連れ帰るためにガリシア人を派遣し、さらに資金集めのためにアメリカに行かせることにしたと知って、チェは歯がみした。

「ガリシア人のような男、自ら認めた逃亡兵、道徳心もなく、策略家、ペテン師、最悪な嘘つきを派遣するのがいかに危険か伝えたが、すべて無駄だった。フィデルは、ガリシア人には何でもいいからやらせるために派遣したほうがいいし、恨みを抱かせてアメリカに通報されても困ると主張した」

別のアメリカ人記者がフィデルに会いに向かっているとの噂が伝わった。テーバーのカメラマンはすでに去り、フィルムは別ルートでこっそり送られていたが、テーバーは『ライフ』誌向けの記事を書くために残っていた。新しい記者について聞くと、テーバーは自分が終わるまで彼を足止めしてくれとフィデルに頼んだ。そうすれば自分が確実に独占インタビューを得られる。フィデルは同意して、もう一人の記者を数日間ほど途中で拘束しろと命じた。

マリファナ栽培の案内人が戻り、補給品、現金、そして新たな兵器の引き渡し場所がトゥルキノ山の北東のここから行軍で数日の場所に決まったという知らせを持ち帰った。移動の準備を進めるなか、チェはフィデルのメッセージを反乱軍の大半の野営地に届けようとしたが、日没後で道に迷ってしまった。彼はその後の3日間、一人で森で身を隠し、さまよい、ようやく仲間のところに戻る道を見つけた。後方キャンプに着くと、そこでは新たなジャーナリスト、アンドリュー・セント・ジョージというハンガリー系アメリカ人フリーランサーが、まだ足止めを食っていた。チェは自然に湧いた拍手で迎えられた。「みんな温かく迎えてくれた」と彼は書いている。しかし彼は、キャンプで「人民裁判」が行われたことを知って心をかき乱された。「ナポレスという名の密告者と、大した罪を犯したわけでもないその他2名を粛清したと知らされた。みんなやりたい放題だった」

反乱軍の二グループは再集合し、ともに兵器の配送予定地へと向かったが、集合場所に誰も来なかったため、首を傾けつつ高地に戻り、クレセンシオ・ペレスに会った。彼は長いあいだ約束していた、24人の農民志願兵を連れてきていたが、持っていた武器は貧弱だった。軍の斥候に出くわしたので、攻撃を加えて逃げたが、若い一人の反乱兵が捕まって銃剣で刺殺され、その死体は道に捨てられた。チェを含む反乱軍の多くは、復讐のため捕らえたばかりの軍の伍長を殺すよう要求したが、フィデルは断固として彼を無傷のまま解放した（クレセンシオの忠誠心に対する疑惑はすべて忘れられるか、あるいは内々に解決されていたようだ。チェの日記でそれが触れられることは二度となかったからだ。また戦争に関する他の公表報告でも、クレセンシオに疑惑がかかった事件は一度も触れていない）。

反乱軍が兵器引き渡しの新たな日時と場所についての知らせを待っているとき、ラジオがサンティアゴ市で行われていた、グランマ号の生き残りを含む七月二六日運動メンバーの裁判終結を報じた。予想どおり被告たちは懲役刑を言い渡されたが、検察と判事マヌエル・ウルティアによる意見書を抑えての判決だった。ウルティアは国が「異常な状況」にあるから、被告には戦う憲法上の権利があると勇敢に宣言した。さらにフランク・パイスが勾留を解かれ、当局が反乱運動における彼の本当の地位に気がついていないことがわかった。こうしたよい展開に続き、七月二六日運動員二人が訪ねてきて、新しい武器受け渡し場所を手配し、配送する武器が多いことを伝えた――「全部で50丁もの」とチェは嬉々として書いている。

フィデルはこの吉報でも喜ばなかった。不機嫌で、アンドリュー・セント・ジョージを露骨に無視していた。彼はすでに2週間にわたり反乱軍と行動をともにしており、仕事をやり遂げたいと考えていた（ボブ・テーバーは去り、アメリカ人少年3人のうち、帰国することにした2人を一緒に連れていった）。セント・ジョージはラジオインタビューを企画しており、すでに質問一覧を提出し、それをチェがスペイン語に翻訳していた。キャンプでは誰も英語がしゃべれず、チェとセント・ジョージはフランス語ができたので、チェが彼の案内役兼通訳になっていた。だがチェはフィデルとの仲介という役目を決まり悪く思うようになっていった。彼は日記にこう書く。「フィデルの態度には本当にびっくりする。写真撮影のあいだ、ハンモックに横になったまま『ボエミア』〔人気イラスト週刊誌〕を読んでいて、機嫌を損ねた君主のような雰囲気をただよわせ、最後には司令部全員を追い出した」。フィデルは絶えずセント・ジョージとのインタビューを先送りにしたが、その理由はまったく言いがかりに等しかった――たとえば、キャンプのとなりの小川がうるさすぎる、などだ。最終的にインタビューには応じたが、翌日ラジオで、テーバーの映画『キューバのジャングル戦士の物語』が、彼のフィデルへのインタビューのラジオ放送とともにアメリカ全土に流れる予定だと報道された。セント・ジョージは挨拶もせずにキャンプを離れた。

反乱軍は大量離脱に直面した。それは最年少の新兵の一人である15歳の少年が、健康上の理由から離隊許可を求めたときに始まった。もう一人が彼と一緒に行くことを希望し、そこに別の16歳の少年も加わり、最後にはもう一人が「虚弱」を理由に許可を求めた。フィデルは最年長の男を拘束するよう命じたが、もっと若い者たちは行かせた。チェは、もしもその少年たちが捕まったら、兵器の引き渡し予定地を漏らす可能性があると指摘して、反対した。しかし翌日、兵器は届いて回収された。三脚付き機関銃3丁、マドセン機関銃3丁、M－1カービン銃9丁、ジョンソン・ライフル10丁と銃弾6000発だ。マドセンの一つはエスタード・マヨール（参謀）に与えられることになり、まさに自分がそれを管轄すると知ってチェは我を忘れた。「こうして、私は正規戦闘員となった。それまでの私はときたま闘うことはあったが、主な職務は軍医だった。私は新たな局面に入った」と彼は後に記している。

新たに兵器を得て、反乱軍の攻撃準備が整った。「新」兵たちはもはや新ではなかった――マエストラ山脈での2カ月の山行と狩猟採集生活を経て、彼らはずっとタフで精悍になっていた――しかしまだ戦闘経験がなかった。いよいよ銃火の洗礼を受けるときだ。彼らがいる地域、ピノ・デル・アグアは木材伐採地帯で、製材所が点在し道路が縦横に引かれ、軍が頻繁に巡回していた。チェは軍の部隊が乗ったトラックを奇襲したいと思っていたが、フィデルはもっと良い計画があると主張した。エル・ウベロにある軍の海岸駐屯地の襲撃だ。そこはこれまで彼らが展開していたところよりもずっと東で、60人の兵士がおり、これまでで最大の攻撃目標だった。成功すれば、士気でも政治面でも実に大きな効果が期待できた。

フィデルは、子供時代の友人エンリケ・ロペスの助力をあてにできた。彼はレバノン系キューバ人のバブン兄弟が所有する、エル・ウベロに近い製材所の所長だった。バブン兄弟は、セメント製造と造船を営み、オリエンテ州で大きな製材利権を持った地主だった。その彼らが、会社のボートでサンティアゴから最新の兵器隠し場所までの運送を助け、所有する土地を兵器受け渡し場所として提供し、反乱軍に密かに協力していた。エンリケ・ロペスは従業員のための購入にまぎれこませる形で、反乱軍のために食糧と補給品を買いはじめた。

動員を開始するにあたり、フィデルは部隊編成をやや修正した。チェは、マドセン機関銃の運搬と使用を助けるため、4人の若者からなる新分隊を任せられた。プポとペスタンのベアトン兄弟、オニャーテという名の若者（その後すぐにメキシコの喜劇役者にちなんで「カンティンフラス」と呼ばれた）、そして15歳のホエル・

イグレシアスだ。エル・バケリート同様、ホエルはチェの忠実な取り巻きの一人となる。*

戦闘前夜、フィデルは離脱したい者全員にその最後の機会を与えた。9人が去り、一行は総勢127人で山奥深くを目指して出発した。野営中に、ラジオから衝撃的な報告が流れた。オリエンテ州北部のマヤリ海岸に武装した反乱遠征部隊が上陸し、警備兵と出くわしたのだ。報道によれば、乗船していた27人のうち5人が捕まったという。フィデル一派はまだ知らなかったが、この船はコリンシア号だった。アメリカの退役軍人カリスト・サンチェスの指揮下で数日前にマイアミを発ったボートだ。カリストはカルロス・プリオの真正党員でもあった。真正党員と革命幹部会数名からなるこの遠征隊は、プリオから武器と資金を得ていた。プリオは明らかに、フィデルと競う独自の軍を確立するつもりらしかった（初報はまちがっていた。コリンシア号に乗っていたサンチェスを含む23人が捕まり、数日後に処刑された。数カ月後、生存者3名の一人が山脈に着き、フィデルの部隊に加入した）。

一方、製材所長エンリケ・ロペスから、民間人の服装をした3人の警備兵が嗅ぎ回っているという情報が届き、フィデルは彼らを捕まえるために数人の男を送り込んだ。フィデル配下の男たちが着いたとき、警備兵の一人はすでに逃げていたが、黒人と白人の二人がキャンプに連行され、そこで自分たちはスパイだと吐いた。「彼らには憐れみを感じず、その臆病さに嫌悪感を覚えた」とチェは書いている。戦闘に向けて出発する前の最後の仕事として、彼らは射殺された。チェの日記によると「二人の密告警備兵のために穴が掘られ、出発命令が出された。後衛部隊が彼らを処刑した」。

彼らは夜通し歩いてエル・ウベロに着いた。製材所に近づくと、バブン社のもう一人の友好的な従業員ヒルベルト・カルデーロが彼らを待っていた。カルデーロは、妻子を避難させるよう製材所長に警告するため、前もって送り込まれていた。カルデーロの報告によれば、一家は疑いを招くようなことはしたくないため、去るのを拒否しているという。フィデルは民間人に危害を与えないよう予防策は講じるものの、夜明けには何があっても攻撃を決行すると告げた。

位置に着いた反乱軍は、早朝の光ではほとんど誰も兵舎をはっきり目視できないことに気づいた。チェのところからははっきり見えたが、目標から500メートル離れていた。もはや計画変更はできなかった。フィデルの最初の発砲で攻撃を開始した。チェによると「機関銃が唸りをあげはじめた。後になってわかったが、守備隊は非常に効果的に撃ち返してきた。アルメイダの部下は、彼の恐れを知らぬ模範に駆り立てられ、遮蔽なしで前進した。前進するカミロが見えた。帽子に七月二六日運動の腕章を巻いてある。私は弾倉を持った助手二人と、短機関銃を持ったベアトンと一緒に、左側へと前進した」。

チェのグループに他の数人の男が加わった。彼らは敵から距離60メートル以内にいて、木陰を進み続けていた。開けた場所に着くと、彼らは匍匐前進を始めたが、チェの横にいたマリオ・レアルが被弾した。レアルに口の人工呼吸で蘇生を試みたあと、チェは唯一見つけた包帯がわりの紙で傷を覆い、介護を若いホエルに任せた。そして自分のマドセン機関銃に戻り、兵舎めがけて発砲した。少しして、もう一人、マヌエル・アクーニャが右手と腕を撃たれ負傷して倒れた。反乱軍が正面攻撃のために勇気を振り起こそうとしていたちょうどそのとき、守備隊が降伏した。

フィデルは勝利したが、その代償は大きかった。6人を失い、その一人は初のグアヒロ案内人エリヒオ・メンドーサだった。彼は自分には守護聖人がついていると言って、何も気にせず戦闘に身を投じたが、数分で撃たれた。グランマ号の古参兵フリト・ディアスも、戦闘開始直後にフィデルの隣で頭を撃たれて死んだ。

＊　戦後、ベアトン兄弟は犯罪者になり、革命側の将校を殺して革命軍と戦い、逮捕されて処刑された。ホエル・イグレシアスは軍司令官となり、フベントゥ・レベルデ（反乱青年）という組織を率いた。カンティンフラスは軍にとどまり中尉になった。

頭を撃たれたマリオ・レアルと、肺を負傷したシジェロスが危篤状態だった。その他に、右肩と脚を撃たれたフアン・アルメイダを含む7人が負傷していた。しかしフィデル軍は14人の兵士を殺し、19人を負傷させ、14人を捕虜にした。逃げた兵士はわずか6人だった。激しい銃撃戦にもかかわらず、工場長の家族を含むこの地域の民間人は、意外にも誰一人負傷しなかった。

チェは負傷者（反乱軍だけでなく政府軍も）への対応にてんてこ舞いだった。彼の記録では「私の医学知識は決してたいしたものではなかった。運ばれてくる負傷者数は多大で、そのときの私の主な仕事は医療中心ではなかった」。彼は守備隊の医師に助けを求めたが、高齢なのにほとんど治療の経験がないという。「私は再び兵士から医者に戻るはめになったが、戻るといっても手を洗ったくらいのことだった」と彼は記している。彼はできるかぎり多くの人を診た。「最初に診た負傷者は、重傷の同志シジェロスだった。［…］彼の状態は重篤で、鎮痛剤を与え、呼吸しやすくするために胸をきつく縛ることしかできなかった。私たちはそのときできる唯一の方法で彼を救おうとした。14人の捕虜を連れて出発し、面倒をみるという兵舎の医者の名誉を賭けた約束の言葉を聞いて、負傷したレアルとシジェロスの二人を敵のところに残すことにした。これを月並みな慰めの言葉でシジェロスに伝えたとき、どんな言葉よりも雄弁な悲しい微笑みで、すべてはもう終わりだという確信を表して、これに答えた」（実際には、キューバ軍は二人の負傷者を礼節をもって手当てしたが、シジェロスは病院に運ばれる前に死亡した。マリオ・レアルは奇跡的に頭の負傷を乗り越えて生き残り、それ以後、戦争中はピノス島刑務所で過ごした）。

バブン兄弟のトラックに死体と傷の軽い者、そして守備隊から奪った装備を積めるだけ積んで、反乱軍はエル・ウベロから撤退した。医療品をかき集めていたチェは、最後に発った。その夜、彼は負傷者を手当てし、死んだ6人の同志の埋葬に道の曲がり角で立ち会った。軍がすぐに追ってくるとわかっていたので、チエが負傷者とともに後に残って、主要部隊は逃走することに決まった。フィデルの友人エンリケ・ロペスがチェとの連絡役になり、7人の負傷者、案内人、そしてチェの忠実な助手、ホエルとカンティンフラスの移動と隠れ家探しを助けた。山岳戦の古参兵で、その運命がチェの運命と永遠に結びつくことになるファン・ビタリオ〝ビロ〟アクーニャも、負傷した叔父マヌエル・アクーニャに手を貸すために残った。

戦後チェは、エル・ウベロの血みどろの作戦が反乱軍にとっての一つの転機だったと認めている。「我々の戦闘員が80名、敵が53人で、総勢133人いたうちの38人――すなわち4分の1以上――が2時間半あまりの戦闘中に行動不能に陥ったことを考えれば、それがどんな戦いだったか想像がつくだろう。それは胸をはだけたまま前進してきた男たちによる、貧弱な防御体制に護られた敵に対する攻撃だった。敵も味方も勇気を示したことは認めなければならない。我々にとってそれは、ゲリラたちの成熟を示す勝利だった。この戦闘以降、我々の士気は飛躍的に上がった。そして我々の決断力と勝利への希望も増した」

エル・ウベロで、バティスタ政権はまさに不意を突かれた。フィデル反乱軍が長期間活動を控えていたので、政府は気を緩めてしまった。バレラ・ペレス大佐は3月に反ゲリラ作戦を引き継いでから、山脈地帯に短期間しかとどまらなかった。山脈地帯の農民に無料で食糧と薬を提供する「心理作戦」を開始した後、ハバナに戻ってしまったのだ。だが、彼は戦場に戻れと命じられた。ペレスは山麓のすぐ北にあるエストラーダ・パルマ砂糖工場に新司令部を置き、懐柔作戦は棚上げして、新たな厳しい反ゲリラ戦略を開始した。上官であるオリエンテ州司令官ディアス・タマヨは解任され、ペドロ・ロドリゲス・アビラに代わった。彼はバティスタ政権の参謀長フランシスコ・タベルニージャから、必要とあればどんな手段をとってもいいから、反乱軍を殲滅せよという命令を受けていた。政策は変更された。空軍が大規模空爆作戦を実施できる無差別爆撃地帯を作るために、反乱地帯の民間人は強制的に立ち退くよう命じられた。エル・ウベロでの交戦により、僻地の小規模駐屯地は守り切れないことが軍にもわかったので、見捨てられ、一帯は反乱軍のなすがままになった。

フィデル出発後、軍の侵攻が目前に迫るなか、預かっている負傷者を安全な場所に移すという悪夢のような仕事にチェは直面した。加えて兵舎から奪った兵器という重荷もあった。多すぎて彼の配下の兵には運びきれなかったからだ。退却はエンリケ・ロペスに頼っていた。ロペスが約束のトラックを持って姿を現さなかったので、チェは兵器の大半を一時的に隠して、徒歩で出発する以外なかった。多くは歩けたが、肺を撃たれた男と、傷が感染症を起こした男は、急ごしらえの担架で運んだ。

その後の数日間、彼らは食糧、休息、そして安らぎの場所を求めて農場から農場へと移動し、チェは様々な重要決定をすべて一人で下さねばならなかった。フアン・アルメイダは建前上は戦場での上官だったが、まったく指揮が執れる状態ではなかった。最大の頭痛の種は、負傷者の運搬人探しだった。出発して3日目、森をさまよっている丸腰の兵士たちと出会った――フィデルが解放したエル・ウベロの捕虜だった。彼らをそのまま行かせたチェは、国軍兵士に反乱軍が地方を「支配」しているという誤った印象を与えたことについて、日記のなかで嬉しそうに自画自賛しているが、彼らが自分たちのグループがこの一帯にいるという情報を伝えてしまうのではとも心配した。

助けは、チェの予想しなかった方面から来た。ハバナの弁護士が所有するペラデロ農園の監督ダビー・ゴメスが、手助けするというのだ。ゴメスの第一印象は良くなかったが、チェ隊の絶望的な状況を考えると、そんなことは言っていられなかった。「Dは典型的な古い教育を受けた男で、カトリックで人種差別主義者だった。選挙結果しか信じない主人に忠実で、雇主のためにこの地域で不正に得た土地を守っていた。私は彼が農民からの収奪にも関与していたと思う。しかしそれを別にすれば、彼は良い情報提供者で、私たちを手助けするつもりのようだ」

実はゴメスはその時点ですでに手助けしていた。彼らが食べた牛は彼の主人の所有物で、屠るときも彼は見て見ぬふりをしたのだ。さらにゴメスはもっと協力を申し出た。試しに、チェはゴメスにサンティアゴ市での購入品目一覧を渡し、また外界の情報に飢えていたので『ボエミア』誌の最新号も特別にリクエストした。チェとこの農園監督との関係は、チェがフィデルのように振る舞いつつあることを示していた。フィデルは常に、権力闘争で成功を収める鍵のひとつは、たとえイデオロギー的に対立していても短期的な戦略的同盟関係を作ることだと理解していた。チェは馴染みのない地域で追われる集団のリーダーとして様々なニーズを抱えており、それを満たせるのはゴメスしかいないと悟っていた。いまのチェは、嫌悪感を抑え、実用主義をとれるようになっていた。

実際、キューバでこれまで過ごしてきて、気高い魂の友愛では革命に勝てないことはチェもすでにわかっていた。反乱兵には多くのろくでなしもいた。元牛泥棒、逃亡中の人殺し、非行少年らだ。堕落したカルロス・プリオはグランマ号購入費を助けたし、エル・ウベロの戦いの成功の大部分は、裕福で二枚舌のバブン兄弟の支援のおかげだった。彼らはバティスタの友人だったが、おそらく反乱軍を助けることで自分たちのオリエンテ州における権益を守ろうとしたのだろう。

ダビー・ゴメスが、約束の供給物資を持ってサンティアゴ市から戻ると、チェは彼をもっと信頼するようになって、新たな任務に送り出した。今度は全国幹部会あてのメッセージを持たせた。エル・ウベロの戦いから3週間経っており、ほとんどの兵は怪我も治り、全員が歩けた。新たに志願者13人が加わったが、武器を持っていたのは、22口径の自動拳銃を持った一人だけだった。6月21日、チェは拡大する自軍を改めて見直した。「軍は負傷から回復した者5名、負傷者に付き添う健康な者5名、バヤモから来た10名、入隊したばかりの2名と地元出身の4名の全26名だが、兵器は不足」

その数日後、行軍を開始し、ゆっくりと山に入ったが、チェは自軍を「ひどい兵士36人」からなると書いている。翌日彼は、離脱したい者全員に離隊を認めた。3人がそれに応じ、うち一人は前日入ったばかりだった。その後の数日にわたり、新たに志願する者もいれば離脱する者もいた。離脱した者には、脱走兵もいたし、またチェが追い出した者もいた。だがそのほとんどがいかに「ひどい」とはいえ、彼らこそが新たなゲリラ軍の中核であり、それがチェの指揮下で自然に成長しつつあった。6月末までにチェの小さな軍隊は自律的に動くようになり、独自の伝令や情報提供者、備品提供者、斥候を備えるようになった。

7月1日はチェ個人にとってはひどい日だった。喘息の発作で目が覚め、終日ハンモックに横たわって過ごしたが、ニュースの面では興味深かった。ラジオは、反乱軍がキューバ全土で活動していると報じていた。チェは日記にこう書いている。「カマグエイでは街頭警備をしている。グアンタナモではいくつかのタバコ工場が焼き討ちにあい、有力なアメリカ企業の砂糖倉庫も焼かれかけた。サンティアゴ市では警備兵2人が殺され、伍長1人が負傷。こちらの死傷者は4人で、フランク・パイスの兄弟ホスエもいた」

7月2日はグランマ号上陸7カ月の記念日だった。チェはこの日、疲れきった男たちを率いて高い山に登った。この日に2人の男が脱走し、夜になってキャンプを設営する頃にさらに3人が離脱を申し出た。チェはさらなる脱走を防ぐために、離隊したい者に再度その機会を与えた。2人がこの提案に応じたが、午後になると3人の新人が到着した。2人はハバナから来た元軍曹で、チェは彼らを信用しなかった。「彼らが言うには、指導官ということだが」と彼はその夜日記に書いている。「私に言わせれば、奴らは長いものに巻かれたがっているクソだった」。その疑念にもかかわらず、チェは彼らを受け入れた。

次にチェの一隊に加わったのは、他でもないバブン社で働くフィデルの友人エンリケ・ロペスだった。彼は自ら武装闘争に参加することを決めた。もうひとり男が現れ、彼は警備隊を攻撃する「素晴らしい計画」があるとチェに持ちかけた。なんでも兵士が40人いるのに司令官不在なのだそうだ。彼はまた「密告者の生皮を剝ぐ」ために二人の男を自分につけてくれと頼んだが、チェはこれを却下した。「私は彼にふざけるなと言った。〔…〕自分たちで密告者を殺して、それからここに来い、と」

パルマ・モカとエル・インフィエルノあたりの古い馴染みのある場所に戻っていたフィデルに会うため、チェは自分の部隊を、西に向かって山地を挟んだトゥルキノ山のほうへ移した。伝令が、向かっている先に軍の大部隊がいて、エストラーダ・パルマの陸軍基地近くで激しい戦闘が起きているという情報を伝え、ラウル・カストロが負傷したと報告したが（後に根も葉もない噂だと判明）、チェは前進を決め、敵を避けて山々を越える険しいルートをとった。

7月12日、チェの案内人シネシオ・トーレスと反乱軍の一員レネ・クエルボが武器を持ったまま脱走した。追跡が無駄に終わってから、チェは二人について新たな詳細を知った。二人とも実は盗賊であり、逃亡中の無法者で、おそらく反乱軍の新兵イスラエル・パルドとテオドーロ・バンデラが所有するマリファナ農場を襲うつもりだろう。次はこの二人のマリファナ農民が自分の利益を守るために脱走するとにらんだチェは、彼らを追い払うために二人に脱走者追跡を命じた。二人が戻ることは期待していなかった。翌日、新たな問題が起きた。兵の小グループが大量脱走を企んでいるのが発覚したのだ。彼らの計画では、武器を持って逃走し、知り合いの密告者から金品を奪って殺し、さらなる襲撃と強奪を行うために無法ギャングを組織するつもりらしい。チェはこの計画に関わったとされる数人と話したが、誰もが自分の役割を否定し、エル・メヒカーノ（メキシコ人）と呼ばれる男のせいにした。メキシコ人は計画がばれたと知り、自らチェのところに来て自分は無実だと明言した。チェは彼の説明に納得しきれなかったが、こう記している。「もっと面倒なことにならないよう、事実であるかのように見逃した」*

行軍中、チェは歯医者デビューも果たした。「心理学的麻酔」と自称するものを使ったが、これは患者が不満ばかり言うと罵倒するという手法だった。彼の治療はイスラエル・パルドには成功したが、ホエル・イグレシアスにはうまくいかなった。後にチェは、ホエルの腐った臼歯を抜くにはダイナマイトが要ると記している。それは戦争が終わるまで、欠けたまま彼の口に残った。チェ自身も歯痛に苦しんでいたが、賢明にも自分の歯には手を出さなかった。

7月16日、トゥルキノ山の西斜面の馴染みある一帯に戻り、翌日にはフィデルのキャンプに着いた。チェは反乱軍がこの1カ月半で成長したことを知った。いまや彼らは、200人ほどの規律のとれた自信に満ちた男たちになっていた。そして新しい兵器もあった。何より重大だったのは、彼らが自前の「解放区」を持っていたことだった。

チェにとって、この再会にはミソがついた。フィデルが二人のブルジョアの政敵代表――ラウル・チバスとフェリペ・パソス――と協定を結んだばかりだと知らされたからだ。そのときチバスもパソスもフィデルのキャンプに滞在していた。彼らの協定である「マエストラ山脈宣言」は7月12日付で発表され、すでに『ボエミア』誌の掲載に向けて発送済みだった。「山脈宣言」はバティスタによる権力温存を否定する、絶妙なタイミングで出された。1958年6月1日に大統領選挙を実施するための改革法案が通過していた。自分は立候補しないというバティスタの明言にもかかわらず、彼の真意に対する疑念が広がっていた。多くの観測筋が、彼が自分か、あるいは子飼いの後継者に有利となるよう選挙を操作するつもりではと疑った。カルロス・プリオの真正党とチバスの正統党は選挙の正当性を否定したが、両党を離脱した党派が小規模政党からなる連立政党を作り、候補者を立てるつもりだと公表した。

チバスとパソスという有力な二人の正統党員と手を組むことで、フィデルは道徳的優位性を得て、他に行き場のないキューバ穏健派のあいだにもっと広い支援基盤を確保することを望んでいた。7月17日の日記ではチェは言葉を選んではいるが、パソスとチバスがフィデルに影響を及ぼしていることを明らかに喜んでいない。「フィデルは私に計画と現実を語った。バティスタの早期辞職を提案し、軍事政権を拒絶し、暫定政府の候補者として市民機関のメンバーを選び、その暫定政府は1年未満として、その1年のあいだに選挙を実施することを求める文書がすでに送られていた。農地改革の基礎を含む最低限の計画も送られていた」。そして彼はこう付け加えている。「フィデルは言わなかったが、パソスとチバスがその宣言にだいぶ手を入れたようだ」。事実は、当然もっと込み入っていた。フィデルのほうがチバスとパソスの支援を求めたのであり、自分の真の魂胆よりも穏健な宣言に署名すれば、短期的にはまちがいなく彼の得になる。この協定はその後フィデルが生涯を通じて署名した様々な協定と同様に、単なる一つの戦略的提携にすぎなかった——機会さえあればさっさと破られるのだ。

当時のチェは山脈協定について他に思うところがあったかもしれないが、日記はそれを記していない。彼の主な懸念は、キャンプに到着した7月17日にフィデルから与えられた新たな命令だった。彼は大尉に昇格して、75人からなるグループの長になった。彼と一緒に到着した男たちに加え、グランマ号の同志ラミロ・バルデス、シロ・レドンド、そして自宅でよそ者を殺したあと最近加入した山脈地帯の商人ラロ・サルディ

＊　イスラエル・パルドとテオドーロ・バンデラは、レネ・クエルボもシネシオ・トーレスも見つけられずに戻ったが、クエルボは後に捕まって革命銃殺隊に処刑された。シネシオ・トーレスがどうなったかは不明。バンデラは後に戦死。パルドは生き残って戦後も革命軍にとどまり大尉に昇進した。メキシコ人は革命軍で大尉まで昇進したが、彼を密告した人物が戦死すると、メキシコ人に殺されたのではと疑われた。1962年にはチェによれば、彼はマイアミに住んでおり、「革命の裏切り者」だった。

ニャスが率いる小隊の指揮も執ることになった。ラロ・サルディニャスはチェの副官も務めることになった。与えられた任務はアンヘル・サンチェス・モスケラ大尉とその部下の追跡と捕縛だった。

チェの新たな地位は、フィデルに認められた証だった。チェは能力を認めてもらうために不断の努力を続け、その中で成長した。彼は困難な任務である負傷者の安全確保を任され、それを独力で果たした。戦闘を避け、新たな死傷者を出さずに、男たちを快癒させて、医者としての責務を果たし、新縦隊を構築して反乱軍を強化し、同時に民間人との貴重な接触も実現した。自分が厳格な現場監督で、怠け者やずる賢い者に厳しく、自分自身も非の打ち所がないほど正直なことを実証してみせた。そして何よりも、自分が兵を率いることができるのを示した。

チェはすぐに仕事にかかり、翌朝パルマ・モチャとラ・プラタという二つの川のあいだの高地に陣を敷くために出発した。そこは偶然にも、処刑された密告者フィリベルト・モラを埋めた場所だったので、チェはそこを「フィリベルトの頂き」と名付けた。その後の3日を奇襲の準備と兵士を見張る偵察に費やした。7月22日朝には、反乱軍の一人がうっかり銃を撃ってしまい、フィデルのところに連行された。フィデルはかたくなに許そうとせず、即座に射殺を命じた。チェによれば「ラロとクレセンシオと私が割り込んで、減刑させねばならなかった。不運な男はそこまで極端な処罰を受けるいわれはなかったからだ」。

その朝遅く、反乱軍将校全員がフランク・パイス宛ての手紙に署名し、彼の兄弟の最近の死に哀悼を示した。そのときフィデルは、まったく予告なしに、チェをさらに昇進させた。チェが手紙に署名する番になると、フィデルは彼に、階級をコマンダンテ（司令官）にすると言った。「このように、きわめて非公式で型にはまらないやりかたで、私はゲリラ軍の第2縦隊の司令官に任命された。これは後に第4縦隊として知られるようになる」とチェは書いた。* 「セリアが、私の階級章である小さな星を渡してくれた。その授与と一緒に贈り物ももらった。マンサニージョから注文した腕時計の一つだ」。大きな栄誉だった。司令官（コマンダンテ）は反乱軍最高の階級だった。他に司令官はフィデルしかいない。

後にチェはこう書く。「誰しも多少の虚栄心は隠しているものだが、その日、私は自分がこの世で最も誇らしい人物だと感じた」。その日から、最も親しい友人たち以外の万人にとって、彼はチェ・ゲバラ司令官となった。

＊　チェの部隊が「第4縦隊」と呼ばれたのは、敵を混乱させて、反乱軍の本当の兵力を隠蔽するためだった。キューバの歴史研究者はしばしば、チェの昇進を、フィデルが彼を高く評価していた証だと言い、チェがフィデルの弟ラウルより優先されたと指摘するが、なぜラウルがその栄誉に浴さなかったのかはまったく説明しない。だがその運命の日におけるチェの簡潔な記述が答えの一部かもしれない。「そこで昇進がいくつかあった。私は司令官の階級だ。グアヒロのルイス［・クレスポ］は中尉の階級を与えられ、シロ［・レドンド］は大尉だ。ラウル・カストロは、その小隊全員が不服従を示したために階級を剝奪されていたが、中尉に任命された」。ラウルと部下との間に何が起きたのかは、チェの後の公開文書やキューバ革命の公式史では触れられていない。今日、革命史についてはある面では情報公開が進んでいるが、まだキューバの歴史家がこうした細部を探るのは難しい。

17 様々な敵

I

チェが受けた命令はサンチェス・モスケラ追跡だったが、すぐに獲物がすでに山を離れたのを知った。どうするか考えつつ、規律のないばらばらな戦闘員を統制するため、彼は階層を導入した。新人はデスカミサード（「ワイシャツを着ない」という意味で、ファン・ペロンを支持する労働階級にちなんだ名称）として下積み作業をやり、認められたらコンバティエンテ（戦闘員）になる。隊の多くはデスカミサードになった。脱走者がほぼ瞬く間に激増し、チェは厳格に対応した。戦闘員二人に脱走者を追跡させ、見つけたら殺せと命じた。軍が秘密暗殺者をゲリラに潜入させる計画を持っているという監督官ダビー・ゴメスからの警告を受けて、新兵に対する疑念はさらに高まった。

チェはトゥルキノ山の反対側で軍を攻撃し、フィデル隊から注意を逸らそうと考えた。その方向に兵が移動を開始したところで、逃亡者を追わせた兵が一人だけで戻ってきた。彼が言うには、もう一人が脱走しようとしたので、殺して埋葬せず、そのままにしてきたとのこと。「この陰惨な出来事が起きた場所の前の丘に兵を集めた。そしてゲリラに、これから見るものとその意味を説明した。なぜ逃亡が死罪なのか、なぜ革命を裏切る者はすべて処罰されるべきなのかだ。我々は一言も発せずに、一列縦隊で、職務を放棄しようとした人間の死体の前を通過した。兵の多くは死体を見たことがなく、革命に対する不忠よりはむしろ、死人への個人的な感情と、その時点では無理もない政治的な弱さのために動揺していたようだ。これは困難な時期であり、この男を見せしめとして使った」

だが当時の日記で、チェは疑念を表明している。「この死の合法性については、あまり納得していない。実例として使いはしたが。[…] 死体はうつぶせで、一見して左の肺に弾痕が見られ、両手は合わさり、指は縛られているかのように組まれていた」

チェは行軍で1日かかるブエイシート駐屯地を襲撃することを決めた。攻撃は7月31日夜だったが計画通りにはいかなかった。隊の一部が時間通りに現れなかったので、チェは自分たちだけで攻撃を開始し、兵舎にまっすぐ歩み寄り斥候兵と対峙した。チェはトンプソン軽機関銃を向けて「止まれ！」と叫んだが、斥候兵は動いた。チェは兵の胸を狙って引き金を引いた。何も起きなかった。チェと同行していた若い反乱兵が斥候兵を撃とうとしたが、彼のライフルも不発だった。そのときチェの生存本能が働いて、降り注ぐ銃弾のなかを逃げ出した。機関銃を修理し終える頃には、駐屯地は降伏していた。ラミロ・バルデスの部下が後衛から突入して内部にいた兵士12人を捕虜にした。兵6人が負傷、うち2人は致命傷で、反乱軍は1人が死亡した。兵舎から奪えるだけのものを奪ってから放火し、トラックでブエイシートを去り、そこを任されていた曹長と、オランという密告者を捕虜にとった。

ラス・ミナス村に入ると大歓声に迎えられ、チェはあるアラブ商人と街頭演劇を楽しんだ。「私たちの味方のムスリムが即興で演説をし、捕虜二人を釈放してくれと頼んだ。私は、捕虜をとったのは［軍が］意趣返しをしないようにと考えてのことだったが、もしそれが住民自身の意志なら、私は何も言わない、と答えた」。捕虜たちを釈放して反乱軍はまた移動し、途中で地元の墓地に戦死者を埋めた。

II

サンティアゴ市の反政府活動は7月26日を機に強められ、警察の弾圧も激化した。反乱軍の容疑者の逮捕や殺害はあたりまえになった。拷問を受けた死体が木からぶら下げられ、道端に放り出された。オリエンテ州で運動をとりまとめるフランク・パイスは、釈放以来サンティアゴ市に潜伏し、隠れ家を転々としていたが、フィデルへの最近の手紙では、早晩見つかってしまいそうだと書いていた。7月30日に運が尽きた。パイスたちは真昼の街頭で処刑された。パイスは23歳だった。

フランク・パイス殺害は激しい非難を招き、大きな反政府デモも起きた。島の全土にストライキが広がり、バティスタは戒厳令とマスコミ検閲を復活させた。バティスタにとっては不運なことに、サンティアゴ市での出来事は、新任の米国大使アール・スミスの現地訪問中に起きた。スミスは着任後の視察をしていた。

1957年半ば、バティスタについてまだ幻想を抱いている高官は、米国務省にはいないも同然だった。彼の抑圧的で腐敗しつつある政権は、正視に耐えないものとなっていた。キューバに対する米国の政策は、だいたいが米国の大きな経済利権を保護するためのものであり、政治的不穏はビジネスには不都合だった。ワシントン主流派の意見は、暴力をなくす最善の方法は、バティスタに選挙を行わせ、キューバを「民主化」するよう促すことだ、というものだった――その後は、既存政党のどれかが政権の座に就けばよい。だがフィデルのしつこさが、この方程式の不確定要素となり、国務省、CIA、国防総省では、どう対処するのが最善か、意見が分かれた。結果として1957年から1958年にかけて、様々な米国政府機関が、独自の、必ずしも整合しないキューバ政策を推進した。

アール・スミスは、国務省はバティスタの失脚を求めていて、こっそりとはいえ積極的にカストロの権力奪取を支援しているという確信を抱いた。南米問題担当次官補ロイ・ルボトムと、カリブ海地域担当部の新任長官ウィリアム・ウィーランドは、どちらもバティスタには反対で、CIAのキューバ専門家J・C・キングも同様だった。スミスがキューバに来てみると、現地のCIA職員も反バティスタだった。これに対し、米軍はキューバ軍との密接な関係を維持していた。共産主義活動抑止局（BRAC）は、米国の支援を受けて動いていたし、もっと議論の分かれる点として、バティスタ軍は反ゲリラ作戦の「半球防衛」のためキューバに割り当てられた米国の戦争資材を使ってもいた。

カストロの政治指向については意見が分かれたが、バティスタがカストロは共産主義者だといくら非難しても、それを信用する政策担当者はほとんどいなかった。最初の記者会見でスミスは、共産主義に対する共通の戦いにおけるキューバの活動を称賛しつつ、カストロが親共産主義だとは思わないと述べて、微妙な一線を保った。だがサンティアゴ市で警察が女性デモ隊に警棒や放水ホースを向けるのを見ると、スミスは手荒な警察戦術を公式に非難し、キューバを離れる前にパイスの墓に花輪を供えた。この行為はキューバ人に、ワシントンで政策シフトが起きているという希望を抱かせた。というのもそれは、スミスの前任者アーサー・ガードナーの親バティスタ的な態度とは好対照だったからだ。毛嫌いされていたガードナーは、バティスタのやり過ぎを批判するような公式発言は一切せず、非公式には、山に暗殺者を送ってフィデルを殺すとまで示唆していた。

サンティアゴ市での警察の蛮行に関するスミスの発言後に、カストロをめぐる論争が高まり、バティスタの高官や米国の超保守派はワシントンが共産主義に甘い顔をしていると非難した。8月には、顔の広いスプルール・ブレイデン（彼は第二次世界大戦中のバティスタ大統領一期目に米国大使を務めた）が参戦し、カストロを共産主義の「お仲間」と糾弾した。

CIAは実は、すでにサンティアゴ市とハバナにいる職員を通じて七月二六日運動と接触しようとしていた。そうした接触の最初の兆候は、チェが「ヤンキー大使館との裏取引を示唆」するアルマンド・アルトの手紙についてばかにするように言及している1957年4月の記述に見られる。次の言及は7月5日にフランク・パイスがフィデルに送った手紙で、レステル〝エル・ゴルディート〟ロドリゲスに米国査証を取らせるのに成功したと書かれている。彼は七月二六日運動のメンバーで、反乱軍のために米国での資金調達と武器購入を仕切るのが役目だった。「実に話がわかって、役に立つ米国大使館が接触してきて、彼らの「グアンタナモ」基地から武器を盗むのをやめてくれたら、どんな手助けでもすると言う。* [...] これを約束するかわりに、エル・ゴルディートの2年査証と、彼の出国を手配させた。今日、彼らは約束を果たした。領事が彼を個人的に連れ出し、彼の必要とする書類、手紙、地図は外交文書ケースに入れて持ち出された。いいサービスだ」とパイスはフィデルに書き送った。

7月11日、パイスはまたフィデルに手紙を書いた。「マリア・Aが、本日正午に早急に米国の副領事があなたと話したがっている、と言ってきた。他の人も同席するがそれが誰かわからないとのこと。[...] 大使館からやたらにあれこれ要求されて相談がどうのと言われるのはもううんざりだ。こちらももっと高飛車にな

＊ 七月二六日運動はグアンタナモ基地のキューバ人従業員を組織して活発な地下活動を行っており、グランマ号遠征以前から武器弾薬を武器庫から盗み出していた。ここで引用した戦争中の反乱軍のやりとりと同様、この一節もカルロス・フランキの『キューバ革命日記 *Diario de la revolución cubana*』からのものだ。

って、接触は断たないまでも、いまほど重要視しないほうがいいと思う。何か仕組んでいるのはわかるが、本当の狙いが何なのかはっきり見えない」

カストロの伝記著者タッド・シュルツは、1957年から1958年半ばにかけてCIAは少なくとも5万ドルを様々な七月二六日運動関係者に支払っていると書いている。シュルツは、その資金を配ったのはロバート・ウィエチャだという。

フランク・パイスへの日付なしの返事で、フィデルは米国副領事との面会に同意した。「米国外交官の訪問に少しでも反対してみせるべき理由は思いつかない。ここにどんな米国外交官でも迎えられる。メキシコの外交官やどんな国の外交官でも迎えられるのと同じだ」。続けて彼は、この手紙をアメリカ人にそのまま渡せとでも言わんばかりの大言壮語を書いた。「キューバで勝利する民主主義と、もっと密接な友情のつながりを持ちたい？　素晴らしい！　これは彼らが戦闘の最終結果を認めているというしるしだ。彼らが友好的な調停を提案したら？　名誉ある調停などない、愛国的な調停などないと言ってやる——この戦闘に調停はあり得ない」

フィデルとCIAの面談はどうやら実現しなかったようだ。パイスの死で延期され、CIAの政策が変わって放棄されたらしい。だが七月二六日運動全国幹部会の平原部高官との接触はしばらく続いたし、明らかに運動に資金を供与し、おそらく他の種類の支援も行った。CIAが手を差し伸べた時期は、パイスと、対バティスタ蜂起を計画するキューバのシエンフエゴス海軍基地の改革派将校の代表との会合とほぼ同時期だった、という点は指摘しておくべきだろう。ハバナにおけるCIAのナンバー2であるウィリアム・ウィリアムソンは、海軍の決起将校に対し、成功したらアメリカがすぐにその政権を承認すると請けあった。7月には、このグループはハバナのファウスティーノ・ペレスと、サンティアゴ市のパイスと接触し、提携を申し出た。話を聞いたパイスは強くこの計画を推し、フィデルに伝えた。

魅力的な申し出だった。将校らはただの駐屯地レベルのクーデターではなく、バティスタに対する全面蜂起を計画しており、空軍や陸軍の不満分子もそれを支援して、シエンフエゴス、サンティアゴ、ハバナで同時に蜂起が起こるはずだった。フィデルは自分の権力奪取を妨害しそうな、バティスタ後の軍事政府に対して公的には反対していたが、チャンスを見逃すような人物ではなかったし、シエンフエゴスの将校らを支援しても、何ら失うものはなかった。まず、参加するのは自分の山脈組の部下たちではなく、運動の都市メンバーだ。だから計画がばれても、知らぬ存ぜぬで通せる。第二に、計画に反対して、反乱が成功したら、決起将校らに敵意を抱かれ、この山以外に行き場がなくなる。もちろん支援したら出し抜かれる可能性はあったが、そうなったら宣言で約束したとおり、山地からの戦いを続ければいい。とりあえずフィデルはいい立場にいた。米国人も、そしていまやキューバ軍反乱者も、自分との提携を求めている。彼は黒幕になり、山地で戦いつつも、提携の申し出については態度を濁しておける状態だった。

そのあいだに、彼は他の問題に直面していた。パイスが殺されたのは、フィデルと都会の全国幹部会とのあいだで、七月二六日運動の指揮権と方向性をめぐって緊張が高まっているときだった。2月のエピファニオ・ディアスの農場における会談以来、パイスとファウスティーノ・ペレスは「第二戦線」の設置を認めるようフィデルに陳情を続けていた。彼らには二重の狙いがあった。第二のゲリラ戦線があれば、軍の注意を逸らせるので、フィデルの反乱軍は楽になる。また武装闘争を完全に統制しようというフィデルの策謀を逸らすこともできる。フィデルはそれに負けないくらい強硬に、山脈にいる自分の戦闘員の支援を最優先にしろと主張した。自分の軍がしっかり確立するまでは、他のところに軍備を割いたりするべきではない、というのが彼の主張だった。

カルロス・フランキ、ファウスティーノ・ペレス、アルマンド・アルトは、ほとんどのキューバ反体制政党の投獄された代表らと、監獄でかなり腰を据えて話をしていた。そして、七月二六日運動が、キューバの共産党である人民社会党（ＰＳＰ）と力を合わせるには、乗り越えがたいイデオロギー上の差があると結論づけていた。ＰＳＰはいまも、フィデルの権力奪取に向けた「反乱主義的」戦略に批判的だったせいだ。一方、革命幹部会とは手を組める可能性が本当にありそうだった。ただし、まだ提携に至っていなかったのは、主に革命幹部会がフィデルの強権独裁主義的傾向と見なしたものを恐れていたからだ。平原部の高官らも、フィデルの専制主義的な要求と絶え間ない苦情を疎ましがるようになっていた。フィデルの手紙を見ると、フィデルは平原部の勢力を、地方部と都市部のゲリラ戦争の両方に関わる共通の闘争における対等なパートナーとしてではなく、単に自分にとっての供給業者としか見ていないように思われた。平原部で彼らがすさまじい危険を冒していて、絶え間なく逮捕、拷問、処刑の危険にさらされていることは、まったく眼中にないようなのだ。

　七月二六日運動と他のグループとの連携を広げようとする活動に加え、平原部は、都市部の爆弾攻撃、妨害工作、暗殺、さらに軍内部への諜報作戦の実施を管轄していた。また秘密の隠れ家、診療所、武器密輸活動も管理していた。彼らは、フィデルが2月の「訴え」で宣言した、地方部と工業の妨害工作を実施する責務までさらに負っていた。しかも、バティスタが仕切る労組運動と対抗できる全国労働者戦線を形成し、ゼネストを組織し、それ以上に重要な点として、レジステンシア・シビカ（市民レジスタンス）ネットワークを通じて、絶え間なくフィデルに資金と兵器を提供していた。

　新たなゲリラ戦線を開くという見通しが現実的になったのは、七月二六日運動が革命幹部会による大統領宮殿襲撃で残された兵器を掌握した後でのことだった。こうした兵器の一部は、エル・ウベロの戦い直前にフィデルに送られたが、フランク・パイスは残った兵器を使い、元法学部学生レネ・ラモス・ラトゥールこと〝ダニエル〟が率いる新しい反乱グループを作った。ダニエルのグループは、オリエンテ州の小さいが戦略的なクリスタル山地に拠点を置いた――マエストラ山脈の東にあり、片方にサンティアゴ市、片方にグアンタナモを擁している。この組織は、6月に初めて軍の駐屯地に攻撃をしかけたが失敗し、多くの武器と数人を失うことになった。フランク・パイスは武器の一部を奪回し、ダニエルとその部下20人をサンティアゴ市各地の隠れ家に隠した。パイスはその後、大胆な新計画を思いついた。政治的ギャングのロランド・マスフェレールが実施する親バティスタのデモ行進に爆弾を仕掛けるという計画だ。マスフェレールは、ロス・ティグレスという民兵組織のリーダーでもあった。爆弾は不発だった。直後に、パイスの弟ホスエと同志二人が殺された。こうしてパイスが主導権を握ろうとする試みはとどめを刺された。

こうした失敗の後、パイスはフィデルに、主流政治家との繋がりを強めて、政治的な訴えかけを強めるよう主張した。たとえば、ラウル・チバスやフェリペ・パソスの山脈訪問などだ。また、アルマンド・アルト――ちょうど警察の拘置所から脱走したばかりだった――とともに、運動の構造全体を再編し、6州の代表だけで新しい全国幹部会を組織し、新しい執行機関を作って決定権をそこに任せることを計画した。この計画は、フィデルを6州の代表の一人にすぎない存在に格下げし、フィデルの力を大幅に削ぐものだった。「何か提案や、やるべき作業があれば教えてくれ。いずれにしても、計画の草案が完成したら送るから意見をくれ」とパイスはフィデルに書いている。

フィデルの返答は、マエストラ山脈宣言という形をとった。それは実質的に、パイスにフィデルの権限を抑えるような真似をさせないためのものだった。後に彼への手紙で、フィデルは断固としてパイスの提案には触れず、曖昧にこう言っている。「あなたが実に明確に、全国的に系統的な規模での実施計画立案の必要性を理解したことは実に喜ばしい——そしてお祝いを述べたい。我々は必要なかぎりここで戦い続ける。そして死か、真の革命の勝利でこの戦いを終える」

数週間後、フランク・パイスは死に、フィデルはその穴を埋めるためにすばやく動いた。殺害の翌日、7月31日、フィデルはセリア・サンチェスに、その喪失について哀悼と怒りを述べる手紙を書き「フランクの仕事の相当部分」をセリアが引き受けるように頼んでいる。一方、全国幹部会でパイスの代わりとして、彼はファウスティーノ・ペレスを提案し、パイスの仕事について最新の情報をくれとセリアに要求している。だがこの問題については、全国幹部会が珍しくフィデルに勝ち、ペレスではなくダニエル——レネ・ラモス・ラトゥール——をパイスの後任に選んだ。

その頃、自分の願望をかなえるため、フィデルはますますセリア・サンチェスを重用するようになった。彼女に対し、フィデルはしばしば手紙を送り、彼女が自分の生存には不可欠だと述べつつ、平原組からの支援欠如について不平を述べている。実際、2月に初めて会って以来、セリアは平原部におけるフィデルの主要な告白相手になり、セリアの権威は増していた。他の七月二六日の高官はすぐにセリアの新たな地位を理解し、フィデルとの主要な仲介役として彼女を扱うようになった。

ダニエルはパイスと同様、フィデル軍をもっと統制しようとし、特に手綱を締める人物としてチェを名指しして、フィデルに対し、チェは自分がパイスの後任になってから連絡さえよこさず、幹部会が認めていない連中と独自に供給の取り決めをして問題を引き起こしている、と文句を言っている。それに対してフィデルは、ダニエルを無視しつつ、平原組が山脈組を「捨てている」という辛辣な手紙をセリア宛てに書いて応えた。

チェはホアキン・カシージャス少佐の軍に対するさらなる攻撃準備を整えたが、未経験新兵、逃亡者、密告者という、いつもの問題に直面することになった。ラス・ミナスからの新規志願部隊が参加し、なかには初の女性志願兵、オニリア・グティエレスという17歳の少女もいた。だが、数日後にコファール——チェが臆病さを示すのに使ったフランス語で、ゴキブリのこと——の兆候を示しはじめた数人は、これまでと同様に送り返した。

協力者である監督官ダビー・ゴメスはどうやら逮捕されて、拷問、殺害されたようだった。その後、軍はゴメスの働いていたペラデロ農園を占領し、ある農民に圧力をかけて、反乱軍と地元との繋がりについて洗いざらい吐かせた。チェの日記によれば「結果として10人が殺された。なかにはダビーのラバ使い2人もいた。商品は全部奪われ、地域の家は全部焼き払われ、近所の数人はひどく殴られ、なかには後に死亡した者もいたし、イスラエルの父のように骨折した者もいた。［…］報告によると、密告者は3人いて、志願者にそいつらを殺せと命じた。数人が進み出たが、私はイスラエル、その兄弟サムエル、マノリート、ロドルフォを選んだ。彼らは早朝に、こう書いてある小さな看板を抱えて出発した——人民の反逆者として処刑、七月二六日運動」。

処刑チームは1週間後に戻った。密告者の一人を追跡し、殺したという。ダビー・ゴメスの死の報告は、実は不正確だった。後に彼は自らチェのところに来て、逮捕されてひどい拷問は受けたが、口は割らなかったと言った。

8月末にチェの縦隊はエル・オンブリート峡谷に野営した。敵を探し出そうとしたが、1カ月近く前のブエイシート以来、戦闘はなかった。8月29日に農民が、敵兵の大規模な縦隊が接近していると警告し、そのキャンプに案内した。チェは敵がさらに進軍する前に、即座に攻撃することにし、その夜、兵をキャンプに続く径の両側に配置した。政府軍はそこから翌日行軍するはずだった。チェの計画は、最初の10人ほどの兵を通過させ、縦隊の中央部に不意打ちをかけ、縦隊を二つに分割して、包囲して潰すというものだった。

夜明けとともに、敵兵は起き上がり、彼らのほうに山を登りはじめた。チェは、新しいブローニング機関銃を初めて使う戦闘が待ちきれず、ジリジリしていた。兵が近づくと、人数を数えたが、敵の一人が叫び、チェは反射的に反応して発砲し、列の6人目を撃った。2発目で先頭の5人は姿を消した。チェは部隊に攻撃を命じたが、敵の縦隊は体勢を立て直し、バズーカ砲を発砲した。チェは後退地点への撤退を命じ、エルメス・レイバ（ホエル・イグレシアスのいとこ）が殺されたと知った。1000メートルほど離れた俯瞰場所から見えたのは、兵士が前進して停止し、全員の環視のなか、レイバの死体をぞんざいに焼いている光景だった。チェは回想する。「どうすることもできない怒りに震えたが、遠くからライフルで発砲することしかできず、向こうはそれにバズーカ砲で応えた」

交戦は一日中続き、夜までに敵の縦隊は撤退した。チェにとって、この作戦は「偉大な勝利」だったが、貴重な人材を失い、鹵獲した敵の武器はたった1丁だった。とはいえチェ隊は、わずかな武器で、バズーカ砲を持つ140兵を撃退し、進軍を阻止した。数日後、チェは同じ兵士が反乱軍との野合を疑った農民数人を殺し、家を焼き払ったことを知った。反乱軍の攻撃後に無防備な民間人が支払う代償を、チェは如実に思い知らされた。チェはこうした残虐行為がこれ以上起こらないように、攻撃に先立って民間人を避難させることを決心した。

戦闘後に、チェは再びフィデルと合流した。フィデルはちょうど、ラス・クエバス近くの軍のキャンプを攻撃したところだった。手勢を4人失ったが、敵にも死傷者を出し、撤退させた。勢いに乗って、フィデルとチェは、小さな軍の駐屯地があるピノ・デル・アグアへの協調攻撃を計画した。兵がいれば攻撃する、いないなら、存在を誇示して、軍を山に引き込み、フィデルの縦隊がエサになり、チェは待ち伏せする。計画を決定し、両縦隊は標的地域に向かった。

だがチェの縦隊の雲行きが怪しくなっていた。何人かが逃亡し、さらに若い反乱兵が中尉への不服従により武装解除されたあと、拳銃を奪って、同志の目の前で自分の頭を撃ち、衝撃を与えた。埋葬時に、チェと部下とのあいだで、死んだ若者に軍として敬礼を行うべきか、意見が分かれた。チェは反対だった。「我々は、このような状況での自殺は、その人物がいかによい性質を持っていたとしても、非難されるべきだと論じた。兵の一部が不服従のそぶりを見せたが、通夜を行うものの敬礼はしないことにした」

部下の不満を見たチェは、厳しい手段を新たに講じ、青年兵に新しい規律委員会を仕切らせた。この決断は、戦闘員のあいだに流血沙汰を引き起こすことになった。デスカミサードとして、兄ロヘリートとともに縦隊に加わったばかりだった15歳の家出少年エンリケ・アセベードは、規律委員会が小さな憲兵隊のようだったと回想する。「いろいろあったが、たとえば誰も大きな声で喋らない、暗くなる前に火をつけない、飛行機が飛んできた場合に備えて必ず焚き火の横にバケツの水を用意するとかいったことを確認した。[…]警備についている連中を調べ、誰にも日記をつけさせないようにした。我々に新しい規律の厳しさを思い知らせようとしていたのだ。我々みなにとって悪夢だった」

厳格で規律を好んだチェは、反乱軍のあいだでは評判が悪く、チェ隊からの異動を希望する者もいた。アセベードは反乱軍に残るのを許されたが、チェははじめそれを拒否し――「ここを何だと思ってるんだ、孤児院や保育園じゃないんだぞ」――アセベードはずっとチェを警戒していた。独自の「違法」日記にアセベードはこう書いている。「みなチェに多大な敬意をもって接する。厳しく、ドライで、一部の人には皮肉な態度をとる。態度は穏やかだ。彼が命令すると、本当に敬意を集めるのがわかる。すぐにみなが言うことをきく」

数日後、兄弟はチェの即決裁判の例を目にした。エンリケ・アセベードはその瞬間を赤裸々に記録している。「夜明けに緑の服を着た大男が連れられてきた。頭は軍隊式に剃られ、大きな口ひげを生やしている。[レネ・]クエルボで、サン・パブロ・デ・ジャオとベガ・ラ・ジュアの地域でもめごとを起こしていた人物だ。七月二六日運動の旗の下で蛮行を働いていた。[…]チェはハンモックに寝たまま彼を迎えた。捕虜は握手しようと手を差し伸べたが、チェは応じない。大声で話してはいるが、何が言われているか耳に入らない。どうやら即決裁判のようだ。最後に[チェは]侮蔑的な身ぶりで彼を追い払った。彼は谷間に連行され、22口径のライフルで処刑されたが、その銃のせいで3発も必要だった。[ついに]チェはハンモックから飛び起きて叫んだ。「もう十分だ!」」

チェは、クエルボを殺す決断については何ら後悔を示していない。「革命的大義のために戦い、スパイを処刑するという口実で、彼は山脈のある地区の住民全員を丸裸にしており、おそらく軍も黙認していたのだろう。[…]手続きは迅速で、彼は逃亡兵でもあったから、すぐに物理的な排除に進んだ。その地域での権力状況を利用して悪事を行う反社会的個人の処刑手続きは、残念ながら、マエストラ山脈では決して珍しいことではなかった」とチェは書く。

数週間後には慈悲深い面も見せている。ピノ・デル・アグア近くでトラックに満載の兵士を奇襲して捕らえたチェは、被害を検分した。「最初のトラックを鹵獲すると、2人が死亡、1人が負傷しており、断末魔にあっても戦う動作は続けていたが［…］彼に降伏の機会すら与えず殺してしまった――半分意識がなかったので、降伏できるはずもなかったが。この野蛮な行為を行った戦闘員は、バティスタ軍に家族を皆殺しにされていた。私は、その行為について激しく彼を叱責したが、自分の発言が別の負傷兵に聞かれているのに気がつかなかった。毛布を被せられて、トラックの荷台でじっとしていたのだ。私の発言と同志の謝罪を聞いた敵兵は、自分がいると訴え、殺さないでくれと懇願した。足を撃たれて骨折しており、ずっと道端にいて、戦闘が他のトラックに移るのを待っていた。男は戦闘員が近くを通るたびに叫んだ。「殺さないで！　殺さないで！　チェは捕虜を殺すなと言っているじゃないか！」戦闘が終わると、我々は彼を製材所に運び、応急手当てを施した」

Ⅳ

9月第1週に山地を移動していた反乱軍は、全国蜂起がついに行われたことを知った。9月5日に反乱軍が、シエンフエゴス市の海軍基地と警察本部を攻撃して制圧した。海軍の反乱軍と、プリオの真正党を含む他のグループからの少数に加え、七月二六日運動の戦闘員が多数参加していた。だが事態は計画通りには進まなかった。最後の最後になって、ハバナとサンティアゴ市の共謀者が尻込みし、蜂起が行われたのはシエンフエゴス市だけとなった。

反乱軍は午前中はシエンフエゴス市を制圧できたが、午後になると政権は巨大なサンタ・クララ基地から戦車を送り込み、アメリカ製のB－26爆撃機を派遣して空爆させた。反乱軍は、近くのエスカンブライ山脈に逃げずに市内で決戦を行うという致命的なまちがいを犯し、皆殺しになった。関与した七月二六日運動の高官3人——ハバナの地下組織の高官ハビエル・パソス、ラス・ビジャス州の活動担当長フリオ・カマーチョ、シエンフエゴス市の七月二六日運動指導者エミリオ・アラゴネス——は何とか逃亡したが、参加した推定400人のうち300人は殺され、その多くは降伏後に射殺された。反乱軍に対する復讐は野蛮極まりなかった。負傷者が生き埋めにされたという報告まであり、元海軍中尉ディオニシオ・サン・ロマンは、数カ月にわたる拷問を受けてから殺された。

これはキューバにおけるそれまでの最大かつ最も流血の激しい作戦で、影響は大きかった。フィデルはフスト・カリージョに裏切りを非難された。カリージョはプリオ政権の元閣僚で、独自の「モンテクリスティ」反バティスタグループの指導者であり、陰謀に参加していた軍の派閥の一つと手を組んでいた。以前にカリージョは七月二六日運動に資金提供していたが、山脈宣言に際してフィデルから提携を持ちかけられたときには、考慮はしたが断った。この作戦後、カリージョは、フィデルがシエンフエゴス反乱が失敗すると知りつつゴーサインを出し、権力のライバルと見た軍人を死に追いやった裏切り者だと非難したのだ。この非難に間接的に答えて、チェは後にこう書いている。「七月二六日運動は、非武装組織として参加しており、指導者が結果をはっきり見通せていたとしても（実際には見通せていなかったが）状況を変えることはできなかっただろう。未来への教訓は、力を持つものが戦略を決めるということだ」

だがバティスタもシエンフエゴス事件の影響を受けた。反乱の鎮圧に米国から供給された火力を使ったのは、米国のキューバ防衛協定の露骨な違反だった。戦車やB–26爆撃機はキューバが西半球の防衛に使うために供給されたもので、国内蜂起の鎮圧に使うものではなかった。米国は説明を求めたが、まともな説明が得られなかったので、政権への武器提供の停止を検討しはじめた。

一方マエストラ山脈では、チェとフィデルが次の軍事目標に接近していた。9月10日、両縦隊はピノ・デル・アグアに到達した。フィデルはわざわざ地元民に目的地を知らせた。誰かがそれを軍に漏らすと考えたからだ。フィデルの縦隊が出発したその夜、チェは敵軍が到着するはずの道路や山道に沿って、待ち伏せをこっそり仕掛けた。この計画が成功すれば、車両部隊を攻撃して、トラック何台かを鹵獲できるはずだった。幹線道路を見下ろす崖の上の森林で1週間にわたり待ち続けてから、チェはようやくトラックのエンジン音を聞きつけた。敵はエサに食いついた。

戦闘は小規模なものでしかなかった。待ち伏せが始まると、トラック2台に乗った兵士は逃げ出したが、反乱軍は残りのトラック3台を鹵獲し、焼いた。さらにいくつか、役に立つ新兵器と弾薬を手に入れた。また兵士3人を殺し、捕虜を1人とった。捕虜は伍長で、反乱軍に寝返り、炊事係になった。大きな悲しみは、「クルシート」を失ったことだった。クルシートはグアヒロ詩人で、反乱軍にもう一人いた詩人カリスト・モラレスと詩を作りあって、兵士を楽しませていた。彼は自ら「マエストラのナイチンゲール」を名乗り、ライバルには「山脈のオウム」というあだ名を付けていた。

V

チェは兵をペラデロに向けて移動させた。そこはフィデルの縦隊も向かっているところだった。途中で彼は、バティスタ支持で大地主と親しいとされる商人のラバを没収した。「フアン・バランサは、スタミナがあって役に立つと近所で有名な一頭のラバを持っていたので、一種の戦争税として、我々はそれをいただいた」。そのラバは足取りがしっかりして悪路もこなせたので、チェはそれを自分個人の乗物として使い、アンヘル・サンチェス・モスケラ大尉に「奪い返される」まで乗り続けた。サンチェス・モスケラはこの戦争の後半でチェの仇敵となる。

いまやマエストラ山脈には武装グループが溢れていた。逃亡兵、どこにも属さない犯罪集団、さらには反乱軍の一部も蛮行を働き、一種の無政府状態で、政府の手が及ばない地域で、兵器を使い、強盗、強姦、殺人を行っていた。それに対して、反乱軍は厳格な規律で行動が律せられて不満が生じ、特にチェの縦隊の中では新設の「規律委員会」のやりすぎをめぐり緊張が高まる一方だった。その状況が血みどろのクライマックスを迎えた。

縦隊がペラデロに着いてから数日後、チェは近くに野営していたフィデルに会いに出かけた。彼とフィデルが話を始めて間もなく、ラミロ・バルデスが割って入った。最悪の事態が起きていた。「ラロ・サルディニアスが、無規律な同志を衝動的に処罰し、銃を頭に突きつけ、撃つ真似をしたところ、誤って暴発し、男は即死した。隊で暴動が起こりそうだった」とチェは後に書いている。ラロの行動をめぐり、チェは全部隊と対立した。多くの兵は即決裁判と処刑を求めた。まずチェは兵から証拠を集めた。ラロが殺害の意図を持っていたと言う者もいれば、事故だったと言う者もいた。ラロの運命を決める裁判が開かれた。彼は将校だっただけでなく、優秀で勇敢な兵であり、チェもフィデルも助命したいと考えたが、他の戦闘員にも相談する必要があり、彼らの発言から見て、ほとんどが死刑を求めているのは明らかだった。ついにチェが口を開いた。「私はわが同志の死は闘争の状況のせいだと説明しようとした。つまり戦争の状況そのものであり、結局のところ罪があるのは独裁者バティスタなのだ、と。だが私の言葉は、この敵対的な聴衆に納得してもらえなかった」とチェは後に書く。

次はフィデルの順番だった。チェの記述によると、彼はラロを延々と弁護した。「結局のところ、この非難されるべき行為は、規律の概念を守るために行われたものであり、その点は常に念頭に置くべきである、と説いた」。フィデルの「すさまじい説得力」とチェが呼んだものに動かされた者もいたが、多くはまだ同意しなかった。ついに、投票で決着をつけることが決まった。ラロは射殺されるか降格だ。多数決だった。チェはノートに得票を記録した、最終的に戦闘員146人のうち、70人が死刑支持、76人が降格支持だった。ラロは命拾いした。階級は剝奪され、兵卒として戦い、名誉を回復せよと命じられた。だが問題は終わっていなかった。戦闘員の多くはこの決定に不服で、翌日彼らは兵器を捨て、離脱を求めた。面白いことだが、そのなかにはチェの軍規委員長と委員数名もいた。後にこの事件について書いたチェは、辞めた者の一部が後に革命を裏切ったと念入りに強調している。「多数決を尊重せず、闘争を放棄して不服従を表明した者は、のちに敵に仕えるようになり、裏切り者として、我が国土で戦いに戻った」

チェは、離脱した者には裏切る動機があったかのように書こうと努めたが、この事件は道徳訓としては説得力がなく、むしろチェの人格の硬直ぶりを垣間見せるものとなっている。マエストラ山脈での彼の足跡は、密告者、逃亡者、素行不良者たちの死体だらけだった。彼が命じた殺害もあるし、場合によっては彼が自ら手を下した。増えていった戦闘員グループの内外で課した規律は、ラロのような行動が容易に起こり得る雰囲気を作り出していた。リーダーがお手本だった。チェの部下は単に、自分たちなりの粗雑なやり方で、チェの行動を真似ていただけだった。

造反の後で、フィデルは戦闘員の一部をチェの指揮下に移し、去った者を補充した。そしてラロの後任も指名した。カミロ・シエンフエゴスだ。ハンサムなブロンドで、外向的だったこの元野球選手は、チェの前衛の大尉となった。これは巧みな異動だった。カミロは、細かいことは気にしない性格で、それがチェの厳格さをうまく相殺したからだ。二人はお互いに敬意を払っており、チェはカミロに対し、他の誰にも許さないほどの親密さを許した。彼らのやりとりは、下品な冗談合戦に、親しげな悪口と自慢を織り交ぜたものだった。

カミロの最初の任務は、革命の旗印のもとで犯罪行為を繰り返す「盗賊」団を捕まえることだった。彼がその探索を始める一方、チェは自分の拠点となりつつあった地域に戻った――エル・オンブリート峡谷だ。8月の待ち伏せ以来、軍は戻ってきておらず、チェは常設基地の予備的な設置を開始していた。峡谷の新規志願者向け中継基地に、アリスティディオというグアヒロを責任者として残し、パン焼き窯まで作った。平穏な地域ではあったが、ミナス・デ・ブエイシートに拠点を作ったサンチェス・モスケラが、間もなく山地に襲撃をかけることが予想された。アリスティディオはどうやら危険のサインが広がる状況に耐えられなかったようだ。チェの不在中に彼は拳銃を売り払い、軍が来たら連絡するつもりだと、軽率にも一般人に話していた。チェの回想では「これは革命にとって困難な時期だった。地区の長としての権限で、きわめて即決の調査を行い、農民アリスティディオを処刑した」。

思春期だったエンリケ・アセベードは、アリスティディオが連行されるのを見た。「我々の横を裸足の囚人が通過した。縛られている。アリスティディオだ。親分じみた態度は消え去っていた。後に銃声が聞こえた。そこに行ってみると、彼の上に土をかけているところだった。日没時に、疲れ切った一日の後で、彼［チェ］はアリスティディオがゲリラの資金や資材を濫用したために処刑されたと説明した」

後にチェは、アリスティディオの運命についてほとんど申し訳ないと思っているかのような描写をしている。「アリスティディオは、革命の意義を明確に理解することなく革命に加わった農民の典型例のひとつだった。［…］今日、彼が本当に死に値するほどの罪を犯したのか、革命の構築段階で活用できたはずの命を救えたのではないかと、我々は自問している。戦争は困難かつ厳しいものであり、敵がその攻勢を強めているときには、裏切りの兆候ですら容認できない。ゲリラ運動がずっと弱かった数カ月前、あるいはずっと強力になった数カ月後であれば、彼の命を助けていたことだろう」

アリスティディオを処刑したチェは、その後、カラカス方面に移動し、カミロを助けて、中国人チャン率いる武装ギャング団を捕らえた。これは中国系キューバ人の盗賊団で、近隣で農民を強奪して殺していた。カミロはすでに下手人を何人か捕らえ、革命裁判所で裁かれるまで拘禁していた。反乱軍はこのときようやく、司法制度を実施できる、本当の弁護士を擁していた。ウンベルト・ソリ＝マリンだ。ハバナ出身の著名な弁護士で、七月二六日運動のメンバーだ。中国人チャンのギャング団の多くは無罪になったが、チャン自身と少女を強姦した農夫は死刑になった。いつものようにチェは、彼らの最期を鋭い目で観察し、死に直面して彼らが勇敢だったか臆病だったかを記録している。「まず強姦農夫と中国人チャンが処刑された。二人とも落ち着いて、森の木に縛られた。まず強姦犯が目隠しなしに、銃口に目を向けて、革命万歳を叫んで殺された。中国人はまったく平静に死に対したが、サルディニャス神父に最期の祈りを行ってほしいと求めた」。サルディニャスはサンティアゴ市の神父で反乱軍に加わった人物だが、彼はそのときキャンプにはいなかった。「この求めには応えられなかったので、チャンは自分が神父を求めたことを記録しておいてくれと言った。まるでその証言があの世での情状酌量につながるとでもいうように」

反乱軍は、ギャングの若者3人に模擬処刑でお灸をすえようと考えた。彼らは死刑判決を受け、チャンや強姦者の処刑を見たあとで、自分たちの処刑を待った。チェによれば「少年たちはチャンの蛮行に深く関与していたが、フィデルはやりなおしの機会を与えるべきだと考えた。3人は目隠しされ、模擬処刑の苛烈さにさらされた。銃は空に向かって撃たれ、3人は自分たちが確かに生きているのを知った。一人は私に抱きつき、見たこともない湧き上がる身ぶりで、喜びと感謝を示して、私に派手な音を立ててキスした。まるで父親の前にいるかのように」。チェが後に語ったところでは、命を助ける判断をしてよかったという。3人は反乱軍に残り、1人はチェの縦隊に入って、「よき革命兵士」になることで贖罪を勝ち取った。

アンドリュー・セント・ジョージ記者が再度訪れており、模擬と本物の両方の処刑に居合わせ、その一部始終を写真に撮った。その写真と記事は『ルック』誌で発表され、また米国の諜報筋にも報告を提出したようだ（セント・ジョージは、こうした訪問を利用して米国政府のためフィデルと運動についての情報を収集した、という疑惑に決して反論しなかった）。

数日後、さらに違反者が捕まった。その一人はディオニシオ・オリバで、エウティミオ・ゲラの仮面を剥ぐのに大きな役割を果たした農夫だった。それ以後の数カ月で、彼と義兄弟は反乱軍用の物資を盗み、牛を奪っていた。ディオニシオはまた個人の家を勝手に接収し、そこに二人の愛人を囲っていた。一緒に捕まった者のなかには、エチェベリアという若者がいた。エチェベリアの兄弟は反乱軍の兵士で、兄弟の一人はグランマ号に乗っていた人物だったが、少年はどこにも所属しない武装ギャング団に加わった。チェが認めているとおり、彼の事件は「つらいもの」だった。エチェベリアは、戦闘で死なせてくれと懇願した――革命銃殺隊の前で殺され、家族の名誉を汚したくない、と言う。だが裁判の判決は断固としたものだった。チェによれば、エチェベリアは撃たれる前に母親に手紙を書き、「自分への処罰は公正なものだと説明し、革命に忠実でいてくれと頼んだ」。

最後に殺されたのは、他ならぬエル・マエストロだった。サンティアゴ市からの新規志願者に会うための行軍で、喘息のチェに付き添った臆病な男だ。その後、エル・マエストロは病気だと称してゲリラを離れ「不道徳な人生に身を投じた」。彼の決定的な犯罪は、「医師」チェを名乗って、診てもらいにやってきた農民の娘を強姦しようとしたことだった。

フィデルは後に、七月二六日運動の記者カルロス・フランキに、こうした処刑の話をした。戦争中に命じた処刑の数についてはごまかしたが、エル・マエストロの件となると、俄然雄弁になった。「銃殺隊の前に並ばせた人間はきわめて少数、本当にごくわずかなんだよ。戦争全体で、25カ月のうちに銃殺したのは10人を超えていない」。だがエル・マエストロについてはこう語った。「あいつはオランウータンだよ。巨大なヒゲをはやしていた。生まれつきの道化でヘラクレスみたいに荷物は運んだが、兵士としてはひどかった。［…］あの地域で、我々が長いこと過ごした、みんな我々を知っているあの場所で、チェのふりをするなんて、バカもいいところだ。［…］そして新しいヒゲをはやしたエル・マエストロはチェのふりをしてみせた。「女どもを連れてこい。オレが全員味見してやる！」こんなとんでもない話は聞いたことがない。撃ち殺したよ」

Ⅵ

処刑の波の後で、チェたちはエル・オンブリートに戻った。1957年10月になっており、チェはそこに常設のゲリラ拠点を維持できるだけの「工業」インフラを作りはじめたいと考えた。ハバナ大学の元学生が二人やってきて、オンブリート川で水力発電をするためのダム建設に配備されたことで、彼の野心は実現に近づいた。彼らのもう一つの仕事はゲリラ新聞『エル・クバーノ・リブレ』（自由キューバ人）創刊を手伝うことだった。11月初頭には、1903年製の年代物の謄写版印刷機で創刊号が印刷された。

チェは「狙撃兵」というコラムを、一匹狼という昔のニックネームで連載しはじめた。その初回「終わりの始まり」で、彼はバティスタへの米国の軍事援助の問題を扱い、ソ連がライカという犬をスプートニク2号にのせて宇宙に送ったのを抗議する動物愛護者のニューヨーク国連デモの話と、それをうまくつなげてみせた（その1カ月前に、ソ連は世界初の人工衛星スプートニク1号を地球周回軌道に打ち上げていた）。「自分ではまったく理解できない大義を進めるために、華々しく死ぬ哀れな動物を想うと、同情が我々の魂に満ちる。だがあの気高い建物の前で、我が国のグアヒロたちへの慈悲を求めて行進する米国の慈善団体の話は寡聞にして聞いたことがない。グアヒロは大量に死んでいる。P－47戦闘機やB－26爆撃機に機銃掃射され〔…〕兵たちの強力なM1に穴だらけにされる。それとも、政治的な便宜の文脈では、シベリア犬1匹のほうがキューバのグアヒロ1000人よりも価値が高いというのだろうか？」

チェはエル・オンブリートの適切な社会インフラの構想を思い描いていた。即席の病院ができ、2棟目も計画された。さらにパン焼き窯に加え、ブタとニワトリの農場、靴作りや鞍作りの工房も完成間近で、「兵器工場」もフル稼働していた。原始的な地雷やライフル発射式の擲弾を作る作業も始まっていた。擲弾発射装置は、新しいソ連人工衛星に敬意を表してスプートニクと呼ばれた。まともな材料さえ手に入れば、次は迫撃砲を作る計画だった。こうした業績を記念して、チェはエル・オンブリート山のてっぺんに掲げるため、巨大な七月二六日旗に「1958年おめでとう！」と書かれたものを発注した。チェは自分がこの地域に「本物の政府」を打ち立てたのを誇りに思い、サンチェス・モスケラ大尉の襲撃部隊を意識して、彼はこの小さな領土に続く道に防空壕や防衛用の砦をいくつか作らせた。11月24日に彼はフィデルにこう書いた。

「ここにしっかり根をおろして、何があっても放棄しないつもりだ」

サンチェス・モスケラの兵が隣のマル・ベルデの峡谷を登り、道中の農民の家を焼き払っているという報告が入った。チェはカミロ・シエンフエゴスを派遣して待ち伏せさせた。そして彼自身も後から出発し、敵縦隊を背後から襲おうと考えた。チェ隊は峡谷の左右の生い茂った山地に張り付いて、見つからずに兵士に追いつこうとした。そのとき、新たに隊のマスコットになっていた小犬が後からついてきた。それを見たチェは、世話係の戦闘員フェリックスに追い返せと命じたが、小犬は忠実にトコトコついてくる。小川に出て休憩したが、そこで小犬がどういうわけか吠えはじめた。兵たちは、なだめてだまらせようとしたが、小犬はやめなかった。チェは、殺すよう命じた。「フェリックスは、物言わぬ目つきで私を見つめた。［…］とてもゆっくりと縄を取り出し、この小さな動物の首に巻きつけ、それを締めはじめた。犬の尾のかわいらしい動きがいきなり痙攣的になり、やがて止まり、そののどからは、強い締め付けにもかかわらず、ずっとうめき声が漏れ続けた。［…］最期が訪れるまでどれだけかかったかはわからないが、みんなにとっては非常に長く思えた。最後にビクッと身震いして、小犬は動かなくなった。そこに転がされ、やつれ果て、小さな頭が折れ、枝に乗っかっていた」

男たちは一言も口を利かずに移動を続けた。敵はいまやずっと先まで進んでしまった。遠くの銃声を聞いて、カミロが攻撃したとわかったが、チェが先に斥候を送って調べると、新しく掘られた墓が一つあるだけだった。チェが命じてその墓を掘り起こさせたところ、敵兵の死体があった。衝突があったにしてもすでに終わっており、敵兵もカミロの小隊も消えていた。なすすべなく、消沈した一行は、峡谷を下りて戻り、日が暮れてからマル・ベルデ村に到着した。住民は全員逃げ出しており、所有物をすべて置いていった。反乱軍はブタとユッカを料理し、一人がギターを弾いて歌いはじめた。

「その感傷的な曲のせいなのか、夜の帳のせいなのか、それとも単に疲れていただけなのかはわからない。だがそのときに起きたのは、床に座って食べていたフェリックスが骨を落とし、その家の犬が大人しくやってきて、それをくわえたのだった。フェリックスはその頭をなで、犬は彼を見た。フェリックスも見つめかえし、そして彼と私は後ろめたい視線を交わした。いきなりみんな黙りこくった。かすかな動揺が我々のあいだを走った。犬の柔和でお茶目な目つきが、なんだか咎めているように思えた。我々がいるその場で、別の犬の目を通して我々を見ているのは、あの殺された小犬なのだった」

翌日、まだマル・ベルデにいたチェのところに斥候がやってきて、サンチェス・モスケラの兵が2キロほど離れたところに野営していると知らせた。カミロの軍がその近くに陣取り、チェの縦隊を待って攻撃するという。チェはすぐに兵をその場に誘導させた。翌日11月29日の夜明けに、反乱軍はトルキノ川に沿って奇襲位置につき、サンチェス・モスケラの撤退路として考えられるすべてを射程内におさめた。チェは自分とその部隊に、特に危険な地点を選んだ。そこを通る兵は、思い切り引きつけて撃たねばならない。

チェと2、3人は木の後ろに隠れていたが、その目の前をモスケラ軍の小班が通過した。ルガー拳銃しか持っていなかったチェは、不安に駆られて最初の一発を急ぎすぎ、外した。銃撃が始まり、その混乱のなか敵兵はジャングルに逃げた。同時に、他の部隊が、他の敵兵のほとんどが配置されていた農家に発砲を開始した。砲火が弱まったところで、逃亡兵を探していたホエル・イグレシアスが6発撃たれた。チェが見つけたとき、彼は血まみれだったが命はあった。少年をエル・オンブリートの野戦病院に退避させてから、チェは戦線に戻ったが、サンチェス・モスケラの守りはかたく、相手の射撃が激しいため、その拠点の急襲はあまりに危険だった。敵軍の援軍が到着しはじめると、チェは前哨部隊を送ってそれを止めさせ、サンチェス・モスケラを足止めした。敵に近づこうとしたシロ・レドンドが頭を撃たれて死んだ。チェの友人で、グランマ号で同乗した古参兵だ。

午後の半ばにはすべてが終わった。敵の援軍はチェの陣地を突破したので、チェもついに撤退を命じるしかなかった。血みどろの1日だった。シロだけでなく、捕虜にされて殺された者も1人いた。ホエルを含む5人が負傷した。軍が追ってくると予想した彼らは、エル・オンブリートに急いで戻り、次の対決に備えた。数日にわたり大慌てで防御を固めたところで、戦闘警報が発せられた。サンチェス・モスケラの兵が向かってきていた。チェは負傷した兵や予備の備蓄をラ・メサの後退地点に退避させた。エル・オンブリートへの敵の侵攻を阻止するため、チェは兵器工場が作った新しい地雷に大きな期待をかけ、接近路に敷設したが、敵兵がきても地雷は爆発せず、前進奇襲部隊が急いで退却するはめになった。もはや敵のエル・オンブリート進軍を阻むものは何もなかった。一刻の猶予もなく、チェ隊は峡谷から撤退し、ロス・アルトス・デ・コンラドと呼ぶ山地に続く道に向かった。かつてそこに住んでいたPSP党員の農民が手助けしてくれたからだ。その農民の廃屋への道は急峻だったが、チェは奇襲にそこが最適だと考え、道を見下ろす岩の背後に待ち伏せ場所を見つけた。その後3日にわたり、そこで待った。

今回のチェの計画は月並みながらリスクの高いものだった。道に近い大木の陰に隠れたカミロ・シエンフエゴスは、姿を見せた最初の敵兵を接近戦で撃ち殺す。道の左右の狙撃手も発砲し、他の兵は正面から撃つ。チェと数人は、20メートルほど離れた退避場所にいるが、チェは半身しか木に隠れられず、まわりの部下たちもかなりむき出しの状態となった。誰も顔を出すな、とチェは命じた――敵が来たのは最初の一発の銃声でわかるだけだった。だがチェは自分の命令を自分で破り、様子をのぞき見た。

「その瞬間に、戦闘前の緊張が感じられた。最初の兵がやってくるのが見えた。用心深くあたりを見回して、ゆっくり進んでいる。[…] 私は頭を隠し、戦闘が始まるのを待った。一発の銃声が聞こえ、そこらじゅうで銃撃が始まった」。森は、双方が接近戦で撃ちあうなか、戦闘の轟音で満ちた。敵軍は拙速に迫撃砲を撃ったが、反乱軍のはるか背後に着弾し、そこでチェが撃たれた。「いきなり嫌な感覚をおぼえた。火傷や麻痺のチリチリした感覚に似たものだ。木の幹からはみ出していた左足を撃たれた兆候だった」

ジャングルのなかを向かってくる敵兵の音を聞いたチェは、もはや自分が丸腰なのに気がついた。ライフルの弾倉は空で、こめなおす暇はなかった。拳銃は地面に落ちて下に転がっていたが、姿を敵に見られるかもしれないので、身を起こしてそれを取るわけにもいかない。必死で転がり、なんとか拳銃を手に取ったが、そこに配下の一人カンティンフラスがやってきた。カンティンフラスは、自分の銃が動かなくなったので退却してきたと言った。チェはその銃をひったくり、挿弾子を調整して、若者を罵倒して送り出した。勇気を示したカンティンフラスは、木の陰から出て敵に発砲したが、逆に撃たれ、その銃弾は左腕から入り、肩甲骨へと貫通した。

チェとカンティフラスは二人とも負傷し、同志を見失ったが、なんとか這いずって進み、助けられた。カンティンフラスはハンモックの担架にのせられ、チェはまだアドレナリンが満ちていたので、800メートルほど先の農民協力者の家に向かう途中までは自力で歩いたが、やがて傷の痛みが耐えがたくなり、馬に乗せられねばならなかった。

12月9日、チェはフィデルに手紙を書き、武器を要求し、自分自身を砲火のなかに置いたことを詫びた。手紙を送ったチェは、状況が恐れたほどひどくはないのを知った。敵は地域から完全に撤退していたし、ホエル・イグレシアスも回復した。新しい避難場所で、最近反乱軍に加わった医師が、カミソリを使ってチェの足から銃弾を摘出「手術」し、チェはまた歩けるようになった。だがエル・オンブリートに戻ってみると、全滅だった。「パン焼き窯は徹底的に破壊されていた。煙のあがる廃墟のなかにいたのは、ネコ何匹かとブタ1頭だけだった。そいつらは、侵略軍の猛攻を逃れたが、私たちの口におさまることになった」。一からやり直すしかなかったが、場所はエル・オンブリートではなかった。戦争の1年目が終わり、1958年が始まった。チェはラ・メサに新拠点を構築しはじめた。

12月9日のフィデル宛ての手紙で、チェは目先の軍事状況をはるかに超える問題を取り上げている。これは七月二六日運動の、平原部における全国幹部会との紛争激化についてのものだった。チェはもとから平原組を嫌っていたが（逆もまた然り）、いまや両者の関係は公然の敵対になりつつあった。

表向きの問題は物資供給の手配をめぐるものだった。司令官になってから、チェはフランク・パイスの後任であるダニエルを、オリエンテ州の反乱軍の調整役として無視し続け、供給先と独自の取り決めをしていた。だが本質は別にあった。チェは全国幹部会のメンバーに「過激」マルクス主義者として知られていた。彼は自隊をほとんど自分勝手に率いており、明らかにフィデルへの影響力を誇っていたが、幹部会とフィデルとの関係は弱まっていたため、明らかに反共主義者だったアルマンド・アルトとダニエルの警戒はなおさら高まった。チェはダニエルに接触せず、サンティアゴ市の組織を使わなかったが、これは平原組の権威を貶めるものだった。

拡大する亀裂を解決するため、ダニエルとセリア・サンチェスは10月にマエストラ山脈までやってきた。この訪問とほぼ同時期に新しい政治的展開があった。平原部での七月二六日運動の「総組織」のトップだったアルマンド・アルトは、反政府政党が革命亡命政府を作ろうとしているという、前向きな動きを伝えた。亡命政府の主力となるのは七月二六日運動とプリオの真正党だ。同時にアルトは10月にフィデルに手紙を送り、「一部の外交筋との友好的な関係」は継続しており、「［米国］大使館に近い人々」が代理で米国大使と相談をしているらしいと書き送っている。アルトはこう結論した。「これが最善の政策だと思う。起こっていることはすべて知らされており、考えられるアメリカの計画もわかるし、同時に運動としては公式にそこにコミットしない」

CIAが密かに後押ししたシエンフエゴス蜂起が失敗したので、米国はバティスタを追い出すための別の手段を探し回っていたのかもしれない。キューバの容認可能な政治団体、つまり七月二六日運動などを手懐けて広範に連合させるのは、理想的な解決策に思えただろう。キューバ紛争は手に負えなくなっており、軍は反乱軍に決定的な一撃を食らわせる能力がまったくないように見え、バティスタの解決策は殺し屋を放つことだけだった。警察が反乱軍だと疑った人物を殺すのは日常茶飯事で、オリエンテ州では軍がしばしば虐殺しており、空気は無法状態を強めるばかりだった。アルベルト・デル・リオ・チャビアーノという陸軍大佐は、モンカダ反乱軍の拷問と殺害を指揮して悪名高かったが、昇進してマエストラ山脈の反ゲリラ作戦の指揮官となり、カストロの首には10万ドルの賞金がかけられた。

バティスタの敵も暴力を激化させていた。10月と11月には、七月二六日運動は都市部のスパイや裏切り者をあぶり出し、ガリシア人モランを殺害した。モランはバティスタの軍事諜報機関の手先となって大混乱を引き起こしていた。キューバ東部の都市、オルギンの軍司令官フェルミン・コウレイ大佐は、コリンシアで反乱軍を虐殺するなど残虐の限りを尽くしたが、暗殺された。反乱軍は経済妨害工作も強め、サトウキビ畑を大規模に焼き払った。本気だったフィデルは、ビランで一族が所有する大規模サトウキビ畑も焼き払うことを約束した。

逆説的な話だが、紛争にもかかわらず、キューバ経済は砂糖価格の上昇と米国からの外国投資の増加で絶好調だった。米国所有のオリエンテ州のニッケル鉱山は、拡張計画を発表したばかりであり、ハバナの港湾施設は海運の増加に対応するため拡張中だった。観光客は相変わらずハバナに殺到し、新しい豪華ホテルが次々に建設されていた。砂糖の収穫量はキューバ史上最高水準で、国の歳入は何億ドルも増加した。

バティスタの事態収拾能力に確信が持てなかったワシントンは、相変わらず矛盾する信号を送り続けた。国務省とCIAではバティスタへの不満が高まっていたが、軍は彼を強く支持していた。バティスタの空軍司令官カルロス・タベルニージャ大佐は、11月に米国の勲功章を受章しており、バティスタ自身も米海兵隊のレミュエル・シェパード大将の演説で「偉大な将軍、偉大な大統領」と絶賛された。着任して数カ月で、アール・スミス大使は反乱軍の「共産主義的影響」を耳にするようになり、カストロに対する疑念を高めていた。CIA長官アレン・ダレスに公電を打ち、マエストラ山脈にスパイを送り込んで、運動における「共産主義支配の範囲」を見極めるよう示唆した。

フィデルは、キューバの政治的反政府運動の実質的な指導者になろうとして、かなりの綱渡りを強いられていた。成功するには、戦争を拡大して軍事力を手に入れなければならないが、政治経済的な支援も必要であり、そのためにはある程度は穏健で脅威とならない装いを示す必要があった。

目前に迫った連立協定について報せるアルマンド・アルトの手紙を受け取ってから、フィデルは米国の代理人に手紙を書き、11月1日の会合に代表団を率いて出席すると伝えた。また、提案されている連立の要職に指名する人物の一覧も送った。自分の思い通りになると信じていたフィデルは、ゲリラ戦争の指揮に戻った。フィデルとの面会で言いくるめられたらしいダニエルは、サンティアゴ市に戻り、フィデルが必要とする弾薬などの備品を用意するために奔走した。セリア・サンチェスはマエストラ山脈に残った。フィデルは彼女の「女性的な存在」をしばらく身近に置きたいとセリアに言った。

11月1日にマイアミで、「キューバ解放会議」が結成され、キューバの主要な反対勢力のほとんどが調印した。PSPは排除されたが、七月二六日運動はこの新臨時政府の中央委員会で多数を占めた。フィデルの同意を得ずにフェリペ・パソスが公式の七月二六日運動代表を務めた。フィデルはこれを自分を打倒しようとする試みと考えた。バティスタの退任、公平な選挙、憲法支配への復帰という標準的な要求を除けば、この合意は公然とワシントンに追従するものだった。外国の介入に反対する声明もなく、バティスタ政権が軍事政府に置き換わりかねない点にも反対していない（フィデルはこれをきわめて恐れていた）。合意では、フィデルのゲリラ軍は、キューバの正規軍に「勝利後に編入」され、反乱軍が解体されることになっていた。経済的な不正の問題もあっさり無視され、単に雇用を増やして生活水準を引き上げるというぬるま湯的な条項があるだけだった。要するに、ワシントンにへつらう政治マニフェストだ。

アルマンド・アルトとダニエルは、この協定の条件に不満だと述べはしたが、我慢できなくもないと匂わせた。ラウルは激怒して、フェリペ・パソスが明らかに裏切ったと非難し、銃殺すべきだと提案した。フィデルは不満を公言したが、平原組の高官があわてて立場を釈明すると、謎めいた沈黙を保った。戦争に没頭しているチェは何も言わなかったが、フィデルからの釈明をうずうずしながら待った。12月1日、マル・ベルデの戦闘のあと、チェはフィデルに対し『自由キューバ人』に印刷するための声明を如才なく求めたが、その後、チェはエル・オンブリートから撤退し、アルトス・デ・コンラドで負傷した。ついに12月9日のラ・メサからの手紙で、チェはフィデルを問い詰めた。全国幹部会に対する疑念を挙げ、彼らが意図的に自分を「妨害」したとチェは非難し、状況改善のために「厳しい手段」（具体的な中身は明記されていない）をとる許可を求めた。そうでなければ辞任するという。いかに遠回しな表現とはいえ、これはボスへの最後通牒だった。*チェのフィデル・カストロに対する以後の関係は、この返事次第だった。それどころか、キューバの革命闘争の政治的な方向性すら、この返事にかかっていた。

フィデルがチェに送った返信の中身は一度も明らかにされていないが、何が書かれていたにせよ、チェはフィデルへの信頼を回復した。12月15日に彼はフィデル宛てにこう書いた。「まさにたった今、伝令が13日付の君の手紙を届けてくれた。告白すると、それは［…］私を平和と幸福で満たした。個人的な理由からではなく、この一歩が革命にとって持つ意味のためだ。私が全国幹部会の連中をまるっきり信用していないのはよく知っているだろう——指導者としても革命家としても。だが君をこれほど公然と裏切るという極端な行動に出るとは思わなかった」

チェはさらに、フィデルがこのまま黙っているのは「望ましくない」と書いた。アメリカ人が明らかに「背後で糸を引いている」ので、そろそろ本気で対決すべき頃合いだという。「我々は残念ながら、時機が熟す前にアンクルサムと対決しなくてはならない」。彼は再びフィデルに、マイアミ協定を非難する文書に署名するよう促した。それを1万部刷って、オリエンテ州とハバナ全域、できればキューバ島の全域に配るという。「後で事態がもっとややこしくなったら、セリアに手伝ってもらって全国幹部会ごとクビにすればいい」

フィデルはそのとおり沈黙を破った。チェ宛ての手紙を書いた日に、彼はマイアミ協定を非難する声明を出して、チェと全国幹部会と、協定の署名者のそれぞれに送り、「生ぬるい愛国心と臆病さ」を示したと非難した。彼は明言した。「圧政に対する闘争のリーダーシップは、いまもこれからもキューバにあり続け、革命兵の手に握られる」。自分のゲリラ軍が勝利の後にどうなるかについては、「七月二十六日運動は公的秩序

＊　チェはこの疑念の時期——この出来事が重要な画期となった——について、フィデルへの別れの手紙で触れている。この手紙は1965年にチェがコンゴに発つときに書かれた。「これまでの人生を振り返ると、自分が革命の勝利を固めるために誠実かつ献身的に働いてきたと信じている。唯一の深刻な失敗は、マエストラ山脈での最初の時から、もっと君を信頼せず、君の指導者および革命家としての資質をもっと素早く理解できなかったことだ」

を維持し、武力を共和国のために再編するという役割を果たすつもりである」。最後に、フェリペ・パソスが将来の移行政府で大統領職を得ようとしていると考えたフィデルは、それを妨害するために自分なりの候補者を指名した。高齢のサンティアゴ市法学者マヌエル・ウルティアだ。フィデルはこの力作を終えるにあたり、こう宣言した。「これが我々の条件である。[…] 拒絶されるなら、独自に闘争を続ける。[…] 尊厳を持って死ぬのに仲間は要らない」

これは強烈な非難であり、実質的に新臨時政府を潰した。正統党は協定から手を引いた。パソスは七月二六日運動を辞任した。革命幹部会の新リーダーであるファウレ・チョモンは、独自にキューバ侵略計画を練りはじめた。まだ平原組の幹部会との対決が控えていたが、それは数カ月先のことだった。一方、チェとダニエルは激しい手紙の応酬でやりあっていた。決然とマルクス主義への信念を表明し、「左派ブルジョアジーの正当な指導者」としてのフィデルに対する信頼を回復したと述べたチェは、ダニエルと幹部会「右翼勢力」が、マイアミで恥ずかしげもなく運動の「カマを掘られる」のを容認したと非難した。ダニエルは猛然とチェの非難を否定し、キューバが「ソ連への隷属」下になるほうがいいと考えるチェを批判した。自分や平原部の同志もマイアミ協定には不満があるが、協定から離脱する前に、七月二六日運動は「ここではっきりと」自分たちが何を掲げ、どこを目指す団体なのかを明確にするべきだとダニエルは断言した（詳しくは巻末の原注を参照）。

このダニエルとチェとのあいだの書簡戦争は、他のどんな文書よりも七月二六日運動内のイデオロギー的な分裂の深さをあらわにしている。ダニエルがチェへの反論書簡を書いたのは、フィデルがマイアミ協定と決別したと知る以前のことだが、賽はすでに投げられていた――キューバの他の反政府勢力も、キューバ革命に参加したいならフィデルを最高指導者として認め、彼の条件を呑めということだ。そして間もなく、フィデルの決別はキューバ全土に伝わった。約束通り、チェはフィデルの手紙を謄写版印刷機にかけ、1958年2月2日に『ボエミア』はそれを50万部の特別号として再発行した。印刷の傍ら、1月6日にチェはフィデルに手紙を書き、この「歴史的」文書についてフィデルを称賛した。「レーニンがすでに述べた通り、原理原則に基づく政策こそが最高の政策だ。最終結果はすばらしいものになる。[…] いまや君は、大衆的な武装闘争により権力を握った、アメリカ大陸における2人か3人の［指導者の］ひとりへの道を歩んでいるのだ」

当時、チェ以外にフィデルが実際にとった重要な一歩を知る者はほんの数人しかいなかった。その一歩はいずれ、キューバ人のみならず、その他何百万人もの暮らしに影響することとなる。彼が公式にマイアミ協定と決別したことは、その後、注意深く秘され続けることになる、はるかに大きな政治的決断の目に見える一片でしかなかった。

Ⅷ

フィデルは、いつの日か米国と対決せねばならないのはずっと覚悟していたが、権力を握るまでそれを先送りすることを望んでいた。米国がキューバに伸ばしている触手はあまりに深くまで入り込んでおり、生やさしい手段では始末できない。自分の思いどおりに統治して、本当にキューバ国民の解放を実現するのであれば、米国の影響は根絶やしにしなくてはならない。チェの理解では、これはつまり社会主義革命ということだが、フィデルはその忌まわしい用語を公に発言するのを慎重に避けた。

この時点までフィデルは、キューバの共産主義政党ＰＳＰとつかず離れずの関係を維持した。政治的なメッセージは広範な政治連立に向けてのものであり、米国人を敵に回すのも避けた。だがマイアミ協定と、七月二六日運動の平原組からの参加者に明らかに米国の影響が見られたことで、日和見の時期は終わったとフィデルも悟った。

グランマ号出発の前夜、PSPはフィデルに、バティスタ打倒の目標は支持するが戦術は支持しないとはっきり伝えていた。その後、次第にPSPも、武装闘争への関与を高める検討を余儀なくされた。フィデルの戦争戦略には相変わらず不満はあったが、PSPとしてはフィデルと和解するほうが筋が通っていた。PSPが将来のキューバ政治で発言権を持ちたいなら、何らかの連立は必要だ。米国からの圧力でバティスタは、PSP党員が政治的な暴力の原因だと責任をなすりつけ、彼らを容赦なく訴追しはじめていた。チェ・ゲバラの政治的な信条やフィデルとの密接な関係から考えて、PSPがカストロとの関係強化を目指すなら、チェに接触するのが自然だった。こうした動きは闘争のかなり初期に見られた。支援を命じる党の命令で、PSPの青年党員パブロ・リバルタが、1957年夏にハバナからやってきてチェに合流した。

リバルタは黒人キューバ人で、プラハの国際学生連合で学び、PSPの政治精鋭向けエリート校を卒業していた。チェのところにやってきた時点で、PSP青年部全国書記局の一員だった。リバルタは、チェに合流して反乱兵を政治的に教化するため、1957年半ばに党に選ばれた、と認めている。「チェが求めていたのは、私の特徴を持つ人物だった。教師、高度な政治教育、政治工作でのある程度の経験だ」

リバルタはバヤモから山脈に入り、チェが移動中にラ・メサにやってきた。留守中にリバルタは地元のPSP党員をゲリラ軍に組み入れて、政治教化学校を設置した。チェがやっと戻ってきたときに、彼はリバルタを呼びつけて問いただした。どうやら満足したらしく、チェはリバルタに、一定期間のゲリラ訓練を受けるよう命じた。数カ月後、チェは彼をミナス・デル・フリオに送った。チェはそこに常設後衛基地を作っており、新兵向けの学校や刑務所などの施設もあった。リバルタは教官を命じられた。「しっかりした教育を受けた」戦闘員を生み出すのが任務だった。リバルタによれば「PSP党員だということは絶対に言うなという厳命を受けていた。フィデルを含む指導者たちはそれを知っていた。だがその時点では、それが表沙汰になれば分断を作りかねず、だから私はその命令を厳格に守った」。

PSPは、フィデルや他の幹部会高官とも密かに連絡を続けており、それが1957年10月の、フィデルとウルシノ・ロハスとの会談に結実した。ロハスはPSP高官で、砂糖労働者組合の元指導者だった。ロハスによれば、会談では両組織のあいだで連合を組む可能性について相談し、またそうした計画への主要な障害も検討した――七月二六日運動の平原組指導層と、七月二六日運動の新生の労働者グループである全国労働戦線のなかの激しい反共主義だ。フィデルにとっては、PSPとの何らかの協力は、実務面で有益だった。いろいろな相違点はあっても、党はキューバで最も優れた政治組織で、昔から労働組合との繋がりも強く、来るゼネストに積極的に参加してもらう必要がある。だがフィデルが七月二六日運動全体に指導力を発揮できるようになるまでは、PSPとは段階的かつ隠密に関係を強化していかなければならない。

革命の政治的な方向性に安心し、フィデルへの信頼も新たにしたチェは、マルクス主義的な主張を公然と唱えるようになった。兵士を慎重に転向させようとさえした。多くの兵士は政治的に無知なばかりか、根っからの反共主義で、その点では冷戦中の米軍兵と同じだった。共産主義は広く「アカの脅威」と認識されており、恐れ抵抗すべき邪悪な外国の感染症と思われていた。チェが部下のこうした考え方に対処した方法は興味深い。

エンリケ・アセベードは15歳の家出少年で、兄と反乱軍に加わり、チェのデスカミサードに任命された男だ。彼は後に回想して、チェの留守中に一部の部下がボスは共産主義者なのかどうか論争していたという。

チェがニャンガロ――「アカ」――だと固執する一人がみんなを問い詰めた。「司令官の班では、蔵書についてかなり腑に落ちない点があるし、それを夜に仲間内だけで読んでるのを見てないのか？　あれがボスの手口だ。まず身近な連中を勧誘して、それから兵全員に浸透させるんだ」

アセベードは畏れ多すぎて、個人的にこの疑問をチェにぶつけることはできなかったが、やがて彼もチェの縦隊の他の兵も、司令官が社会主義を信じていると気がつくようになった。最初に気がついたのは、参謀付きの兵士だった。その一人がラモン〝ギレ〟パルド、兄イスラエルに続いて１９５７年8月に縦隊に加わったばかりの若者だった。数カ月も経つと、弟パルドはチェの熱心な取り巻きの一人になった。これはチェの伝令と個人護衛を務める主に10代の少年たちだ。

パルドは回想する。「エル・オンブリートにいたとき、ＰＳＰ所属の農民がいるという話を聞きました。［…］行軍の途中でチェは彼らを訪ね、そういう人たちと彼が親しく話しているのに気がつきました。また我々の縦隊にしばらくいたサルディニャス神父といろいろ政治について議論しました。チェは青い本を持っていて、これはレーニン選集の一冊で、それをしょっちゅう勉強していました。好奇心をそそられ、レーニンが誰か知りたくて尋ねました。彼はこう説明しました。「ホセ・マルティ、アントニオ・マセオ、マクシモ・ゴメス［19世紀末のキューバ独立戦争の英雄］を知ってるだろう。レーニンもそういう人だ。人民のために戦ったんだ」。レーニンについて聞かされたのはそれが初めてでした」

青年戦闘員たちは白紙状態であり、そこにチェが永続的な痕跡を刻み込んだ。彼は自らイスラエル・パルドとホエル・イグレシアスに読み書きを教えた。そしてギレなど、すでにある程度の教育を受けていた者たちと、毎日、勉強会を始めた。教材は次第にキューバ史や軍事ドクトリンから政治とマルクス主義に広がった。ホエルがやっと読めるようになると、チェは勉強用にレーニンの伝記を与えた。

チェと第4縦隊の兵．エル・オンブリートにて．大きな旗には「1958年おめでとう」と書かれている．

チェは戦争中の自分の政治的な役割については慎重だったし、また後の著作でも、PSPと七月二六日運動との当初の繋がりについては、漠然としか触れていない。彼は革命が自然に社会主義に向かっていったという描写をしたがる。反乱軍がマエストラ山脈の見捨てられた農民のあいだで暮らした有機的な結果として社会主義が生まれた、というわけだ。彼は、ゲリラ戦争中に創刊され、カルロス・フランキが運営していた『レボルシオン』紙の文芸付録である『レボルシオン月曜版』に「ゲリラと農民は単一の大衆へと融合しはじめ、長い革命の道のりでこれが起きた厳密な瞬間や、そうした言葉が本当に本物となり、我々が農民の一部となった瞬間は、我々にも指摘できない」と書いている（詳しくは巻末の注を参照）。農民が次第に革命を受け入れるようになったことを書くとき、チェは宗教的なシンボリズムを使い、彼らの艱難辛苦を巡礼者の歩みになぞらえた。そこでは個人は犠牲を通じて救いを見出し、共通の善のために生きることを学ぶことで、最終的な救済に到達する。「自分の財産と自分の権利を熱烈に守ってきた、最も頑固な個人主義者ですら——戦争の必要性の下では——闘争の大いなる共通の活動に加わったのは、革命の新たな奇跡である。だが、さらに大きな奇跡がある。解放区内で、キューバ農民が自分自身の幸せを再発見したことだ。我が軍がかつてそれぞれの農民の家で受け入れられたときの恐ろしさに満ちたつぶやきを目撃した者なら誰でも、新たな山脈住民の朗らかな喧噪、幸福な心からの笑いを誇りをもって示すであろう。これは、我々の解放区住民が、自身の強さを認識した自信の反映なのである」

チェがこの論説「戦争と農民」を書いたのは、戦争が終わってわずか7カ月後のことだ。彼は大衆に対して山脈での生活をきわめて意識的に理想化した。武装闘争を通じた田園的なユートピアという彼の喚起したイメージは、彼が国際的な規模で再現しようとしたビジョンでもあった。最も重要なこととして、彼は戦争こそが社会主義的意識を実現するための理想的な状況だと考えていた。要するに、社会主義こそが人類の自然な秩序であり、ゲリラ戦争は、それが出現するためのサナギなのだ。

18 戦線拡大

I

1957年12月、フィデルは戦争をマエストラ山脈から下界に拡大した。反乱小隊が平原部に入り込み、嫌がらせ攻撃をしかけ、遠方のマンサニージョの駐屯地にも発砲し、ハイウェイでサトウキビ輸送トラックやバスに放火した。この戦略は戦争を拡大し、マエストラ山脈からの注目を逸らすことになった。反乱軍は山脈での統制を確固たるものにしていた。不穏な睨み合いが新年に入っても続き、軍は新しい攻撃を仕掛けず、反乱軍も大規模攻撃は控えた。

この比較的平穏な時期に、誰よりも活発だったのがチェ・ゲバラだった。ラ・メサでの新しい活動拠点で、破壊されたエル・オンブリートに代わる施設が建設された。屠畜所、皮革工房、葉巻工場までできた（チェはキューバのタバコに中毒してしまい、フィデルのようにどこでもあれば葉巻を吸った）。皮革工房は、兵に靴、背嚢、弾帯を提供した。最初にできた軍帽はフィデルにプレゼントされたが、バカ笑いで迎えられた。チェは何も知らずに、キューバのバス運転手が被るものとほとんど同じ帽子を作ってしまったのだ。「多少なりとも慈悲を示してくれたのは、訪問中のマンサニージョの地方議員で〔…〕それをおみやげに持って帰ってくれた」とチェ。

チェが最優先したのはメディア作戦だった。『自由キューバ人』は新しい謄写版印刷機で印刷され、小さなラジオ送信機も設置された。2月には、ラジオ・レベルデは初の放送を開始した。また戦闘資材の質と量の改善にも注力した。特に小型M‐26「スプートニク」爆弾には情熱を傾けた。最初のものは、水中銃用のゴムバンドを使って発射された。後にライフルから発射されるようになったが、初期のものはパチンコ爆弾に毛が生えた代物でしかなかった——火薬少々をコンデンスミルクの空き缶に詰めただけだった。恐ろしげな大音量はたてたが、大した被害は与えられず、間もなく敵も、対スプートニク用の金網をキャンプのまわりに張るようになった。だが1958年初めには、この爆弾はまだ実戦未使用で、チェはその能力に大いに期待していた。

一方、フィデルはバティスタに奇妙な申し出をしていた。もし軍をオリエンテ州から撤退させたら、国際監視下での選挙に同意する、と彼は仲介者に伝えた。この提案は、反乱軍による妨害工作と、都市部における警察の残虐行為を世間が懸念するようになった時期になされた。フィデルはどうやら、自分も平和を求めているという印象を与えたかったらしい。この仲裁者は生真面目に提案をハバナに伝えたが、あまりに強く拒絶されたため亡命してしまった。

世界のマスコミがフィデルの前に行列を成した。キューバは大ニュースになっており、『ニューヨーク・タイムズ』の定期論説記事で詳報され、『シカゴ・トリビューン』の南米特派員ジュールス・デュボイスによって報道された。1月と2月には『パリ・マッチ』誌や南米各地の日刊紙特派員など、無数の記者が山脈に登ってインタビューを求めた。アンドリュー・セント・ジョージも戻り、フィデルはアメリカの聴衆に向けて、それなりの友好的な宣言をしてみせた。セント・ジョージの発表先の一つ『コロネット』向けに論説も書き、自分は自由企業と外国投資を支持しており、国有化には反対であり、自分が構想しているバティスタに代わる臨時政府は、ロータリークラブの会員といった穏健な中産階級専門職で構成されると宣言した。

1月にアルマンド・アルトら3人の七月二六日運動関係者が、フィデル訪問後に逮捕されると、運動は壊滅の危機に瀕した。あらゆる情報から見て、政権は彼らを処刑するつもりだったようだが、サンティアゴ市にいるアメリカの副領事（兼CIA捜査官）ロバート・ウィエチャが助け船を出して、スミス大使に彼らの運命について問い合わせさせた。不幸にも、アルトは捕まったときにかなりまずい文書を所持していた――ダニエル宛てのチェの熾烈な信書に対する返事として、アルトが書いた全面批判だった。その書簡はチェとラウルのマルクス主義の問題にも触れ、また平原組と山脈組とのいさかいについても触れている。フィデルはこの手紙を見て、アルトにそれを送るなと命じた。もし書簡戦争が続いたら、どこかで必ず敵の手に渡り、バティスタに自分を非難するプロパガンダの武器をさらに与えることになる。この懸念が現実となったわけだ。アルト逮捕から数日のうちに、フィデルの元義兄弟ラファエル・ディアス゠バラルト――フィデルを徹底的に嫌っていた――はラジオ放送でその手紙を引用し、フィデルの組織に共産主義の影響がある証拠だと主張した。

数日後、軍はサンティアゴ市の監獄から反乱軍容疑者23人を山脈のふもとに連れ出して殺害し、戦闘中の死亡であり軍の死傷者はなしと発表した。これで反フィデルのプロパガンダキャンペーンは台無しになった。チェは『自由キューバ人』の「狙撃兵」コラムに辛辣な反応を書いた。世界中で起きている他の革命戦争をいろいろ挙げた後で、チェはこう記した。

これらすべてには共通の特徴がある。(A) 政府当局は「反乱軍に大量の死傷を与えた」。(B) 捕虜なし。(C) 政府当局には「新しい報せなし」。(D) 革命勢力は、その国や地域の名称によらず、「共産主義者から秘かな支援」を受けている。

我々から見ると、世界は実にキューバ的だ! すべて同じだ。愛国者のグループが、武器の有無にかかわらず、反乱軍であるなしにかかわらず、常に「激しい戦闘」の後で殺される。[…] 目撃者はすべて殺されるので、捕虜がいないのもそのせいだ。政府には死傷者は決して出ない。これはときには事実だ。無防備な人間を殺すのはあまり危険ではないからだ。だがこれはときには大嘘だ。マエストラ山脈がその否定不可能な目撃者だ。

そして最後に、お手軽な非難はいつも「共産主義者」だ。共産主義者というのは、これほどの悲惨に飽き飽きして武器を取った者たちであり、その行動が世界のどこで起ころうともかまわない。老若男女を問わず反対者を殺す民主主義者たち。世界はなんとキューバ的であることか! だがどこでも、キューバと同様に、暴虐と不正に対しては人民こそが最後に勝利の声をあげることになるのだ。

サンティアゴ市における囚人虐殺はキューバの世論の注目を集めたが、アメリカはフィデルを精査しつづけた。アルトの手紙を読んだスミス大使は、七月二六日運動に「アカ」が潜入しているという疑念をさらに強めた。1月にスミスはワシントンに戻り、バティスタへの軍備提供を続けるよう主張した。バティスタも、アメリカが自分を断ち切ったりしなければ、憲法的な保証を回復して、6月の選挙を実施すると約束した。スミスは記者団に対して、カストロは信用できず、アメリカ政府が彼と取引できるとは思わない、と発言した。

2月初頭、チェはこの年初めての大規模軍事行動に備えて兵器を準備し、スプートニクの仕上げに余念がなかった。フィデルは再び陸軍中隊が常駐する製材町ピノ・デル・アグアを攻撃することにした。バティスタは、オリエンテ州以外での検閲を解除したところで、フィデルは見出しを飾る「派手な打撃を加え」たいと考えていた。

II

攻撃は2月16日夜明けに始まった。フィデルの計画は陸軍キャンプを包囲し、警備所を破壊し、さらにやって来た援軍に奇襲をかけるというものだった。チェ隊はスプートニク6発を攻撃開始時に発射することにしていた。また空襲の不発弾から作った地雷も兵器工場で作っており、これを初めて実戦に投入しようとしていた。地雷は陸軍が通りそうな道路に埋められた。スプートニクはうまく発射はしたものの、まるで損害は与えられず、地雷はチェによれば「嘆かわしい成果」しか挙げられなかった。最初の被害者は、たまたま折悪しく通りかかった民間のトラック運転手だった。

攻撃の発端はよかった。戦闘員の第一波が警備所を制圧し、6人の斥候を殺して3人を捕虜にしたが、政府軍の主力はすぐに体勢を立て直し、反乱軍の侵攻を阻止した。ものの数分で反乱兵4人が殺され、2人が致命傷を負った。カミロ・シエンフエゴスは放棄された機関銃を回収しようとして2回も負傷した。

援軍への攻撃はやや成功した。最初の前哨部隊はまっすぐ待ち伏せのなかに入ってきて一掃されたが、チェは完全に敗北させるため、敵のキャンプを再度攻撃させてくれとフィデルに懇願した。チェから突き上げられたフィデルは、二小隊を派遣したが、激しい砲火で追い返された。するとチェは新しい攻撃の指揮をフィデルに求めた。キャンプに放火して兵たちをあぶりだそうというのだ。不承不承ながらフィデルはチェを行かせたが、十分注意するよう警告した。

攻撃準備をしているとき、チェはフィデルからのメモを受け取った。「1958年2月16日。チェへ――もしすべてがこちら側からの攻撃次第で、カミロやギジェルモ［・ガルシア］からの支援がないなら、自殺行為は一切するべきではないと考える。目的達成に多くの死傷や失敗の危険があるからだ。慎重になるよう強く求める。君自身は戦闘に参加してはならない。これは厳命だ。兵をうまく率いる指揮をとれ。これが現時点で最も重要だ。フィデル」

フィデルは、自ら戦闘に参加できなければチェはこの計画を進めないと確信していた――そしてそのとおりだった。後にチェは書く。「これほどの責任が肩にのしかかるなかで、あまりに荷が重すぎ、意気消沈した私は、先人と同じ道を選んだ」。彼は兵に撤退を命じた。後に戦闘におけるチェの無謀さについて、フィデルは次のように思索している。「ある意味で、彼は戦闘のルールすら破っていた――つまり理想的な規範、最も完璧な手法などだ――そしてあの性格、傾向、精神のために自分の命を戦闘で危険に曝していた。［…］だから彼が従うべき一定のルールや指針を決めねばならなかった」

翌朝、政府機が頭上を旋回するなかで、反乱軍は捕虜5人と新しい兵器40丁を持って山に撤退した。撤退後に、陸軍はどうやら反乱軍の拠点近くに隠れている農民13人を見つけて殺害したらしい。この残虐行為を『自由キューバ人』で非難したチェは、敵失は18人から22人の戦死者だと主張した。だが陸軍はちがった数を発表した。公式の広報では「蜂起者16人と兵士5人」が戦死したとしたが、「有名なアルゼンチンの共産主義者が負傷した」という噂は確認できないと言う。ハバナのある新聞は、この攻撃が「〝チェ〟ゲバラとして知られる国際共産主義工作員」に率いられていた、と報じた。

ピノ・デル・アグアの戦い後の数週間、全国で反乱軍の攻撃が増加した。2月23日には、七月二六日運動の部隊の一つが、国際大会でハバナに来ていた世界的に有名なアルゼンチンのレースカー・ドライバー、ファン・マヌエル・ファンヒオを誘拐した。これは七月二六日運動をこれまでになく世間に周知させた。後に無傷で釈放されたファンヒオは、その誘拐が「友好的」で、扱いは「温かく礼儀正しかった」と言った。

革命幹部会は、前年の大統領宮殿への悲惨な攻撃後に、実質的に活動不能になっていたが、活動を再び活発化させた。革命幹部会を離脱した小グループが数カ月にわたり、シエンフエゴス近くの中央エスカンブライ山地で活動していた。率いたのはエロイ・グティエレス・メノヨだ。彼の兄は宮殿攻撃を率いて死亡した。また、元米軍のウィリアム・モーガンからも支援を受けていた。2月にはファウレ・チョモン率いる、マイアミからの武装兵15名からなる革命幹部会の遠征軍が到着し、活動はさらに強化された。彼らは一時的に協力して奇襲攻撃を何回か実施し、その後、多くの雇用と豊富な教育機会のあるキューバを実現せよ、といういささか大げさな宣言を出し、ボリバル的な「アメリカ共和国連邦」の形成を訴えた。フィデルは度量の大きな長老国士役を演じてみせ、革命幹部会のゲリラが「共通の闘争」に加わるのを歓迎する手記を送り、彼らへの支援を宣言した。

フィデルは自分の作戦の戦域を広げるために新しい手を打った。2月27日には、主要な副官3名——弟ラウル、ファン・アルメイダ、カミロ・シエンフエゴス——をそれぞれ縦隊司令官とした。いつものように自軍の規模を誇張し、ラウルの「フランク・パイス」部隊は第6縦隊、アルメイダの「サンティアゴ・デ・クーバ」部隊を第3縦隊と呼んだ。ラウルはオリエンテ州北東部のクリスタル山地に、グアンタナモ米海軍基地に隣接する形で第2東部戦線を開くことになり、アルメイダは第3東部戦線を開き、マエストラ山脈東部からサンティアゴ市までの地域をカバーすることになっていた。カミロの作戦戦域はピノ・デル・アグアで受けた傷が回復次第決まることとなった。

フィデルは、マエストラ山脈のテリトリオ・リブレ（解放区）で権力を確立しようとした。10月の「盗賊裁判」を手伝った弁護士ウンベルト・ソリ＝マリンは、反乱軍占領地域の住民に対して革命的権限を行使する法律を起草した。ソリ＝マリンはまた、地主からすべての牛を強奪して、フィデル軍や地域の農民に配布することに「合法」な裏付けを与える農業改革法を用意した。* 3月には、ミナス・デル・フリオに新兵や将校を訓練する学校を作るという新しいプロジェクトに許可が出た。同校はチェの監督下で運営され、日常的な管理業務はエベリオ・ラフェルテという新たな転向者に任されることになっていた。

ほんの1カ月前のラフェルテは、26歳の陸軍中尉で、ピノ・デル・アグアで反乱軍を相手に戦っていた。彼が最も恐れた反乱軍のリーダーはチェ・ゲバラだった。ラフェルテの回想では「彼に対するプロパガンダは壮絶だった。彼は雇われ殺し屋で、病的な犯罪者だという。［…］国際共産主義に雇われた傭兵で、テロ手法を使い、女性を社会化［洗脳］して息子を奪うという。［…］捕虜にされたら全員が木に縛られて、銃剣で内臓をくりぬかれる［と聞いていた］」。

待ち伏せにあってラフェルテは捕まり、味方の兵の多くは戦死した。その直後に彼は恐れられたアルゼンチン人の前に引き出された。ラフェルテは回想する。「彼はこう言った。『ほほう、おまえが反乱軍の始末にやってきた、ケチな将校どもの一人か、え？』」。その「ケチな将校」を繰り返したので腹が立った。その皮肉な調子は、これからもっとひどいことが起こるのを示唆しているように思えたのだ」。反乱軍は自分を殺すつもりだと覚悟したラフェルテだったが、かわりにチェのラ・メサ野営地にある即席の監獄に入れられた。捕まえたこの人物が使えそうだと思われたのだ。ラフェルテは聡明で有能な青年将校で、キューバの軍アカデミーでも学年で最優秀であり、戦争における軍の残虐な活動に疑問を抱くようになっていた。フィデルは自ら、寝返るようラフェルテにすすめた。1カ月にわたって丁重に扱われたラフェルテはフィデルの申し出を受け入れた。彼はすぐに大尉に任命され、ミナス・デル・フリオでのチェの学校運営を任されることとなった。

チェはラフェルテとのやりとりには気をつかった。この青年将校と一緒にいる時間を割き、家族のことや文学や詩について語った。二人とも文学や詩は大好きだった。ラフェルテは自作の詩をいくつか見せ、チェはパブロ・ネルーダの著書の一冊を彼に与えた。ミナス・デル・フリオでの学校運営についてラフェルテの提案も聞き、納得できるものは採用した。一つ受け入れなかったのは、新兵が忠誠を誓うとき「神かけて」それを行うべきだというラフェルテの考えだった。チェはこう言った。「同志が山脈に来るときには、神を信じるかどうかは考慮しない。だから神にかけるかどうかを義務づけることはできない。たとえば私は信じないし、私は反乱軍の戦闘員だ。［…］私が信じないものにかけて忠誠を誓わせるのが正しいことだと思うか?」。ラフェルテはチェの議論に納得した。「私はカトリックだが、チェの提案の正しさは理解できたので、宣誓から神を外した」

学校が立ち上がって稼働すると、チェはPSP青年部の指導者パブロ・リバルタを連れてきて、新兵のイデオロギー教育を任せた。リバルタはモイセス・ペレスという偽名を使って正体を隠した。生徒をマルクス主義の文献で怖がらせないように、山脈戦争の経験やキューバ史、フィデルなどゲリラ指導者の著作や演説を使って論点を理解させた。教材になったゲリラ指導者の一人は毛沢東だった。「チェにとって、ゲリラ戦争は軍事的な実証の場にとどまらず、文化的にも教育的にも実証の場だったのです」とハリー・ビジェガス・タマヨは回想する。彼はミナス・デル・フリオにいたときには16歳だった。「チェは革命のための未来

＊　戦争の終わりまでに推定で牛1万頭が、このやり方でオリエンテ州の反乱軍によって「解放」された。多くの農民は人生で初めて家畜所有者になったので、反乱軍の最も人気ある施策の一つとなり、多数のグアヒロから支持されるようになった。

の精鋭を作ろうと考えていたのです」

Ⅲ

マエストラ山脈でチェに会った記者のなかには、崇拝者や信奉者となって去った者もいた。* その一人がウルグアイ人のカルロス・マリア・グティエレスで、彼はピノ・デル・アグアの戦い直後にチェに会った。チェはグティエレスに、写真機器についての情報を根掘り葉掘り尋ねた。光量はどのくらい？　フィルムの露光時間は？　そして——マテ茶飲みの国、ウルグアイとアルゼンチンからの訪問者に手当たり次第尋ねた質問だったが——ジェルバ・マテを持ってきてないか？　その後数日にわたり、基地の病院と靴工場を見せられ、グティエレスはチェ隊のなかに見られる、類まれな温かさと仲間意識に打たれた。「命令が出されることもなく、許可が与えられることもなく、軍の規律もない。ラ・メサのゲリラは、もっと親密な規律を反映しており、それは彼らが指導者に抱く信頼から派生している。フィデル、チェなどはみなと同じ場所に暮らし、同じ食事を食べ、戦闘時には同じ戦線から発砲する。ゲバラは兵への愛情を示すにあたり、アルゼンチン的なそっけなさを捨てる必要はなかった。そして兵のほうも、同じ男らしい寡黙さで応え、その忠義ぶりは単なる服従よりも奥深いものだった」

１９５８年春に山脈にやってきた訪問者の一人が、アルゼンチンの青年記者ホルへ・リカルド・マセッティだった。彼以前の記者と同様に、マセッティも極右ペロン主義青年グループの出身だったが、山脈訪問の体験が彼の人生を後戻りできないほど一変させることになった。まったくの偶然で、マセッティはエルネスト・ゲバラの旧知のリカルド・ロホからの紹介状を持ってきていた。ロホは１９５５年に右派軍事クーデターがペロンを失脚させてから、アルゼンチンに戻っていた。** 1957年末、マセッティはロホを探しており、ついにカフェ・ラパスで発見した。これはブエノスアイレス中心部にある文士や演劇関係者のたまり場だった。マセッティはロホにマエストラ山脈の反乱軍に会うための支援を求めた。ロホは手早いメモをチェ宛てに書き殴った。「親愛なるチャンチョ、これを持参した人物は新聞記者で友人であり、ブエノスアイレスのラジオ局エル・ムンドのニュース番組をやりたいのだそうです。いい奴ですので、よく面倒をみてやってください」。ロホはそれに「一匹狼」と署名した。中央アメリカ時代に彼とチェが何度も呼びあったニックネームだった。友人が再びそのニックネームを使うようになっていたとは、ロホはまったく知らなかった〔スペイン語の francotirador には「狙撃兵」「一匹狼」の両方の意味がある〕。

マセッティは、山を訪問した初のアルゼンチン人で、青年反乱兵のなかには興奮したように、チェの弟ですかと尋ねる者もいた。マセッティは初回の面談では、警戒心をもって接するようにしていたようだ。「あごからは、ひげとは呼べない少数の毛が伸びていた。〔…〕有名なチェ・ゲバラはよくいる中産階級のアルゼンチン少年にしか見えなかった」。朝食を一緒に食べながら、マセッティはなぜ自国でもない場所で戦って

＊　CBS記者ボブ・テーバーは、後に完全に一線を越え、「キューバのためのフェアプレー」委員会の創設を支援して、カストロ政府を代弁するロビイングを米国政府に行うようになった。ハーバート・マシューズは初期にフィデル・カストロを夢見がちに絶賛したことで、記者としての信用が傷つき、最終的に彼は『ニューヨーク・タイムズ』でのキャリアを失うことになる。エクアドル人の青年記者カルロス・バスティダスは1958年初頭に山脈に来て、この運動の大義をワシントンの米州機構に訴えるつもりでいたが、キューバを離れる前にバティスタの公安警察に殺害された。

＊＊　ロホはその政治上の師、アルトゥーロ・フロンディシの下で働いていた。フロンディシは1956年に急進党のリベラル分派である急進市民同盟非妥協派を結成していた。アランブル将軍が選挙実施を受け入れると、ロホはフロンディシの党と（亡命後もまだ力を持っていた）ペロンとの会談をお膳立てした。その目的はペロン主義者の票でフロンディシを勝利させるためだった。この賭けはうまくいった。フロンディシは1958年2月の大統領選で勝利し、ロホはその見返りに、ボンで外交官となった。

チェとアルゼンチンの記者ホルヘ・リカルド・マセッティ，1958年春．マセッティによるチェのインタビュー録音は世界で放送された．

いるのかとチェに問いただした。チェはしゃべりながらパイプをふかしていた。マセッティの耳には、彼のスペイン語はもはやアルゼンチン訛りではなく、キューバとメキシコ訛りの混合のように聞こえた。

チェは言った。「そもそも私は、父祖の地をアルゼンチンだけとは思わず、アメリカ全土だと見ている。マルティのような輝かしい先人もいるし、私が彼のドクトリンを実践しているのは、まさに彼の土地でのことだ。さらに、自分を自ら差し出し、すべての自分を提供し、自分の血を捧げて、公正で人民のものと考える大義に尽くす、つまり人民が圧政から自らを解放するのを支援するのは、介入とは呼べないと思う。［…］いままでどの国も、キューバ国内問題へのアメリカ介入を非難したことはなく、日刊紙はまったく、ヤンキーがバティスタによる人民虐殺を支援していると非難しない。だが多くの者は私のことを懸念している。私は反乱者を自分の血肉で支援する、お節介な外国人だ。

内戦の武器を提供する連中はお節介ではなく、この私がお節介なんだ」

　話を聞くうちに、マセッティはチェが絶えず唇に微笑を浮かべつつ、まったく無感情に話すのに驚かされた。マセッティはフィデル・カストロの共産主義について尋ねた。これを聞いてチェはニンマリと笑ったが、答え方は前と同じ突き放した口調だった。「フィデルは共産主義者じゃない。共産主義者だったなら、少なくとももっと武器が得られたはずだ。だがこの革命はキューバ人だけのものだ。あるいはもっといい言い方をするなら、南米だけの革命だ。政治的には、フィデルと彼の運動は「革命的ナショナリスト」だと言える。もちろん反ヤンキーではあり、それはヤンキーが反革命なのと同じだ。だが現実には、我々は反ヤンキー主義を説いたりしない。米国に敵対するのは、米国が我々の人民に敵対するからだ。共産主義のレッテルを使って最も攻撃されている人物はこの私だ」

　メキシコでキューバ勢に加わった理由として、チェは自分の旅行時代との強いつながりを見ていた。「正直言って、南米全域をうろついて、特にグアテマラに行ったことで、圧政者に対するものであればどんな革命にでもすぐに参加する気になっていた。フィデルは傑出した人物で、感銘を受けた。彼はきわめて困難な事態に直面し、それを克服した。自分がキューバに向けて出発したら必ずたどりつくという、ずば抜けた信念を持っていた。そしていったんたどりついたら、戦うと信じていた。そしてその戦いで、自分が勝つとも信じていた。私は彼の楽観主義を共有している。〔…〕泣き言はやめて、戦うときが来た」

　マセッティはスクープを持ってアルゼンチンに戻った。彼はフィデルとチェにインタビューしていた――二人が、国際放送の聴衆に向けて語ったのはこれが初めてだった。またゲバラ家のためにチェの挨拶を録音し、持ち帰った。過去1年にわたり、エルネストの手紙はまれだった。一家は彼について、雑誌や新聞を通じて知るほうが多かった。『ニューヨーク・タイムズ』のハーバート・マシューズによるフィデルの有名なインタビューに付いていた写真は一家を喜ばせた。エルネストが銃を持ち、乱れたあごひげを生やしている写真だった。マシューズの記事を読んだ一家は、息子が選んだ大義への不安も和らげた。父親によれば「これでエルネストが、正義と認めた大義のために戦っているのがわかった」。1958年春には、チェの父親はボブ・テーバーの書いたチェについての記事「チェはアメリカの運命を変えられるか？」を読んだ。父ゲバラにとって、これは息子がいっぱしの人物だと証明するものだった。回想によれば「テーバーが書いたものは家族全員に感銘を与えたことは告白しよう。エルネストはそんじょそこらのゲリラではなく、各国の未来の指導者として言及されていた」。

一家には、エルネストの子供時代の友人ドロレス・モジャーノからもニュースが届いた。当時、モジャーノはニューヨークに住んでいて、ゲバラ一家にマイアミで発行されている『ディアリオ・デ・ラス・アメリカス』の切り抜きを送った。またニューヨークの七月二六日運動は、反乱軍コミュニケのコピーを送った。間もなく父エルネストは、『シカゴ・トリビューン』南米特派員ジュールス・デュボイスからしばしばニュースを受け取るようになる。彼はブエノスアイレス出張の際に父親を探し出していた。デュボイスがブエノスアイレスに来るたびに、二人はウィスキーを飲みながら歓談した。チェの最新の活動の詳細と引き換えに、デュボイスは父ゲバラから幼いチェのことを根掘り葉掘り聞き出した。デュボイスはフィデル・カストロについて知っていることを書き出してくれと父エルネストに頼むことがあったが、父親はこれに疑念を抱いた。デュボイスは実はＣＩＡ職員なのではという疑念は「きわめて信頼できる筋」に裏付けられた、と父エルネストは主張した（正否はさておき、この非難はキューバでは公式の見解になった。父ゲバラは回想記を書いたときにキューバに暮らしていた）。

カルロス・マリア・グティエレスは、革命とチェへの崇拝を抱えるだけ抱えてキューバから戻ると、ブエノスアイレスのチェ一家を探し出した。チェの父親の回想では「彼がエルネストの話をしても、あまり説得力は感じられなかった。ロマンティックでボヘミアンな英雄の話をしていたからだ」。同時に、かなり忙しい英雄でもあった。グティエレスによると、チェは「マエストラ山脈の農地改革の基礎を敷いた。兵器工場を作った。バズーカ・ライフルを発明した。山岳地の初のパン工場を開設した。病院を建設して設備を整えた。〔…〕初の学校も作り〔…〕ラジオ・レベルデというラジオ送信機を設置した。〔…〕そんなにもやって、さらに反乱軍向けの小さな新聞も創刊した」

マセッティの訪問を受けたゲバラ一家は、有名人の代理人になった気分だった。息子を崇拝するようになったばかりの者が持ってきた録音を聴き、ラジオ・エル・ムンドでのチェのインタビュー放送も聴いた。マセッティもグティエレスも繰り返し一家を訪問し、家族の友人となり、その熱意に感染した父エルネストは、キューバ革命を熱烈に受け入れるようになった。「キューバ革命の擁護が我々全員をとらえた。アラオス通りの我が家は革命センターになった」と彼は書く。父エルネストはオフィス近くに別の場所を借りて、そこを七月二六日運動支援委員会の地元支部にした。そしてスペイン内戦と第二次世界大戦中の活動を思わせる動きで、「キューバ支援委員会」を創設して、ダンスを開催し、債券を売って資金集めをした。

イルダはペルーにおける七月二六日運動の公式の代表になった。七月二六日支部が南米各国と米国に設置され、資金集めや運動目標の広報、マスコミへの情報提供を実施した。「私は委員会からの指示に従い、プロパガンダと資金集めに努めた」とイルダは書いている。彼女が再び加わったAPRA左派からのメンバーとともに、彼女はペルーへの亡命を求めるキューバ脱出者の支援グループを創設した。政治的に活発に活動はしていたが、当時についてのイルダの回想には、いささか恨みがましい雰囲気がある。「エルネストからはときどき手紙がきた。彼の指示通りにしたが、私からの手紙はごくわずかしか届かなかったようだ。〔…〕

イルディータが2歳になった1958年2月15日、エルネストに手紙を書いて、キューバの山に行く許可をもらおうとした。一緒にいて手伝いたかった。その頃には子供はもう十分大きくて、うちの家族でも彼の家族でも面倒を見ることはできた。返事が来るまでに4、5カ月かかった。まだ来るなという。戦いは危険な段階にあり、攻勢が始まるから自分もどこか1カ所にとどまるとは限らない、と」

イルダがマエストラ山脈にいては都合が悪い理由がもう一つあった。1958年にチェは愛人を作っていた。ソイラ・ロドリゲスという名の若いグアヒロ女性だった。チェの側近だったホエル・イグレシアス青年は、電撃的な求愛の様子を見ていた。「ラス・ベガス・デ・ヒバコアで、チェは黒人娘に会ったんだ。というかムラート女性で、本当に美しい肢体の、ソイラという人で、チェはすごく気に入ってた。チェに夢中になる女はたくさんいたけど、チェはいつもとても厳格で、そういう面では敬意を持って接していた。[…]けど、あの娘は気に入ったんだ。くっついてしばらく一緒にいたよ」

ソイラは18歳の子持ちで、チェと会ったときにはまだ父親の農場で暮らしていた。何年も経ってから彼女はこう回想する。「日付は覚えてないけど、午後4時くらいでした。彼が来たとき、私は牛を囲いに入れているところでした。彼はラバにまたがっていました。[…]変な緑の制服を着て、黒いベレーを被っていました」。彼女の父親は反乱軍協力者で、チェはラバに蹄鉄を付けてくれと頼みにきたのだった。父親は留守だったので、ソイラは自分がやろうと申し出た。「ラバに蹄鉄を付けているあいだに、横目で彼のほうを見たら、向こうもこっちを見つめていたんですけど、その目つきは男の子が女の子を見るような目つきで、私は本当にもじもじしてしまいました。やすりを選ぼうとして鉄の箱のほうに行くと、何をするんだ、ときくから、蹄鉄を切ったので、はめるのにそれを平らにしなきゃいけないと説明しました。ゲバラは、そんなにきれいにする必要が本当にあるのかとききます。私は、そうでないとダメなんだと答えましたが、彼はずっとそういう目つきで私を見ていました。［…］ちょっとイケナい感じの視線で、何か私がやってもいないことでお仕置きしたいみたいな」

ラバの蹄鉄を付け終えると、チェにコーヒーを勧めた。それを飲みながら彼はソイラにいろいろ尋ねた。ラバの蹄鉄の付け方をどこで覚えた？　既婚か独身か？　ソイラの回想では「すごくグッときました。正直いって、否定できないけれど、女として彼をすごく気に入りました。何よりその視線。すごく美しい目で、微笑はほんとうに穏やかで、どんな心でも動く、どんな女でも落とせる」。

ソイラの父親は帰宅すると、崇拝するような調子で、ゲバラは並はずれた人物であり自分たちを貧困や恥辱から救いにきてくれたのだと説明した。その後まもなく、彼女は反乱軍の雑用をするようになり、ときどきチェにも会っていたが、ついにある日、チェは彼女にミナス・デル・フリオにずっといてくれと頼んだ。ソイラは台所や病院の手伝いを懸命にした。ソイラは回想する。「それがすごいと言ってくれて、農民はつらい仕事をしているのがすごいと言うんです。［…］マエストラ山脈についていろいろなことを尋ねて、植物の呼び名とかその効能とか、特に薬草。［…］ジャングルの動物や鳥について何でも知りたがりました。大きく美しい愛が私のなかに湧き上がって、私は彼に自分を委ねました。兵としてだけでなく、女としても」

その後の数カ月にわたり、ソイラはチェの傍らにいた。興味深いことに、チェは彼女を政治的に教育しようとはしなかったらしい。ある日、彼女は彼の本を見ていて、その金色の文字を見て驚いた。「これは金でできてるの、ときくと、チェはその質問が面白いと思って笑いました。「共産主義についての本だ」って。恥ずかしくて共産主義って何だかきけませんでした。だってそんな言葉はそれまで聞いたこともなかったからです」

Ⅳ

1958年3月、フィデル・カストロは権力への道を邪魔しかねない新たな障害に直面していた。平和交渉だ。カトリック教会は、反乱軍に暴力をやめ、国民統一政府を創設しようと呼びかけた。保守派政治家、実業家、聖職者で構成される「融和委員会」が仲介のために創設された。バティスタは、ものわかりのいいポーズをするために、形ばかり賛成してみせたが、フィデルはこの委員会があまりに親バティスタだと拒絶した。これはリスクが高かった。交渉による和解に対する世論の支持は高まりつつあり、フィデルはその障害と見なされかねなかったからだ。だが決定的な瞬間に、バティスタが逃げ道を与えてくれた。

そのきっかけは、ハバナの裁判官がバティスタの最も悪名高い部下を殺人罪で有罪としたことだった。これを受けてバティスタは再び憲法に定められた人権保証を停止し、この有罪判決を無効にした。判決を出した裁判官は亡命し、米国はキューバへの武器輸出を停止した。ワシントンは不満を募らせ、反乱軍の妨害工作は増大し、キューバの市民組織からは辞任を求める声が高まった。バティスタは6月に予定されていた選挙を11月に延期することで、問題をさらに悪化させた。フィデルの攻撃能力は、コスタリカからエストラーダ・パルマ近い合流点に、C－47輸送機一杯の兵器が運ばれ、強化されていた。フィデルは全国幹部会と会合した（反乱軍の勝利まで、ずっとピノス島に投獄されていたアルマンド・アルトは除く）。* そして、ずっと計画していたゼネストの準備と、政権に対する「全面戦争」を呼びかける宣言に3月12日に署名した。

目標は全国の完全な麻痺だった。4月1日以降、一切の納税を停止するよう呼びかけられた。4月5日には、行政府に残る公務員はすべて裏切り者と見なされ、軍人は犯罪者とされる。裁判官は辞職すべきである。

ストがラジオで呼びかけられたら、反乱軍はハバナおよび全国で武装攻撃を起こす。最近刑務所から釈放されたファウスティーノ・ペレスがハバナのストを組織するあいだに、フィデルは自分の手勢を全面蜂起に向けて準備させた。

これに関与したいと強く望んだキューバの共産主義政党PSPは、党内の武闘派に行動組織を作るよう命じたが、またも全国幹部会の保守的な平原組がそれを邪魔した。PSPはフィデルに使者を送って訴え、フィデルもそれに応えて運動に対し「政治、革命的な所属によらず、あらゆるキューバ人労働者」のスト委員会への参加を認めるよう命じたが、平原部の指導者はPSP党員を頑なに排除した。

ストの呼びかけは4月9日に行われたが、悲惨な結果に終わった。バティスタが牛耳るキューバ労働総同盟と、排除されたPSPは、その呼びかけを無視した。ハバナのほとんどの店舗や工場は操業を続け、電力と輸送という主要産業部門も影響がなかった。ストはサンティアゴ市でも低調で、その日の終わりまでに警察とロランド・マスフェレールの殺戮部隊の手にかかり、最大30人が死亡した。辞職や税金不払いの呼びかけに応じた者は皆無だった。それでもフィデルは虚勢を張り、4月10日の放送では次のように勝ち誇ってみせた。「いまだにバティスタに忠義面をする暗殺者、盗賊、ギャング、密告者、スト破り、暴漢、軍に対する怒りの爆発で、キューバ全国が燃え上がり噴火する」

＊ 武器の積み荷とともに到着したのがペドロ・ミレーだ。彼はグランマ出港時にはメキシコで獄中にいたが、参謀の一人としてフィデルと再合流した。ウベル・マトスも彼に同行していた。彼はマンサニージョの学校教師で米農家であり、前年に山脈の反乱軍への初の増援を補助してから亡命していた。マトスはフィデルに将校に任命され、後に第9縦隊の司令官になった。反乱軍は積み荷を降ろしてから飛行機を燃やしたが、その操縦士がペドロ・ルイス・ディアス・ランスだった。彼はバティスタ空軍から寝返った兵だったが、戦争が終わるまでに反乱軍に何度も武器を輸送し、革命の空軍長に任命された。後に彼はカストロ政権の最も危険な敵の一人となる。

フィデルは面子を保とうと言葉を尽くしたが、ストの失敗は反乱軍の大義にとって大打撃だった。「ストの体験は運動の士気をかなり喪失させた。だが人々の信用を再び獲得できると願いたい。革命は再び危機に陥っており、それを救えるのは我々だけだ」とフィデルはセリア・サンチェスに4月16日に書き送っている。フィデルのプライドは傷ついたにしても、そのエゴはほぼ無傷だった。「我々は国民を失望させ続けるわけにはいかない。やらねばならないことはいろいろあり、しかもうまく大規模にやらねばならない。そして私はやる。いつの日か時代が私の正しさを示してくれる」

フィデルは、ゼネスト失敗の責任は平原部の指導層にあると非難した。PSPは七月二六日運動全体を「冒険主義」だとして批判した。この大失敗はバティスタにとっては大きな後押しとなった。ドミニカ共和国のかつての敵、ラファエル・トルヒーヨは、飛行機5機に戦争物資を満載して送ってきた。ストの後で反乱軍の活動は目に見えて低下したので、バティスタはフィデルの蜂起軍を一気に叩きつぶす夏の大攻勢についての野心的な計画を立案しはじめた。

フィデルの見え透いた「労働者の団結」の訴えは、PSPとカストロが野合しているという新たな証拠だった。実際、PSPは急に反乱運動支持を公然と表明するようになった。2月にはPSP全国委員会は、「「26デ・フリオ」［七月二六日運動］の国内他地域における戦術について大きな相違はあるものの、［党は］マエストラ山脈におけるゲリラ活動を正当なものだとして理解する」と述べた文書を発表した。3月12日に「なぜ我が党はマエストラ山脈を支持するか」という論説が党の週報『カルタ・セマナル』に発表された。その論説の主張では「我々はフィデル・カストロ、〝チェ〟ゲバラが指揮する武装勢力活動について好意的な見方をするにとどまらない。我々はあらゆるゲリラ地帯において、［バティスタの］圧政と戦う兵の活動を支援する立場を採用する。［…］マエストラ山脈で活動する愛国勢力の活動支援を試みるのに加え、我々はゲリラ行動と階級闘争のつながりを全隣接地域で強めようとしている」。

現在も存命の当時のソ連高官は、ソ連指導者たちがキューバでの出来事についてほとんど知らず、195 9年1月の反乱軍勝利はまったくの驚きだったという公式ドグマをいまだに支持している。だがこうした主張には、山ほどの反証がある。そもそもソ連はすでにメキシコでチェとラウル・カストロと直接接触していた。メキシコのソ連大使館はきわめて重要な拠点だった。メキシコ大使館の職員は、地域の共産主義政党の指導者と接触を維持しており、キューバPSPも例外ではなかった。そして、古参の南米共産主義者は自分たちがモスクワの手駒だったという発想を嫌うが、実際には当時のほとんどの地域の共産主義政党も、金銭面でも政策方針面でも、モスクワに依存していた。ソ連が1958年春におけるキューバのPSPによるフィデル・カストロ革命運動との連合への動きを知らなかったというのは、あまりにばかげていてほとんどあり得ない。確実なのは、1958年初頭にはますます多くのPSP党員が反乱軍、特にチェとラウルの縦隊に参加しはじめたということだ。

一方、フィデルは平原部の七月二六日運動に対する会心の一撃を準備していた。ゼネスト失敗で平原部運動の弱さは痛々しいほどあらわになり、これによってフィデルは新たな強みを獲得し、それを使って七月二六日運動全体の直接統制力を掌握しようとした。当時、彼はセリア・サンチェスにこう語っている。「あの組織は、今後何があろうとも二度と信用する気にはなれない。［…］運動の指導者は私のはずで、歴史の目から見れば、他人の愚行についても私のせいにされてしまう。［…］カウディリスモ［強権独裁主義］と戦うという口実で、みんなますます自分の好き勝手なことをやろうとする。私はそれに気がつかないほどのバカではないし、幻覚や幻影を見たりするような人間でもない」

4月16日、カミロ・シエンフエゴスの縦隊が、平原部で短期間活動したあと、山脈に戻ると、フィデルは彼をバヤモ、マンサニージョ、ラス・トゥナスの三都市からなる三角地帯の軍事主任にして、その地域でのゲリラ活動をすべて調整するよう命じた。カミロは三都市での妨害工作や供給の指揮も引き継ぎ、農地改革を実施し、「民法を変える」ことになっていた――フィデルの革命的な支配をマエストラ山脈から平原部にまで広げろというわけだ。当時のフィデル反乱軍は、理論的にはオリエンテ州のどこでも攻撃できたが、この新しい計画を本気で実行する前に、まずは足場をかためてマエストラ山脈を防衛しなければならないことをフィデルは認識していた。バティスタが大規模な軍の攻勢を仕掛けようと計画しているのは明らかだったのだ。

4月半ば、フィデルとチェはラ・プラタやラ・メサの拠点から北東の麓に移った。フィデルは司令本部をエル・ヒバロに設置した。チェの部隊は行軍1日のところにある、サンチェス・モスケラが兵を宿営させていたミナス・デ・ブエイシート村近くに陣取った。チェの任務は、軍の侵入に対して反乱軍の前線を維持することだった。彼はラ・オティリアという、敵基地から1・5キロほど離れたところにある地主の家を接収し、そこに拠点を置いた。どちらの側も、決戦に出るほどの意欲はなかったようだ。夜に反乱軍はM－26爆弾を発射し、斥候は軍と小競り合いしたが、サンチェス・モスケラの主な活動は、当地の市民への報復であり、反乱軍との協力を疑われる住宅に放火して強奪し、人々を殺すことだった。どういうわけか、ラ・オティリアは攻撃されなかった。

チェは後に書いている。「なぜサンチェス・モスケラが、我々をぬくぬくとあの拠点に安住させたのか、ついにわからずじまいだった。かなり平らな地域で植生もなかったのに、空軍に我々を攻撃するよう連絡しなかったのだ。おそらく、戦闘に興味がなく、空軍に彼の兵がどれほど近くにいたかを知られたくなかったのではないかと思う。そうなったら、彼はなぜ攻撃しなかったかを説明しなければならなくなるからだ」

ラ・オティリアは無事にしても、そこに至る道は危険な銃撃地帯になっていた。ある夜、フィデルと基地に戻る途中、チェと案内役はゾッとする光景に出くわした。「最後の行程、すでに家に近いところで、周りを明るく照らし出す満月の光のなかに、奇妙な光景が現れた。うねるような畑のなか、ヤシが点在するあいだに、死んだラバが並んでいて、なかには馬具をつけたままのラバもいた。馬を下りて最初のラバを検分し、弾痕を見つけたとき、こちらを見た案内役の表情はまるでカウボーイ映画から出てきたかのようだった。そういう映画では、相棒と一緒の主人公が現れて、矢で殺された馬を見て、「スー族だ」とか言って、ここぞとばかり独特な表情をしてみせる。案内役の顔はそんな感じで、自分の顔を見たわけじゃないが、私自身もそんな顔だったのだろう。その数メートル先には2頭目、さらに3頭目、そして4頭か5頭目もいた。我々の物資供給部隊が、サンチェス・モスケラの遠征隊に捕まったのだ。確か民間人も1人殺されていたように記憶している。案内役は同行を拒否して、このあたりのことは知らないと言って、あっさり自分の馬に乗った。我々は穏便に別れた」

ラ・オティリアにキャンプを設置してから数週間で、チェは新しい命令を受けた。日々迫り来る軍の侵攻に備えるため、フィデルはチェに、ミナス・デル・フリオでの新兵訓練学校を直接監督してほしいという。ミナス・デル・フリオには多くの新規志願者が集まっており、準備と条件が整って、危険な島の横断を敢行する際には、彼らこそが新しい指揮系統の屋台骨となるはずだった。サンチェス・モスケラに対峙するチェの縦隊は、副官ラミロ・バルデスが引き受ける。

安全策として、フィデルは反乱軍のインフラを集約したいと考えた。ラジオ・レベルデと『自由キューバ人』は、ラ・メサから自分のラ・プラタ司令本部に移転した。病院、発電機、兵器備蓄のあるラ・プラタは、反乱軍にとって決定的に重要な中枢であり、絶対に失うわけにはいかず、最後の防衛線となるはずだった。

食糧と医薬品を貯め込み、来る長い包囲戦に備える必要があった。

この命令にチェは苛立ったが、小規模の精鋭戦闘員を連れて新任務を果たしに出発した。彼の日記は、その意気消沈を反映している。「夜明けに発った。私は1年近くも仕切っていた地域を放棄させられて、いささかがっかりしていた。しかもこれ以上はないほど決定的な時期なのだ。サンチェス・モスケラの兵が、ますます勢いを増してやってきている」

フィデルの新しい命令は、平原部の拡大戦線でカミロ・シエンフエゴスに加わるというチェの希望も潰してしまった。チェの任務変更について知ったカミロは、慰めの手紙を書いた。「チェ、心の兄弟よ。フィデルが君を軍学校の担当にしたようだね。私は大いに嬉しいよ。これから一級の兵士が得られるとあてにできるからね。［…］君はこの対決においてきわめて中心的な役割を果たしたし、我々としても君がこの蜂起段階で不可欠だとは思っているが、キューバは戦争が終わってからそれ以上に君を必要とすることになる。だから巨人［フィデル］が君の無事を確保するのはよいことだ。いつも君の傍らにいたいものだし、君はずっと前から私のボスであり今後もずっとそうであり続ける。君のおかげで、私がもっと役に立つようになれたことを感謝する。君が悪く見られないためなら、私は口にしがたいようなことでもするよ。君の永遠のチチャロン、カミロ」

V

その後4月いっぱい、チェは絶えず動き続けた。反乱軍に寝返ったパイロットと協力して、滑走路建設の適地をラ・プラタ近くに1カ所見つけた。植栽の伐採と、飛行機を視界から隠すトンネル掘りは部下に任せた。そしてミナス・デル・フリオで建設中の新兵訓練学校の工事を視察し、数日ごとにフィデルと面談した。

　バティスタの支配が弱まると、反対派の合従連衡も増した。フィデルは頭一つ抜けており道徳的権威もあったため、様々なグループが次々にやってきて、彼に取り入り、同時にその地位を潰そうともした。1956年の軍蜂起未遂の亡命指導者フスト・カリージョは、相変わらずキューバ軍と深いつながりがあったので、フィデルに軍事支援を提供するかわりに、軍を「婉曲にほめる」声明を出してくれと求めた。フィデルは、軍の一部を味方につけたいのはやまやまながら、出し抜かれる危険も見てとった。カリージョが、軍蜂起をともに画策し、現在投獄されているラモン・バルキン大佐と共同でクーデターを起こしたら、キューバの実業界や伝統的な政党やワシントンには魅力的だろう。そうなったらカリージョはあっさりフィデルを裏切る。

　だがフィデルの権力に対する最大の脅威は、おそらく自分の七月二六日運動内部に存在していた。ゼネストの屈辱的な失敗により、フィデルは全国幹部会指導者を叩く攻撃材料を手に入れていた。そこで彼は、アルトス・デ・モンピエに彼らを招集した。その5月3日の劇的な対決で、チェは主要な役割を果たした。チェは日記にこう書く。「私は状況のちょっとした分析を行い、二つの政策が対立している現実を明らかにした。山脈の政策と平原部の政策だ。そして山脈の政策が有効であり、ストの成功を懸念した我々が正しかったことも指摘した」。チェはPSPの関与を妨害した平原部指導者たちの「セクト主義」を非難し、それがストの開始前からその失敗を運命づけたと指摘した。「最大の責任を負うべきなのは労働者の責任者、旅団のトップ指導者、ハバナのリーダーだと私は見解を述べた。つまりマリオ［・ダビー・サルバドール］、ダニエル、ファウスティーノだ。だから、彼らは辞任すべきだ、と」

　夜まで続く激しい議論の末、フィデルはチェの提案を投票にかけ、彼の主張が可決された。その結果、平原部指導層は完全に刷新され、ファウスティーノ、ダニエル、ダビー・サルバドールは役職を追われてマエストラ山脈に異動となった。なかでも最も重要な変化は、全国幹部会そのものがマエストラ山脈に移転する、というものだった。フィデルがいまや書記長となり、外交と軍備供給について独占的な権限を持つ。また、七月二六日運動の全国的な地下民兵ネットワークの総司令官にもなった。5人構成の書記局は彼の下に入り、財務、政治問題、労働者の問題を扱う。サンティアゴ市の七月二六日運動事務所は、かつてはオリエンテ州の本部だったが、単なる出先となり、書記長の下の「代表部」でしかなくなった。

1964年に軍雑誌『ベルデ・オリーボ（緑のオリーブ）』にチェが書いた「決定的な会合」という記事で、彼はその運命的な日の成果をまとめている。「この会合での決定事項はフィデルの道徳的な権威、彼の文句なしの地位、出席した革命家の多数派が判断を誤ったという見解を裏付けるものとなった。［…］だが何より重要な点として、この会合は戦争の方向性に関して、これまでの段階すべてを通じて衝突してきた、二つの発想について議論し、判断を下した。この会合では、ゲリラの発想が勝利した。フィデルの立場と権威が確立した。［…］いまや、唯一の権威ある指導層、つまり山脈組、唯一の具体的な指導者、唯一の総司令官があるだけだった。フィデル・カストロだ」（詳しくは巻末の原注を参照）

フィデルの強権独裁主義を心配する者がいたにしても、いまやあとのまつりだった。チェはもともとそれを問題視していなかった。彼は常に、ずっと先の真の革命が構築される日を考えており、それを実現するのは強権的な独裁者だけだと思っていた。これから進むべき道は明らかだった。

チェに勝利を味わう暇はなかった。すでに軍は夏の攻勢に向けた動きを開始しており、山の周辺部に兵を配置して、沿岸部の守備隊を強化していた。奇襲場所を選び、塹壕を掘り、供給路と撤退路を見極め、それをすべて協調した作戦行動のなかに収めねばならない。西のカラカス岳周辺の丘陵地帯では、クレセンシオ・ペレスが「小規模で軽武装のグループ」で前線を維持しなければならず、東のラ・ボテジャとラ・メサ周辺はラミロ・バルデスが確保することになっていた。チェの肩には大きな責任がのしかかり、それを果たすべく、休みなくめまぐるしく活動した。「この小さな領土を防衛せねばならず、まともに使えるライフルが200丁強しかないのに、あと数日でバティスタ軍は「包囲殲滅」攻勢を開始する」

Ⅵ

マエストラ山脈には危機感が充満し、毎日のように敵兵が迫っているとの報告や噂が入った。5月6日に陸軍は、山脈の端のコメ農場2軒を占拠して、反乱兵1名を捕虜にした。5月8日に、多くの兵が海岸沿いの2カ所に上陸した。5月10日にはラ・プラタが空と海の双方から爆撃された。チェは駆け回って、最新の諜報に基づいて反乱軍を動かし、援軍を送った。また軍事以外にも、農業改革計画を進めて、オリエンテ州の地主や入植者から税金を集めようとした。フィデルは、攻勢のあいだに反乱軍を支えるため、ありったけの金を集めたがっていたが、チェは農園所有者の抵抗に直面した。日記によれば「後にこちらの強さが盤石になってから、借りは返した」。

ミナス・デル・フリオの学校からの新人を使い、チェは新縦隊である第8縦隊を作り、死んだ同志シロ・レドンドにちなんだ名前をつけた。新兵を訓練したのは、武器教官として志願したハーマン・マークスというアメリカ人の朝鮮戦争帰還兵だった。一方のフィデルは、自軍が侵攻に耐えられるか、大きな不安を抱き、ほとんど終末論ともいうべき企みを思いつくまでになった。4月26日にはセリア・サンチェスにこう書く。「青酸カリがいる。まとまった量を手に入れる方法はないか？　だがストリキニーネもいる――ありったけ。これはきわめて秘密裏に調達せねばならない。もしこの命令がバレたらもう使えない。攻勢にやられたときのために、いくつか予想外の手を用意してある」。フィデルが毒を手に入れたかどうか、あるいはそれを使って何をするつもりだったのかは、わかっていない。おそらくは襲撃されたらキャンプの水源に毒を入れるつもりだったのだろう。この極度の警戒心にとらわれた彼は、前線防衛を視察中のチェに緊急メモを送り、本部に戻れと命じた。

チェはジープで、オスカール〝オスカリート〟フェルナンデス・メルと一緒に戻った。彼は25歳の医師で、反乱軍に加わるためハバナから来たばかりだった。チェが運転し、ふたりは急峻な崖っぷちの狭い未舗装路を、とんでもないスピードで飛ばした。明らかに不安そうなオスカリートに、チェは心配するなと言って、こう付け加えた。「目的地にたどりついたら、話しておきたいことがある」。目的地でオスカリートは、車を運転するのはこれが初めてだとチェから告げられた。オートバイの運転は、かつての旅仲間アルベルト・グラナードと覚えたが、車のハンドルを握るのは初めてだったのだ。

フィデルが沿岸戦線の視察から戻るのを待つあいだ、チェの最も信頼する伝令リディア・ドセ・サンチェスが、ハバナ、カマグエイ、マンサニージョの「友人たち」と連絡をとる使命を受けて出かけた。リディアは40代半ばの女性で、一人息子が反乱軍に加入すると、自分もサン・ペドロ・デ・ヤオのパン屋を後にして参加していた。彼女は、最も守秘性の高い反乱軍のコミュニケや文書をマエストラ山脈に、そしてハバナやサンティアゴ市に運んだ。これはきわめて危険な任務であり、何度も敵の前線を横切る必要があって、もし捕まれば拷問を受けてほぼ確実に殺される。この任務で彼女は、警備隊のいる場所を通ってマエストラ山脈を出なければならなかった。

リディアは、チェが最も評価する革命家となる。自己犠牲、正直さ、勇敢の見本のような存在だ。チェは彼女の忠誠心にこたえ、敵の前線近くの臨時キャンプの指揮を任せた。このキャンプは危険になったため、何度かチェは彼女を呼び戻そうとしたが、リディアは撤退を拒否した。チェは彼女が「気概といささかの尊大さでキャンプを率いたので、女性から命令を受けるのに慣れていなかった指揮下のキューバ人男性の一部からは恨みを買った」と書いている。彼女がキャンプを去るのに合意したのは、チェが異動になったときだった。チェに同行したかったからだ。

チェは5月15日から18日までフィデルが本部に戻るのを待った。そのあいだに多くの訪問者の相手をした。日記の記述は曖昧だが、共産党を含む、多くの政治組織からの提案をさばいていたことが示唆される。最も重要な訪問は、「古い知り合いラファエル」とだけ述べられた人物と、リノというPSP党員だった。5月19日までに他の訪問者が去っても、PSP関係者たちはフィデルと会うために残った。そこへ記者のホセ・マリカルド・マセッティが予告なしにキャンプに再びやってきた。フィデルに再びインタビューするため、マエストラ山脈に戻ったのだ。彼が来たおかげで、フィデルとPSPの面談はさらに遅れることになった。チェが日記で述べたように「彼［マセッティ］の耳に何か入っては不都合」だからだ。

5月22日にマセッティがやっと帰ったので、PSPとフィデルとの頂上会談が始まった。ラファエルとリノは、革命勢力の統一戦線を提案したが、七月二六日運動全国幹部会の「否定的な態度」をPSPが懸念していることも伝えた。チェによればフィデルは連立のアイデアを「原則としては」受け入れたが、「その形態については留保して引き続き議論することとした」。フィデルのアジェンダで何よりも重要なのは、展開する敵の攻勢を押し戻すことであり、平原部での勢力統一は望ましいとはいえ、その時点では本質的ではなかった。軍との長引く流血の対決を避けたかったフィデルにとっては、軍の士気をマエストラ山脈内で失わせることが必要だった。それが終わったら平原部になだれこみ、そうなれば政治連合などいくらでも牛耳れる。いつもながら、PSPとの提携を急がないという方針を左右していたのは、バティスタのために米国が介入しかねないというフィデルの恐れだった。

確かに、この恐れが決して杞憂ではないという兆候はあった。国務省がバティスタ政権への武器提供を止めたにもかかわらず、国防総省はグアンタナモの米軍基地の在庫から、キューバ空軍にロケット300発を提供したばかりだった。ニカラグアからの船が5月初頭に戦車30台を搬入し、トルヒーヨとソモサがバティスタに戦争資材を提供するための傀儡になっているのではというフィデルの疑念を高めた。

フィデルの真の政治志向をめぐる米国の懸念は、過去数カ月で高まる一方だった。5月には、『シカゴ・トリビューン』記者ジュールス・デュボイスが、外部通信用に出力を増強したラジオ・レベルデの送信機を使って、カラカスからフィデルにインタビューした。質問は主に、フィデルとPSPとの関係についてのものだった。フィデルは、その噂はバティスタが米国の兵器を手に入れるために広めたものだと非難し、民間の産業や事業を国有化する意図などまったくないと述べた。自分自身も大統領になろうなどとは思っていない、とフィデルは語った。七月二六日運動は革命後には政党となり、「憲法と法という武器で戦う」と。

フィデルの公式の発言と、彼の私的な考えのあいだには、ますます溝が広がってきた。6月5日、アメリカが供給したロケットが、初めてマエストラ山脈でバティスタの空軍により使用され、民間人の家に炸裂した。フィデルはセリア・サンチェスにこう書いている。「連中がマリオの家に向けて発射したロケットを見て、アメリカ人どもにこの行為に対して高い代償を支払わせると私は誓った。この戦争が終わったら、ずっと長く大きな独自の戦争を始めるぞ。やつらと戦う戦争だ。それこそが私の真の運命だと悟った」

短期的には、フィデルは主要な軍将校を寝返らせようとして、ハバナの軍本部の司令官エウロヒオ・カンティーヨ大将に、おだてる手紙を送った。同時に、マエストラ山脈に集結している陸軍兵の自信を削ごうとした。ベネズエラのマスコミ向け声明で、彼はこう述べた。「軍はいまやきわめて困難な任務に直面している。マエストラ山脈へのあらゆる入り口は、「スパルタ軍がペルシャに壊滅させられた」テルモピュライの峡路のようであり、あらゆる峡路はいまや死の罠となる。キューバ軍は遅ればせながら、自分たちが本当の戦争に引き込まれたことに気がつきはじめた。ばかげた、無意味な戦争であり、何千もの兵の命が失われかねず、彼らのものですらない戦争である。結局のところ、我々は軍と戦争しているのではなく、独裁に対して戦争をしているからだ。こうした状況は常に、否応なく軍事反乱につながる」

フィデルの日常活動はますます管理職的なデスクワークになっていった。彼はセリアにこう書いている。「監督官の役割ばかりで、1分たりとも休みなしに行ったり来たりして、誰かがこれを忘れたとか、あれを見落としたとか、どうしようもなくつまらない些事の面倒をみなければならないのは、もううんざりだ。私が本当の兵士だったあの初期の日々が懐かしい。当時のほうがいまよりずっと幸せだった。この闘争は私にとって、惨めでつまらない官僚作業になっている」。だが愚痴を言いつつも指揮をとりたがるのがフィデルの天性だった。彼は戦争の全体的な戦略を立案しつつ、最も細かくつまらない細部にまでこだわった。信管やライフル用のグリースの注文の合間に、彼はセリアをせっついて、自分の私的なこだわりを持って来いと命じた。ある日にはこう書く。「万年筆がいる。なしではやっていけない」。5月8日にはこんなふうに激怒している。「食事がひどい。私の食事の用意に配慮がまったくない。[…]ひどい気分だ」。5月17日の愚痴はもっとひどい。「タバコがない、ワインがない、何もない。ロゼワインのボトル、甘いスペインワインを、ビスマルクの家の冷蔵庫に置いてきた。あれはどこだ？」

フィデルは、チェ以外のほぼあらゆる部下の判断や意思決定を信用しなかった。チェは、彼の主な愚痴相手であると同時に、実質的な参謀長となった。二人が離れているときには、フィデルは絶えずメモをチェに送り続け、軍事計画、財務問題、政治的な権謀術策を打ち明け、兵器工場での新兵器の実験を胸躍らせる若者のように描いてみせた。5月初頭には彼はチェにこう書いている。「二人で話をしてからあまりに時間が経ちすぎた。我々の話は必要不可欠だ。古い同志が恋しい。昨日はブリキ製の手榴弾で実験してみたが、すばらしい結果が得られた。地上2メートルほどの木の枝からぶら下げ爆発させた。致命的な破片をあらゆる方向にまき散らした。下方にも四方八方にもかけらをまき散らしてスプリンクラーみたいだ。開けた場所なら50メートル離れていても死ぬだろう」

5月第3週のあいだに、政府軍は反乱軍領土への侵入を開始した。カンティーヨ大将はマエストラ山脈攻撃のために総勢14縦隊を擁しており、さらに空軍に支援され、砲兵や戦車連隊もあった。カンティーヨの作戦は、数方向からマエストラ山脈に侵入し、次第に反乱軍を包囲して、その領土を侵食し、最後にマエストラ山脈の中心山岳地にあるラ・プラタ司令本部のフィデルを攻撃して破壊する、というものだった。

南方では、沿岸部の守備隊が強化され、海軍のフリゲート艦が砲撃で支援し、その方向への逃亡を封じていた。北方では、反乱軍領土の東端と西端を囲む形で、カンティーヨが二大隊で構成される陸軍部隊二つを配備していた。クレセンシオ縦隊が守備するラス・メルセデスの数キロ北では、ラウル・コルソ・イサギーレ率いる中隊が砂糖の中心地エストラーダ・パルマに集結した。東のブエイシートでは、サンチェス・モスケラ（いまや中佐）率いる中隊が、チェの縦隊がかつて確保し、現在ラミロ・バルデスの押さえている山岳地帯に入ろうとしていた。カンティーヨにひとつ弱点があるとすれば、兵の訓練不足だった。1万のうち、経験を積んだ兵士は3分の1だけで、残りは最近招集された徴兵だった。だがすべてが計画通りに進めば、反乱軍は狭まってゆく包囲網に封じ込められることになる。

この包囲網は当初からそんなに大きなものではなかった。反乱軍が優勢な地域は、全体で見ても、ラ・プラタ、ラス・ベガス・デ・ヒバコア、モンピエ、ミナス・デル・フリオでの貴重な拠点を含め、実はほんの数平方キロという小さな地域でしかなかった。フィデルの司令本部と北の前線となるラス・メルセデス村との距離は12キロほどでしかなく、ミナス・デル・フリオの新兵学校はその中間地点にあった。南方は反乱軍本部の8キロ南が海岸だった。フィデルは山岳基地を戦闘員280人ほどで防衛し、しかも各自が持っているのは銃弾50発ほどにすぎなかった。

5月19日、空爆で反乱軍の防衛力を弱めた後に、コルソ・イサギーレの兵はラス・メルセデス村まで進軍しようとしたが、クレセンシオの部隊が村のすぐ外で防衛線を維持した。戦線が引かれ、両軍はわずか400メートルほどの距離をおいて対峙した。だが自軍の「激しい抵抗」を喧伝するコミュニケを出し、戦線が一時落ち着いたというのに、フィデルはクレセンシオの指導能力を秘かに不安に思っていた。数日後に彼はチェに、ラス・メルセデスに行って指揮を引き継ぐよう依頼した。

出発前に、チェはウンベルト・ソリ＝マリンが招集した現実離れした集会に出席し、地域の農民たちとコーヒー収穫方法をめぐって議論した。驚いたことに、農民350人が顔を出した。外の世界にはまったく気づかれなかったが、これは重要な瞬間だった。キューバ革命が実施する農業改革プロセスの、初の実務ステップだったのだ。チェはその議事を興味津々で見守っていた。日記によると、「フィデルを含む指導部は、以下の手段を採用することを提案した。労働者に支払いを行うために一種の山脈通貨を作ること、包装用にオウギバヤシと麻袋を持ってくること、労働組合と消費者組合を作ること、労働監督委員会を作ること、コーヒー豆の摘み取りを兵が手伝うこと。すべて承認されたが、フィデルが演説で議事を締めようとしたとき、戦闘機がラス・メルセデス地域を機銃掃射しはじめ、人々は興味を失った」。5月25日だった。敵の攻勢が本格的に始まったのだ。チェはラス・メルセデス村に急ぎ、その後3カ月にわたり反乱軍の防衛を率いて、バティスタの侵略軍が持つ圧倒的な火力や兵の強さに抵抗し、休みなく動き続けた。伝令のリディアが到着して、ハバナのファウスティーノ・ペレスが役職の譲渡を渋っていると伝えた。チェはこれを日記に「事態は悪化するばかりだ」と書いた。だができたのはその知らせを記録するくらいだった。

いつもながら軍規の問題はあり、陸軍の包囲が厳しくなると新兵が脱走しようとした。あるときフィデルがラス・メルセデスを訪れていると、脱走兵が捕まって連行されてきた。チェの日記によると「フィデルは即時銃殺を主張したが、私は反対して、最終的にはプエルト・マランガ［の反乱軍刑務所］に無期収監の刑という主張が通った」。その数日後、フィデルはお決まりのように革命的司法をいい加減に適用して、逃亡者を赦免した。

山道を軍の死の罠に変えるというフィデルの大言壮語とは裏腹に、チェの日記は反乱軍が実はいかに人員不足で、士気もいかに危うかったかを明らかにしている。*敵兵が海岸に上陸すると、フィデルはラス・ベガス防衛の指揮をとり、クレセンシオ・ペレスの軍に活を入れるためにチェを派遣した。ペレスの軍では、将校の一人が兵士を乱暴に扱っていると報告されていた。出発前にチェは、殺人の告発を受けた将校の一人を即決裁判にかけて、死刑にした。チェの30歳の誕生日は、クレセンシオの将校に判決を下す1日となり、チェは将校から指揮権を剝奪した。前線に戻ってみると、陸軍兵があらゆる方面から進軍しつつあり、こちらは総崩れだった。フィデルはモンピエに移動していた。ラス・ベガスは制圧された。ミナス・デル・フリオもいまや危うく、チェ軍は数日にわたりフィデルの前線を支援し、新しい防衛線を構築し、別の将校から指揮権を剝奪して、従わない兵の武器を取り上げた。

6月26日、フィデルと再びモンピエで面会した。フィデルはチェにしばらく一緒にいるよう命じた。見通しは暗かった。反乱軍はいたるところで押されていた。フィデルはカミロとアルメイダに、縦隊を山脈に戻して支援するよう命じたが、反乱軍のなかに敗北ムードが漂いはじめた。翌日チェはこう書く。「その夜、脱走兵が三人出た。その一人は二重スパイだったので死刑宣告。ソリの小隊からのペドロ・ゲラと捕虜二人も。ペドロ・ゲラは捕まった。ロサバルは密告者だったので死刑宣告。脱走にリボルバー拳銃を盗んだ。即座に処刑された」

6月末に反乱軍は初の快勝をおさめた。サンチェス・モスケラ配下の中隊が押し返され、反乱軍は兵士22人を捕虜にして、50―60丁の兵器を分捕った。だが他の場所では軍が前進しており、ラ・マエストラなどの他の山地でも敵の進軍が報告されていた。攻勢の第二波が始まったのだ。軍がアルトス・デ・メリノ高地制圧のため前進していると聞き、チェは7月3日朝に駆けつけた。「到着すると、警備隊がすでに前進しているのがわかった。小さな戦闘が始まり、我々は即座に撤退した。位置がまずく、包囲されかけており、ほとんど抵抗できなかった。個人的に私は、これまで決して感じなかったものに気がついた。生きねばと思ったのだ。これは次の機会には改めねばならない」

同じ状況でこの種の批判的な自己断罪を行う人物は、他にあまりいないだろう。だがエルネスト・ゲバラは、そのチェという新たなアイデンティティにおいては、このように人生に立ち向かった。これは彼を他の多くのゲリラと一線を画す存在にしている性格面の一つだった。同志は戦いはしたが、この体験を生き延びたいと思っていた。実際、日々彼が自分の兵について直面する問題のほとんどは、彼らとのこの根本的な相

＊　6月8日、混乱が広がるなか、反乱軍キャンプに見慣れないアメリカ人がやってきた。チェはこう書く。彼は「怪しいグリンゴで、マイアミからのメッセージを携え、とんでもない計画を持っていた」。男はフィデルに会いたがったが、その場に留め置かれた。翌朝、サントドミンゴ村周辺の前線東部に激しい空爆があった後で、チェはフィデルを見つけて男の話をした。「フィデルは、そのグリンゴがFBIか、雇われた殺し屋だという報せを受けていた」。キューバの歴史家のペドロ・アルバレス・タビオによると、この男はおそらく殺し屋フランク・フィオリーニだった。後にフィオリーニは「フランク・スタージス」という変名で、CIAの反カストロ作戦に参加し、1970年代にはウォーターゲート事件の侵入犯の一人として悪名を馳せた。

違から来るものだった。彼らの不安、彼らの「戦闘性」欠如、逃亡、前線でいるべきところにいないこと——チェの日記の至るところに登場する文句や指摘のすべては、同じ不満に集約されるものなのだ。彼らは「生きねば」と感じていた。

Ⅶ

戦闘前夜、チェはマエストラ山脈からの新しい無線通信リンクを使って母親に連絡し、彼女は30歳の誕生日を祝う手紙をよこした。

愛するテテ

実に久しぶりにおまえの声が聞けて大喜びでした——まったく別人かと思いましたよ。回線が悪かったのか、おまえが変わったのか。「ばあさん」と言ったときだけ、昔ながらの声に思えました。なんて素晴らしいニュースを伝えてくれたんでしょう。こちらが答える前に通信が切れたのは何とも残念です。話したいことがたくさん。アナ［・マリア。チェの末妹］は4月2日にペティート［・フェルナンド・チャベス］と結婚してウィーンに行きました。［…］子供たちみんなが、次々に去るとは驚きです！　家のなかが空っぽになったようです。［…］ロベルトは美しいブロンドの娘二人ができて、６月１日には2歳と1歳になり、［男の］世継ぎが8月に生まれる予定です。大家族を養うために頑張って元気で働いていますよ。［…］

セリアは重要な［建築の］賞を、ルイス［・アルガニャラス。婚約者］とペティートとともに受賞したところです。３人で２５０万ペソをもらいました。こんな有能な子供たちを持てて、誇らしさのあまりもう昔の服に収まらなくなってしまったほどです。ファン・マルティンはもちろん［いまでは］おまえの服が着れます。別に背が高いわけではありません。兄弟姉妹と同じくチビで、それでも素敵な子供です。人生に翻弄されることもないでしょう。

マリア・ルイサ［チェの叔母］は相変わらずです。肉体も感情も無力でとても悲しげです。彼女の病気の特徴らしいのです。いつもあなたのことを尋ねます。［…］私も同じです。数年も続いているので、悲しみは強くはありません。慢性的な悲しみになって、それがときどき大きな喜びと入り混じるのです。セリアの受賞はそうした喜びですし、おまえが帰ってきてくれれば、それもそうなるでしょう。おまえの声を聞くのは特に大きな喜びでした。私はとても孤独になりました。おまえにどう手紙を書けばいいかも、何を言うべきかさえわかりません。その手だてを失いました。

家事はえらく疲れます。もうずいぶん前から自分で料理をしていて、私が家まわりの雑用が大嫌いなのはおまえも知っていますよね。台所が私の本部で、そこでほとんどの時間を過ごしています。じいさん［チェの父親］は大げんかをしたので、もう立ち寄りません。話し相手はセリア、ルイス、ファン・マルティンです。言いたいことが山ほどあります。でもそれを打ち明けるのがこわい。おまえの想像力に任せましょう。

抱擁と長年分の長いキスを、すべての愛をこめて、セリア。

チェがこの率直な手紙にどう反応したかは気になるところだ。超然として無感動に読んだのか、それとも自分の不在中に続いた普通の生活に対する渇望の痛みに苦しんだだろうか？　兄弟姉妹は成長し、結婚し、家を離れて子供をもうけた。親も高齢になってきた。そして自分自身の家族は——妻イルダと娘イルディータは？　だがテテは声が変わっただけではなかった。己を「外部の」生活から切り離すという意識的な選択をしたのだ。イルダや両親には、機会があっても手紙はめったに書かなかった。4月末にフィデルは、ペルーの誰か、おそらくはイルダが無線で連絡しようとしていたぞ、とチェに伝えた。どうやらチェは折り返さなかったようだ。というのもイルダの回想記に何も書かれていないからだ。実際、彼の当時の日記で最も驚くべき側面は、個人的な詳細や内省がほぼ完全に欠けていることだ。これは特にほんの数年前のさすらいのエルネストが示した自己陶酔ぶりとは正反対だ。

Ⅷ

キューバ軍は、戦場の地勢を十分に考慮していなかった。兵士たちは、マエストラ山脈のうっそうとした森林や深い峡谷のなかで瞬く間に足止めされたり、相互の連絡がとれなくなったりした。反乱軍は必要なときには撤退し、孤立した陸軍部隊を包囲した。やがて攻勢に出ているのは反乱軍のほうとなった。

この優勢を利用するため、チェとフィデルは再び手勢を分けた。フィデルはヒグエにいる軍を攻撃しに行き、チェはとどまって、モンピエを防衛し、ミナス・デル・フリオの反乱軍を指揮した。チェが7月11日にモンピエに到着すると、キューバ空軍がすさまじい空爆を仕掛け、ナパーム弾も使用した。そこへ不穏なニュースが入ってきた。クリスタル山地で反乱軍を指揮していたフィデルの弟ラウルが、アメリカ人49人を人質にしたというのだ。チェは、ラウルが「世界中に向けて自ら署名した声明を書いてしまった。その書きぶりはあまりに過激で、アメリカ人49人の拘束とあわせると、危険な「過激主義」文書に見えた」と書いている。

クリスタル山地に移動してから4カ月で、ラウルは急速に戦闘力を積み上げ、東部オリエンテ州全域で存在感を高めていた。7月には、２００人以上の戦闘員を擁し、兵器工場、病院、学校、道路敷設部隊、諜報部隊、革命司法システムまで含めた、完全なゲリラ・インフラを構築していた。だがそのすべてがいまや脅かされていた。マエストラ山脈にいる兄が直面しているような全面地上攻撃に曝されていたわけではないが、ラウルの軍はバティスタの飛行機に叩かれていた。6月末、手持ちの弾薬が不足するという危機に見舞われた彼は、過激な行動に出ることを決め、領域内で見つけた全アメリカ人を拘束するよう命じた。

6月26日にラウルの兵は、アメリカ所有のモア・ベイ鉱山会社を攻撃し、アメリカ人とカナダ人の従業員12人を連れ去った。ニカロ・ニッケル鉱山と、グアロにあったユナイテッド・フルーツ社の精糖工場では、さらに米国人12人を拘束した。次いで、グアンタナモ海軍基地周辺のバスから、アメリカ人水兵と海兵隊員24人が誘拐された。ラウルはマスコミ発表の声明で、この行動は米国がロケットやナパームをバティスタに提供したこと、そしてグアンタナモでキューバの戦闘機が燃料補給と爆弾の積み込みを受けていることに抗議するためだと発表した。この行動はワシントンの怒りを買い、上院議員数人はアメリカの軍事介入を要求した。サンティアゴ市のアメリカ領事パーク・ウォラムがラウルに会い、交渉が始まった。

この危機を知ったフィデルはラジオ・レベルデに登場し、ラウルに人質釈放を命じた。人質を取るのは運動の方針ではないが、そうした行動はバティスタへのロケット提供を考えれば理解できるものだ、と述べることで、慎重に公式発言のバランスをとった。そしてラウルに対し、アメリカにおける反乱軍のイメージを悪化させるような過激な行動には出るな、と警告しているように見える私的なメモを送っている（詳しくは巻末の原注を参照）。

だがラウルがこれみよがしに実力を誇示したことには、即効性のメリットもあった。クリスタル山地でのラウル軍に対する空爆がいきなり止み、バティスタへのアメリカの影響力がきわめて強いことが証明された。ラウルはすぐに人質全員を釈放したわけではなく、そのプロセスを長引かせることで、稼いだ時間を自軍の物資補給に使った。最後の人質を釈放したのは7月18日で、その後に攻撃は再開されたが、その頃には第二戦線の補充も終わり、防衛力も戻り、行動準備も整った。人質危機はラウルの性格の一面をあらわにし、同志のなかにはそれを不安視する者もいた。厳しい統制がないと、ラウルはかなり無鉄砲で、これ以外にも多くの行き過ぎが広く知られていた。こうして、抑えの効かない暴力的な人物というラウル評が固まった。

チェは毎日のように同志を失った。マエストラ山脈初の「解放区」がエル・オンブリートだった頃に『自由キューバ人』創刊を手伝ったヘオネル・ロドリゲスは、榴弾爆発で致命傷を負った。「最も愛された協力者で、真の革命家だった」とチェは日記に書く。その夜、カルリトス・マスの死亡の報せが入った。「古参の青年兵は、ヘオネルとともに受けたヤケドと負傷で死んだ」とチェは書いている。おそらく最も苛立たしかったのは、死者が出ても戦場での進展にはつながらなかったことで、特にチェの方面ではそうだった。相変わらずミナス・デル・フリオの戦線は維持したが、膠着状態が続き、敵兵は塹壕を掘って、前進も後退もしなかった。空爆は続いた。7月17日にはモンピエの病院が被弾し、チェは患者の避難を監督した。翌日彼はこう書く。「一帯では何も変わらない。警備兵唯一の気晴らしは我々が残したブタを殺すことくらいだ」

チェがミナス・デル・フリオの周辺防衛を強化する一方、フィデルはヒグエ包囲で敵を疲弊させつつあった。7月初頭の2日間で、彼は捕虜を19人とり、バズーカ手榴弾を含む兵器18丁を鹵獲し、これで食糧供給がなくなった敵勢は48時間以内に降伏すると考えた。敵の司令官ホセ・ケベード少佐がかつての法学部同級生だと知った彼は、7月10日に奇妙なメモを送っている。「教養への大いなる渇望と勉学を追求する努力によって、私の関心を惹き、共感を呼び覚ました、あの若き将校グループをよく思い出したものだ。[…]君がこのあたりにいるとは驚きだ！　そして状況がどんなに厳しくても、いつも君たちの一人からの便りを聞くのは嬉しいものだ。こうした文を私はこの場の勢いで書いている。君に何かを語ったり求めたりするつもりはない。歓迎して、心から幸運を祈りたいだけだ」

フィデルはこれでケベードの決意を弱めたいと思ったのかもしれないが、そうはいかなかった。そこで彼は拡声器を使い、包囲された兵にプロパガンダ放送を浴びせかけて、士気を低下させようとした。7月15日には再びケベードに手紙を書き、今回は率直に投降を勧めた。「これは父祖の地の敵に対する投降ではなく、誠実な革命家、全キューバ人の善のために戦う戦士への投降だ」

それでもケベードは屈しなかった。だがフィデルの部下の一人が陸軍通信技師に成りすまして、空軍に反乱軍がキャンプを占拠したと伝えると、空軍機がケベードの軍勢を爆撃して、兵のあいだにパニックが広がった。7月18日には、フィデルは捕虜42人、戦利品として兵器66丁と弾薬1万8000発ほどを手に入れた。「包囲された兵たちは崩壊寸前だ」と彼はチェに伝えている。

ヒグエはようやく7月20日晩に陥落した。ケベードはキャンプから出て降伏し、146人の兵が続いた。これは反乱軍にとって分水嶺となる勝利だった。軍の攻撃は見事に潰され、いまや優位性を発揮するのは反乱軍の番だった。*同日、ラジオ・レベルデで「カラカス協定」が発表された。すでに七月二六日運動を代表してフィデルが署名したもので、八つの反政府勢力、つまりカルロス・プリオの真正党、革命幹部会、軍の通称「バルキニスタ」派、フスト・カリージョのモンテクリスティ運動などが結集した。彼らは、武装蜂起と暫定臨時政府形成によるバティスタ打倒という、共通戦略を持っていた。最も重要な点として、「マエス

* フィデルはケベードを説得して反乱軍に参加させた。戦争中に反乱軍に寝返った軍将校の一人だ。

トラ山脈の統一宣言」は「革命勢力の総司令官」としてフィデル・カストロの地位を認めていた。それまでの様々な協定と同じように、署名に招かれていない最も重要な反政府グループはPSPだった。当然それを予想していたチェは、日記にこう書いた。「表向き、統一は順調に見えるが、この発表に社会党は含まれておらず、これは私には奇妙に思える」(どうやらPSPと七月二六日運動のつながりについては、フィデルは一時的にチェの助言を守っていたようだ。余計な議論を引き起こさないように、彼らの高官会談は秘密にされた)

やっと赤十字を通じて2日間の休戦が決まり、7月23日と24日には、飢えて疲れきった軍の捕虜総勢253人のうち負傷者57人が返された。これで反乱軍の手に、迫撃砲2、バズーカ、重機関銃2を含む、合計161丁の武器が残った。停戦終了の2時間前に、チェは兵を動かした。その一部はラ・マエストラの山道を守備し、他は全員ラス・ベガスの兵を包囲することになっていた。1日で彼らはキャンプを包囲し、ヒグエでのフィデルの例に倣い、チェは敵兵に降伏を迫った。7月28日朝、チェは陸軍将校2人と面会した。彼らは取引を持ちかけた。もし兵たちの撤退を認めれば、食糧はすべて残していくが、兵器は持ち去るという。チェは、それはとうてい受け入れられないと述べ、自陣に戻った。間もなく斥候が、敵軍が撤退して白旗と赤十字の旗を掲げてトラックで走り去っていると知らせてきた。会合は陽動作戦だったのだ。チェは兵に発砲を命じ、兵を率いて後を追った。

「荒涼とした敗走の光景が見られた。背嚢やヘルメットが道沿いに投げ出され、銃弾やあらゆる持ち物が入った袋、ジープと戦車も無傷で残されていた。[…]その後、最初の捕虜が捕まり、そのなかには中隊の軍医もいた」。だがチェの部隊が前進を続けるにつれ、周辺の山地に隠れた反乱軍から、「味方からの誤射」を受けるようになってきた。チェの捕虜の一人が死亡し、反乱軍の将校も重傷を負った。「わが軍に包囲されるという不愉快な状況に陥った。彼らはヘルメットを見たらすぐに発砲する。両手を挙げて兵士を派遣して発砲をやめさせようとしたが、1カ所では成功したものの、別のところではしばらく発砲が続き、さらに兵が2人負傷した」

状況がやっと落ち着いて、捕虜となった多くの守備兵がラス・べガスに連行されると、チェの元にフィデルから緊急メッセージが届いた。チェは鹵獲した戦車を検分中だった。その日、軍はサント・ドミンゴの一部からも撤退したのだが、それは罠だった。反乱軍が逃亡兵を追いかける裏で、サンチェス・モスケラがラス・メルセデス村近くのアロヨネスの山頂を制圧し、反乱軍を包囲した。そこで戦闘員を指揮していた反乱軍司令官二人のうちの一人が殺され、もう一人——平原部でのチェのかつてのライバル、レネ・ラモス・ラトゥール（ダニエル）——は生き残り反撃していたが、激戦だった。翌日の午後には、ダニエルも腹に迫撃砲の傷を受けて死んだ。その晩の日記にチェはこう書いた。「レネ・ラモスと私とのあいだには深いイデオロギー上のちがいがあり、政治的な敵同士ではあったが、彼は自分の責務を果たして前線で死んでいった。そのような形で死ぬ者はすべて、内面的な衝動を感じるからこそそうしたのであり、私は彼にそうした衝動がないと思っていたのだが、いまここでそれを訂正する」

ラス・メルセデスでチェが鹵獲した軍の戦車は、戦闘の焦点になったが、いささか喜劇的な形でだった。敵もまたどこから見ても小規模戦の大戦利品であり、フィデルは万難を排してそれを死守するつもりだった。敵もまた同じくらい必死で破壊を目指した。反乱軍が泥にはまった戦車を引っ張りだそうとすれば、軍は爆撃機でなんとか爆破しようとした。だがどちらの活動も無駄だった。8月5日にフィデルはある農夫に命じて、ウシの群れで戦車を引っ張り出そうとしたが、その途中で戦車の舵輪が壊れた。修理は絶望的だった。その夜、フィデルはチェにこう書いている。「希望が潰え去った。久々にこれほど壮大な妄想を抱けたというのに」

2日後、猛烈な援護射撃に守られて、軍はマエストラ山脈で包囲されていた場所から一斉に引き揚げはじめた。バティスタのこれ見よがしの攻勢は終わった——だが死者は続いた。8月9日、マンザニージョ以来の最初の志願兵ベト・ペサントが、扱っていた対空砲弾の爆発により死亡した。チェの愛人ソイラ・ロドリゲスが現場にいた。「ゲバラ司令官、他の反乱兵、私が任務を遂行しているときに、ベト・ペサントが死にました。爆発を聞いたとき、アルマンドというゲバラのラバが怪我をして、彼［チェ］を放り出したのを見ました。私は彼のところに駆け寄ったけれど、もう立ち上がりかけていました。ペサントのほうを見たら腕がもげてて、頭がひしゃげて、胸が開いていました。［…］私は金切り声をあげました。「ベト、死なないで、死なないで」って。みんなすぐに彼のところに行きましたが、司令官は「ソイラ、もう死んでる」」。チェはマンサニージョにいる彼の妻に連絡をとるよう命じた。ソイラによると、到着した「奥さんはベトの墓で泣きはじめ、みんな泣いて、ゲバラを見たら、彼も目に涙を浮かべていました」。

軍の撤退に際し、フィデルはさらに捕虜160人をとったが、負傷者もいたし、さっさと手放そうとした。交渉がさんざん行われてから、8月11日にフィデル、チェ、軍の司令官、赤十字代表のあいだの会合が設定された。一同はコーヒーを飲みながら親しく話をした。その後の2日にわたり、マエストラ山脈は休戦となり、負傷者を含む捕虜は釈放された。あるときには、チェとフィデルは敵の交渉相手とヘリコプターに乗ってすらいる。この停戦のあいだに、反乱軍は軍法裁判を行った。チェの記録では「少女を強姦しようとした軍の逃亡兵が処刑された」。

この休戦中に軍の高官がやってきた。反乱軍はそれがバティスタの個人的な使者だと考えた。高官らはフィデルに、政権と交渉をするよう促した。チェによれば、「彼は間接的に、彼［バティスタ］を最高［裁判所の］裁判官（の中で最高齢の人物）とすげ替えるという平和的解決を提案した。［しかし］具体的な結論はなにも出なかった」。フィデルには慌てて交渉に入る理由などなかった。計画では戦争を全島に広げることになっており、カンティーヨ大将の攻勢を撃破したばかりで、その大将を味方に引き入れられるのではとも考えていた。チェは後にこう結論している。「バティスタ軍は、マエストラ山脈の最後の攻勢から背骨をへし折られて帰っていったが、まだ敗北はしていなかった。闘争は続く」。実際、8月14日には軍は血漿を反乱軍に空輸するという珍しい文明的な態度を見せたが、その後は爆撃と機銃掃射攻撃が再開した。

一方、敵にも、カラカス協定でのフィデルの形式上の仲間にも気がつかれないまま、マエストラ山脈への重要な訪問者が反乱軍地域から立ち去った。PSP中央委員会の高官カルロス・ラファエル・ロドリゲスは、まずクリスタル山地のラウルの第二戦線を訪問してからフィデルと秘密会談を開いた。チェはロドリゲスの訪問を用心深く記録し、このPSP高官が立ち去ったことだけしか日記に書いていない。「カルロス・ラファエルは非解放区に向けて去った。内外のもめごとはいろいろあったが、彼の印象はよかった」*

ロドリゲスの訪問はいまだに秘密に包まれているが、PSPと七月二六日運動を労働戦線再構築に向けて統合させるというフィデルの承認を明らかに得ていた。もうひとつ協力を示しているのは、マエストラ山脈にPSP代表が常駐することをフィデルが認めたことだ。ロドリゲスが帰ってわずか3週間後に、PSP古参高官でカストロの旧友ルイス・マス・マルティンがやってきて、9月にロドリゲス自身も戻り、戦争の終わりまでフィデルのもとにとどまった。

＊　ロドリゲスは1997年に他界したが、この訪問については多くは話さなかった。ただ「ラウルの地域では共産党に対する深い理解が見られたが、マエストラ山脈のフィデルのところに行くと、その理解は疑念に変わった」と述べただけだ。ロドリゲスが言っているのは明らかに、自分がいることで、カルロス・フランキ、ファウスティーノ・ペレスなど、マエストラ山脈にいる平原組が敵意を持つようになったということについてだ。チェはロドリゲスが出発して数日後に、「ファウスティーノが主導し、さらにフランキとアルド・サンタマリア［アイデーと故アベル・サンタマリアの兄弟］が加わって、反対派がマエストラ山脈に形成された」と書いており、この敵意についてほのめかしているようだ。

ラウル・カストロとPSPはクリスタル山地で、「合意」をはるかに超えたものを固めた。ラウルがマエストラ山脈を離れ新たな戦線を開いた頃、全国小農連合（PSPに牛耳られていた）の会長ホセ〝ペペ〟ラミレスは、PSPの命令でクリスタル山地に行き、「ラウルの配下に入った」。ラミレスが来ると、ラウルは領内に住む農民を組織化し、農民大会を準備して秋に開催する仕事を与えた。その作業がずいぶん進捗しており、またPSPが運営する兵員教官学校もできあがって、マルクス主義の政治指導まで行えた。

奇妙なことに、ラウルはサンティアゴ市の武闘派カトリック教徒の相当数から支援を受けていた。だがラウルの第二戦線の最も顕著な特徴はPSPの影響だった。実際、これはキューバで後にできる共産党高官の養成所となった。フィデルのモンカダ兵営に対する「反乱的」冒険で果たした役割が原因で、ラウルは社会主義青年部を追放され、それ以来、正式なPSP党員ではなくなっていたが、党には忠実であり、フィデルから暗黙の了解を得て、関係を固めようとしていた。

こうした展開は、アメリカ人にとっては決して安心できるものではなかったはずだが、その時点では、力を強めつつあるキューバ反乱軍の真の目標についての不安を鎮める手段はほぼなかった。その時点では、その目標のために反乱軍は戦争の野心的な拡大を目指していた。チェとカミロ・シエンフエゴスはマエストラ山脈を離れ、戦争をキューバ中央部と西部に広げることになっていた。チェのシロ・レドンド縦隊は、中央部のラス・ビジャスのエスカンブライ山地で革命政権を樹立し、「敵を無慈悲に叩いて」、島を二分することになった。一方、カミロは自分の縦隊がその名前を冠する19世紀のキューバ独立戦争の高名な英雄アントニオ・マセオの戦果を再現するため、はるか最西部のピナール・デル・リオ州まで行軍することになった。

チェは出発を待ち望んだが、8月15日にはこんな苦情を書いている。「縦隊をまだ組織できていない。その構成について矛盾する命令が山積みになっているせいだ」。一緒に行く兵を見つけなければならなかったが、各小隊からはほんのわずかな志願者がやってきただけだった。チェ自身も、この使命では一緒に来る人間の半分しか生き残れないし、絶え間なく戦い続け、ほとんどずっと空腹なままだと言い放ったので、なおさら志願者は減った。チェの任務は万人向けではなかった。フィデルはモンピエにチェを呼びつけ、エル・バケリート率いる一小隊をチェのために組織し、必要な他の兵は手元の小隊から選ぶように伝えた。ミナス・デル・フリオでのイデオロギー教育担当パブロ・リバルタは、自分の兵学校から兵を選びはじめた。

その後2週間にわたり、絶え間ない空爆のなかで、チェはなんとか遠征軍を集めた。１４８人の縦隊、ジープと軽トラック計6台だ。カミロの部隊はもっと小さく82人編成だが、それも集まって出発準備ができた。8月29日の夜、チェはマイアミから届いたばかりの弾薬をジープに積み込み、夜明けの出発準備を整えていたが、チェの装備と道中のガソリンすべてを積み込んだ軽トラック2台が軍に鹵獲された。こうして車両が役立たずになったチェは徒歩で出発することにした。

8月31日、チェが最終出発準備をしていると、ソイラが同行したいと言った。彼は拒否した。二人はエル・ヒバロの村で互いに別れを告げた。二人が恋人として側にいたのは、これが最後だった。ソイラは回想する。「彼はラバのアルマンドの世話を任せてくれました。アルマンドを本物のキリスト教徒と思って面倒をみました」

チェとカミロ・シエンフエゴス．カミロはチェの向こう見ずな友人で革命の英雄．

19 最後の一押し

I

1958年9月初頭から10月にかけて、6週間にわたってキューバの雨期が果てしない雨を降らせるなか、チェとカミロの隊は平原部の田んぼや沼地をかきわけ、増水した川を渡り、軍を迂回し、そして空爆に何度もあった。チェによれば、臭い沼やろくでもない道筋を抜ける、この疲れ果てる行軍は「実にひどい」ものになった。早々に敵に見つかり、9月9日と14日に銃撃戦があってからは、彼らの動きは軍に細かく把握されていた。

「飢え、渇き、疲労、ますます迫る敵軍に対する無力感、そして何よりも、農民がマザモーラと呼ぶひどい足の病気のせいで――おかげで兵たちの一歩ごとが耐えがたい苦行になった――我々は見る影もない軍隊になってしまった。前進は難しく、きわめて困難になった。兵たちの物理的な状態は日々悪化し、食事――今日はあるが明日はなく、明後日はわからない――は我々が苦しんでいる悲惨の水準に拍車をかけるばかりだった」とチェは書く。

数人が銃撃戦で命を落とし、逃亡する者もあり、チェはやる気を失ったり怯えたりした者数名の離隊をさらに認めた。いつもながら、密告者が問題だった。チェはフィデルにこう報告している。「カマグエイ州の農民の社会意識はないも同然で、無数の密告者の影響に直面せざるを得なかった」。そのあいだにチェの共産主義に関するプロパガンダ報道が強まった。9月20日、バティスタの参謀長フランシスコ・タベルニージャ大将は、陸軍がチェ・ゲバラの率いる100人構成の縦隊を撃破し、反乱軍が「共産党の手法で訓練されている」証拠を押さえたと発表した。

後にチェはフィデルにこう説明した。「何が起きたかというと、［銃撃戦の後に残された］背嚢の一つにあった、全縦隊の各人について名前、住所、武器弾薬を一覧にしたノートを見つけられてしまった。加えて、この縦隊の一人のPSP党員［パブロ・リバルタ］も背嚢を残し、そこにその組織からの文書が入っていた」。軍はこの「共産主義の証拠」を利用して、反乱軍への恐怖と憎悪を煽った。エスカンブライへ向かう経路に駐留した陸軍部隊には、9月21日付の電報が送られ、スアレス・スケ中佐が将官に、「信条などお構いなしに人々を殺害している」「敵であるゲリラ」を「勇気をふりしぼって」全力で足止めせよと励ました。スアレスは「最近、押収した共産党文書は、「チェ・ゲバラ」として知られる外国人とその手勢からのもので、奴らは常に法を犯してきた。［…］［この文書は、彼らが］全員クレムリンの子飼いであることを示している。［…］キューバ兵よ、前進せよ。この州にこっそり潜入したこのネズミどもを二度とここから出すな」。

エスカンブライに近づきながらも、チェは敵対と陰謀の泥沼に入りつつあるのを承知していた。この地域では様々な武装集団が活動しており、そのほとんどが影響力と支配力をめぐって争い、なかには強盗団やコメバカ（牛泥棒）と大差ない連中もいた。チェは日記にこう書く。「ここから見た印象では、洗わなければならない薄汚れた大量のぼろきれに取り囲まれているようだ」。フィデルはチェに、こうした勢力をまとめて指揮下に置くように命じたが、七月二六日運動からはあまり支援を期待していなかった。平原でのこれまでの体験から見て、自然な味方はPSPだった。

PSPにとっても、チェの到来は、武装闘争で中心的な役割を手に入れるまたとない機会となった。他の地域勢力はこれまでずっと、PSPの主導を拒んできたのだ。PSPはラス・ビジャス北部の農村ヤグアハイで、独自の反乱部隊であるマクシモ・ゴメスを展開していた。これはフェリックス・トーレス率いる65人の武装集団だが、トーレスは地元の七月二六日運動支部からも、革命幹部会から分裂したエロイ・グティエレス・メノヨの「エスカンブライ第二国民戦線」からも協力を断られていた。PSPは10月初頭に、エスカンブライに近づきつつあったチェを迎える使者を送った。ガイドや資金を申し出て、プロパガンダ活動のためのラジオ送信機と謄写版印刷機も約束した。チェはそれをありがたく受け入れ、ラス・ビジャスのPSP指導層との直接連携を求めた。

さらに1週間にわたり、泥や沼地のなかをかきわけて進み、戦闘機に嫌がらせをうけつつ、チェたちはエスカンブライ山麓の農場にようやくたどりついた。キューバの全長の半分以上、560キロ以上をほとんど徒歩で踏破したことになる。みな腹を空かせ、病気で、疲れ切っていた。26歳のオビディオ・ディアス・ロドリゲスが馬に乗って彼らを迎えた。ロドリゲスは共産党のラス・ビジャス州のフベントゥ・ソシアリスタ（社会主義青年団）の書記で、政府がしつこく「アルゼンチンの共産主義者」についてプロパガンダを展開したおかげで、チェに心酔しており、集合場所に近づくにつれて気持ちが舞い上がった。「会ったら抱きしめたかった」とロドリゲスは回想するが、実際にはおずおずと握手しただけだった。「とてもやせていて、マエストラ山脈を離れて以来、彼がまちがいなく体験したあらゆる苦しみを私は想像した。彼の個性と、みなが彼に示す敬意に打たれた。私の敬慕は高まった」

チェは持ち前の率直さで、まっすぐキャンプに近づいてきたことについて、ディアスを叱責した。「私の足跡をたどるべきだったな」と言ってから、座って話すようディアスを招いた。「チェは私に、エスカンブライの状況について知っていることを全部要約してほしいと言った。武装集団、州内と山地におけるPSPの状況、それが受けた支援、社会主義者の基地が強固かどうか。彼は敬意をこめて親しみやすく話した」。チェは10月15日付の日記には、「PSPの代表」と会い、彼らは、武装集団の統一合意ができれば、PSPは「私たちの思いのままになる」と言ったと書いている。幸先はよかった。

カミロもまたPSPと接触していた。彼の縦隊は北へ方向転換して、フェリックス・トーレスの縦隊がいるヤグアハイに向かった。10月8日に二人は野外で会談し、トーレスは喜んで自分の兵をカミロの指揮下に移し、野営地は別々ながら、作戦では協力した。フィデルはこの取り決めに喜び、カミロにピナール・デル・リオに進むのではなくラス・ビジャスに残って、チェの作戦の補強にまわるよう命じた。

その後の数日で、チェらがエスカンブライに入ると、ディアスが訪ねてきた。彼はいつものようにチェのリーダーシップに感銘を受けて、こう書いている。「彼は自分の兵をよく知っていた。みなちがう革命組織からやってきて、労働者や農民として蜂起したが、教養がないために反共主義者だった。彼は部下をその戦闘意欲に基づいて評価したが、左派と右派を見事に見分ける方法を心得ていた」

不揃いなグループだった。ミナス・デル・フリオの経験の浅い卒業生以外に、チェは自分の子飼いを連れてきていた。共産党員のリバルタとアコスタ以外に、ラミロ・バルデスもいた。チェの腹心の副官であり、チェはその邪悪そうなあごひげが、KGB創設者フェリックス・ジェルジンスキーそっくりだ、とからかった。青年医師オスカリート・フェルナンデス・メルもまた、チェが気に入った人物で、「プチブル」とからかわれるのが常だった。また忠実な若者ホエル・イグレシアス、ギレ・パルド、エル・バケリート（命知らずの「決死隊」を率いていた）、さらにアセベード兄弟もいた。さらに〝エル・ネグロ〟ラサロのようなキューバには珍しい、大柄で勇敢な黒人もいた。ラサロのユーモアセンスは体格と同じく飛び抜けており、侵攻の間中ずっと鞍をひきずっていた。いつか自分が乗れる馬を見つけた日のために手元においてあるのだ、と言う――もちろんそんな日は決してこなかったのだが。最後に、後にチェと運命が永遠に結びつくことになる若者たちがいた。その多くは、戦争後もボディーガードとしてチェの元に残った。彼らの多くは政治的な考えなどまったくなく、冒険がしたいだけだった。彼らにとってのチェは、輝かしい未来の生活への鍵であり、その未来に彼らも現代の「解放英雄」となるはずだった（巻末の原注を参照）。

チェのどこが彼らをそんなに惹きつけたのだろうか？　チェは彼らのほとんどと、これ以上はないというくらいちがっていた。チェは外国人、知識人、医者だった。みんなの理解できない本を読んだ。彼らの指導者として、要求は厳しく、厳格で、苛烈な処罰で知られていた――特に「真の革命家」となるべく選んだ者たちに対しては。若きハリー・ビジェガスら若者数人が、食事のひどさについてハンストを始めると、チェは射殺すると脅した。最終的にフィデルと相談して態度を和らげ、5日間の食事抜きにとどめた。「そうすれば本当の飢えがどういうものかわかる」というのだ。彼らは一度ならず、チェに誤りを厳しく指摘されたが、そうした誤りは他の司令官なら見すごすか、もしくは自分で犯しかねないものだった。

処罰を下すたびに、チェは必ず説明した。それは、自己犠牲、他人の手本となること、社会意識の大切さについてのお説教だった。なぜ罰を受けているか、どうやったら失敗を埋め合わせられるのかをわからせようとした。当然ながら、チェの部隊は万人向けではなかった。多くは彼の厳格さや要求に我慢できずに脱落した。だがそれに耐えた者にとって、「チェとともに」あるのは誇りの源となった。彼もみなと同じように暮らし、階級に伴う特別な贅沢を拒否し、戦場でもみなと同じリスクをとったので、一同の尊敬と献身を集めた。彼は周囲の若者のお手本だった。その半数は黒人であり、多くは貧しい農家の出身だった。*

慎重に隠そうとはしていたが、チェは自分のために構築した謹厳な革命家のイメージのために、個人的には代償を支払っていた。ソイラとの関係、ラバへの愛着、ペットを飼う習慣は、すべて自分の厳しい生活を和らげるためであり、優しさと慰めを渇望していたからだったろう。エスカンブライに来たときには、専属の伝令リディアも来るはずだった。フィデルやハバナへの伝令役となる予定で、オンブリートのかわりとなる小犬を連れてきてくれるはずだった。オンブリートは、彼が戦った峡谷にちなんで名付けられた小犬だったが、マエストラ山脈に残していかざるを得なかったのだ。だがリディアはそれを果たせなかった。彼女とその連れ、21歳のクロドミラ・アコスタ・フェラルスは裏切られ、捕まり、バティスタの工作員により「失踪」した。チェは、彼女を失って深く悲しんだ。彼女の殺害から数カ月後にはこう書く。「私個人にとってリディアは特別な場所を占める。だから今日、私は彼女の記念にこの想い出を捧げる――かつては幸福だったこの島の集団墓地に、慎ましい花を添えるのだ」

カマグエイ州横断の行軍中に、チェは友人シロ・レドンドの形見の軍帽をなくした。シロの死以来ずっと被っていたものだ。オスカリート・フェルナンデス・メルは、その日ほどチェが取り乱しているのを見たことがなかった。「あの帽子はひどいものでした。ひさしは壊れ、汚くドロドロでしたが、シロのものだったから、チェはそれしか被ろうとしませんでした。チェは厳しい一方で、とんでもなく感傷的でもありました」

その軍帽のかわりに彼は黒いベレー帽を被るようになり、それが間もなくチェのトレードマークとなる。

バルブドス（ひげ面たち）――フィデルのあごひげ長髪反乱軍はいまやそう呼ばれていた――は、ますます多くの国民から、キューバの政治的未来の鍵を握る存在と見なされてきた。だからフィデルは、全島にわたる攻勢に世間の支持が得られるはずと思った。この攻勢は、11月3日に予定されている選挙の妨害で始まる予定だった。フィデルは、交通封鎖、宝くじ購入ボイコット、新聞購入停止、あらゆるパーティーやお祭りへの参加取りやめを命じた。政府の歳入を断つため、市民に必需品しか買うなと言う。選挙への反対について一切の疑念を抱かれないよう、フィデルは全候補者に投獄か死で脅しをかけた。

候補者はあまりに限定されており、現実と接点を失った政治の見本のようだった。バティスタに後継者として選ばれたアンドレス・リベロ・アグエロ首相の対抗馬は、正統党分離派の政治家カルロス・マルケス・ステルリンと、評判の悪い元大統領で、いまは真正党の一派閥を率いるラモン・グラウ・サン・マルティンだった。当然ながら、市民の関心は低く、投票率はきわめて低いと予想されていた。

命令を実行させるために、フィデルはオリエンテ州とカマグエイ州の平原部で活動する新たな縦隊を送り

＊ チェはエスカンブライへの長征で多くの優秀な兵を連れていたが、なかには「ビビリ」はじめた者もいた。フィデルへの報告では、10月7日に「縦隊の汚れをきれいにするため」7名を除隊にした。次の夜、大尉のアメリカ人志願兵ハーマン・マークスも去った。マークスは朝鮮戦争の帰還兵で、チェ隊の優秀な教官であり、また当人も何度も戦場で実力を示したが、チェは彼が消えても残念とは思わず、日記にはこう書いている。「彼は怪我をして病気だったが、根本的に部隊にあわなかった」。エンリケ・アセベードについてはもっと詳しく書いている。このアメリカ人は「戦闘では勇敢でいかれていたが、静かな野営地ではむら気で暴虐だった」。特に彼は恐ろしい処刑偏愛の持ち主で、しばしば異様なほどの熱意で処刑役を志願したという。

出し、ファン・アルメイダにサンティアゴ市包囲命令を出した。さらに都市部の行動グループを解放させ、彼らは9月にハバナを急襲し、政府ラジオ局二つの送信設備を破壊して、キューバの主要空港ランチョ・ボジェロス〔現ホセ・マルティ国際空港〕に放火した。

政権の政治弾圧は衰えることなく続いた。警察は民間人を凄惨に殺害し、ハバナで若い姉妹二人が殺害されると、大衆は怒って政権を見限りはじめた。CIAが資金を提供する共産主義活動抑圧局（BRAC）は拘束者を日常的に拷問し、あまりの悪評に、当のCIAの監察総監までが苦言を呈したほどだった。9月には、カマグエイでチェの縦隊の一つが奇襲に遭った。反乱兵18人が殺され、生存者のうち負傷者も含め11人が捕まって、すぐに処刑された。

キューバ革命は、はるか国外でもプレーヤーを引き込みつつあった。アメリカ国務省はキューバ政権への新規の武器輸出を禁止していたので、バティスタは他の武器供給源に目を向けはじめた。フィデルの代理人はイギリス首相のハロルド・マクミランに、イギリス製シーフューリー戦闘機をキューバに売らないよう訴えたが、一蹴された。フィデルはこれに対し、キューバ国内のイギリス所有資産すべての接収を宣言し、イギリス製品ボイコットを呼びかけた。

将来の対決の練習よろしく、フィデルとワシントンは舌鋒を戦わせはじめた。ホワイトハウスは、軍事使節をキューバから引き揚げろという反乱軍の訴えを退けた。ホワイトハウスよりフィデルに敵対的だった国務省は、反乱軍がアメリカ企業テキサコの従業員2人を奇襲攻撃で一時的に拘束すると、実力行使を匂わせた。10月末にバティスタはニカロのアメリカ所有ニッケル鉱山の警備兵を引き揚げた。ラウル軍が鉱山占拠に動くと、米海軍は空母に護衛された輸送船を派遣し、民間米国人55人を退避させた。国務省は、また人質がとられるようなことがあれば、報復行動も辞さないという暗黙の脅しを発した。それに対しフィデルは警告し、もし国務省が誤りを犯して、「同国にわが主権を攻撃させるなら、まず知るべきは、我々が攻撃を栄誉ある形で防衛する手段を知っているということだ」。

軍内部でも不満が湧き起こっているという報告が増えた。フィデルはあらゆる機会を捉えて軍人に、「圧政」に対してではなく、「父祖の地」に奉仕せよと再考をうながした。その「父祖の地」を代表するのがフィデルというわけだ。反乱軍の「解放区」に寝返る将校や兵士は、武器を持ってくるなら歓迎される。現在の給料も支払われるし、戦争の終わりまで無料の宿舎と食事も提供される。フィデルは再びカンティーヨ大将に手紙を書き、反バティスタ反乱を率いるようながしたが、カンティーヨは相変わらず態度を濁した。同時に、フィデルの工作員の一人は、不満を抱く将校たちを説得し、離反して独自の反乱軍縦隊を結成させようとしていた。

フィデルが権謀術策を企むあいだに、マエストラ山脈には次々と訪問者や使者が往き来した。なかにはＳＰ高官カルロス・ラファエル・ロドリゲスのように、ずっと客分として居続ける者もいた。平原部のレストランから特別に連れてこられた新調理人のおかげで、フィデルの食欲は回復し、少し太りさえした。専用のジープと発電機から安定した電力も得られた。読書と音楽鑑賞の時間もできた。必要なら外部とは電話で話せた。セリア・サンチェスがダブルベッドの伴侶だった。結構な生活だった。

フィデルは未来について自信はあったが、現状に満足しているわけではなかった。オリエンテ州では反乱軍はいまや８００人以上で、夏の攻勢での鹵獲物資や外国からの武器供給空輸のおかげで、武器弾薬も不足していなかった。また戦争資金もうまく集めていた。収穫した砂糖の２５０ポンド袋一つにつき15セントの税金をかけ、オリエンテ州の精糖工場は、米国所有の工場でも、それを支払っていた。ペドロ・ルイス・ディアス・ランス指揮下の小規模な空軍さえあった。

フィデルはずっと計画していた「マエストラ山脈第一号法」と呼ばれる農地改革法案を発表した。国有地やバティスタ所有のあらゆる土地を、土地を持たない農民に分け与え、１５０エーカー（約60ヘクタール）以下の土地は所有し続けられることを保証し、大規模「不在」土地所有者から接収した土地については補償を行うと約束していた。少なくとも長期的な面で最も重要だったのは、フィデルがＰＳＰとの秘かな提携に近づいていたことだった。10月末にはＰＳＰを含む新たな労働組織である全国統一労働者戦線が発表された。

フィデルは複数のレベルで活動していた。中道的な農地改革法で反共的な仲間をなだめる一方で、労働統一交渉をはるかに超えたＰＳＰとの実務関係を構築していた。実務的な下地はすでに、チェ、ラウル、カミロが作り上げていた。ラウルの第二戦線では、ＰＳＰと七月二六日運動のあいだの政治軍事同盟がすでに立ち上がっていた。ペペ・ラミレスが組織した農民会議が9月に開催されたが、その議長はラウルだった。ラス・ビジャスに到着した直後、カミロは全国砂糖労働者会議の計画を進めはじめた。これは七月二六日運動とＰＳＰの統合を徐々に進める第一歩であり、やがてはフィデルを党首とする新しいキューバ共産党創設につながる。

チェはオリエンテ州とカマグエイ州を行軍するあいだにも、農地改革のことを考えてはいた。だが生き残るのに忙しく、そちらにはまるで手が回らなかった。出発から1週間後、カマグエイ州東部の米作地帯で、大規模民間農場の労働者に労働組合を作るよううながし、熱烈な反応を得た。彼は後にフィデルに語る。「この地域では、社会意識のある人物が一人いればすごい成果があがる。植栽も豊富で隠れやすい」。3週間後、カマグエイ州西部の、バティスタ派が所有する大規模な米作農場で、チェは足を止めてアメリカ人監督と話をした。日記にはこうある。「農場監督に、我々の経済概念の要点を説明し、米作産業の保護を保証すると述べ、農場主に伝えるように頼んだ」。

ホエル・イグレシアスはこの出会いをもっと詳細に回想している。「そこを離れたときに［チェから］「あいつをどう思う？」と尋ねられた。あの連中は気に入らないと答えたら、こう言われた。「オレもだ。最終的には敵に回して戦うことになる」。そしてこう付け加えた。「オレは丘の頂で、岩の陰で、あの連中を相手に戦いつつ、唇に笑みを浮かべて死ぬことになるだろう」」

だがヤンキーと戦う前に、もっと身近な問題に対処しなければならなかった。エスカンブライ奥地に入ったのは10月16日だが、すぐに揉め事に巻き込まれることになった。エスカンブライ第二国民戦線の指導者エロイ・グティエレス・メノヨは、ラス・ビジャスで活動する七月二六日運動司令官ビクトル・ボルドン・マチャードを一時的に拘束していた。またファウレ・チョモン率いる革命幹部会の公式の武装集団とも対立していた。ラス・ビジャスの七月二六日運動を代表する使者が、ボルドンについて苦情を言った。「攻撃的」になり、勝手な動きをしているという。事態を収拾するため、チェは革命幹部会のベースキャンプで会議を開くことを呼びかけた。一方、七月二六日運動に対しては、地域的な統一合意が必要だと説得を試み、選挙期間中にラス・ビジャスの都市で、共同して都市蜂起とゲリラ攻撃を行う戦略を提案した。「この考えには、みなあまり乗り気ではないようだった」と彼は書く。

チェがロス・ガビラネスという場所に暫定キャンプを設置したちょうどそのとき、グティエレス・メノヨの第二戦線のある将校がやって来た。この戦線は反共的な思想の盗賊だと見られていたが、チェは彼らと何らかの反バティスタ連合を築きたいと強く望んでいた。10月半ばに、チェと部下は、悪名高い第二戦線のヘスース・カレーラス司令官のキャンプに向かった。2日後にたどりつくと、カレーラスは立ち去っていたが、警告を残していた。チェの日記によれば、「いかなる部隊も自分の支配地を通過してはならず、初回は警告だけだが、2回目は排除か皆殺しだ」という脅しだった。

戻ったカレーラスについて、チェはこう書いている。「彼はすでに酒瓶を半分空けていた。これは1日の割り当て量のほぼ半分だ」。チェが、カレーラスの「警告」という言葉の使用は容認できないと発言すると、カレーラスはすぐに引き下がり、この脅しは盗みをはたらいた革命幹部会に向けたものだと説明した。チェは事態は穏便に処理できたと考えて別れたが、カレーラスが「敵」だということも理解した。*

ロス・アローヨスの革命幹部会本部で、チェはファウレ・チョモンとロランド・クベラに会った。七月二六日運動との協力については異論はないが、第二戦線やPSPとの話し合いにはいっさい応じないと述べ、チェとの統一協定において自分たちの独立性を譲り渡す気はないと強調した。代替案として、チェは「領土や影響圏を分割し、他の組織の勢力が自由に活動できるようにする手段」を考案しようと提案した。細かい点を保留して、グイニーア・デ・ミランダを共同で攻撃することをチェは提案した。これはエスカンブライの麓にある軍兵舎のある町だった。攻撃後には、革命幹部会軍と自分とで鹵獲した武器を山分けしようという。「彼らは原則的には受け入れたが、乗り気ではなかった」とチェは日記に書いている。

七月二六日運動のラス・ビジャス担当の組織委員長、エンリケ〝シエラ〟オルタスキは、ある漆黒の夜にチェのキャンプに到達した。男たちが焚き火を囲んでおり、オルタスキはそれに近づいて顔を見分けようとした。

「頭のなかにあったのは、新聞に載っていたチェのイメージだった。そんな顔の人間は誰もいなかった。だが中肉中背の男がいて、きわめて長髪でベレー帽を被っていた。ひげはあまり濃くない。黒いケープを着て、シャツの前をはだけている。焚き火の炎と、口の両側に垂らした口ひげが、中国人めいた雰囲気を与えていた。ジンギスカンを連想した」

初対面はあまり芳しいものではなかった。ハバナ生まれの、ポーランド移民の息子オルタスキは、技師の訓練を受けていたが、革命のためにキャリアを捨てた。市民レジスタンスの組織を手伝い、七月二六日運動全国幹部会の一員だった。また反共主義者だった。彼とチェはすぐに喧嘩を始めた。最初の衝突は、資金獲得のためラス・ビジャスで銀行強盗を行うというチェの提案をめぐるものだった。オルタスキと平原組は強硬に反対した。チェは日記に侮蔑的にこう書く。「町の銀行を襲撃して金をとってくるから情報をよこすように言った。すると連中はジタバタ反対してみせた。土地の無料の分配には沈黙で反対し、大資本への従属を実証してみせた。特にシエラ［・オルタスキ］はそうだった」

オルタスキは、回想記で土地改革をめぐる独自の再現記録を残している。

ゲバラ　領土を拡大して一体化したら、農地改革を実施するんだ。土地はその耕作者たちのあいだで分け与える。農地改革はどう思う？

オルタスキ　不可欠だ。［チェの目が輝いた］農地改革なくして経済の進歩は不可能だ。

ゲバラ　社会進歩も！

オルタスキ　そう、もちろん社会進歩も。私は運動のための農地理論を書いたんだよ。

ゲバラ　本当？　そこには何と？

オルタスキ　遊休地はすべて農夫に与えられ、大地主たちは農民たちに自腹で土地を購入させるよう圧力をかけられる。そうしたら土地は実費で農民たちに売られ、支払い条件と生産のための融資が与えられる。

ゲバラ　そんなのは反動的な主張だ！［チェは義憤で顔を血走らせた］。土地を耕作する者たちにどうやって費

＊　革命後に、カレーラスは革命に不満を抱く他の反乱勢とともにエスカンブライに戻り、武器を取って革命に反対するゲリラ戦争を起こした。彼は捕らえられて１９６１年に処刑された。

用を支払わせようというのか？　おまえは他の平原組の連中みんなとまるで同じだ。

オルタスキ　［私も激怒した］ふざけるな、だったらどうしろと？　あっさりくれてやれとでも？　そしたらメキシコでやったようにめちゃくちゃにされるだけだ。人は自分の所有するものが、努力の成果なのだと感じなくてはダメなんだ。

ゲバラ　この畜生め、自分の言ってることがわかってんのか！　［チェは叫び、首筋の血管がふくれあがった］

オルタスキ　それに隠蔽しないと。アメリカ人どもは、我々がいろいろ公然とやったら、だまって手をこまねいているわけがない。もっと隠す必要がある。

ゲバラ　ほほう、あんたはアメリカ人どもの背後で革命ができると思ってる連中の一人か。なんともクソみたいな奴だな！　革命は最初の瞬間から、帝国主義に対する生か死かの闘争として実践せねばならない！　真の革命は隠蔽できない！

10月22日、チェと地元の七月二六日運動家との対立が解消されないうちに、第二国民戦線とのあいだに新たな問題が持ち上がった。チェはペニャ司令官の訪問を受けた。「この地域では農民の牛を強奪するので有名な人物だ」。日記によれば「彼は最初はとても親しげだったが、その後、本性を現した。礼儀正しく別れたが、敵同士なのは明らかだった」。ペニャはチェにグイニーア・デ・ミランダは自分の領土内だから攻撃するなと警告した。「当然ながら、我々は一切無視した」とチェは書く。だが攻撃する前に、兵のブーツが長い行軍で腐りはじめていたので、新しい履き物が必要となった。七月二六日運動が送ったブーツ40足が第二戦線によって「横取り」されたと知って、チェは激怒した。チェの堪忍袋の緒が切れようとしていた。「嵐が起こりつつあった」

この危機のさなかに、七月二六日行動部隊長ビクトル〝ディエゴ〟パネケがラス・ビジャスから5000ペソとフィデルからの古い手紙を携えてきた。どちらもオルタスキが転送したものだ。チェはディエゴに、来る攻勢の命令を与えた。「平原部の重要都市2、3カ所の投票所に焼き討ちをかけ、カミロに命令して、カイバリエン、レメディオス、ヤグアハイ、スルエタ［いずれもラス・ビジャス北部の町］を攻撃させる」というものだ。チェはまだ自分自身の攻撃計画をきちんと詰めていなかった。すべては他の反乱軍からどの程度の協力が得られるか次第だった。

10月25日、地元の七月二六日運動のゲリラ部隊長ビクトル・ボルドンは、ようやくチェに会えたが、すぐに叱責された。なかでもチェは、ボルドンが権限を逸脱し、ありもしないフィデルとの会合というウソをついたとして非難した。そしてボルドンを大尉に降格し、ボルドンの200人の兵に兵器を持ってこさせ、それをチェの指揮下におき、これに同意しない者は山を下りろと言った。

その夜、革命幹部会の幹部がやってきて、チェに、翌日に計画されているグイニーア・デ・ミランダを「いっしょに攻撃できる状態にはない」と伝えた。そんなことだろうと考えていたチェは、自分だけで行くと言った。次の夜、彼とその部隊はグイニーア・デ・ミランダに下り、バズーカで兵舎に発砲した。だが1発目は狙いをはずし、政府軍が反撃した。激しい銃撃戦が始まり、バズーカ砲がさらに3発乱射された。反乱兵が倒れはじめた。チェはやけになって、自分でバズーカ砲をつかみ、1発目で兵舎に命中させた。なかの兵士14人はすぐに降伏した。

チェはこの結果にまったく満足できなかった。「奪った銃弾はきわめて少数で、ライフルは［わずか］8丁。こちらの損失は、大量の銃弾と手榴弾だ」。反乱兵2人が死亡、7人が負傷した。反乱兵は夜明けまでに安全に山に戻った。チェは、あてつけがましく革命幹部会のキャンプ近くに盗んだジープを残した。彼らが参加しなかった戦闘からの「贈り物」というわけだ。

チェは、他の派閥の支援の有無にかかわらず、軍への圧力をかけ続けることにした。次の夜に彼はヒキマ兵舎の攻撃に出た。守備の兵は50人いた。今回はもう少し用心して、夜明け直前に攻撃を中止した。バズーカ砲手のフォンソが、よい砲撃場所を見つけられないと言ったからだ。チェが10月30日に山脈に戻ると、サンクティ・スピリトゥス、カバイグアン、フォメント、プラセタスの七月二六日の行動部隊長が来た。全員が、これからの数日で彼らが担当する町を攻撃するというチェの計画を支持した。「また銀行強盗にも賛成で、支援を約束してくれた」とチェは書く。

さらに数日の小競り合いが続いて、チェは11月3日の選挙の日に、都市部の行動グループとの協調攻撃に向けて手勢の準備を開始した。だが戦闘前夜、サンクティ・スピリトゥスの行動部隊長が非常に不安そうに訪問してきた。サンクティ・スピリトゥスの組織委員長が銀行強盗計画を知って協力を拒否し、辞任すると脅してさえきたという。その直後にチェは、ラス・ビジャスの七月二六日運動の組織委員長である〝シエラ〟オルタスキから、強盗計画を中止せよという怒りの手紙を受け取った。チェは辛辣な手紙を送り返している。

当のフィデル自身が何も食うものがなかったときでさえ、そんなことはしなかったとおっしゃいますね。確かにその通りです。しかし彼が何も食べるものがなかったときには、この種の行動を実施するだけの強さがなかったのです。[…]手紙を運んできた人物によれば、平原の地域指導者たちは辞任すると脅しているそうですね。私も彼らがそうすべきだと思います。いやむしろ、いますぐ辞任してほしい。というのも革命の利益にこれほど貢献するような手段を意図的にボイコットするなど許しがたいからです。

残念ながらあなたには、私が総司令官に任命されたということを思い起こしていただく必要があります。この任命はまさに、運動の指揮を統一し、事態を改善するためだったはずです。〔…〕地域指導者たちが辞任しようとしまいと、私は山岳地を取り巻く村々から弱虫どもを、私に与えられた権限により一掃するつもりです。まさか自分の同志によるボイコットが起こるとは想像だにしませんでした。

すでに克服したと思っていた古い対立が、「ジャノ（平原）」という言葉で復活したと気がつきました。諸君の指導者は、大衆から乖離しているのに、自分が人民が信じていると考えるものを主張しています。こうお尋ねしたい。なぜ土地が働くものに所属するという我々の主張に反対する農民はいないのに、地主は反対するのでしょうか？

これは、兵の大半がみな文無しであるために銀行襲撃を支持しているという事実と無関係でしょうか？　最も専横な金融機関に対するこの敬意の背後にある経済的な理由をお考えになったことはありますか？　他人のお金を貸し出してそれで投機を行う者たちは、特別な配慮を受ける権利などない。〔…〕一方、苦しむ人々は山や平原で血を流し、偽の指導者たちの裏切りで日々苦しんでいるのです。

私が組織の破壊の全責任を負うと警告なさいましたね。その責任を引き受けましょう。そして自分の行動をどんな革命法廷の前であれ、運動の全国幹部会が定めるいつの時点であろうとも、申し開きする用意があります。山脈の戦闘員に提供された資金を一銭残らず、入手方法にかかわらず説明しましょう。しかし同時に、あなたのおっしゃる5万ペソについても一銭残らず説明を求めます。[*] 署名入りの受領証を要求なさいましたが、同志のあいだでそんなことをやる習慣はありません。〔…〕私の言

[*] オルタスキによれば、この金は平原組が集めたもので、その一部がチェに渡れば、銀行強盗などする必要がないほどの支持がすでにあることが、チェにもわかっただろうという。

葉はこの世の署名すべてを合わせたよりも重いのです。［…］革命的な挨拶を述べて終わりとし、ディエゴとあなたが一緒においでになるのをお待ちしております。*

またしてもチェの計画は平原組に邪魔された。政権に対する戦争を仕掛けるはずの当日に、都市拠点の同志は何もしないどころか、チェを攻撃したのだ。

それでも行動を起こすことを決意していたチェは、カバイグアン町に三方向から攻撃を仕掛けるよう命じた。まずはバズーカ砲の砲撃から開始されるはずだったが、朝の4時にアンヘル・フリアスは「警備兵が多すぎる」から撃てないという。激怒したチェは日記にこう書いた。「大尉の優柔不断は我々の威信を大いに傷つけてくれた。誰もが我々がカバイグアンを攻撃すると知っていたのに、一発も撃たずに退却するはめになったからだ」。翌朝エスカンブライに戻ったチェは、その夜に新たにヒキマ攻撃を命じたが、これまたアンヘル・フリアスが「よい発砲地点」を見つけられなかったために中止となった。

チェはこうした乏しい戦果に不満だったが、州一帯からよい知らせも入ってきた。チェの作戦行動と、カミロの北部での攻撃とが組み合わさることで、ラス・ビジャスの交通は選挙当日にはほとんど動かなくなり、棄権率がきわめて高くなった。国内の他地域でも似たような状況であり、反乱軍はオリエンテ州で複数の攻撃を仕掛けてさらに麻痺させた。全国的に反乱軍の戦略は大成功で、投票所にやってきたのは有権者の3割にも満たなかっただろう。予想通り、軍の支援を受けた大規模な不正投票でリベロ・アグエロが勝利した。アグエロは2月24日に大統領に就任する予定だったが、反乱軍は、これを必ず阻止する決意を固めた。

数日にわたりチェは山にこもり、常設の後衛基地となるカバジェテ・デ・カサスの建設作業を監督した。作業の進捗は上々で、アドベ泥の家が何軒かすでに仕上がっていたが、作業を加速するため、チェは集めた

200人近い兵力を作業員に振り向けた。ミナス・デル・フリオをお手本にした新人訓練校を作り、倒れた同志にちなんでニコ・ロペス校と名付け、PSPの高官パブロ・リバルタが再び政治教育担当に任命された。PSP提供の野戦無線機が導入された。謄写版印刷機も到着し、11月半ばまでには『エル・ミリシアーノ』（民兵）という新聞が創刊された。間もなく発電所、病院、タバコ工場、皮革金属工房、武器工場も設けられることになる。

チェと後に密接な関係を持つようになる何人かが、この頃にエスカンブライでチェに合流した。サンタ・クララの運動組織は、賢く真面目な青年で会計学を学んでいたオルランド・ボレゴを送り込んだ。やがて二人は深い親友になるが、最初の出会いでのチェはずいぶん傲慢だった。「粗野で冷淡で、生徒たちを見下していました」とボレゴ。ボレゴはオリエンテ州オルギンの貧しい農家で育った七人兄弟の一人だった。父親は農場の用心棒からタクシー運転手に転職し、母親は田舎の学校教師だった。お金にはいつも苦労し、ボレゴは14歳から働きに出て家計を助け、その後は夜学で学び、家出して反乱軍に加わった。

チェの護衛の一人オルランド〝オロ〟パントーハはチェにボレゴの口添えをして、資金管理にボレゴを採用してはとほのめかした。チェはボレゴが財務管理者として残るのを認めたが、まずはカバジェテ・デ・カサで軍事教練を受けることを命じた。そこでボレゴは、陽気なヘスース〝エル・ルビオ〟スアレス・ガヨルという七月二六日運動の青年ゲリラと親しくなった。カマグエイの学生リーダーだった彼は、建築の勉強を放棄して、七月二六日運動の遠征に加わり、4月にピナール・デル・リオに到着した。ボレゴに会ったとき

＊　オルタスキはチェに、ラス・ビジャスの行動部隊長ビクトル・パネケ——ディエゴ——も銀行強盗に反対だと言った。オルタスキは後に、この出来事に関する回想記で、チェの計画を聞いたディエゴが衝撃を受け、「イカレてる」と言い、七月二六日運動の支援者を離反させてしまうし、フィデルがそんな行動を承認する「はずがない」と述べたという。

には、ピナール・デル・リオのラジオ局攻撃で受けた傷から回復しているところだった。スアレス・ガヨルは白昼に片手にダイナマイト、片手に拳銃を持って、ラジオ局のオフィスを攻撃し、導火線に火をつけたら、なぜか自分に火がつき、パンツ一丁の裸になり、脚にひどい火傷を負って、通りに飛びだしたところで、ちょうど建物が爆破され、警官と鉢合わせしたが、運のいいことに、その警官はショックのあまり逃げ去った。その後、拳銃をふりまわしながら、通りを駆け抜け、ある老女の家に飛び込んだ。幸いその女性は反乱軍支持者で、彼をかくまって傷を手当てしてくれた。ガヨルはピナール・デル・リオ州を密かに出て、エスカンブライに入ったのだった。戦争後も、スアレス・ガヨルとボレゴは親友で、チェが最も信頼する子飼いとなった。

ハバナの名門一家の青年弁護士が11月初頭にエスカンブライ・キャンプにやってきた。ミゲル・アンヘル・ドゥケ・デ・エストラーダはマルクス主義者ではなかったが、チェを崇拝し、彼のキューバ横断行軍の報告を細かく追っていた。彼はチェのエスカンブライ部隊に志願した。チェは反乱領での法律の施行者を必要としており、この弁護士はうってつけだった。そこで彼を革命監査役、つまり判事に任命したドゥケ・デ・エストラーダの回想では「彼は明確な政治戦略をすでに脳内でまとめていた。捕虜は殺すなと言った。銃殺隊は置かない。これは後に変わったが、その時点では、こちらに投降しそうな人々に二の足を踏ませるので処刑はないほうがいい、と彼は考えた」。ボレゴやスアレス・ガヨルのように、ドゥケ・デ・エストラーダも戦争後にチェの主要幹部の一人になる。

チェは、戦後の闘争を見据えて、側近やアドバイザーからなる顧問団を集めていた。戦後の闘争とは、キューバに社会主義を構築して、アメリカの支配からキューバを解放するという、政治的かつ経済的な革命のことだ。政治イデオロギーなど気にしなかった。進歩的見解を持つ者なら、いずれ社会主義を信じさせてみせる。そして実際、子飼いのほとんどは、当初はマルクス主義者ではなかったが、結局チェのイデオロギーを自分でも受け入れるようになった。

エスカンブライに到着する頃には、チェはキューバ経済の戦後変革で、自分が中心的な役割を果たすよう積極的な計画を進めていた。これがフィデルとPSPとのあいだの合意によるものかは、キューバでは意図的に曖昧にされている点だが、そうした合意があったことを示す強い証拠はある。チェはメキシコ時代からずっと政治経済学を学び続けてきた。フィデルの求めで、マエストラ山脈で農地改革を行うのを手助けし、PSPとの難しい交渉でもキーパーソンであり、ラス・ビジャスの土地改革の実施も任されていた。だがこれらは一人でできることではない。現在のプロジェクトでも将来のプロジェクトでも、チェが頼っていたのはPSPだった。エスカンブライですでに共同している共産党員に加え、ハバナでもPSPの武闘派を子飼いにして、要所要所に配置していた。その一人が37歳のアルフレド・メネンデスで、キューバ砂糖安定協会に勤める砂糖の専門家だった。この協会はハバナの砂糖企業連合の本部で、古参のPSP党員だったメネンデスは、その戦略的な地位を利用して、長年にわたり経済情報をPSP政治局に流し、同僚だったファン・ボッロート他二名の七月二六日運動メンバーの助力を得て、チェにも情報を流していた。

チェはPSPに依存してはいたが、完全にPSPの支配下にあるという印象は与えたくなかった。オビディオ・ディアス・ロドリゲスはフベントゥ・ソシアリスタのリーダーで、チェを助けてラス・ビジャスでの農地改革を組織したが、PSPの人間が集会にやってきて、チェにプレゼントを渡したときに居合わせた。「アルゼンチンのマテ茶の缶で、みなの前でこう言った。「見てください司令官、これは党の総本部からの贈り物です」。チェは無言でそれを受け取ったが、後で私にこう言った。「あんな配慮のない同志は二度とよこすなと党に伝えてくれ」」

他のグループはどこもやっていなかった攻撃を仕掛けたというだけで、チェはエスカンブライの実質的なトップとなり、表敬訪問を受けるようになった。11月8日には、乳業会社2社の検査官が訪ねてきて、この地域で牛乳集めを続けていいかどうかを尋ねた。乳製品事業は反乱軍の活動のため、ほとんど麻痺していたのだ。「私は、構わないが、臨時の戦争税を課すと言うと、彼らは同意した」。サンタ・クララの運輸労働組合のリーダーもやってきて、同市での共同作戦を提案した。チェは、労働組合集会を組織して、あらゆる労組の指導者を同意させられたら、承知すると答えた。キューバ中心部の都市プラセタスの代表は、チェに地図の提供と援助を申し入れた。

III

チェが「自分たち」の影響圏内で注目を集めたことで、出し抜かれた第二戦線の軍閥は攻撃的に騒ぐようになった。チェはグティエレス・メノヨを支援している元米軍人ウィリアム・モーガンからメモを受け取った。モーガンは、ボルドン隊がチェに加わるときに持っていった武器を返せと要求していた。チェはモーガンを完全に無視し、グティエレス・メノヨに厳しい口調の手紙を書き、自軍には「武器一丁たりとも渡さず、あらゆる攻撃を撃退せよ」と命じた。また革命幹部会の指導者ファウレ・チョモンに、第二戦線との「微妙な状況」を知らせる手紙を書き、状況は「危機的であり、この組織との合意を不可能にしている」と伝えた。そしてチョモンに、統一案にPSPを含めるよう検討してはどうかと促した。「PSPとの公式会談で、彼らは公然と統一支持の立場を表明したし、統一できれば、PSPの町の組織やヤグアハイ戦線のゲリラ組織を自由に使えるようにしてくれるという」

チェは、ペニャ司令官に忠実な第二戦線軍が民間人を恐喝していると聞き、犯人を拘束するため兵を派遣した。ものの数日で、第二戦線の縦隊がまるまる二つ連行されてきた。チェは彼らに、この地域での活動を禁止すると告げ、まして武器を恐喝に使うことは許さないと警告した。縦隊の一つはチェの指揮下に入ることを望んで認められた。残りを釈放する前に、彼らが脅しとった「戦争税」——総額3000ドル——を押収し、ペニャ司令官に通告を送った。この「軍令第1号」は、チェにとって「七月二六日運動ラス・ビジャス地域最高司令官」としての初の司令であり、この地域の生活がこれから変わることをこれで明示した。農地改革の条件を概説してから、チェは対立する第二戦線に遠回しに言及した。

「七月二六日運動以外の革命組織のあらゆる成員は、この地域での通過、生活、軍事活動の実施が認められる。唯一の要件は、過去および今後施行される軍令に従うことである。

革命組織の成員でない者はこの地域で武器の携帯は認められない。いかなる革命組織の成員も、公共の場においてアルコール飲料の消費は許されない。[…]この命令への違反によって生じる流血はすべて革命軍懲罰規定の下に置かれる。[…]

この司令の下に包含される行政区域の境界内で犯される軍人および民間人の犯罪は我々の適切な法令の管轄下に入る」

怖じ気づいたせいもあるのか、革命幹部会派はチェのグループとの統一を受け入れ、地域で単一の税をかけて、歳入は両組織で山分けにすることに合意した。両者の新たな統一の実務的な第一歩として、両者は共同攻撃を計画した。唯一残った意見の相違点は、チョモンがPSPを含めるような同盟の拡大を拒否したことだった。チェはそれを追及しなかったが、革命幹部会と七月二六日運動との統一合意から3週間も経たないうちに、彼とPSP党首ロランド・クベラは「ペドレーロ協定」を結び、闘争における両者の同盟を「兄弟」と宣言した。

七月二六日運動内の論争は続いた。エンリケ・オルタスキ、および新たに七月二六日運動のハバナの長となったマルセロ・フェルナンデス、ラス・ビジャス幹部会の役員３人は、11月末にチェを訪ね、改めて話し合いをした。チェはフェルナンデスについて「尊大ぶったやつ」と述べ、戦闘準備をした。「我々は徹夜で議論した。［…］お互いに非難しあった。向こうは私が共産主義者だと非難し、私は向こうを帝国主義者と非難した。私は自分の見解の根拠となる事実を話し、向こうは向こうで同じことを話した。議論が終わると、前よりも我々の距離は開いていた」

オルタスキの回想では、彼らが到着したときチェは外出しており、若い護衛の一人オロ・パントーハが彼らを迎えた。歓迎を示すため、パントーハはヤギ肉をすすめたが、すでに腐って緑色になっていた。失礼にならないよう、一人ずつ一口食べたが、オルタスキはすぐに後悔した。吐き気に襲われた彼は、こっそり外に出て自分の口のなかのものを吐き出した。深夜にチェが戻り、食事を前に腰を下ろしたとき、オルタスキは震え上がりつつも魅了された。

「話しながら、彼は汚い指で肉のかけらをつまんだ。それを食べるときの満足げな顔を見ると、彼には神々しいまでに美味だったのだ。彼は食べ終えて、我々は外に出た。［…］チェは葉巻を配った。粗末なもので、まちがいなくこの地でどこかのグアヒロが作ったものだった。私はその苦く強い煙を吸い込んだ。体のなかに温かさを感じて、軽くめまいがした。横にいるチェも吸って咳き込んだ。湿った咳で、体内が水浸しな感じだった。彼はひどく臭かった。すえた汗のにおいがプンプンした。鼻を刺すような匂いで、私はタバコの煙でそれを撃退しようとした。［…］チェとマルセロは激しい口論を展開した。なかでも七月二六日運動の計画をめぐって論争した。［…］

帰り道にマルセロが尋ねた。「どう思った？」

「何はともあれ、天晴れではあるな。自分が何を求めているのか、我々よりもよくわかっている。そして全身全霊でそのためだけに生きている」

Ⅳ

アレイダ・マルチがチェに会ったのは11月末だった。第一印象では、やせっぽちで汚くて、ずいぶん老けていた。恋愛の相手にはなりそうもなかった。* アレイダはサンタ・クララからチェの拠点に向かった。ラス・ビジャスの反乱軍の地下ネットワークの上司であるディエゴの命令だった。彼女はディエゴからきわめて守秘性の高い任務を託されるのが常だった。バティスタの秘密警察ファイルでは、彼女は「カラ・コルタータ」（頰傷）と「テタ・マンチャーダ」（染みつきおっぱい）と呼ばれている。この美しからぬあだ名は、密告者たちの描写からきたものだった。彼らは警察に、彼女は子供時代に犬に嚙まれたせいで右頰に小さな傷があり、左乳房から鎖骨の上まで大きなピンクの生まれつきのあざがあると伝えていた。だが警察諜報ファイルは的外れだった。傷はあっても、アレイダ・マルチは24歳のブロンド美女だった。

6人兄弟姉妹の末っ子だったアレイダは、サンタ・クララ南部の丘陵農地にある20ヘクタールの農場で育てられた。母親はきわめて小柄で身長150センチぎりぎりだったが、父親は背が高く、髪はブロンドで青い目をしていた。どちらも豊かなスペイン移民家族の出身だったが資産は失っていた。だがアレイダは、自

＊　アレイダ・マルチは２００８年に回想記『追憶――チェのかたわらの人生』〔邦訳『わが夫、チェ・ゲバラ　愛と革命の追憶』〕を出版した。同書にはこれまで未公表だったチェの彼女宛ての詩や手紙がいくつか収録されている。

分の一家が「中産階級」だと言いたがった。家の床がコンクリートだったからだという。ご近所の家や、6年生まで通った教室一つの小学校は、土間だった。

一家の寝室二つの家は、他の家と大差なく、屋根はヤシの葉で葺かれ、土壁が白塗りされて、家族の部屋に台所があり、訪問者を迎える前室があった。天井は、アレイダの父親が屋根裏に大量の米袋を貯蔵するので黄色くなっていた。居間と台所にある垂直の木の柱が屋根を支え、晩には父親はその柱にもたれて、彼女にお話を読んでくれた。夜になるとアレイダは、母親が隣の寝室で父に歌を歌っているのを耳にした。敷地を川が横切っていた。そこで母親は洗濯をし、アレイダと姉たちは水浴びをした。

ラス・ビジャスのそのあたりの住民は、おおむね同じような人々だった。貧しい白人農民で、スペインの貧困地域――ガリシア、アンダルシア、カナリア諸島――からの移民だ。この地域、というかキューバの大半における、社会的にも人種的にも階層化された社会的序列において、こうした家族は白人社会の底辺からは這い上がれなかったが、ムラートや黒人よりはずっと上の存在だった。奴隷解放から3世代しか経っていないロス・ネグロス（黒人）は極貧労働者で、キューバ社会のつまはじき者だった。1958年には、サンタ・クララの中央公園はまだ黒人お断りだった。柵に囲まれており、黒人はその周りには集まれたが、中には入れなかった。

多くの貧困白人同様、アレイダの母親エウドクシア・デ・ラ・トーレは俗物の人種差別主義者だった。アレイダの父親フアン・マルチの立派な先祖について自慢したがるのだ。フアン・マルチのカタルーニャの先祖は貴族だったという。小さくてまだ母親の真似をしていた頃には、アレイダは自分が「カタルーニャの伯爵」と親戚だ、と話したものだった。彼女の父親が直接の貴族の血筋か、私生児の系譜か、アレイダはまるで知らなかったが、両親の家系がかつては土地もお金も持っていたのは事実だった。父親の一家はサトウキビ農園を持っていたが、その土地はずっと昔に失っており、父親が小作している土地は、かつてはアレイダの母方の祖父母の所有で、1920年代の厳しい時期に手放したものだった。両親は結婚するとその土地を借りて耕して生計をたてた。不自由のない過去から残る最後の遺産は、アンティークのクリスタルガラス製ボンボン入れで、お客を迎える前室の古い木造たんすの上にいつも飾られていた。

一家の地位をさらに高めたのは、地元の学校女性教師がアレイダの子供時代を通して家に下宿していたことだった。その地域で先生が暮らせるほど「まとも」なのは彼女の家だけだった。だがマルチ家にも汚点はあった。母親は教会に通う敬虔な長老派信徒だったが、「適切」な出産年齢をはるかにすぎた42歳でアレイダを産んだため、地元で噂になった。これはアレイダの姉たちには永遠の屈辱だった――アレイダに最も近い姉でも15歳年上だ。だから彼女たちは、アレイダは自分たちの妹なんかではなく、ずっと若い学校の先生の子供だと吹聴した。

最寄りの集落はセイバボだった。少数の家屋があるだけの村で、マルチの父親は月に一度馬にまたがり、サンタ・クララ市に出かけて、中国人商店からツケで物資を買った。果樹園を持ち、野菜を育て、乳牛を2頭ほど飼ってはいたが、それでも家族を養うには借金するしかなかった。作物が地代に満たないときには、物を売らなくてはならなかった。

アレイダは6年生になると、サンタ・クララに嫁に行った姉のもとで暮らし、高校に通った。教師になろうと思い、高校を卒業するとサンタ・クララ大学に進み、教育の学位をとろうとした。フィデルがモンカダを襲撃したのは、彼女が大学在学中だった。この出来事と、その後の暴力的な展開で、彼女は政治的に目覚めた。彼女の世代の青年キューバ人の多くがそうだったように。グランマ号上陸の頃には、彼女は大学を卒業して、地元の七月二六日地下ネットワークで活発に活動していた。

20代初めの頃まで、彼女はサンタ・クララより大きな都市を見たことがなかった。初めて四車線道路を見たのは、七月二六日運動の任務でハバナに行ったときだった。チェ・ゲバラの名前を初めて聞いたのは、イタリアの商船乗員ヒノ・ドンネの口からだった。ドンネはグランマ号に乗っていて、アレグリア・デル・ピオで同志とはぐれ、多くの苦難の後にサンタ・クララにたどりついていた。彼は火ぶくれだらけで、腹をすかせ、ひどい歯痛を抱えており、マリア・ドロレス〝ロリータ〟ロッセルの家に匿われた。彼女はきれいな黒髪の4児の母で、幼稚園の先生だった。ロリータの兄アラン・ロッセルはラス・ビジャスの七月二六日運動の組織委員長で、ロリータの家は反乱軍の逃亡ネットワークの中継点となっていた。

ドンネが来たおかげでロリータとアレイダは出会い、間もなく親友になった。その頃までにアレイダは、七月二六日運動のビジャ・クララ州における行動部隊長を補佐する主任伝令になっており、ロングスカートの下に隠した武器や爆弾を州の各地に密輸するという、きわめて大胆な活動で評判になっていた。ロリータによれば「彼女は何も恐れなかった。とても献身的で、真面目で、ずっと男も作らず、パーティーとかその手のことには見向きもしなかった」。アレイダはロリータの家に来て、ドンネと妨害工作を計画し、しばらく二人は市の周辺で作戦活動を実施した。だがドンネは長居はしなかった。その最初のクリスマスにサンタ・クララで目にしたお祭りムードに幻滅し――蜂起精神の欠如の表れだと思ったのだ――彼はキューバを発つ船を見つけて乗り込んだ。アレイダはシエンフエゴスでの1957年9月蜂起に参加し、またラス・ビジャスでの1958年4月ゼネストでの武装行動にも参加した。ストに続く公安の締め付けで、ラス・ビジャス幹部会は州の地方部で活動するゲリラ軍を組織し、それをアレイダは手助けした。逃亡者を田舎に送り出し、食糧、武器弾薬、メッセージをこっそり運んだ。チェが到着してからは、山脈へ何度も往復して、訪問者を案内し、通信や資金を運んだ。11月になると、七月二六日運動の平原組と山脈組は、反目しつつも、エスカンブライで連携を強め、アレイダは主任伝令として、チェのキャンプでもお馴染みの顔になっていた。ある日、チェは精糖工場所有者に戦争税を課すことにしたと言って、その徴収の手伝いを頼んだ。自分の正体がばれて、警察が彼女の家を手入れしたことを彼女が知ったのは、その任務から戻った11月末だった。もうサンタ・クララに戻るなど考えられなかった。だがゲリラ地帯に残る許可をチェに求めると、あまりいい顔はされなかった。原則としてゲリラキャンプで女性が暮らすのは許されていなかった。だがアレイダの状況を考慮した司令官は折れた。

平原組の同志のほとんどと同様、アレイダはキューバ共産党（PSP）を嫌っていた。その敵意は大学時代からのもので、PSP党員の教授が声高に蜂起活動に反対していたからだった。だが戦争は決定的な段階に入り、チェの力で派閥抗争が統一に向かい、ラス・ビジャスの反政府グループは一斉行動に移りつつあった。当初は共産主義者のチェを信用しなかったアレイダだが、やがてその気持ちを捨て、間もなく自分が彼に恋しているのに気づくことになる（やがてチェの影響でアレイダは「社会主義者」に対する否定的な見方を改めるが、PSPの「古参共産主義者」に対する不信感は続いた）。

11月末まで空軍はチェの戦線を毎日空襲し、軍も重武装中隊のいくつかと戦車をペドレーロに派遣し、三方向攻撃をしかけた。カミロ・シエンフエゴスが部隊を率いて支援し、6日にわたり双方が戦闘を繰り広げた。12月4日には軍の攻勢は粉砕された。ゲリラ軍は全方面で敵の進軍を止め、さらに兵を西はフォメント、東はサンタルチア村まで追跡した。またかなりの戦争物資も鹵獲した。なかには37ミリ砲を備えた戦車もあった。チェの小隊の一つは戦略的な橋を二つ破壊し、カバイグアンとサンクティ・スピリトゥス、トリニダードの守備隊を孤立させ、反乱軍は帯状に広大な領土を獲得した。今度はチェが攻勢にまわる番だった。

カミロ・シエンフエゴスはヤグアハイの自分の主力軍に戻る前に、チェとともに全州攻勢の戦略をたてた。

熱心な外科医が器用に切断するかのように、チェは系統的に道路や鉄道橋を分断し、州の町や守備隊を孤立させ、援軍を断った。12月16日にチェ隊は、サンタ・クララから東に向かって続く重要な中央ハイウェイの橋と鉄道路線を爆破し、実質的にハバナとサンタ・クララをキューバの中央部と東部から切り離して、国を半分に分断した。こうした作戦と、オリエンテ州で進行中の攻勢（そこでは平原部の兵舎がドミノ倒しのように次々とゲリラに屈していった）は、バティスタ政権の先が短いことをはっきり示していた。

1958年12月の最後の2週間、チェは州内を移動して、次々に守備隊を攻撃しては確保した。まずは戦略的に重要な守備隊のあるフォメント町を包囲し、敵の持続的な空爆にもかかわらず、2日の戦闘で降伏させた。チェはすぐにガジョスとカバイグアンの町に移動し、ガジョスは12月21日に降伏し、カバイグアンも2日後に陥落した。カバイグアンでチェは壁から落ち、右肘を骨折した。フェルナンデス・メル医師が副え木とギプスを作り、チェはそのまま戦闘を続けた。次の標的はプラセタスで、ここでチェの兵は革命幹部会と初めてともに戦った。たった一日の戦闘の後で、プラセタスは12月23日に降伏した。同日、サンクティ・スピリトゥスはアルマンド・アコスタ大尉に降伏した。一方、第二戦線もついに行動に移り、トリニダード包囲や南部の他の守備隊攻撃で革命幹部会軍に合流した。北部では、カミロ軍が、主要な守備隊のあるヤグアハイに迫っていた。

戦闘の混乱と高揚感のなか、いつかチェとアレイダは恋仲になった。そのロマンスにまっ先に気がついたのは、おそらくオスカリート・フェルナンデス・メルだ。だが彼ですら、それがいつどこで始まったかは思い出せない。「いきなりアレイダが、どこへでもチェに付き添うようになった。戦闘でもどこでも。［…］一緒にジープに乗った。彼の書類を運び、服を洗った」

ミナス・デル・フリオの卒業生アルベルト・カステジャノスは鈍感で、あやうくその恋路を邪魔するとこ

カバイグアン市民に語りかけるチェ．1958年12月，勝利への最後の一押しで．

ろだった。自信過剰な24歳のアルベルトは以前から悪ふざけをチェに叱責されてはいたが、それでも気に入られ、幕僚付きの当番兵に取りたてられていた。アルベルトは自分では大した色男のつもりで、アレイダが登場すると目をつけた。ここは運試しとばかり、彼女に近づいて馴れ馴れしいピロポ（ほめ言葉）を連発した。チェがそれを見ていた。カステジャノスは口を開いてすぐに、アレイダは決して手に入らないと悟った。「チェの目つきを見てこう思った。「失せろアルベルト、おまえの取り分は何もないぞ」」

アレイダ自身は、その始まりを次のように回想している。ある晩、眠れなかったので部屋を出て道端に座っていた。朝の3時か4時で、攻勢が全力で続いていた。いきなり暗闇からジープが飛びだしてきて、隣に停まった。チェがハンドルを握っていた。「こんなところで何をしている？」と尋ねられたので「眠れないんです」と答えた。「カバイグアン攻撃に行くところだが、一緒に来るか?」「はい、もちろん」。ジープの隣席に飛び乗った。「そしてその瞬間から、彼の隣を離れませんでした——ずっと目も離しませんでした」。アレイダはこう言って、いたずらっぽい笑みを浮かべて振り返った。

V

チェとアレイダは、意外なカップルだった。アレイダはキューバ革命のなかでチェが最も軽蔑する派閥から来ていた。彼女は平原組の出身で、反共で、育ちにともなう社会的偏見の多くを持ったままだった。初期には問題にならなかったが、彼女にはドレスといったものが重要だったし、母親ゆずりの人種的な偏見もあった。チェは急進的な共産主義者で、彼女の同僚の大半にとっては仇敵だった。またよく知られるように、外見や個人的な清潔さに無頓着で、黒人や無教養なグアヒロが取り巻きに多かった。

だが女性となると、特に魅力的な女性となると、チェは政治哲学など度外視しがちだった——そしてアレイダ・マルチはとても魅力的だった。また尊敬すべき人物でもあった。まちがいなく勇敢で、何度も死に直面できるのを実証してみせた。また矛盾した性格で、それが明らかにチェには魅力だった。引っ込み思案ながら、鋭く泥臭いユーモアのセンスがあった。口を開くときには、無遠慮なまでに率直で、チェ自身とよく似ていた。

腕を骨折してから、チェはアルベルト・カステジャノスを運転手にした。アルベルトがハンドルを握る後ろで、チェとアレイダはジープで地域を走り回り、若い護衛がそれに同行した——ハリー・ビジェガス、ヘスース〝パリータ〟パラ、ホセ・アルグディン、エルメス・ペニャだ。やがて、チェが「女3人。ブロンド、

チェとアレイダ・マルチ．ふたりは戦争最後の数週間で恋人となった．

黒人、ハバオ」を連れているという噂が広まった。ハバオはキューバ俗語で白いムラートを指す。ブロンドは明らかにアレイダのことだったが、黒人でひげのない16歳のビジェガスと、白人で金髪男性のパリータは、自分たちが女にまちがえられたと知って悔しがった。このまちがったゴシップはさておき、チェが作ったのはハーレムではなく、小さなゲリラ一家だった。チェとアレイダは両親役で、若いゲリラはその駄々っ子たちだ。

ビジェガスによると「チェは親が子供を知るように我々のことをわかっていました。何かいけないことをしでかしても、何かを隠しても、うっかり何か悪いことをしたり、イタズラをしたりしても、すべて承知していました。そして、すごく厳しいルールを持っていて、最初はそれが完全にはわかりませんでした。たとえば［…］誰も特別扱いは受けてはいけないとされました。私が人より多く食べ物を持っていたら、呼びつけられて、どこで手に入れたか、どこにあったかきかれます――あるいはなぜそれを受け取ったかと。そしてアレイダを呼んで、それが二度と起こらないように見張れと言うんです。アレイダはいろいろ手助けしてくれましたよ。叔母さん役とでも言うのかな。我々はイタズラ好きで、チェは厳しくて、彼女はしょっちゅう彼とちがった見方をしたり、彼が厳しすぎると指摘したりして、仲裁役になってくれました」

プラセタス降伏に続いてチェは北に移り、クリスマスにレメディオスとカイバリエン港を襲った。どちらも翌日に陥落した。ビジャ・クララ州は敗北した兵士と歓声をあげる民間人、駆けまわる長髪ゲリラで大混乱となり、政府の爆撃機は機銃掃射と爆撃を続けた。12月27日には、チェの軍勢とサンタ・クララとのあいだには、カマフアニにある駐屯地がひとつ残っているだけだった。サンタ・クララはラス・ビジャスの州都であり、キューバ第4の都市だ。カマフアニの軍が戦闘もなしに逃亡したので、邪魔はなくなった。兵は舞い上がっていた。戦勝が目の前に見えていたので、兵の規律を維持して、形ばかりでも秩序を保つのが、チェの最優先事項の一つとなった。秩序を守るために、彼は解放した町ごとに暫定革命機関を任命して、部下の行動規範を決めた。酒場や売春宿は厳禁だったが、何カ月もジャングルで禁欲生活を送ったあとで、いきなり町や都市で征服の英雄として迎えられた彼らにとって、耽溺の誘惑はあまりに強すぎた。ほとんどの場合、兵は驚くほど身持ちがよかったが、どうしても一部の者は、差し出される誘惑に負けてしまう。レメディオス陥落の日に、エンリケ・アセベードはほとんど兵の統制を失いかけた。売春宿の主が、「崇拝」のしるしと称してトラックに売春婦とラム酒のケースを積んできたのだ。

「伏兵がばらばらと崩壊し、即席カップルが次々に茂みのほうに向かうのを目の当たりにした。私は思わずそいつに怒鳴った。『伏兵を潰すためにこんな真似をしたんなら、報いは受けてもらうぞ。ここにぶちまけた売女の山をすぐさま回収しろ!』」その後アセベードは点呼をとり、自分がぎりぎり間にあったのを知った。「全員が罪を犯したわけではなかったが、こんな誘惑に直面して秩序を保つにはすさまじい努力が必要だった」

チェは次の動きを計画し、フィデルは6日にわたって包囲していたマッフォ守備隊の外で、懐中電灯の明かりで手紙を書いた。「勝利した。敵は轟音を立てて崩壊しつつあり、オリエンテでは兵1万人が身動きできずにいる。カマグエイの兵は逃げ場がない。このすべてをもたらしたのはただ一つ――我々の決然たる努力だ。[…]ラス・ビジャスでの戦いが政治的にきわめて重要なのをぜひとも認識してほしい。

現状では、マタンサスとハバナへの進軍は七月二六日軍だけで実施することがきわめて重要だ。カミロの縦隊が先導し、前衛となって、ハバナを制圧し、専制支配を陥落させ、コロンビア［軍本部］の兵器が多くのグループに散らばらないようにするべきだ。そうしないと将来的にきわめて深刻な問題になる」

フィデルは、ライバルが最後の瞬間に政治的な戦利品を奪ってしまうのをなんとしても阻止するつもりだった。ワシントンでは、これまでの国務省とCIAの見解の相違はもう脇に押しやられ、いまやカストロは信用できず、権力を握らせてはならないという広範なコンセンサスができていた。だがその数週間の出来事でアイゼンハワー政権は、11月3日の選挙でなんとかキューバ危機が緩和されるという希望を完全に失った。チェとカミロの攻勢はラス・ビジャスで前進し続けていた。オリエンテ州とカマグエイ州では反乱軍の縦隊が走り回っていた。無数の駐屯地がラウル勢に降伏した。オルギン州の浄水場と発電所が爆破された。サンティアゴ市は、周囲を探りまわる反乱部隊に、ますます圧迫されていた。11月末には、血みどろの包囲戦の末、フィデル軍がギーサの大守備隊を制圧し、フィデルもまた山から平原部へと移動していた。

スミス大使は生真面目にワシントンへと往き来して、当選した大統領候補リベロ・アグエロへの支持を求めたが、無駄だった。軍事状況が急速に悪化しているのは誰の目にも明らかで、バティスタが2月の政権移譲まで保たないのではという懸念が広がっていた。スミスはバティスタにこう告げるよう指示された。リベロ・アグエロ政権はワシントンの支持を期待すべきではなく、バティスタは即座に辞任して、アメリカが受け入れ可能な民間人と軍人による臨時政府を樹立せよ、と。だがバティスタは拒否した。どうやら自分がまだ何とか事態を収拾できると信じていたらしい。12月初頭には、CIAのハバナ支局長や、元キューバ大使で国営航空会社クバナ・デ・アビアシオン創業者ウィリアム・パウレーからの類似の請願も拒絶している。

その後、ラウルがニカロ港を陥落させ、グアンタナモ州のラ・マヤ兵舎も反乱軍パイロットにナパーム弾を落とされて陥落した。ラウルは大量の兵器も鹵獲して、500人以上を捕虜にした。12月半ばにフィデルがマッフォを包囲すると、フィデル軍がオリエンテ州全域の中央ハイウェイを支配したため、軍はあらゆるところで身動きがとれなくなった。

CIAは、予防的な軍事クーデター支援の可能性を検討しはじめた。CIA捜査官は、臨時政権に使える候補者を探しはじめた。フスト・カリージョは再びバルキン大佐を推した。バルキンはまだピノス島に収監されていたが、軍のなかに強い信奉者がいる。誰もが彼を、バティスタ後の軍指揮者候補と考えていた。今回はCIAもゴーサインを出し、カリージョはバルキンを出獄させるための刑務所職員への賄賂資金を受け取った。

同時に、自分にもチャンスがあると思ったバティスタの高官たちは、クーデターを計画した。陸軍幕僚長フランシスコ・タベルニジャ大将はオリエンテ州司令官カンティーヨ大将に命じて、バティスタへの最終攻撃において軍と反乱軍の提携を、フィデルと交渉させようとした。臨時政府にはカンティーヨ、別のこれから決める高官、後に大統領となるマヌエル・ウルティア、フィデルの選ぶ民間人2人が含まれる。こうした土壇場での試みを貫いていた非公式のスローガンは、もちろん「カストロ阻止」であり、フィデルはそんなものにいい顔をするつもりはなかった。クーデターの提案を拒絶し、カンティーヨに伝言を送って、こちらからの提案をするためカンティーヨとの会談を求めた。

全国各地の町や都市は反乱軍に占領された。そして熱狂的な民間人に迎えられた。その多くは――本当の支援者かどうかはさておき――赤と黒の七月二六日運動の腕章をつけていた。クリスマスになると、チェとカミロの軍勢は、サンタ・クララ、シエンフエゴス、トリニダード、ヤグアハイ以外の、ラス・ビジャス州のほとんどの主要な町や都市を制圧していた。ビクトル・ボルドンは、西部の町を次々と制圧し、サンタ・クララをシエンフエゴスやハバナから分断して、援軍の可能性を断った。一方オリエンテ州では、カイマネラとサグア・デ・タマノの大守備隊が陥落した。また、海軍の艦船マクシモ・ゴメス号はサンティアゴ市沖合で、反乱軍からの離反命令を待っていた。フィデルはビランに住む母親をクリスマスに短時間訪問してから、カンティーヨとの会議に備えた。まだ懸案は山積みだったが、12月26日夜には、チェにある命令を伝えるだけの自信を固めた。それは反乱運動の全員がずっと夢見てきた命令だった――ハバナへの攻撃準備をせよ。

ラス・ビジャスの戦いが決定的になるというフィデルの終盤戦分析は正しかった。サンタ・クララ市は、バティスタの防衛戦略における最後の支柱となった。サンタ・クララはキューバ中央部における交通と通信のハブであり、人口15万人で、反乱軍の首都攻撃に対する最後に残った障害だった。サンタ・クララが陥落すれば、反乱軍とハバナのあいだにはマタンサス港があるだけだ。バティスタは新兵２０００人以上をサンタ・クララに派遣して、その兵力を３５００に増やした。最も有能な兵、大佐となっていたホアキン・カシージャスを送って、その防衛を任せた。カシージャス支援のため、バティスタは兵器、弾薬、通信機器を満載した装甲列車を派遣した。この列車は予備兵器庫ともなり、またコロンビア兵営の軍本部との移動通信リンクとなるはずだった。

バティスタは、残された時間が少ないのを知っていた。自分を倒そうとするタベルニジャの計画も知っていたので、カンティーヨ大将に肩入れすることを決め、声明を出して、1月末にカンティーヨ率いる臨時政府に権力を移譲すると発表した。だがバティスタは抜かりなかった。クリスマスのあいだに、自分が脱出するための飛行機を数機用意させ、また精選した将校や友人とその家族も連れていくつもりだった。数日後、バティスタは子供たちを安全のためアメリカに逃がした。

一方、チェはサンタ・クララ攻撃の準備を整えた。12月27日には、新たに解放されたプラセタスで、アントニオ・ヌニェス・ヒメネスが合流した。彼はサンタ・クララ大学で地理学を教える青年教授で、サンタ・クララへのアプローチ計画に役立つ地図や図面を持ってきた。ラミロ・バルデスとともに、彼らはサンタ・クララの北東郊外にある大学に続く、裏道を使ったルートを計画した。その夜に出発したが、敵との兵力差は、反乱軍とキューバ軍とのあらゆる交戦同様だった。チェ配下の8小隊と、ロランド・クベラ率いる100人編成の革命幹部会の縦隊をあわせると、340人だったが、敵兵はその10倍であり、戦車や空爆の応援もあったのだ。

チェの部隊が大学にたどりついたのは、翌日の夜明け頃だった。アレイダの友人ロリータ・ロッセルがその場で彼らを迎えた。ゲリラたちがとても「汚れて興奮状態」だったので彼女はショックを受けた。隣に立っていた彼女の父親は信じられないというようにつぶやいた。「こんな連中がサンタ・クララ制圧を目論んでるって?」。ロリータは誰がチェか見分けたが、その若さと威圧感のどちらにも驚いた。この印象がさらに強まったのは、チェの部下の一人が戦闘で疲れた表情を浮かべつつ、市内に兵が何人いるか尋ねたときだった。「5000人くらい」と彼女が答えると、彼はうなずいて言った。「結構、うちの親分なら苦もなく片づける」

アレイダの古巣である教育学部に臨時司令部を設置してから、チェと部下は灌漑用水路をたどって市内に向かった。CMQラジオ局に立ち寄ったチェは、市民に支援を訴えた。その直後にB-26爆撃機とイギリス製の新品のシーフューリー戦闘機がチェ隊を探して市の周縁部をかすめ、爆撃した。

敵は市内の数カ所で、しっかり守備された陣地を敷いていたが、チェが何より優先したのは装甲列車だった。列車は大学へと続くカマフアニ道の入り口に停まっていた。市の東端では、軍は大学道とプラセタスへと出る道路と鉄道の両方を見下ろす、戦略的なロマ・デル・カピロを占領していた。1000人以上の兵が北西郊外のレオンシオ・ビダル駐屯地に籠もり、近くには警察本部があって400人が守っていた。市の中心部では裁判所、州庁舎、刑務所がすべて要塞になっていた。そして南部では、第31兵舎とロス・カバジトス兵営がマニカラグアへの道を守備していた。州のほとんどはすでに反乱軍の手に落ちていたから、チェの主な懸念は西のハバナ＝マタンサス街道を経由する敵の援軍阻止だった。だがビクトル・ボルドン勢がすでにハイウェイを何カ所かで切断し、要衝サント・ドミンゴを制圧していた。

その夜と12月29日の朝にかけて、チェは軍勢を大学から市内に移し、敵のあらゆる拠点を狙ったが、特に装甲列車に集中した。指令拠点を市の中心から800メートルほどの公共事業局ビルに移し、線路の一部をトラクターで引っ張り上げた。その後、反乱軍は攻撃を開始し、警察署、ロマ・デル・カピロ、列車を狙った。同時に前日のうちに南から市内に入っていたクベラの革命幹部会縦隊は、第31兵舎とカバジトス駐屯地を包囲した。

その後3日にわたり、反乱軍は市内にゆっくり進軍し、サンタ・クララは血みどろの戦場となった。兵士は家屋の室内の壁に穴をあけて前進し、路上で激しい戦闘を繰り広げた。無数の民間人も、武器をとれというチェの呼びかけにこたえ、火炎瓶を作り、避難場所や食事を提供し、自宅の街路にバリケードを築いた。戦車が発砲し、飛行機が爆弾やロケット弾を投下するなかで、民間人もゲリラも、負傷者が病院に殺到した。チェがある病院を訪ねていると、死にかけた男が彼の腕に触れてこう言った。「司令官、オレを覚えてますか？　レメディオスで自分で兵器を探してこいとおっしゃいましたね……そしてオレは、ここでそれを勝ち取りました」。チェは思い出した。ずっと前に、うっかりライフルを発砲したことで武器を取り上げた若い戦闘員だった。チェはまた、自分がそのとき彼に何と告げたかも思い出した。彼は回想記に書く。「私はいつもながらのそっけなさで答えた。「前線に武装なしで出かけて、別のライフルを自分で調達してこい。［…］それだけの度胸があればだがな」」。彼はそれだけの度胸があり、それが彼の命を奪う結果となった。「彼は数分後に死亡し、自分の勇気を証明したことで彼は満足だったと思う。我が反乱軍はそういうところだった」

1958年12月29日，チェ隊は政府の装甲列車をサンタ・クララで脱線させた．これがバティスタ政権の最後を告げた．

潮目が完全に変わったのは12月29日午後だった。エル・バケリート小隊が駅を占拠し、他の反乱軍がロマ・デル・カピロを襲撃すると、軍の兵士は装甲列車の中へと逃げ出した。22両編成の車両は急いで脱出を図った。線路が除去されたところにくると、機関車と前の3両が脱線し、よじれた金属や絶叫する男たちの壮絶な大混乱となった。チェによれば「実に面白い戦闘がはじまった。兵たちは我々の火炎瓶によって列車を離れるしかなくなった。[…]列車は、装甲板のおかげで、兵士たちにとって、まさにオーブンと化した。数時間で乗員全員が、22両すべて、対空砲、機関銃[…]など莫大な弾薬（莫大といっても当方のわずかな在庫にくらべての話だが）とともに降伏した」。

市内各地で戦闘が続くなか、その夜の国際ニュースではチェが死んだという誤報が流れた。翌日早朝、ラジオ・レベルデがオンエアして、装甲列車の鹵獲と、チェの死亡否定のニュースを高らかに報じた。「南米のご親戚やキューバ人の心の平安のために、エルネスト・チェ・ゲバラは健在であり、最前線で銃をとっていることを保証いたしましょう。そして[…]彼は間もなくサンタ・クララ市を制圧します」

だがチェはすぐさま自ら放送に登場し、最もひいきにしていた部下の一人、ロベルト・ロドリゲス——決死隊のリーダー、エル・バケリート——の死を伝えねばならなかった。サンタ・クララ市陥落目前を伝える放送に、これは悲しい響きを加えた。バケリートはその午後に、警察署攻撃の途中で頭を撃たれたのだ。バケリートの喪失は、チェにとってことさら苦痛だった。この若者は、チェが戦闘員に求めるものを体現する存在だったからだ。「決死隊」はバケリート自身が選んだ名前だったが、チェの最高の基準を目差す戦闘員で構成されるエリート攻撃小隊だった。

「決死隊は革命的士気のお手本だった。志願者のなかでも選ばれた者だけが加わり、隊員が死に——そしてあらゆる戦闘で戦死者は出る——新たな候補者が指名されると、選に漏れた者たちは悲しみにくれ、泣く者さえあった。年季の入った気高い兵士が、戦闘と死の最前線に行く栄誉を与えられなかったからと絶望の涙を流し、若々しさを示すのを見るのは、なんとも奇妙なものだった」

死に囲まれたら必死で生にしがみつくのは人間の自然の反応であり、チェもこの本能からは逃れられなかった。たまたまサンタ・クララ制圧の戦いのなかで、自分がアレイダと愛しあうようになったことに気がついた。後に彼女に私的に告白したように、その認識が生じたのは、彼女がチェの脇から離れて、猛火の道を横切ろうとしたときだった。ほんの短いあいだ、彼女の姿が見えなくなると、彼女が安全に渡れたかわからず、彼は苦悶したという。アレイダのほうは、数週間前の眠れぬ夜にジープが彼女の前に止まり、それに乗り込んだとき以来、自分の気持ちがわかっていた。

12月30日、ロス・カバジートス駐屯地が革命幹部会に降伏し、教会にバリケードを築いた兵が投降した。軍の反攻で失われたサント・ドミンゴ市はボルドン軍に再制圧され、実質的にサンタ・クララ市への西側のアプローチは封鎖された。南のトリニダード市はファウレ・チョモン勢の前に陥落した。チェはラス・ビジャス州東部を完全に確保するためラミロ・バルデスを派遣し、中央高速道路に位置し、陸軍の援軍縦隊が突破を試みていた町、ハティボニコを制圧させた。

このように軍が配置され、装甲列車が鹵獲されたため、サンタ・クララは完全に孤立し、抵抗を続ける兵や警官のあいだには絶望感が漂った。ハバナの軍高官は市へのさらなる空爆を命じた。駐屯地や警察署での抵抗は相変わらず熾烈だった。何人かがグランホテルの10階に陣取って、反乱軍を狙撃していた。だがチェの軍はかなりの火力を追加しており、新たな兵も増えていた。装甲列車から押収した武器は本当に多量だった。ライフル６００丁、銃弾１００万発、大量の機関銃、20ミリ砲、貴重な迫撃砲やバズーカ砲もあった。大晦日には、方形堡が一つまた一つと反乱軍の手に落ちた。最初は警察署が、それから地方政庁が、続いて裁判所と刑務所が落ち、刑務所から逃亡した囚人が市内をさらに混乱させた。その日のうちに、まだ残っているのは第31駐屯地、グランホテル、レオンシオ・ビダルの兵営だけとなった。

オリエンテ州では、マッフォ守備隊が10日にわたる包囲戦の末、ようやくフィデルの反乱軍に降伏し、フィデルはすぐにサンティアゴ市を次の標的とした。12月28日にはフィデルとカンティーヨ大将がパルマ・ソリアノ近くのオリエンテ砂糖工場で会談し、合意に達した。フィデルは３日にわたり攻勢を止め、そのあいだにカンティーヨがハバナに戻って12月31日から軍のクーデターを起こす。その日に彼はバティスタを逮捕して、軍をフィデルに譲るという計画になった。

実はカンティーヨは裏切るつもりだった。ハバナに戻るとバティスタにこの計画を告げ、１月６日までに国外に逃げるよう伝えた。その後、フィデルに伝言を送り、攻撃開始を１月６日まで遅らせるよう依頼した。フィデルはそれに難色を示したが、その頃には事態はあまりに劇的に進行し、フィデルもカンティーヨも次の展開を予見できなかった。

Ⅵ

装甲列車をチェが鹵獲すると、ハバナの軍本部であるコロンビア兵営には警鐘が鳴り響いた。その後、全国で軍の降伏が相次ぎ、バティスタは早々に国外脱出計画を実行に移した。12月31日午後には、時間稼ぎの最後の希望はカシージャス大佐がサンタ・クララをどこまで持ちこたえられるかにかかっていた。その夜9時、カシージャスは電話で、援軍がないとこれ以上持ちこたえられないと伝えた。1時間後にカンティーヨが、サンティアゴ市も陥落寸前と警告すると、バティスタは逃げる時が来たのを悟った。

コロンビア兵営での軍中枢と家族のための新年パーティーで、バティスタはほとんどの客が集まった部屋の隣室に将軍たちを案内し、軍をカンティーヨに移譲すると告げた。その後、別室のパーティーに戻った彼は、大統領職を退くという決断を発表した。新大統領には、最も高齢の最高裁判事カルロス・マヌエル・ピエドラを指名した。そして正式にカンティーヨを軍総司令官に任命してから、バティスタとその妻、および取り巻きの将校とその家族は近くの軍空港に車を飛ばし、待機する飛行機に搭乗した。1959年元旦の朝3時、まだ暗い夜明け前に、バティスタはすでに空にいた。最も身近な部下40人とともにドミニカ共和国に向かったのだ。そのなかには「当選した大統領候補」アンドレス・リベロ・アグエロもいた。夜明け前に、別の飛行機が離陸した。バティスタの弟、ハバナ市長、その他数十人の政府および警察の高官が乗っていた。また別の悪名高い人物二人もその日、これとは別に脱出していた。民兵のボス、ロランド・マスフェレールとアメリカ人ギャングのマイヤー・ランスキーだ。

その夜、カシージャス大佐とその副官フェルナンデス・スエロ大佐はサンタ・クララでこのニュースを聞き、慌てて脱出を図った。おめでたいまでに何も知らされていなかった部下のカンディード・エルナンデス大佐には、いいかげんな口実をでっちあげ、二人は民間人に変装して逃亡しようとした。

サンタ・クララに朝日がさす頃、バティスタ逃亡の第一報が噂になった。第31兵営は降伏した。最後の要塞――グラン・ホテルとレオンシオ・ビダル兵営――は包囲され、午前半ばにエルナンデス大佐は停戦を申し出た。チェは、無条件降伏以外は受け入れないと伝え、ヌニェス・ヒメネスとロドリゲス・デ・ラ・ベガをエルナンデスとの交渉に派遣した。

後にチェはこう書いている。「ニュース報道は矛盾したとんでもないものばかりだった。バティスタはその日に逃亡し、軍の最高司令部は大混乱だった。我々の使者二人は［エルナンデスと会って］カンティーヨと無線で連絡し、降伏を勧めた。だがカンティーヨはそんな最後通牒は受け入れられないと拒絶した。そして自分が軍の指揮を引き継いだのは、指導者フィデル・カストロからの指示に厳密に従ってのことなのだという。我々はすぐにフィデルに連絡し、ニュースを伝えたが、カンティーヨが裏切ったようだとの意見も述べた。フィデルもその意見に圧倒的に賛成した」

カンティーヨと会談したエルナンデスは、当然ながら混乱していた。だがチェは態度を変えず、降伏を要求した。午前11時30分に交渉は中断した。ラジオ・レベルデでフィデルが演説放送を始めたのだ。彼はカンティーヨの「臨時政府」や両者のあいだの合意という主張すべてを否定し、即時のゼネストと、サンティアゴ市とハバナへと向かう反乱軍の動員を呼びかけた。サンティアゴ市の守備隊に対し、その日の夕方6時まで猶予を与え、降伏するか攻撃を受けるかと迫った。そしてスローガンで演説を終えた。レボルシオン、シー！　ゴルペ・ミリタール、ノー！（革命賛成、軍事クーデター反対）

いまや形勢ははっきりした。チェはエルナンデスに、腹を決めるまで1時間を与えた。12時30分までに降伏しなければ、攻撃を受け、その後の流血の責任を負うことになるというのだ。エルナンデスは兵営に戻り、あとは待つだけとなった。

チェがエルナンデスと交渉しているあいだに、反乱兵はようやくグラン・ホテルの狙撃手の駆逐に成功した。その前日、エンリケ・アセベードは狙撃手の発砲場所を突き止めようとして、ホテルの前を車で高速で走らせたが、手勢の一人が脚を撃たれて諦めた。だがその朝、仲間が周囲で降伏し、弾薬も尽きたため、狙撃手も降伏した。アセベードは、彼らが両手を挙げて出てくるのを見た。彼らは密告者5人と警官4人のグループで、その一部はアセベードに言わせると「革命司法に支払うべき負債があった」。その負債は間もなく返済された。午後2時、手短な即決裁判で、密告者5人は銃殺隊に処刑された。

民間人の変装をしたカシージャス大佐も遠くへは逃げられなかった。サンタ・クララの西に展開していたビクトル・ボルドンの兵は、ハバナ方面に逃げる兵士をすべて足止めせよと命令されており、麦わら帽子と七月二六日運動の腕章をしたカシージャスは間もなく捕まったのだ。彼はボルドンを味方につけるべく、彼を「偉大な戦略家だ」と持ち上げた。ボルドンは回想する。カシージャスはこう言った――「あなたとこれ以上一緒にいられないのが唯一の心残りだ。自分は「キューバ人同士の揉め事を解決」するための臨時政府に参加するため首都に向かわねばならない」。ボルドンは彼を黙らせた。「お世辞はやめろ、臨時政府は不要だ、今後キューバ人の生活を解決するのはフィデル・カストロになるんだ、と言った。そして、おまえはサンタ・クララに一緒に来て、チェの前に出るんだ、と伝えた。すると彼の顔色が変わり、他のボスのところに連れていってくれないか、と言う。チェが彼を見たときに、こう言ったのを覚えている。「おお、おまえがヘスース・メネンデスを殺した奴か*」

カシージャスはその日のうちに処刑された。公式の歴史では、チェとの面会に向かう途中で逃げようとして射殺されたということになっている。だがこれは明らかにボルドン自身の記述と整合しない。カシージャスは過去に身の毛もよだつ残虐行為の数々を行っており、一方でチェは革命的正義を執行してきていた。カシージャスの「逃亡の試み」なるものは、即席で集められた銃殺隊の前で起きた可能性が高い。*

チェの最終期限の10分前に、エルナンデス大佐は兵営の明け渡しに同意した。彼の兵は武器を捨てて街頭に出ると反乱軍に加わった。街中で歓声があがった。サンタ・クララが陥落したのだ。だがチェはまだ祝っている暇はなかった。秩序回復が必要だ。暴漢や密告者を裁判にかけ、手勢を集めて指示を出さねばならない。**

カンティーヨの参謀総長職は長続きしなかった。その日にピノス島から釈放されたバルキン大佐が、アルマンド・アルトとともにハバナに飛んだ。午後早くにはバルキンはコロンビア兵営に到着し、出し抜かれたカンティーヨはすぐに指揮権を譲り渡した。オリエンテ州ではサンティアゴ市が降伏し、フィデルはその夜のうちに市街へ進軍する用意を整えた。

翌朝、1959年1月2日、チェとカミロ・シエンフエゴスはハバナ進軍の命令を受けた。カミロはコロンビア兵営を制圧し、チェはラ・カバーニャを占領せよとの命だ。ラ・カバーニャは、植民地時代の要塞で港の入り口にあり、ハバナを見下ろしている。最初にカミロの縦隊が出発した。チェは密告者を処刑し、カリスト・モラレスをラス・ビジャス州の軍政府長官に指名するなど、後片付けがあったからだ。その後、チ

＊　1948年にカシージャスに殺された共産党員の砂糖労働組合指導者。
＊＊　歴史家ヒュー・トーマスによると、銃殺となった一人は警察指揮官のコルネリオ・ロハス大佐だった。自分の処刑に際して、ロハスは自分で発砲命令を出すことを求め、認められた。

勝利した反乱軍がサンタ・クララを行軍し，ハバナに向かう．

ェはサンタ・クララの人民に向けて「革命的大義」への支援に感謝した。自分と兵たちは「愛する場所を離れる気持ちを抱きつつ立ち去る。君たちには同じ革命精神を抱き続けてほしい。そうしてこれから待ち受ける再建という巨大な作業において、ラス・ビジャスは革命の前衛であり続けてほしい」。

午後3時頃、アレイダを横に、チェと兵はハバナに向けて車で出発した。同志のほとんどはキューバ首都解放の見通しに大喜びだったが、チェにとってはそれは、先に待ち受けるさらに大きな闘争の第一歩にすぎなかった。

第Ⅲ部　新しい人間を作る

バナにて，1959 年元旦.

20 至高の検察官

政府そのものが真に革命的でないかぎり、革命的法律の実行は不可能である。
——ルイ・アントワーヌ・レオン・ド・サン＝ジュスト
（1793年、フランス革命での恐怖政治期に）

銃殺隊による処刑はキューバ人民にとって必要なばかりか、人民が求めるものである。
——チェ・ゲバラ（1959年2月5日）

I

ゲバラ一家がブエノスアイレスで新年を祝っていると、バティスタ逃亡の報せが入ってきた。チェ・ゲバラとカミロ・シエンフエゴス率いる反乱軍の縦隊がハバナに進軍しているという。だが一家の喜びは一瞬で消えた。「バティスタ陥落を祝うグラスを置く暇もなく、ひどい報せが入ってきた。エルネストが致命傷を負ったというのだ」とチェの父親は回想する。苦悶のうちに2時間が過ぎたところで、ブエノスアイレスの七月二六日代表が電話で誤報だと伝えた。「その夜の私たちには、新年のお祝いに、エルネストが生きているという喜びも加わった。彼がハバナのラ・カバーニャ駐屯地の責任者だというのも知った」

チェの部下が1959年1月3日の夜明け前の闇のなか、町を見下ろすこの巨大なスペイン植民地時代の要塞に到着すると、3000人の兵の連隊がすでに降伏し、整列して立っていた。チェは見下すように彼らに「新植民地軍」と呼びかけた。おまえたちは反乱軍に行進の仕方を教えられるが、ゲリラは戦いの仕方を教えられる、と。そして彼とアレイダは司令官の家に落ち着いた。

その前日、カミロが市の反対側にあるコロンビア兵営にやってきて、その指揮をラモン・バルキン大佐から引き継いだ。カンティーヨ将軍は逮捕された。フィデルはサンティアゴに勝ち誇って入城し――そして歓声をあげる群衆の前で演説して――この都市をキューバの暫定首都にすると宣言した。マヌエル・ウルティアはベネズエラから飛行機で着き、フィデルは彼を新大統領に任命した。

フィデルに同行していたカルロス・フランキは、なぜチェがラ・カバーニャに追いやられたのか理解できなかった。「フィデルの命令についてずいぶん思案したのを覚えている。圧政と軍事力の中心はコロンビア兵営だ。[…]チェは装甲列車を奪い、サンタ・クララ市を制圧した。彼は革命で二番目に重要な人物だ。その彼をラ・カバーニャに送るなんて、フィデルは何を考えているんだ?」

いちばんありそうなのは、フィデルがチェにばかり注目が集まるのを嫌って、彼のためにあまり目立たない場所を選んだというものだ。打倒された政権、その信奉者、さらにワシントンにとって、チェは大いに嫌われている国際共産主義者であり、初めから彼にあまりに目立つ役割を与えるのは、自らトラブルを引き起こすようなものだった。これに対し、ハンサムでステットソン帽を被り、野球好きでプレイボーイの陽気なカミロは、キューバ人で、共産主義者という評判もなく、すでに大衆のヒーローとして人気者になっていた。彼なら舞台の主役にしても大丈夫だ。フィデルは、旧軍を粛清し、裏切り者、密告者、バティスタの戦犯に対し革命的正義を行使して勝利を固めるという、不可欠な役割のためにチェを必要としていた。ちょうどもう一人の急進派である弟ラウルがオリエンテ州に残されたように――フィデルは彼を軍管区司令官としてそこに残した――チェはハバナにおけるこの仕事の成功に欠かせない存在だった。

II

ラ・カバーニャと隣接するエル・モロ要塞が広がり、ハバナ湾を見守る緑豊かな丘陵のてっぺんから、1959年1月に見下ろしたチェの眼の前の光景は、ほんの数カ月前に出版されたグレアム・グリーン『ハバナの男』で描かれているものとよく似ていたはずだ。「細長い市街は、うちひらけた大西洋に面してひろがっていた。マセオ街には白波が打ち寄せて、自動車の前窓をしぶきで曇らせていた。かつては貴族の住宅だった建物のピンクや灰色や黄色の柱が、岩石のように浸蝕を蒙っている。黒く汚れて形も定かでなくなった昔の紋章が、みすぼらしいホテルの入口の上についていたし、とあるナイトクラブの鎧扉は、海からの湿気と塩気とを防ぐために、明るい野卑な色に塗られていた。西のほうには、新市街の鋼鉄の摩天楼が、澄んだ2月の空に燈台よりも高く聳えていた」

近づいて見れば、ハバナはいかがわしい町で、カジノ、ナイトクラブ、売春宿だらけだった。チャイナタウンの上海シアターで行われる生本セックスショーには、その雄々しい局部のためスーパーマンと呼ばれる演者が登場した。大麻とコカインは、ほしい人なら誰でも手に入れられた。このいかがわしさがこの作家を惹きつけ、彼はキューバを何度か訪れている。「バティスタの日々には、好きなものは何でも手に入るという考え方が気に入っていた。クスリだろうと女だろうとヤギだろうと」と彼は書いている。グリーンの小説に登場する、イギリスの掃除機セールスマンであるワーモルドはハバナ旧市街を歩き、そのすべてを満喫した。「どこの街角にも、外国人と思いちがえたかのように「タクシーいる？」と声をかけてくる男がいたし、大通りを歩くあいだじゅう、数ヤードの間隔を置いて、ポン引きが、別に本気でものになるとも思わず、機械的に誘いをかけて来た。「なんかお探しですか、旦那」「かわいい女の子のいるところならどこでも知っていやすぜ」「美人をお望みでござんしょうが」「絵葉書はいかが？」「エロ映画みますか」」

チェと部下は、2年にわたる山ごもりのほとんど禁欲生活の後でこんな騒々しい世界に叩き込まれた。その結果はおおむね予想通りだった。チェは護衛たちを厳しく統制しようとしたが、アルベルト・カステジャノスにとって誘惑はあまりに大きすぎた。「首都に来たのは初めてで、ショックでした。チェは夜明けまで自分と一緒に働かせたので、何も見る時間がなかった。ときどき夜に抜け出して町に出かけました。特にキャバレーにね。あんなに美しい女性をたくさん見て、私は大興奮でした」

町の空気はセックスにあふれていた。ゲリラたちはラ・カバーニャを抜け出して、湾の上にそびえ立つ巨大な白いキリスト像の下の茂みのなかで、女の子たちとの逢瀬にふけった。状況は混乱しており、統制が必要だった。チェは間もなく、まだ「公式」な関係になっていない兵とその恋人のために集団結婚式を行った。移り気なカステジャノスには、オリエンテ州に婚約者がいたため、チェが自ら仕切るラ・カバーニャでの祝宴で大勢と同じく身を固めさせられた。

戦争は世間の関心をがっちりつかみ、多くの外国ジャーナリストがハバナに流れ込んで、この新政権の樹立を記事にしようとした。「ブエノスアイレスはその話で持ちきりだった」とチェの父親は書いている。だがキューバですら、このすべてが持つ意味合いを理解している人はいないも同然だった。まだサンティアゴ市にいる頃から、フィデルは新政権の見かけを穏健にしようと苦労していたが、ウルティア大統領との関係が今後どんなものになるかをはっきり示すように、彼にはたった一人、司法大臣の候補しか挙げさせなかった。他の大臣はフィデルが指名し、ウルティアは逆らおうとはしなかった。それでも最初の内閣一覧には、七月二六日メンバーはほんの少数しか含まれておらず、そのほとんどは平原組出身者だった。

サンティアゴ市から、フィデルはゆっくりと陸路でハバナに向かい、歓喜の群衆を前に勝利を満喫した。記者がフィデル一行に追いついて付き従い、外部世界に次々に続報を打った。フィデルは何度となく、自分には政治的野心などないと繰り返した。自分はウルティア大統領の命令に従うだけだ、と。革命は「人民の意志」に従うのだ。だが彼は、軍の総司令官になってくれというウルティアの要請は受け入れた。

みすぼらしいゲリラが登場すると、どこへ行っても民間人の群衆が歓声をあげた。オルギン出身の青年反乱兵レイナルド・アレナスはその雰囲気を次のように回想している。「山から降りてきて英雄として歓迎された。オルギンの自分の近所では、七月二六日運動の旗を与えられ、その旗を持って、ぼくは一街区を歩きとおした。ちょっとばかばかしい気もしたが、すばらしい高揚感があり、賛歌や国歌が鳴り響き、街中全員が街頭に繰り出していた。反乱軍は続々とやってきて、種子で作った鎖に十字架をかけている。これが英雄たちだった。実はその一部は、ほんの4、5カ月前に反乱に加わったばかりだったが、女性のほとんどと、町の男性の多くも、こうしたボサボサの連中に熱狂した。みなひげ面の誰かを家に連れて帰りたがった。ぼくはまだ15歳だったのでヒゲがなかった*」

＊ アレナスがこの場面を描いたのは回想記『夜になるまえに』でのことだ。作家として有名になったが、同性愛のため苦しんだ。何年もたって、キューバを逃亡してニューヨークにたどりついたが、1990年にAIDSで他界した。

ハバナでの雰囲気は、お祭り騒ぎの混乱と不確実性の入り混じったものだった。ホテルのロビーには何百人もの武装反乱兵が居座り、そこを田舎のゲリラビバークのように使っていた。ほとんどの政府軍はバティスタ逃亡後に降伏して兵舎にとどまっていたが、あちこちに少数の狙撃兵が残っており、逃亡した警察官、汚職政治家、戦犯が捜査されていた。何カ所かで暴徒が、カジノや駐車メーターなどバティスタの腐敗のシンボルを襲ったが、七月二六日の民兵が街頭に出てくると、すぐに制圧された。ボーイスカウトが即席警官役を果たした。一方、各国の大使館には、バティスタの突然の逃亡で行き場を失った軍将校、警官、役人が殺到していた。

1月4日、カルロス・フランキはカマグエイでフィデルの一行を離れ、ハバナへ先回りした。首都は一変していた。「私がかつて囚人として知っていたコロンビア兵営、圧政と犯罪の本拠は、いまや華やかな劇場みたいになっていて、想像を絶するものだった。一方には、ひげ面の反乱兵がカミロとともに、せいぜい500人だ。それに対して陸軍兵士2万人――将軍、大佐、少佐、大尉、軍曹、兵卒たち。我々が通り過ぎるのを見ると、彼らは気をつけをした。つい爆笑してしまうほどだった。司令官の執務室にいるのはカミロで、ロマンティックなヒゲをはやし、大宴会中のキリストさながらで、ブーツを床に放り出してテーブルに足を上げ、アメリカ大使閣下を迎えている」

そこへチェがやってきた。大統領宮殿で面倒が持ち上がっていた。革命幹部会が居座って、出ていくつもりはないようなのだ。チェはその指導者と話をしようとしたが、面会すら断られた。フランキの回想では「カミロは、冗談半分だが半ば真剣に、警告として何発か大砲を撃とうかと言った。私は宮殿なんかには思い入れはなかったので、いい考えじゃないですかと言ったが、チェは責任感があったので、いま大砲の弾を無駄遣いするのは時期が悪いと述べ、辛抱強く宮殿に戻り、ファウレ・チョモンに面会して、事態を収拾した。カミロはいつもチェの言うことをきいた」。

1月8日にフィデルが到着する頃には、ウルティアが宮殿に入り、政府当局の権威らしきものが復活していた。公共建築、警察署、新聞や労働組合の事務所は接収された。PSPも隠れ家から出て、反乱軍の勝利を支持する大衆デモを呼びかけた。亡命したPSP指導者たちが帰国しはじめ、発禁になっていた党の機関紙『オイ』の出版が再開された。元大統領カルロス・プリオさえマイアミから戻ってきた。外国では主要なキューバ大使館が七月二六日代表に占拠された。ベネズエラは新政府を承認し、米国も承認した。そして1月10日にはソ連も続いた。

キューバの公共機関と事業組織は、革命支援を宣言し、すさまじく大仰に感謝と忠誠を表現した。バティスタの「悪夢」は終わった。フィデルの協調の時代が始まった。実業界は平身低頭してみせて、自発的に税金を払おうとまで申し出た。一部の大企業はキューバの素晴らしき新たな未来についての楽観論を宣言して、新規投資を発表した。

メディアはフィデルとその英雄的なヒゲをほめそやした。『ボエミア』誌は恥ずかしいほどの革命礼賛雑誌になり、フィデルへの媚びへつらうようなオマージュを印刷した。あるイラストでは、彼はキリストまがいの風貌で描かれ、後光までついていた。広告ページですら時勢に合うよう工夫された。ポーラービール醸造は、たくましい農民がサトウキビを刈り取っている画像をページ全面に出し、そこに書かれた文面は次のようなものだった。「そうです！　仕事にかかる頃合いです。再び自由になった幸福と、キューバ人であることがかつてなく誇らしい現在、いまや仕事の道を猛進しなくてはなりません。建設的で厳しい仕事により、父祖の土地の要求に応えるのです。[…] そして仕事の後は、ポーラーの時間です！　義務を果たした満足感を完璧なものにするには、ポーラーが最高です」

かつては地下発行だった七月二六日新聞『レボルシオン』で、カルロス・フランキも賛辞の洪水に加わり、フィデルをキューバの「英雄指導者」と称賛した。市民は感謝の印に、フィデルのブロンズ胸像を次々に発注し、ハバナの軍事複合施設近くの交差点の大理石台座に据えた。彫られた献辞は「独裁の鎖を自由の炎で砕いた」男を讃えるものだった。

チェもまた、同じく大袈裟な賛辞を受けた。キューバ屈指の詩人で共産主義者のニコラス・ギジェンは勝利のときにブエノスアイレスに亡命中だったが、そこの週刊紙の編集者の求めでチェを讃える詩を書いた。

チェ・ゲバラ

サン・マルティンの純粋な手が、
兄のマルティに差し伸べられたように、
そして草に縁取られたラプラタ川が海に流れ、
カウト川の愛に満ちた招きに加わるように。

ゲバラ、強き声のガウチョは動き
己のゲリラの血をフィデルに与え
夜が最も暗く、最も見えにくいとき
その大きな手はいかにも同志らしい。

死は退散。その不純なる影も、
短刀も毒も獣たちも、
野蛮な記憶のみが残る。

二人の魂が溶け合い、輝く一つの魂となる、
サン・マルティンの純粋な手が、
兄のマルティに差し伸べられたように。

チェはすでに、外国の読者には有名な存在だったが、ギジェン――フェデリコ・ガルシア・ロルカ、パブロ・ネルーダ、ラファエル・アルベルティと並ぶ存在――によるこの文学的な聖別によって、彼はラテンアメリカの最も尊敬される歴史的英雄の殿堂入りした。ここで彼は齢30にして、「解放者」ホセ・デ・サン・マルティンと比肩する存在となった。この大仰な詩は、英雄に飢えたキューバの人々に大きな影響を与えた。
到着して数日後にチェが、エスカンブライにいたとき経済機密資料を密かに運んだ砂糖専門家ファン・ボッロートを呼びにやると、ボッロートは舞い上がった。ボッロートの回想では「彼はすでに伝説だった。実際に彼の姿を見るというのは、多くのキューバ人にとっては天使降臨のようなものだ。目をこすってしまう。また肉体的にも非常に威圧感があり、肌がきわめて白く、髪は栗色だった。魅力的だった」。
だがハバナのアメリカ大使館職員から見ると、チェはすでに新政権の恐ろしいラスプーチンだった。彼のイデオロギーがフィデルに与える影響と、人目を寄せ付けないラ・カバーニャの壁の向こうで彼が果たす新たな役割については、いろいろ不安な臆測が飛び交った。

Ⅲ

フィデルはハバナへの勝利入城を、壮大なショーマンのように行った。騒々しい車列の先頭で、鹵獲戦車のてっぺんに乗って到着したのだ。宮殿のウルティア大統領を表敬訪問してから、彼はグランマ号の船上に飛び乗った。グランマ号はハバナに運ばれてきていて、湾に係留されていたのだ。その後、カミロとラウルを従えて——チェは人目につかないラ・カバーニャにこっそりとどまった——何千人もの感極まった旗振るハバナっ子が並ぶ街路を通って、コロンビア兵営へと行進した。

その夜、フィデルは長い演説をし、それがテレビで生放送された。演説は法と秩序の必要性と、革命的団結を強調した。新生キューバでは、革命軍は一つしかあり得ない。民兵は許されない。彼の発言は革命幹部会への警告だった。幹部会の兵は宮殿を明け渡したが、相変わらず大学を占拠し、兵器を貯め込んでいると報告されていた。対決が迫っているのではという不穏な兆候に拍車をかけるかのように、ファウレ・チョモンは権力から締め出されるのではという懸念を公式に表明した。だがフィデルが演説を終えるより前に、革命幹部会は伝言をよこして、兵器を引き渡すと伝えた。フィデルは軍事的優勢を誇示することで、場を制したのだ。

フィデルはまた、自分の存在を利用して、新政権のナショナリズム的な性質を強めた。駐留軍を引き揚げるという米政府の申し出が噂されているのをどう思うかとレポーターに尋ねられ、彼はすぐにこう答えた。「引き揚げるのが当然だ。そもそも米国政府はここに軍を駐留させる権利などない。言い換えると、それは国務省ではなく、キューバ革命政府の決めることなのだ」。つまりフィデルの言い分は、もしワシントンがよい関係を構築したいなら、いろいろ修正すべき点があるし、その第一歩はキューバを対等に扱うことだ、ということだ。その一方で、軍は再建されると彼は国民に告げた。今後は、革命に忠実な者たちで軍が作られ、有事には国を防衛する。勝利はまだ確保されていない、と彼は強調した。バティスタは大金を盗んでドミニカ共和国に逃亡し、もうひとりの毛嫌いされている独裁者トルヒーヨ将軍の庇護を求めている。この二人が反撃をしかける可能性は十分にある。

フィデルは巧みに、この先に待ち受けるものについてキューバ人に覚悟を決めさせたが、その夜ほとんどの人が記憶しているのは、白いハトが観客席から飛び立って、彼の肩にとまった瞬間だった。多くの人にとってこれは、彼が革命のカリスマ的最高指導者であることを裏付ける、神秘的な啓示だった。また他の人々から見ればこれは、彼がまさにここぞという瞬間に、畏敬を引き起こすような公的イメージを創り出せることを見事に示すものだった。

その後に矢継ぎ早に起こった出来事に翻弄されたオブザーバーたちは、革命の方向性に関する矛盾した信号に戸惑い続けた。新政権を即座に承認することで、ワシントンは懐柔的な態度を示そうとした。譲歩の二つ目の意思表示として、アール・スミスがアメリカ大使を辞任し、キューバを離れ、臨時代理大使が残った。アイゼンハワー政権は、ウルティア内閣の構成についてほとんど文句はなかった。政治的に安全なキューバの古参政治家や野心家ばかりで、そのほとんどは堅実な中産階級で、親実業界の反共主義者であり、フィデルのかつてのライバルたちも多かった。彼らに新政府のなかで一見すると権限がありそうな役職を与えることで、フィデルは保守派の政界と実業界をなだめ、潜在的な反対の源を丸め込んだ。

なかでもいちばん意外だったのは、ホセ・ミロ・カルドナ博士を新首相に指名したことだった。彼は有力な弁護士であり、民主革命市民戦線を率いていた。後にフランキはこう書いている。「ミロ・カルドナの指名は爆弾だった。彼はハバナ弁護士会の会長で、資本主義的な大企業の代弁をしており、キューバで最も親北米的な政治家の一人だった。数年前には、歴代キューバ大統領のなかでも最大の盗っ人、8400万ペソを盗んだグラウ・サン・マルティンの弁護をしたし、黒人砂糖労働者の指導者ヘスース・メネンデスを殺害したカシージャス大佐を弁護した。フィデルの選択は我々には理解できなかったが、フィデルが理解してほしいと思った人々には理解された。実のところ、賢い措置だった。アメリカやブルジョア、政治家たちを混乱させたのだ」

侮りがたいフェリペ・パソスは、マイアミ協定の失敗から復活し、国立銀行総裁に指名された。フスト・カリージョは開発銀行総裁だ。ハーバード大学で教育を受けた経済学者レヒノ・ボティは米国から戻り経済大臣となった。経済学者で有力保守紙『ディアリオ・デ・ラ・マリーナ』アナリストだったルフォ・ロペス・フレスケが財務大臣に指名された。外務大臣は正統党の政治家ロベルト・アグラモンテだ。その他、新たに設けられた不法獲得財産回復省の大臣に指名されたファウスティーノ・ペレスなどは、七月二六日運動の右派だった。教育大臣はアルマンド・アルト、チェの戦争中の仇敵エンリケ・オルタスキは通信大臣になった。フィデルの旧友の出版者ルイス・オルランド・ロドリゲスは、ラジオ・レベルデと『自由キューバ人』の設立を手助けした人物だが、内務大臣になった。もうひとつの新設職、革命法大臣は、オスバルド・ドルティコス・トラードだ。シエンフエゴス市の弁護士で、PSPと密かに繋がっていた。彼の指名は当時は他意のないものに見えたが、トラードはフィデルの将来の計画で重要な役割を果たすことになる。

内閣は仕事にかかり、矢継ぎ早に会議を開いて、憲法改正、損傷したインフラの再建、堕落したキューバ社会の正常化に取り組んだ。ウルティアの最優先課題は、ギャンブルと売春を禁止する法律だった。同時に、新任大臣は政府内の粛清を始め、バティスタ政権からボテジャと呼ばれる旨味のある閑職を受けていた役人を首にした。最初のいくつかの政令も、同様の粛清が目的だった。政党は一時的に禁止された。バティスタや大臣の財産、過去2回のバティスタ時代の選挙に参加した政治家の財産は接収された。

フィデルは、大群衆の前で巧みに演説し、それを自ら「直接民主主義」と呼んだ。群衆の意向を見きわめるための、革命政策についての即決の国民投票というわけだ。こうした場は、世間の気分を調べ、固め、先鋭化するのに使われ、最終的には政府に圧力をかける道具となった。フィデルはいく度となく、人民の意志に従うのが新政府の責務だと繰り返した。革命は人民が戦ったものだからだと言う。

またフィデルは軍の改革も始めた。軍こそ彼の真の権力の源泉だった。「旧軍」と警察の上層部は一掃され、将官は左遷されるか粛清された。ラモン・バルキン大佐は軍学校の校長にされた。失敗した夏の攻勢以後に反乱軍に寝返ったキャリア将校の一人ケベード少佐は兵站責任者となった。他の軍人は軍事アタッシェとして外国に肩書き付きで追い出された。新たな軍事エリートは、忠実な反乱兵で固められた。カミロはすでにハバナ州の軍管区司令官だったが、陸軍参謀長となった。アウグスト・マルティネス・サンチェスは、ラウルの第二戦線で裁判官を務めた弁護士だが、防衛大臣となった。ラウル配下の精鋭「マウマウ」ゲリラ突撃隊長のエフィヘニオ・アメイヘイラスは警察長官となった。フィデルの空軍司令官でパイロットのペドロ・ディアス・ランスは公式に空軍司令官となった。おそらく最も効果があったのは、キューバのすべての州に、忠実な七月二六日メンバーが軍管区司令官として任命されたことだ。

まもなく明らかになったのは、本当の革命権力の座は、ハバナ旧市街の飾り立てた大統領宮殿ではなく、フィデルがいる場所だ、ということだった。そしてフィデルはあらゆるところにいるように見えた。拠点は、都心のベダードに新設されたハバナヒルトンの23階にあるペントハウスのスイートだったが、近くのセリア・サンチェスのアパートにも泊まって働き、ハバナから東に30分ほどの漁村コヒマルにある別荘でも活動した。キューバの未来が決められたのは、大統領宮殿よりはむしろこの別荘でだった。その後の数カ月で、この別荘はフィデルと最側近、およびPSP指導者との会合が毎夜開かれる場所となった。そうした会合の目的は、PSPと七月二六日運動を、一つの革命党に融合させることだった。フィデル、チェ、ラウル、ラミロ、カミロはゲリラの代表だった。カルロス・ラファエル・ロドリゲス、アニバル・エスカランテ、党書記長ブラス・ロカが、PSP側の議論を主導した。

Ⅳ

表面的には、チェとラウルは要職指名の分配でつまはじきにされているように見えた。ラウルはオリエンテ州軍管区司令官で、チェはラ・カバーニャ司令官というつまらない肩書きだ。だが職階は実態を伝えていなかった。フィデルが革命の穏健な顔を見せるのに専念し、アメリカと早すぎる対決を避けようとしていた裏で、ラウルとチェは密かに、PSPとの繋がりを固め、軍におけるフィデルの権力基盤を確立しようとしていた。

チェは獅子奮迅の働きを見せた。1月13日にはラ・カバーニャに軍事文化アカデミーを開設した。公民、歴史、地理、キューバ経済、「ラテンアメリカの各共和国の経済社会的特徴」、時事問題について講義が行われた。チェは部下たちを改革しようとした。闘鶏を禁止して、チェス教室、乗馬チーム、スポーツイベント、美術展、コンサート、演劇を組織した。要塞にいくつかあった映画館では、毎晩映画が上映された。連隊新聞『ラ・カバーニャ・リブレ』を創刊し、まもなく革命軍新聞『ベルデ・オリーボ』の発刊も支援した。チェはこっそりとアカデミーをPSPの監督下においた。エスカンブライ山地での人民委員だったアルマンド・アコスタはアカデミーの学長になった。

1月末にチェはもうひとつ肩書きを得た。革命軍教練局長だ。だがこれまた彼の活動の全貌を物語るものではなかった。フィデルの指示で彼は、こっそり革命の要人たちと会合をしていた。ハバナと任地サンティアゴ市のあいだを忙しく往き来するラウル、カミロ、戦時中のチェの副官だったラミロ・バルデス、PSPのビクトル・ピナなどがその相手だ。狙いは、新しい国家安全保障と諜報の組織を作り上げることだった。この機関である国家安全保障局、別名G－2は有能なバルデスに任された。副官は、人民社会党の政治局員で軍事委員会議長だったオスバルド・サンチェスだ。

一方、西半球のあちこちからキューバ人亡命者が帰国しつつあった。ブエノスアイレスにチャーター機が送られ、亡命者が搭乗し、ゲバラ一家もその機上に招かれた。チェの両親、妹セリア、その夫ルイス・アルガニャラス、14歳になっていたフアン・マルティンがその招きに応じた（ロベルトとアナ・マリアは家庭や仕事の事情でアルゼンチンに残り、有名になった兄に会うのはさらに2年半後になる）。一行は1月9日にハバナに到着した。父エルネストは、ハバナのランチョ・ボジェロス空港の滑走路に口づけした。彼はこう書いている。

「すぐに、すさまじく汚い制服を着たひげ面の兵隊に囲まれた。ライフルか機関銃で武装していた。そして義務的な敬礼が行われ、彼らは急いで我々をターミナル内に案内した。そこでエルネストが待っていた。彼を驚かせようとしたようで、我々の到着を彼が知ったのはほんの数分前らしかった。妻はエルネストの腕に駆け込んで、涙を抑えられなかった。山ほどのカメラマンやテレビカメラがその様子を記録した。その後まもなく、私も息子を抱擁した。最後に会ってから6年ぶりだった」

その日撮影された写真の1枚では、チェは戦闘服にベレー帽姿でボサボサのヒゲをはやし、父親と母親に挟まれ、それを物見高い野次馬が囲んでいる。チェの背後にはマシンガンが視界に突き出している。だが真

ラ・カバーニャ要塞．ハバナ湾とハバナ市街を見下ろす植民地時代の要塞と駐屯地．チェは 1959 年 1 月 3 日，この要塞の司令官となった．

チェ・ゲバラとその両親，ハバナ空港，1959 年 1 月 9 日．

に印象的なのは、セリアとチェの顔に浮かぶ深く情熱的な誇りだ。保守的な服装の父親は脇に立ち、困惑した笑みを浮かべている。

ゲバラ一家は、革命の賓客としてヒルトンのスイートに迎えられた。このホテルの瀟洒なロビーは、だらしない武装ゲリラ、強引なジャーナリスト、有力者へのゴマすり屋、休暇中にこの出来事に出くわしてまごついているアメリカ人観光客でごったがえす面会場所となっていた。一家がフィデルのいる部屋からほんの数階下にある自室にたどりつくと、父エルネストは、家で息子の大好きだったアルゼンチン・ワインのボトルを取り出した。「それを見て、息子はブエノスアイレスで家族みんなが一緒に暮らしていた、もうひとつの幸福な時代の楽しい想い出をまちがいなくよみがえらせていた」と彼は書く。祝う父親は「彼の体、表情、その喜びのなかに、6年以上前のある寒い7月の午後にブエノスアイレスを離れたのと同じ少年」を見たと思った。

父エルネストの見立ては、かなりの希望的観測でしかなかった。彼の息子は、自分でなりたいと思っていたとおりの人物、チェになっていた。そしてチェとしては家族に会えてうれしかっただろうが、本当のところは到着のタイミングは最悪だった。一家がヒルトンに腰を落ち着ける間もなく、チェはラ・カバーニャに取って返した。革命裁判を仕切らねばならなかったのだ。

1月のあいだずっと、戦犯容疑者が毎日のように捕らえられ、ラ・カバーニャに連行された。ほとんどの場合、そうした容疑者は旧体制の上級腰巾着ではなかった。偉い連中のほとんどは、すでに逃亡したか、各国の大使館に籠もっていた。置いてけぼりにされた連中は、副官や雑兵の密告者や警察の拷問者だった。それでも、要塞の古い城壁には夜ごとに、銃殺隊の一斉射撃が響き渡った。粛清委員会の議長に任命されたミゲル・アンヘル・ドゥケ・デ・エストラーダの説明では「戦争捕虜は1000人以上いた。ほとんどの者の調査書類はなかった。名前すらわからない者もいた。だが我々にはやるべき仕事があり、それは敗北した軍を粛清することだった」。

裁判は夜の8時か9時に始まり、たいがいは朝2時か3時までに判決が出た。ドゥケ・デ・エストラーダは証拠を集め、証言を聞き、裁判の用意をした。また「最高検察官」たるチェと裁判所のベンチに腰をすえ、そこでチェが被告の運命について最終決定を下した。ドゥケによれば「チェは私と相談はしたが、彼が仕切っていて、軍司令官として彼が決めたらそれで終わりだ。ほとんどすべての決定で、私たちはほぼ意見が一致した。100日ほどにわたり、銃殺隊による処刑を55件も行っただろうか。おかげでひどく罵倒されたが、それぞれの事件についてしかるべき公平な判断を下したし、軽々しく決断は下さなかった」。

21歳の会計士オルランド・ボレゴはラ・カバーニャの財務担当だったが、革命裁判の裁判長でもあった。彼の回想によれば「容易なことではありません。ほとんどの者は司法的な訓練などまったくなかったからです。何よりも重視したのは、革命的道徳と正義の執行でした。チェはとても慎重でした。誰も囚人を殴ったくらいで射殺されたりはしませんでしたが、極端な拷問や殺害や死亡があれば、はい――銃殺刑です。[…]事件はすべて分析され、あらゆる目撃者と面会し、死者や拷問を受けた人々の親族か、あるいは拷問された当人がやってきました」。

チェは敵対的なキューバテレビのインタビュアーたちに、自分は裁判に臨席したこともないし、被告に直接会ったこともないと述べた。個々の事件について裁判官たちと検討し、判決は冷静かつ中立的に、証拠だけに基づいて下すのだ、と。ボレゴによると、チェは裁判官や検察官をきわめて慎重に選んだ。たとえばかつてひどい扱いを受けた反乱兵は、かつての拷問者に対する判決を下してはならない。ボレゴによれば「ときには極左的な検察官がいた。いつも死刑を求めるので、それをなだめねばならなかった」。だが処刑そのものとなると、チェは明らかに、かつてカマグエイで問題を起こしたアメリカ人志願兵のハーマン・マークスに対する慎重な姿勢を克服したらしい。マークスはラ・カバーニャに再び顔を出し、銃殺隊で積極的な役割を果たした。*

その後の数カ月にわたり、キューバでは数百人が公式に裁判を受けて銃殺隊に処刑された。ほとんどはボレゴの述べたような状況で処刑された。簡素ながらも公正な裁判で、弁護士も目撃者も、検察官も傍聴人もいた。だが恣意的な処刑も大量にあった。最も悪名高い事件では、ラウル・カストロは捕虜70人以上の大量処刑を指揮した。ブルドーザーで溝が掘られ、判決を受けた者たちがその前に並べられて、機関銃でなぎ倒された。ラウルが残虐だという評判はこれで固まった。

革命裁判の実態に対する明確な公式の反対はないも同然だった。むしろ逆だ。バティスタ配下の暴漢は、かなり忌まわしい犯罪を犯しており、キューバ国民はリンチ気分だった。新聞にはバティスタ配下で行われた恐ろしい活動や残虐行為の、胸が悪くなるような暴露や凄惨な写真が大量に載った。『ボエミア』は裁判を待つ容疑者たちへのインチキインタビューを掲載し、処刑の写真に殊勝ぶった説明をつけた。１９５９年2月8日号には、マンザニージョでの殺人数件を実行したガンマン、ニコラルデス・ロハス兄弟の裁判の最後の瞬間が以下のように描かれた。

検察官フェルナンド・アラゴネセス博士　「ニコラルデス兄弟は釈放すべきか？」

＊ボレゴは、ラ・カバーニャでマークスと知り合いになったが、変なうわの空の男で「サディスティック」で銃殺隊に参加したがったと書いている。40歳ほどで、スペイン語はほぼ喋れず、アメリカで指名手配から逃亡中だとの噂だった。数カ月するとキューバから姿を消した。

ダメだ！　というのが大群衆の轟くような叫びだった。

「いつの日か社会の役に立てるかもしれないので懲役にすべきか？」

ダメだ！

「すべての将来世代への見せしめ処刑として、射殺すべきか？」

そうだ！

検察官は［…］怒りに満ちた群衆にチラリと目をやった。そして彼らの全員一致の意見を前に、彼は人民により有罪判決を下された者たちに、怒りと哀れみのまじった視線を向けつつ、平静にこう述べた。「紳士淑女の皆様、これが人民の請願であり、私はこの裁判でその人民の代表なのです」


ニコラルデス兄弟はすぐに連れ出され射殺された。

『ボエミア』の描写は、キューバの革命法廷に蔓延していた雰囲気をかなり正確に伝えているようだ。オルランド・ボレゴは、民間人の傍聴人から厳罰を下せという大きなプレッシャーを感じたと回想している。「しばしば判決が甘すぎると傍聴人たちは思いました。時には、懲役10年を求刑したら、人々は20年にしろと求めるのです」。革命裁判は外国から大きな批判を浴びた。アメリカの議員たちは血みどろだと非難した。そんな非難をものともせず、1月末にフィデルは高官たちの公開裁判を、ハバナのスポーツスタジアムで実施することにした——複数の殺人と拷問で非難されたソーサ・ブランカ少佐などの高官たちだ。だがこの計画は裏目に出た。出席した外国記者たちは、罵声をとばす群衆と血を求めるヒステリックな叫び声のスペクタクルに胸が悪くなった。シンパのハーバート・マシューズは、この裁判を「キューバ人たちの観点」から正当化しようとする論説を書いたが、『ニューヨーク・タイムズ』編集長は掲載を拒否した。

チェは裁判官たちに、革命の敵に追加の攻撃材料を与えないよう、それぞれの裁判において証拠を精査するよう警告したが、それでもキューバの革命を確実なものにするためには、裁判を止めるわけにはいかなかった。チェは、グアテマラでアルベンスが失敗したのは、軍の不忠分子を粛清しなかったせいだ、とキューバの同志にくどいほど語った。キューバはアルベンスのまちがいを繰り返すわけにはいかない、と。

回想記のなかで、父エルネストはこの裁判でチェが主導的な役割を果たした点は避けているが、息子が怖い男になってしまったのを知ったショックについては語っている。彼はチェに、医学の道はどうするつもりだと尋ねたという。チェはにっこりして、名前が同じだから、もしよければお父さんが代役を務めてくれてもいいと答えたという。医者の看板を掲げて「何の危険もなく人を殺しまくれる」と。チェは自分で自分のジョークに笑ってみせたが、父親はもっと真面目に答えろと言った。するとチェは「医学の道なら、とっくの昔に諦めたよ。もう私は政府をまとめるために働いている兵士だ。この先どうなるのか？　自分がどの地に骨を埋めることになるのかもわからないよ」。チェの父親がこの発言の意味合いを理解したのは、ずっと後になってからだった。「我が家にいた頃のエルネスト、普通のエルネストは、もはや見る影もなくなっていた。彼は自分の理念の勝利について、ほとんど神秘的なまでの信念を抱く人物に変貌していた」

この父親の困惑は、チェの旧友や知り合いたちの一部も共有していた。タチアナ・キローガとチチーナのいとこヒミー・ロカは、マイアミでチェと同宿していたが、1959年1月には結婚してロサンゼルスで暮らしていた。タチアナはこう回想する。「ラ・カバーニャに電報を送ったら5ドルかかりました。いまでも忘れません。学生としては大金だったからです。でもお祝いを言いたくて5ドル出しました。するとラ・カバーニャでの殺戮が起きました。あの電報に5ドルかけたことで、それまでにないほどひどい気分になりましたよ。死にたくなりました」

V

革命裁判の大きな影響で、ハバナとワシントンの政治情勢は両極化した。フィデルは批判に激怒していた。広島に原爆を落とした国が、自分のやっていることを血みどろ呼ばわりするとは何事だ？　バティスタ配下の殺人者たちが残虐行為をしていたときには、いまの批判者どもは何も言わなかったじゃないか？　こうした批判は介入でしかない、と彼は言った。もしグリンゴどもがキューバ侵略を試みたら、その代償としてアメリカ人20万人が死ぬことになる。自分に対する暗殺計画の噂もあったが、自分が殺されても革命は生き残る。自分の背後には、革命を率いる用意のある他の同志が立っているし、その連中は自分よりさらに過激だという。それが誰のことかは衆知ながら、フィデルはすぐさまそれを明言した。弟ラウルが自分が選んだ後継者だ。実はラウルが革命軍事大臣に公式に任命されるのは１９５９年10月だが、すでに彼はキューバ軍の実質的な参謀長だった。するとチェの立場は？　アメリカ大使館は、チェの活動や演説を注視し、ますます穏やかならぬものを感じつつあった。

1月27日に、ＰＳＰ主催のハバナにおけるフォーラムで、チェは「反乱軍の社会的諸任務 Proyecciones sociales del Ejército Rebelde」という演説を行った。自分の立場について疑問の余地を一切残さず、革命はフィデルがこれまで認めたものをはるかに超える、急進的な野望を持っているのだと匂わせた。その重要性を理解した人なら、権力を握って以来、フィデルを含め革命指導層が行ったあらゆる演説のなかで、これが最も重要なものなのではと思っただろう。きわめて明確に、チェは未来の概略を述べた。

反乱軍の「見通し」の一つ——武装民主主義——はすでに実現されたが、まだまだやるべきことは多い、と彼は言う。マエストラ山脈で2カ月前に公布された革命的農地改革令だけでは、キューバの誤りを正すには不十分だ。革命は農民に返済すべき負債を抱えている。農民の支えのもとで戦争が戦われたからだ。土地所有制度そのものを改革しなければならない。これは1940年のキューバ憲法が述べた通りだ。「大農園（ラティフンディア）を廃止する法律の要求が、組織化した農民大衆の仕事になるだろう」とチェは述べた。さらに、接収された土地の所有者に対する補償という、以前の憲法上の要件は放棄されるべきだ、という。それは「真の徹底した農地改革」という目標の足を引っ張るだけだ。また、キューバを砂糖輸出経済から解放するために、急速な工業化プロセスも実施されねばならない。そうなって初めて、キューバはアメリカの資本支配から逃れられる。「国の工業化を進めねばならないが、このプロセスがもたらす多くの問題から目を背けてはならない。だが産業育成政策にはある種の関税手法が必要であり、それによって新興産業と、新製品を吸収できるだけの国内市場を保護しなくてならない。こうした市場を拡大するためには、多くの農民大衆にアクセスを提供するしかない。彼らにはまだ購買力がないが、満たされるべきニーズは持っている」

自分の提案に対し、アメリカはいい顔をしないだろう、とチェは警告した。「今日、我々の商業貿易や市場の75パーセントを支配している連中からの反動に備えねばならない。そのためには、対抗策を用いなければならない。そのなかでも重要なのが関税と海外市場の分散化である」。工業化のためには、キューバはまずその天然資源を取り戻さなければならない。これは「バティスタ独裁により諸外国」に引き渡されてしまっている。国の鉱物資産や電力はキューバ人の手に握られるべきである。米国のコングロマリット企業である国際電信電話会社（ＩＴＴ）の子会社となっているキューバの電話会社は国有化されねばならない。

「このような計画の実行に使える資源には何があるだろうか？　我々は反乱軍を持っており、これが闘争の主要な道具、最も有力で強力な武器となるべきだ。我々はバティスタ軍の残党すべてを破壊すべきだ。理解してほしいのは、この粛清は遺恨によるものでも、正義の精神だけに基づくものでもない、ということだ。むしろ万人の目標を最短の時間で達成できるようにする必要性から行われるものだ」

チェは、多くの方面からの抵抗が予想されると述べた。「国の復興には、多くの特権を破壊しなくてはならない。そしてそのために、我々は国をその公然および隠れた多くの敵から守る用意を整えねばならない」。ドミニカ共和国で侵略計画が案出されているという噂に触れて、チェはその背後にアメリカの邪悪な影があると述べた。「小さな島が攻撃を仕掛けるようなことがあれば、それはまさに大陸と呼べる列強の助けを得てのことだ。我々は我らが国土の上ですさまじい規模の攻撃に耐えねばならない。この理由から、我々はあらかじめ警戒し、前衛をゲリラ精神とゲリラ戦略で整えておかねばならない。〔…〕キューバ国民すべてがゲリラ軍になるべきである。なぜなら反乱軍は拡大しており、その能力を制約するのは、唯一、キューバ人が600万人しかいないということだけだからだ。キューバ人は全員、武器の使い方を学び、国の防衛にあたり、いつそれを使うべきか知らなければならない」

最も劇的な点として、チェは大陸革命というビジョンの萌芽をここで吐露している。伝統的な共産主義の、党が率いる大衆闘争という理論を疑問視するだけでなく、半球全体での暴力的対決という交戦の火蓋を切って落とそうというのだ。「我々の革命が南米に示した手本と、それが含意する教訓は、机上の空論をすべて破壊した。我々は、人民に支えられ必要なら死をも恐れぬ決然とした男たちの小グループが、規律のとれた正規軍に打ち勝ち、最終的には勝利できるのを実証した。これこそが根本的な教訓である。そしてこれは、我々と同じ農業国であるアメリカ大陸の兄弟たちにとっての教訓でもある。農地革命を起こし、畑で、山で闘い、そして革命を都市に持ち込めという教訓だ。〔…〕我々の未来は、南米の低開発国すべてと密接に結びついている。革命はキューバという国にとどまるものではない。革命はアメリカ大陸の良心に触れ、わが人民の敵をひどく警戒させたからだ。〔…〕革命で南米の独裁者たちは守りを固めた。連中は外国の独占企業と同じく、人民政権の敵である」

革命には敵もいたが、味方もいた。チェは次のような呼びかけで演説を終えた。「アメリカ大陸のあらゆる国の精神的な連帯、無駄口や形式主義的な共存を超え、我々の経験を提供することで兄弟たちを実際に支援する連帯を生み出そう。〔…〕今日、キューバの全人民は戦っており、団結を維持すべきである。そうしてこそ、独裁に対する勝利は一時的なものではなく、南米の勝利に向けた第一歩になるのだ」

チェの演説は、西半球の革命家予備軍を召集するサイレンの響きであり、アメリカの利権に対する暗黙の宣戦布告以外の何物でもなかった。

VI

2月2日、アメリカの在ハバナ公使代理ダニエル・ブラドックは、国務省、CIA、陸軍、海軍、空軍、シウダー・トルヒーヨとマナグアの米国大使館に対し、極秘メッセージを送った。その表題は「他の南米政府に対する革命作戦拠点としてのキューバ」というもので、きわめて具体的な警告文書だった。ブラドックによれば「キューバにおいて成功した革命運動の指導者の多くは、他の南米諸国の人民を「独裁政府」から「解放」する活動を進めるべきだと考えている。エルネスト〝チェ〟ゲバラ・セルナは一般に、こうした考え方の推進役と考えられており、実際この計画において活発な役割を果たしているが、決して彼ひとりではない。フィデル・カストロもこうした方向で発言をしていると言われ、特に最近のベネズエラ訪問でそれが聞かれた*」

珍しくアメリカ諜報筋の評価は的を射ていた。フィデルの後押しを得てチェは、西半球から革命家候補を招集し、キューバ出資で独自のグランマ号式の武装遠征を行わせようとしていた。対バティスタ戦争では、多数の反ソモサのニカラグア人が（マルクス主義知識人カルロス・フォンセカ率いる学生グループも含め）、巧みな賛辞でキューバ革命の大義を支援した。チェはそのニカラグア人がゲリラ軍を組織するのを支援し、さらにそれを率いる革命党も用意すると申し出ていた。こう勧められていたのはニカラグア人だけではない、とブラドックの公電は言う。

「キューバ支援のゲリラ侵攻候補として」最も名前が挙がるのはドミニカ共和国、ニカラグア、パラグアイ、ハイチである。パラグアイはキューバが直接関与するには遠すぎるようだが、他の参加国についてはかなりの予備的な話や計画が進んでいる。キューバにはドミニカの亡命者が多数おり、その一人は「将軍」ミゲル・アンヘル・ラミレスである。革命指導者たち（暫定政府の高官とは別人）は、ドミニカ共和国との関連でまだケリがついていない問題があると感じているようだ。これは1947年に失敗したカヨ・コンフィテス島遠征隊に関わる話であり、これにはフィデル・カストロを含む多くの革命指導者が関与していた。

ルイス・デホイエはいまハバナにおり、「不正な」［ハイチの］デュヴァリエ政府を転覆する運動を組織して、支援を得ようとしている。これを支援しているのはピエレ・アルマンという自称「在ハバナ・ハイチ革命戦線大統領」である。どうやらキューバの革命家たちは、トルヒーヨ攻撃の拠点を獲得する手段として、このハイチ人たちの計画に興味があるようだ。彼らはデホイエを支援する見返りに、ハイチからトルヒーヨに対して遠征するのを容認させようとしている。

多くのニカラグア亡命者もハバナにおり、その一人がマヌエル・ゴメス・フロレスである。今日、大使館がかなり信頼できる筋から得た報告では、このニカラグア人グループは自分たちがまっ先に攻撃を始めることになると考えているらしい。〔…〕この報告は、この策謀に積極的に関与し、参加者の一部を訓練している人物としてゲバラの名前を具体的に挙げている。2カ月以内に侵略行動を起こしたいと希望しているらしい。

ブラドックの公電は不気味なまでに正確な予想で終わっている。「こうした各種の作戦をめぐる計画は、予備的なもので現時点では非現実的であり、各グループもばらばらである。しかし多くのキューバ革命指導者たちの背景を鑑み、さらに彼らの運動が外国から得た支援を考慮すれば、当分のあいだキューバは革命的な策謀や活動の中心となることが予想され、結果として、わが国を含めた各国政府の懸念と困難になるであろう」

ラ・カバーニャのチェの部下のあいだでは、彼が外国の革命家と会っているのは秘密でも何でもなかったし、アメリカ大使館が聞きつけたような陰謀の噂はキューバ中に広まっていた。バティスタとの戦いに参加するには幼すぎた児童はチェに手紙を書き、トルヒーヨに対する戦いに参加を認めてくれと頼んだ。2月5日、チェは名乗りを上げた志願兵候補3人への丁寧な断りを公表した。カルデナス市のファン・エオン・キンタナにはこう書いた。「君の申し出には感謝する。若者が、サント・ドミンゴに自由をもたらすという

＊　1月末にフィデルはベネズエラを訪問し、退陣するララサバル政権に謝意を述べた。同政権は戦争中に武器を提供していた。滞在中のフィデルの発言は、ニカラグアの独裁者アナスタシオ・ソモサを言外に脅していると解釈された。また大統領選で勝利したばかりのロムロ・ベタンクールとも会談した――チェはコスタリカで会って、ベタンクールに不信感を抱いていた。後にベタンクールが明かしたところでは、フィデルはベネズエラがキューバに原油を供給してくれると当てにしていいか、自分は「アメリカ人とのゲーム」を計画しているからだ、と尋ねたという。根っから親米だったベタンクールはフィデルに対してきっぱりと、石油なら他のあらゆる顧客と同様に買える、現金即金でなら、と答えた。

わめて高貴な大義のために自己犠牲を厭わないのはすばらしいことだ。だがこの時点では、我々の戦闘の場はここキューバであると私は感じている。まだここには克服すべきすさまじい困難がある。いまの時点では、我々の革命のために熱烈に働くのに専念してほしい。それこそが、ドミニカ人民に提供できる最大の支援になる。つまり我々の完全な勝利という見本こそが支援なのだ」

実はチェは、ラミロ・バルデスの国家公安局の内部に設置する、秘密機関の基礎づくりを手伝っていた。この機関は外国へのゲリラ遠征を組織、訓練、支援するものだった（この秘密ユニットは、情報総局内の解放局として知られるようになる）。後にこの機関を率いる人物マヌエル・ピニェイロ・ロサダはコロンビア大学の元学生であり、マタンサスでワイン輸入企業とビール流通業を営むガリシア移民の息子だった。ラウルのかつての第二戦線の副官の一人だったピニェイロが言うには、キューバ出資の初のゲリラ遠征はきわめて「職人的」であり、ニカラグアとグアテマラの場合には、チェが中米やメキシコで構築した個人的な人間関係に依存していた。1959年初頭時点では、キューバ政府側にはこうした遠征についての「系統立てた政策」はまだなかった、とピニェイロは述べる。

だがこれはすぐに変わる。オスバルド・デ・カルデナスは、マタンサス出身のムラートの高校生で、1959年1月にはまだ16歳だった。だが1年もしないうちにピニェイロは彼を、外国ゲリラ支援を専門とする諜報員として採用している。カルデナスは、自分の若い仲間はキューバ革命が南米における他の変化の皮切りなのだと確信しており、その変化は目前に迫っていると思っていた、と回想する。「だから、仕事にかからねば！　みなこの精神を吹き込まれていました。みなどこかでゲリラ軍に加わりたいと思っていたのです。パラグアイに行く計画がありました。どうやってそこまで行くつもりだったのかはわかりませんが、ストロエスネルを打倒しに行く計画がありました。トルヒーヨに立ち向かう戦いの計画もありました。実際に行った者もいて、許可を得た人も、無許可で行った人もいました。ソモサを転覆させる計画もありました。圧政者さえいれば、南米の独裁者なら、自動的に我々の敵です」とカルデナス。

チェの勤勉な若き側近オルランド・ボレゴも、解放熱に感染した。1959年の2月か3月、ラ・カバーニャの将校たちのあいだに、駆け出しのニカラグア・ゲリラを支援するためキューバの革命家遠征軍が組織されているという噂が広がった。ボレゴは回想する。「我々の何人かが、ニカラグア遠征軍に加わろうとしました。その組織の中心にいるらしき将校がいたのですが、蓋を開けてみると、それはいわゆる「遊軍」でした。チェが承認したわけでもないし、彼が組織したわけでもない。そしてチェがその連中を呼びつけて、厳しく叱りつけたのを覚えています——武器を集めてこの運動を許可なしに計画していたからです。それで阻止されました。しかしその瞬間から、そうした計画があることがかなりはっきりしました」

確かにそうした計画は存在していたが、より本格的なゲリラ作戦は、ボレゴが参加しようとした計画よりもしっかり秘密にされていた。3月にチェは、ニカラグア社会主義党（PSN）の左翼グループと初会合を持ったが、結果ははかばかしくなく、ニカラグア武闘派ロドルフォ・ロメロをハバナに招いて面会した。1954年のカスティージョ・アルマスのグアテマラ侵略の際には、チェもロメロもアルベンス大統領を守るために積極的に戦おうとした。このときロメロはチェに自動小銃の使い方を教えたが、いまやその役割は逆転していた。グアテマラの政権崩壊の後でロメロは地下に潜った。やがて逮捕されニカラグアに追放されたが、短い懲役だけで釈放され、カルロス・フォンセカの反ソモサ学生グループに加わった。チェはロメロに、ニカラグア情勢の見立てを尋ね、現政権を倒す方法の提案を求めた。ロメロはPSNが政治的に「死に体」だと述べ、残された道は一つしかないという。「キューバの道」だ。チェは、キューバで教練を受けているニカラグア人のゲリラ縦隊に参加したいか尋ねた。この隊は元ニカラグア国家警備隊の将校だったラファエル・ソマリバの指揮下で教練を積んでいた。ロメロの答えはイエスだった。

Ⅶ

2月7日、ウルティア政権はキューバ新憲法を承認した。憲法には、チェだけのために設けられた条文があり、対バティスタ戦争で2年以上戦い、司令官の地位を1年維持した外国人すべてにキューバの市民権を与えると定められていた。数日後、チェは公式に「生まれながらの」キューバ市民となった。これと同時に、新政権で初めて内紛があった。フィデルは全国宝くじの禁止と、権力奪取以来閉鎖されていた売春宿やカジノの再開拒否をめぐって、ウルティア内閣と真っ向から対立した。失業者は閉鎖に抗議してデモを行っていたし、フィデルとしても支持層の離反は絶対に避けたいところだった。キューバの生活でいやでも目につく、いかがわしい「娯楽部門」は、確かに改革が必要だが、徐々に行うべきであり、仕事が一掃されることになる者たちに、再訓練や新しい仕事を提供しなくてはならない。このためフィデルは内閣に決定を覆せと要求し、そうしない場合、この袋小路を自分のやり方で解決すると脅した。ミロ・カルドナ首相は、フィデルは内閣の意見などお構いなしに、自分の流儀を押し通すつもりだと知り辞任した。その後任は、他ならぬフィデル・カストロだった。

この役職を「受諾」するにあたってフィデルが主張したのは、ウルティアがフィデルに政策を主導する特権を与えることだった。高い公職に就く最低年齢を35歳から30歳に引き下げる法律が公布された。こうして、それぞれ30歳と32歳だったチェとフィデルは、どちらも大臣職に就けるようになった。2月16日、フィデルはキューバの新首相に就任した。その受諾演説で彼はキューバ人に「変化」を約束した。2月末になると、ウルティア大統領は名実ともにただのお飾りだった。真のキューバの指導者は議論の余地なくフィデルだった。

チェにとって、その「変化」が持つ意味は、もっと具体的だった。『レボルシオン』に寄稿した「ゲリラ兵士とはなにか」という論説は、フィデル就任の3日後に発表され、反乱軍はキューバの政治的未来を決める権利を持つと論じている。チェはゲリラが「人民の選択であり、解放闘争における人民の前衛戦士」だと論じた。ゲリラの規律精神は、軍事階級への盲目的な従属から生じるのではなく、「個人の深い確信」から生じる。ゲリラは「精神的にも肉体的にも敏捷である」。ゲリラは「夜行性」だ。つまり、戦争中と同じように影にひそんで待ち、用心深く攻撃態勢を整えている。そしてその使命はまだ終わっていない。「なぜゲリラは戦うのか？［…］ゲリラは社会改革者である。ゲリラは人民の抑圧者に対する怒りの抗議として武器をとり、非武装の全兄弟たちを不名誉と悲惨のなかにとどめる社会体制を変革するために戦うのだ」

ゲリラには戦術的なニーズがある、とチェは書く。機動し、隠れ、逃れ、人民の支援をあてにできる場所が必要だ。これはつまり地方部ということで、そこでは主要な社会問題は土地保有だ。「ゲリラは根本的に何よりも、農地革命家なのだ。巨大な農民大衆の欲望、つまり土地の所有者になりたい、生産手段や家畜を持ちたい、長年にわたり戦って求め続けたものすべてを、そして、自分の人生を構成し、自分の墓場ともなるものを持ちたいという欲望を、ゲリラ兵は理解する」。だからこそ、キューバの山奥で生まれた新生軍の戦いの基準は農地改革なのだ、とチェは語る。この改革は「マエストラ山脈でおずおずと始まったが」、エスカンブライに移植され、最近では「閣僚内閣で忘れられていたが」、いまや「フィデル・カストロの決断で再び推進される。何度でも言うが、フィデルは「七月二六日」に歴史的定義を与えるだろう。この運動が農地改革を発明したわけではないが、実行するのはこの運動だ。完全に実行され、農地を持たない農民はいなくなり、未耕作地も残らない。そうなれば、運動自体が存在理由を失うかもしれないが、歴史的な使命は達成したことになる。我々の使命はそこまで到達することであり、それ以上の仕事があるかどうかは、未来が教えてくれる」

チェの最後の一節は、七月二六日運動に対する警告であり、いずれPSPとの「統一」のためにおまえたちは不要になるかもしれないと、早くも匂わせていた。「統一」はPSPと反乱軍との一体化を指す符牒となっていた。一体化はすでに始まっており、それは主に革命側ではチェとラウル、PSP側ではカルロス・ラファエル・ロドリゲスの元で行われていた。だが事態はまだ順調ではなかった。PSP内部でフィデルについての意見は分かれていた。カルロス・ラファエルは当初から熱烈な支持者だったが、党の書記長ブラス・ロカは明らかにちがった。最終的に、この溝を埋めるにあたってアニバル・エスカランテが重要な役割を果たしたが、「古参PSP党員」のあいだでは、フィデル主導への懸念がその後も続いた。

公然とPSPへの共感を示していたとはいえ、チェ・ゲバラの自由奔放な考え方もまた、正統なモスクワ路線のPSP党員をいささか不安にさせた。反乱軍が前衛的な役割を果たすというチェの主張——これは都市労働者や伝統的なPSPの党組織を無視しているように見えた——は理論的な冒瀆であり、地方ゲリラ戦と農地革命を強く押し出す主張には、異端の毛沢東主義の影響がうかがえた。だがこうした異端臭はあってても、チェは明らかに友人で仲間であり、PSPはチェに借りがあった。チェは他では得られなかったかもしれないフィデルとの政治的な突破口を提供したからだ。そのイデオロギー的な歪みはまちがいなく矯正されるはずだった。

PSPと七月二六日運動との権力闘争の兆しがあらわになったのは、キューバ全体ではほとんど気がつかれなかった出来事でだった。『ボエミア』2月8日号に、「解放の日」以来「初の内紛」を報じる小さな記事が出た。ラス・ビジャス州の軍管区司令官に指名されたカリスト・モラレスの突然の辞任だ。モラレスは「PSP分子との密接な繋がりを示していた」。問題の根っこにあったのは、ラス・ビジャスの保守的な七月二六日組織とPSPの地方組織との争いが再燃したことだった。だが人種差別も関係していたとされる。モラレスは急進派で、サンタ・クララの人種階層制に不満を抱き、権力に味をしめて拙速にやりすぎた。まず手始めに、ブルドーザーに飛び乗って、市の白人専用中央広場を囲む柵を自ら潰した。すぐに彼は、地元や地域の七月二六日当局と大っぴらに争うようになった。ラス・ビジャス州のPSPのリーダーだったフェリックス・トーレスが支援に来て——アレイダ・マルチの友人ロリータ・ロッセルによると——カリストは間もなくトーレスの影響下に置かれた。状況がこれ以上悪化する前に、フィデルはカリストを解任した。

トーレスがPSPを代表して強引な政治工作を行ったのが功を奏し、PSPはラス・ビジャス州で最終的に優位を獲得した。だが彼は地元民の多くの恨みを買い、反政府感情が広がった。アレイダ・マルチでさえ、ラス・ビジャスの共産党員たちをいまだに毛嫌いしており、モラレスの任命に始まる一連の騒動を作り出したチェを私的になじった。ほどなく、不満を抱いた七月二六日メンバーはエスカンブライで武器をとって反革命蜂起を起こし、それがCIAの支援を受けて他の地域にも広がることになる。これを鎮圧しようとするカストロ政権の作戦は、公式には「ルチャ・コントラ・バンディードス」（反盗賊闘争）と呼ばれる。これは1966年まで続き、フィデルの兵はこの年に最後の反乱を殲滅し、スターリンが有効性を示した対蜂起戦術に従って、エスカンブライの民間人協力者と疑われる者を、はるか遠くのピナール・デル・リオに建てられた専用の「戦略村」に送り込んだ。

Ⅷ

この時期のチェは、複雑でにぎやかな私生活を送った。アレイダと二人きりの時間がほとんどないのに、ハバナにやってきたグアテマラの旧友フリオ〝パトーホ〟（「ガキ」）カセレスには時間を割いた。パトーホはチェがメキシコシティ時代に片手間で写真家業をやっていたときの仲間で、彼やイルダとときどき同居していた。チェとは革命の夢を共有しており、グランマ号にも同行したがったが、フィデルは外国人が多すぎると考えて却下した。いまやパトーホはキューバにいたので、チェはすぐに彼を自宅に迎え入れた。

チェはイルダとも対峙しなくてはならなかった。イルダは1月末にペルーから、3歳のイルディータを連れてやってきた。戦闘では恐れ知らずのチェも、結婚問題ではいささか及び腰だった。自ら空港に行くかわりに、友人オスカール・フェルナンデス・メル博士を妻と子の迎えに差し向けた。復縁を期待していたイルダは、悲しいかな、がっかりさせられることになる。彼女はその別れの場面を次のように記録している。

いつもながら持ち前の率直さで、エルネストは新しい女ができたとストレートに告げました。サンタ・クララ作戦で出会ったそうです。私は深く傷つきましたが、双方の決意に従って私たちは離婚に合意しました。私の苦しみに気がついた彼が「戦闘で死んだほうがマシだった」と述べたときの記憶はまだ胸に残っています。一瞬私は、何も言わずに彼を見つめました。その時点で私は実に多くのものを失いつつありましたが、他にも行うべき重要な任務が実にたくさんあって、それらにおいて彼が不可欠なのだという事実を思い出したのです。彼は生きながらえねばなりません。新しい社会を構築しなければなりません。キューバがグアテマラのまちがいを犯さないよう、頑張って働かねばならないのです。アメリカ大陸解放の闘争に全精力を注がねばなりません。ええ、私は彼が戦闘で死ななかったのを嬉しく思いました。心から嬉しかったのです。そして私はそれをこのように彼に説明しようとして、最後にこう言いました。「このすべてがあるから、私はずっとあなたを愛します」感動した彼はこう言いました。「もしそういうことであれば、いいんだね……友人であり同志であるということで?」

「ええ」と私。

イルダが本当にこれほどあっさりチェを解放してやったのかどうかは、議論の余地はあるだろうが、この疎遠となったカップルはすぐにかなり友好的な離婚調停に至った。イルダはそのままキューバにとどまり、手配がつき次第、何か有益な仕事を与えられる。彼女はチェと離婚し、その後チェとアレイダが結婚する。チェは、写真でしか見たことのない黒髪の少女に対して父親らしい役割を果たそうと、ことさら努力した。アレイダのために、イルダとは明らかに直接の接触を避けつつも――この二人は一目でお互いを嫌った――チェはしばしばイルディータをラ・カバーニャの自分のところへ呼び寄せた。二人が一緒に、要塞のなかを手をつないで歩いているのを部下はよく見かけた。チェが書類を見ているとき、彼女は執務室で遊んだ。2月15日に、彼は娘の3歳の誕生日に出席した。そのときの写真では、イルダがテーブルの上座ににこやかに座ってイルディータを抱きしめている。チェは下座で背中を丸めている。ベレー帽と革ジャンを着て、鋭い目つきの打ち解けない様子で、自分があまりに場ちがいだと感じているようだ。

チェはまた、ハバナに1カ月滞在した自分の家族の相手もしなければならなかった。当初は、短期の訪問とチェの多忙ぶりで、関係は平穏だったが、やがてチェと父親との対立が表面化した。政治的な見解が正反

1959 年 2 月 15 日，チェは娘イルディータの 3 歳の誕生日パーティーに出席した．イルディータの母親，イルダ・ガデアが彼女を抱いている．

対なのもさることながら、チェは父親による母の扱いを決して許してはいなかった。親友には、彼の父親は「老母のお金を使い果たして、彼女を捨てた」と語っていたそうだ。事態がついに表面化したのは、父エルネストがアマチュア無線愛好家の自宅に出かけて、ブエノスアイレスの友人と話をしたときだった。アルゼンチンに彼が作った「キューバ支援委員会」はラジオ・レベルデと通信するため短波無線送信機を手に入れた――その時にはすでにその目的には手遅れだったが。だが父はそれを遅ればせながらテストしてみようとして、午後をずっと無線で過ごした。その晩、父は息子に叱責された。「おやじ、無神経すぎるぞ。反革命の無線愛好家の自宅で、短波でブエノスアイレスと通信していただろう」とチェは文句を言った。父は弁解し、別に政治的な話は一切していないと言い、それでその場は収まったが、後に父親はこう回想している。「新革命政府の諜報機関がすでに機能しているのは明らかだった」

ゲバラ一家は、ヒルトンから郊外の高級地区ミラマールにあるホテル・コモドーロに移された。おそらく父エルネストが、間の悪いタイミングでラ・カバーニャの息子のところに立ち寄らないようにするためだった。父はその常習犯だったのだ。その後、チェは家族をヘリコプターで訪れ、ホテルの芝生に着陸した。ゲバラ・リンチはこう書く。「彼は突然やってきて、母セリアとしばらくおしゃべりをして、また立ち去った」。セリア自身は、誰が見てもキューバに魅了され、母親としての誇りと息子の勝利についての多幸感に溺れていた。彼女はおおむね、チェが手を貸して成し遂げた勝利を無批判に受け入れようとしていた。

革命の職務から少し休みをとって、チェは家族を観光旅行に連れ出し、サンタ・クララやエスカンブライの古巣を見せ、アレイダ一家の家を訪ね、自分が率いた戦いの戦場を案内した。ペドレロで彼は家族を残してハバナに戻ったので、兵士2人がチェの命令で家族を馬で山に案内し、かつての司令拠点を見せた。そこで父がまたやらかした。好奇心で古い参謀本部の野戦電話を手に取ったのだ。案内役は、それがかつては近くの無線送信機との通信に使われていたが、すでに接続は切れていると話した。だから誰かが電話の向こうに出たときには驚いた。「君は誰だね」と父エルネストは尋ねた。「そういうおまえこそ何者だ？」と向こうはやり返した。「私はチェの父親だ」と答えると、向こう側の男は信じられないというように言葉を失い、脅すような罵倒を口走ると電話を切った。

一家を案内する兵士は飛び上がった。彼らも同じ無線で連絡をとろうとしたが、返事はなく、彼らは調べるために森に入った。案内役がいないあいだ、チェの父親は想像力をたくましくした。「不安になった。あの向こう側にいた連中は誰だ？　反革命勢力なら、すぐに捕まってしまう。こちらには案内役の兵が2人いるだけで、武器も拳銃だけだ。チェの父母や兄弟姉妹を捕虜にしたら、反革命勢力にとっては一大成果だ」

ゲバラ・リンチは妻や娘と末息子を、防御を固めた洞窟へと押し込んだ。「見知らぬ者がやってきたら、義理の息子ルイスと私は、銃撃で入り口を守ろうと決意した」。だが間もなく、護衛兵たちが笑いながら戻ってきた。ラジオ施設に行くと民兵がいて、まさに電話をした瞬間に送信機を分解しているところだったのだ。向こうも怯えており、反革命勢力が攻撃しようとしているのではと思って防衛体勢に入っていた。後にセリアがこの話を語ると、チェは大笑いした。

家族の訪問はチェにとって居心地が悪かった。多くの同志以上に、彼はほとんど神経質なまでに、世間体を気にしていた。家族や友人に政府の特別扱いをばらまいて、権力を濫用しているとは見られたくなかった。ゲバラ一家の無料フライトは、カミロがサプライズとして手配したものだった。チェが事前に知っていたら、禁止したはずだ。そして到着後も、ゲバラ一家はチェの緊縮方針をまざまざと味わうことになる。ハバナ周辺の移動用に車と運転手は用意されたが、ガソリン代は負担させられた。マエストラ山脈の戦場を探検したいと父親が言うと、チェはジープと古参兵を案内役として手配するが、ガソリン代と、さらには食事も親父の負担だ、と言った。ゲバラ・リンチはそれだけの現金を持ってきておらず、計画を諦めた。

一家の最後の出発は唐突だった。ゲバラ・リンチの回想では「ブエノスアイレスの仕事で戻らねばならなかった。いきなり私は帰ると決めた。エルネストに電話して、その晩に発つと告げた。息子はお別れを言いに、ラウル・カストロを伴って空港にやってきた」。

二人が搭乗ゲートでおしゃべりをしていると、男がやってきて強いブエノスアイレス訛りでチェに話しかけた。自分もアルゼンチン人であり、ぜひ握手してほしいという。チェは黙って応じたが、その男がメモ帳とペンを取り出してサインを求めると、チェは背を向けた。「私は映画スターじゃない」

チェと父親は最後の瞬間に、象徴的な和解をした。フライトに呼び出しがかかると、ゲバラ・リンチは自分のはめていた古い金の腕時計を外した。チェの敬愛する祖母アナ・イサベル・リンチから伝えられた家宝だ。それを息子に与えた。チェはそれを受け取ると、自分のはめていた腕時計をはずして、父親に渡した。自分が司令官に抜擢されたときにフィデルにもらった時計だ、とチェは言った。

IX

チェはここしばらく、見るからに気分が悪く、やつれて目が落ちくぼんでいた。医学協会から演説の招きを受けたのに、フィデルに同行してベネズエラに行かなかったのも、健康上の理由からだった。スケジュールを割いて、医者にレントゲンをとらせたのは、やっと3月4日になってからだった。肺の感染症と診断され、療養を求められ、また葉巻も止めるよう言われた。戦争中に煙草中毒となっていたチェは、医者たちを説得して、タバコを1日1本だけ許してもらった。この患者はこのルールをかなり歪めて解釈していた。当時、フィデルの雑用係を務めていたアントニオ・ヌニェス・ヒメネスは、ある朝チェの家に出かけたときにそれを知った。「彼は全長50センチほどの葉巻を吸っていました。そしていたずらっぽい微笑を浮かべてこう説明したのです。「医者のことなら気にするな。約束は守っている――1日葉巻1本、それ以上はまったく吸っていない」」

チェとアレイダは、医者の要請で、近くの海浜村タララにある接収された別荘に移された。場所を移したおかげで、チェは革命業務を秘密裏に進められるようになった。彼は、キューバの農地改革法の起草に深く関わり、それを実施する機関を設計していた。この機関は、名前こそ無害そうだった――国立農地改革研究所（Instituto Nacional de Reforma Agraria. ＩＮＲＡ）――が、その本質は、真のキューバ革命の創生だった。ＩＮＲ

Aは七月二六日運動左派と、旧反乱軍、およびPSPの融合体であり、マヌエル・ウルティアを長とする政権の機能を徐々に引き継いでいった。

ラ・カバーニャに到着した直後から、チェは砂糖関連機関の新たな非公式顧問団（ファン・ボロートとPSPのアルフレド・メネンデスを含む）を相談のために集めた。1959年の砂糖収穫期が始まり、チェは雇用を増やすために1日の労働時間を8時間から6時間に減らすよう提案した。メネンデスは、そうすればキューバの労働市場全体で、似たような労働時間の削減を求める波が起こると指摘した。すると砂糖生産の費用が増え、世界市場におけるキューバの利益にも影響する。

チェは答えた。「そのとおりかもしれない。だが革命の第一の使命はキューバの失業問題の解決だ。それを解決できなければ権力を維持できない」。彼はメネンデスに、労働日数を減らす提案を要求し続けたが、最終的にフィデルがこの考えを却下した。あまりに問題が多すぎたからだ。さらに砂糖産業はまだキューバおよびアメリカの強力な民間資本利権の手中にあり、彼らを敵にまわすわけにはいかない。メネンデスによると「フィデルのビジョンは長期でした。彼は労働者にこう言いました――労働者はパンくずのために戦うのではなく、権力のために戦うべきだ。彼はすでにこの産業の国有化を計画していました」。

2月になると、相談の回数は増え、メネンデスはPSPの高官グループである「経済委員会」に参加した。この委員会は毎晩、ラ・カバーニャに近く便利なコヒマールの家で秘密会合を開いた。この家は、切れ者の青年PSP党員で、英語とフランス語を使うフランシスコ〝パンチョ〟ガルシア・バルス名義で借りられていた。ガルシア・バルスは戦争には参加しなかったが、チェに気に入られ、中尉となり、主任助手に取りたてられていた。実績のないガルシア・バルスの軍階級と任務は、部外者には説明がつかないものに思えたが、彼はチェにとって重要な役割を果たしていた。彼の家での夜ごとの会合は、農地改革法の草案を書き上げるためのものだったのだ。

チェは、午後にコヒマールの家に立ち寄るのが習慣だった。ガルシア・バルスとメネンデスは経済問題にかかりきりだったが、チェはゲリラ戦争に関する考えをテープレコーダーに口述していた。テープを起こしたのは、新任の個人秘書ホセ・マヌエル・マンレサだった。バティスタ軍の事務軍曹だったが、チェは彼を採用した。ときどきチェはメネンデスを呼びつけ、その一部を読むように言った。これによって生まれた『ゲリラ戦争 *La guerra de guerrillas*』は、キューバで学んだ教訓を他の南米諸国に適用しようとしたハウツーマニュアルだ。

タララに落ち着いたチェは、INRAの作業に発破をかけた。フィデルはほぼ同時期にコヒマールの別荘に移り、農地改革を担当するグループの長にアントニオ・ヌニェス・ヒメネスを据えた。このグループのメンバーには、チェ、フィデルの古くからのPSPの友人アルフレド・ゲバラ、ペドロ・ミレー、ビルマ・エスピン（1月にラウルが結婚した相手）、PSPの高級顧問二人がいた。一同は毎晩、タララの家に集まって議論し、ガルシア・バルスの家でPSPチームが起草した提案を書き換え、加筆した。アルフレド・ゲバラは、フィデルの伝記作者タッド・シュルツに対して、一同は普通は夜明けまで作業をするが、そこへ「フィデルがやってきて全部変える」と語っている。だが次第にプロジェクトは形になってきた。その間ずっと、ウルティア政権の大臣に対しては秘密は厳守された。当然ながら名目上の農業大臣ウンベルト・ソリ゠マリンは招かれなかった。同時にチェは、反乱軍とPSPとの長期的な統一についても、フィデルの家で交渉していた。

このグループが決して目立ってはならないことを考えれば、接収した豪華な別荘に暮らしているというチェについての雑誌記事に対するチェの反応も納得できる。彼は『レボルシオン』に熾烈な反論を書いた。

『レボルシオン』読者には、私が病気であり、その病気も賭博場やキャバレーでの徹夜遊びでかかったわけではないことをはっきりさせねばならない。革命のために自分の体が耐えられる以上に働いたせいなのだ。医師たちは、客の絶えない家から離れた静かな場所を奨めた。［…］私は旧政権の代表がかつて所有していた家に住まざるを得ない。反乱軍将校としての給料125ドルでは、私に同行する人々を住まわせるほど大きな家を借りられないからだ。

それが古いバティスタ派の家だという事実は、それが豪華だということを意味する。私は最も簡素な家を選んだが、それでもこの家は世間的な感情を逆なでするものである。私はジャノ・モンテス氏［記事の著者］に、そしてなによりキューバの人々に、回復したらここを捨てることをお約束する。

2カ月後、健康が改善して農地改革法が完成すると、チェはハバナの反対側にある内陸の村サンティアゴ・デ・ラス・ベガスに近い、ずっと慎ましい田舎の家に引っ越した。

秘密の首脳会議と時を同じくして、新任のアメリカ大使フィリップ・ボンサルがやってきた。彼はカストロを「操れる」という楽観的な見通しを述べた。軍の諜報当局はそうは思わず、3月10日にアイゼンハワーの国家安全保障会議は「キューバで別の政権を樹立する」可能性を議論した。

フィデルが共産主義者かどうかはさておき、アメリカの政治アナリストのほとんどは、彼が見境のない人物であり、本当にキューバと地域に被害をもたらす前に何とか抑えねばならないと感じていた。これまではフィデルを支援してきた政治的穏健派の南米指導者たちも、同じように感じつつあった。コスタリカ大統領ホセ・フィゲーレスとベネズエラのロムロ・ベタンクールは、すでに共産主義者がキューバのほとんどの要所をしっかり掌握したのではという疑念をアメリカに伝えた。だがその間ずっと、フィデルは共産主義的な傾倒を激しく公然と否定し続け、何百人もの記者をハバナに招いて、「真実作戦」と名付けた豪華なPRキャンペーンを行った。否定的な報道に反撃するのが狙いだった。

反撃すべき否定的な報道は実に多かった。フィデルは、国際電信電話会社（ITT）のキューバ子会社に「介入」し、「その運営に怪しい部分があるのを調査」したばかりだった。これは1月にチェが演説で訴えた介入だった。さらに、戦争中の仲間だったキューバ訪問中のフィゲーレス大統領を、キューバが「冷戦対決」でアメリカに肩入れすべきだと示唆したとして、公然と罵倒し、「帝国主義的傾向」があると非難した。キューバの経済について、とんでもない予想を掲げてみせ、ものの数年でキューバの生活水準はアメリカを追い越すとまで豪語した。革命裁判は相変わらず続き、フィデルが民間人爆撃で無罪とされたバティスタ空軍兵44人について裁判のやり直しを命じると、国際的なスキャンダルとなった。革命裁判を契機に、影響力の強いキューバのカトリック社会はフィデルから離反し、バティスタ打倒活動を積極的に支援してきたカトリックの武闘派は、革命が左に偏ってきたのに不安を抱いた。大学はフィデルが学問の自律性という神聖な伝統を明らかに無視しているのに怯えたし、報道の自由に対する弾圧も間近に思えた。

フィデルの行動をもっと肯定的に描く「革命的」マスコミを作る計画が進んでいた。キューバ革命に心酔したアルゼンチンのジャーナリスト、ホルへ・リカルド・マセッティはハバナに戻っており、ウルグアイからも同じ立場のカルロス・マリア・グティエレスが来ていた。*二人は「独立」国際キューバニュース機関の創設についてチェと相談しており、ペロンの失敗したラテン通信社（Agencia Latina）を手本にするつもりだっ

＊　ブエノスアイレスに戻ったマセッティは『戦う者と泣く者 *Los Que Luchan y los Que Lloran*』というマエストラ山脈時代の記録を発表し、キューバ革命とその指導者を絶賛した。

た。チェの狙いはペロンと同様に、AP通信やUPI通信などの「ヤンキー資本家」が独占する報道機関から自由になることだった。ものの数カ月で、戦争中に集めた未使用の七月二六日債券10万ドルを使って、キューバ独自のプレンサ・ラティーナが創設された。マセッティが初代編集長となり、世界中からきら星のごとく特派員が名を連ねた。数カ月のうちに、山脈派転向者であるアメリカのジャーナリスト、ロバート・テーバーもまた「キューバのためのフェアプレー委員会」を通じて革命のプロパガンダ活動を手伝うようになった。この委員会は、カールトン・ビールズ、C・ライト・ミルズ、I・F・ストーン、アレン・ギンズバーグといったリベラル左派の知識人から支援を受けていた。

フィデルはこれまで問題解決に対しては実務的な――そしてときにはマキャベリ的に計算高い――アプローチをとってきたが、いまや異様な経済政策でキューバの問題を「解決」しようという、穏やかならぬ傾向を示すようになった。そのひとつが、南海岸にある広大な沼地デルタ、シエナガ・デ・サパタを干拓して米作りに使うプロジェクトだった。それより重大だったのは、キューバの砂糖の収穫を増やして雇用を刺激するという軽率な発言だった。この発言のおかげで、先物投資家はこれから市場がだぶつくだろうという予想に賭け、世界の砂糖価格は急落した。実際、１９５９年の収穫は平年より多く、５８０万トンだった。

フィデルのとんでもない提案のいくつかは、単なる苦し紛れだった。バティスタ時代の汚職、政権末期の強奪、資本逃避のおかげでキューバの国庫は底をつき、準備高はせいぜい１００万ドル強、公債残高は12億ドル、財政赤字は8億ドルだった。

組合員数百万人強を誇るキューバの労働組合、キューバ労働者同盟（ＣＴＣ）は、かつてＰＳＰの主要な拠点だったが、バティスタに懐柔されていた。だがフィデルは新任の組合指導者ダビー・サルバドールの下で粛清工作を始めていた。いつ農地改革が起こってもおかしくない状況を地主と農業投資家は不安視し、資本投資はないも同然となった。3月にはフィデルは地代を半額にし、空き地を接収する法案をごり押しした。様々な輸入奢侈財に関税がかけられ、レイオフされた労働者は職場復帰を求めてストを始め、職にある労働者は賃上げを要求した。将来の不透明感が高まるなかで、ますます多くの富裕層や中産階級が出国して、外国で新生活を求めた。そのほとんどは、たった130キロ離れたキューバ亡命者の昔からの安息の地、マイアミを目指した。

4月14日にハバナのアメリカ外交団副公使ダニエル・ブラドックはワシントンに、新たな極秘公電「アクション・コピー」を送った。「キューバにおける共産主義の成長」という題名だ。彼はこう報告している。バティスタ転覆以来、PSPは「地下から出て、半ば合法な地位を獲得し、おそらくは政党の登録が始まればすぐに合法となると思われる。党は過去3カ月で少なくとも党員を3000人増やし、まだ増え続けている。ハバナのあらゆる地区に事務所が開設され、内陸のほとんどの街でも同様である」。この公電は続けて、PSPの潜入先として主要な標的になっているのがキューバ軍だと警告した。

ラ・カバーニャはどうやら主要な共産主義センターのようで、その司令官チェ・ゲバラは共産主義とのつながりがある最も重要な人物である。ゲバラはまちがいなくマルクス主義者でPSP党員の可能性もある。ラ・カバーニャでは彼の指揮下、兵に対する政治的教練課程が確立している。こうした課程で使われている教材は、一部は大使館も目にしているが、まちがいなく共産主義路線に従っている。ゲバラはフィデル・カストロに大きな影響力を行使しており、軍の最高司令官、ラウル・カストロに対してはそれがさらに顕著である。ラウルはチェ・ゲバラと同じ政治的な見方を共有しているとされる。

オルランド・ボレゴは、当時の自分がラ・カバーニャの多くの人々の典型だったと語る。元反乱青年兵で、イデオロギー教育はないも同然だった。ボレゴによれば「政治的な観点からすると、この最初の数カ月はきわめて混乱していました。革命は社会主義になるという噂が出回りました。これは兵のあいだで議論されましたが、私は「いやそんなことはあり得ない」と言った一人でした。だいたい、社会主義ってなんですか？私はわからなかった。みんな、共産主義というのは悪いもの、という印象を持っていました。我々が求めていた革命は公正で、名誉にあふれ、国民の利益に奉仕する、とかその手の話ですが、でも共産主義とは一切関わりは持たないものだったのです。しかしこうも言いました。「チェとフィデルが共産主義者なら、我々もそうだ」。でもそれは彼らに対する献身から出たことであり、イデオロギー的な立場のせいではありませんでした」。

ボレゴは、元警察長官エルナンド・エルナンデス将軍の裁判で判事を務めた。その裁判で被告はボリス・パステルナークの『ドクトル・ジバコ』をボレゴにくれた。ボレゴはパステルナークが誰やら見当もつかず、まったく無邪気にその本をチェに見せた。「チェはそれを見て「ハ！」と笑い出しました」とボレゴは回想する。「「まったくおまえときたら無学だなあ」と言って、パステルナークが誰で、スターリン時代について彼が明かしたことを説明してくれました。あの男がこの贈り物をくれたのは意図的で、私がソ連についての様々な否定的な面を理解できるか確かめたのです」

ボレゴによれば「それまでチェは我々に、直接的な政治指導はまったくしませんでした――社会主義思想という意味での話です。しかし2月か3月になると、我々将校たちと、ラ・カバーニャの小さなホールで会合を開くようになりました。政治指導の会合です。そういう呼び方はしませんでしたが、中身はそういうことです」。チェは、権力掌握は革命の目標として最も重要なものではないという思想を特に強調した。「最も困難で複雑な仕事はまさにその瞬間に始まるのだ、と彼は語りました。その段階で独特な社会が構築されるのだと言うのです。彼は共産主義とか社会主義とかは言いませんでした。しかし歴史的な観点から国際的な規模での革命思想を紹介しはじめたのです。ある日、地図の前で、彼はソ連について説明し、社会主義ブロックの諸国、レーニンが果たした役割について説明し、レーニンの思想を伝えはじめて、それが学ぶべき価値ある教訓なのだと言いました」。ボレゴによれば、彼と同志たちはその日のセミナーからの帰り道で、お互いに「これって共産主義の匂いがプンプンする」と語りあったそうだ。だがその頃には彼らは、この新思想に怯えるよりも魅了されるようになっていた。

チェが下士官たちの拒否感を和らげると、その連隊の副官アルマンド・アコスタが教化の仕事を引き継いだ。ボレゴは回想する。「彼はとても賢く、いろいろ説明の仕方がとても知的でした。物事を革命用語で明確にしつつ、共産主義については語らず、何よりも革命家同士の連帯の必要性と、政治的分断があってはならないという話をしました」。アコスタの話とボレゴの日々の密接なチェとの仕事での接触で、やがて「イデオロギー」が生まれた。彼にとって本当に決定的な瞬間は4月にやってきた。金持ちのキューバ実業家で、戦争に加わる前の雇い主が、グアテマラでの高給職を提示してくれたのだ。ボレゴはチェにこの申し出の話をして、助言を求めた。チェはボレゴに、自分が何を重視するか真面目に考えるように告げた。おまえは革命において重要な役割を果たしているのだから、と。数日間、申し出をよく考えて、腹が決まったら戻ってこいという。ボレゴは言われた通りにして、キューバにとどまることにした。「チェはあっという間に私に対してかなりの影響力を持つようになっていたんです」とボレゴ。

オルランド・ボレゴは、チェに最も信頼される個人的な友人で部下になる。政治信条よりは「チェ」個人に従う者たちで構成される、忠実な使徒の集団の一部となった。１９５９年春には、チェはこうした男たち数人を身の回りに集めた。だが派閥主義にはまったく陥らず、反乱軍の支配への移行のあいだ、ラ・カバーニャの敗北した元陸軍兵の多くにも敬意をもって接した――銃殺隊に殺させた者もいたが。フィデルにこれほど近いイデオロギー丸出しの男が、兵士のあいだにこれほど異様なまでの忠誠心を呼び覚ますというのは、アメリカ人にとって困惑させられることだった。彼は確かに危険な敵だった。そしてハバナの大使館からの公電が示すように、彼らはこれを1959年のかなり早い時期に知っていた。

X

チェ・ゲバラはモスクワにとっても特に注目すべき人物として浮上してきた。1959年1月には、ソ連共産党の中央委員会はハバナに隠密に工作員を送って状況を探り、新政権との関係構築の可能性を模索させた。その最初の接触相手はチェにすることが合意された。

工作員の名前はアレサンドル・アレクセーエフだった。背が高くメガネをかけ社交的な人物で、強く角張った顔をしている。アレクセーエフは45歳のKGB職員で、ブエノスアイレスのソ連大使館で外交官の隠れ蓑を使って活動していたが、1958年8月にモスクワに呼び戻された。諜報キャリアの初期に、彼はスペイン内戦と1941―1945年の大祖国戦争〔第二次世界大戦のソ連／ロシアでの呼び名〕に従軍していた。専門は南米だ。

1957年にまだアルゼンチンにいた頃、アレクセーエフはブエノスアイレス大学の友人からチェの話を耳にするようになった。「彼らは革命家で、いつも誇らしげにチェの話をしていました。同じアルゼンチン人がフィデルとともに戦っていると言ってね」。アレクセーエフはフィデルの真の政治的な志向を疑問視していて、後に認めた通り、キューバには十分に注意を払っていなかった。「キューバ革命は大したものとは思いませんでした。他の南米でのいろんな「ブルジョア」革命と同じことになると思っていたんです。どこまで本気か確信できなかった」

モスクワに戻ると、アレクセーエフはすぐに対外文化関係委員会の南米部の長に指名され、1958年12月に着任した。キューバ革命の勝利とモスクワによる新政権承認からものの数週間で、ニキータ・フルシチョフ書記長と直接つながりのある上司ユーリ・ジューコフが面会に来た。「アレクサンドル、現地に出かけてこれがどんな革命か見てきてほしい。どうやら反米らしく、君たちの誰かが出かける価値がありそうだ。スペイン語のできる君が最高の候補だ。アルゼンチンにいたし、チェはアルゼンチン人で、接触方法もある」とジューコフ。

1年前にメキシコから呼び戻されるまで、アレクセーエフと同じ部で働いていたユーリ・パポロフは、同僚の反応をこう記憶する。「行きたくなかったようです。あんなブルジョア革命家とは話をしたくないと言っていました」。パポロフはアレクセーエフに、そう言わずに行っておけ、そのほうが「キャリア上もいいから」と助言した。アレクセーエフはそれで納得した。査証がメキシコシティのキューバ大使館経由で申請された。キューバとソ連とのあいだには正式な外交関係が確立していなかったので、ジャーナリスト査証だった。

1月末には、キューバのPSP高官が何人かモスクワにやってきた。この代表団は、フアン・マリネヨとセベロ・アギーレが率いるもので、公式には共産党大会への参加のためだったが、別の狙いもあった。キューバの革命は絶好のチャンスだからこれを逃してはいけない、とクレムリンを説得することだ。彼らの絶賛を聞いてもアレクセーエフの心は変わらなかった。彼らの感じている多幸感は、バティスタ政権の長年の圧政が終わった多幸感だと思ったのだ。

査証を待つあいだ、アレクセーエフはキューバからのニュース報道をチェックして過ごし、自分のインチキな経歴書に箔をつけるため、モスクワ放送のスペイン語の南米向け放送で、キューバ革命について好意的な放送を行った。時間が経つにつれて、彼の疑念は消え、20年前に戦争で疲弊したスペイン共和国で18歳の少年として感じた情熱の一部を感じるようになった。それでもキューバの査証は下りなかった。それが何カ月も続いた。春が夏になっても、アレクセーエフはずっと待たされた。

当時、中央委員会の国際情報部で働いていたソヴィエト高官ギオルギー・コルニエンコも、ソヴィエトがキューバに熱意を持ったのはカストロが勝利した後だったと回想する。コルニエンコによれば「1959年1月にカストロが新政権を宣言したとき、フルシチョフがうちの部に尋ねました。「こいつら、何者だ? 誰なんだ?」。誰も答えられませんでした。[…] 諜報機関も、外務省も、中央委員会国際情報部も。ハバナの連中が誰か、我々は知らなかったんです。外国の事務所に電報を打ち、それから諜報局などにも電報を打ちました。数日後、南米の首都のどれか——確かメキシコだった——からカストロとその部下について少し情報が来ました。そしてそのなかには、フィデル自身はさておき、ラウルと……おそらくはチェと……フィデルに近い数人がマルクス主義的な見方をしている、という趣旨の情報もありました。この情報がフルシチョフに提出されたときに私も同席していました。彼はこう言いました。「もし本当にそうなら、このキューバ人がマルクス主義者でキューバに一種の社会主義運動を発達させるなら、すばらしいことだ! 西半球で社会主義か親社会主義の政府ができる最初の場所になる。実にいいことだ。社会主義の大義のために実にいい!」」

しかし他の証拠を見ると、クレムリンは革命のニュースを聞いてからキューバを突然「発見」したわけではなさそうだ。亡命中のPSP指導部とクレムリンとの接触は2年にわたる内戦のあいだもずっと続いていたし、ソ連のジャーナリストや労働組合代表団が1959年1月にハバナを訪問している。新政権を承認するとモスクワが即決し、バティスタ打倒の直後にPSP高官がモスクワにやってきたのも、キューバのPSP高官と山脈組のフィデル、ラウル、チェとの接触も——さらにはそれ以前にもメキシコでユーリ・パポロフやニコライ・レオーノフと接触しているし、この二人はすぐにキューバへのソ連使節団として再浮上する——すべては反乱軍の勝利以前から、ソ連がキューバの革命を注視していたことを示唆している。クレムリンの対キューバ政策は、1958年半ば頃、マエストラ山脈における軍の攻勢が破られて反乱側の勝利の見込みが高まると、さらに強化されたようだ。

とはいえ、クレムリン内にカストロ革命に対する疑念が残っていたのはまちがいない。というのもキューバでの展開はソ連のシナリオにはないものだったからだ。革命はPSP戦略の結果ではなかった。主導権を握っていたのは党ではなかった。フィデル・カストロは相変わらず未知数だった。有望な兆しはあったが——フィデルは党の関与を許したし、最も彼に近い人々（チェとラウル）はマルクス主義者だった——まだ断言はできなかった。

一方、ハバナがアレクセーエフの査証を出し渋る理由は十分にあった。名の知れたソ連諜報部門職員に、耳目を集めるような「ジャーナリスト」査証を出すには時期が悪かった。さらに重要な点として、キューバの入国事務は、筋金入りの反共主義者で正統党のロベルト・アグラモンテがいまだに掌握していた（とはいえすぐに変わることになるが）。アグラモンテがこうした申請を好意的に見たとはとても思えない。フィデル側の者の多くは、フィデルは腹黒い日和見のアカを潰そうと時機を見計らっているだけだと思っていたが、彼らがフィデルの政治的な志向に急に不信感を抱いたら、暴力的な分裂が生じて手に負えなくなる。

さらに重要な点として、フィデルは潜在的に最も危険な方向——つまりアメリカ——から少し逃げ場が必要だった。彼の最初の外交目標は、必然的に何らかの一時的妥協をワシントンから確保することでしかあり得なかった。これに対してチェは、アメリカとは完全に袂を分かちたがり、彼としては避けがたいと思ったアメリカとの対決準備をすでに始めていた。ラウルもこれに賛成だった。二人とも革命政策の激しい急進化を望み、権力を一気に集約して、西側と決別しようと主張していた。

4月15日、フィデルはワシントンに飛び、アメリカ新聞編集者協会の年次総会で、基調講演をした。同行したのは、きわめて保守的で親米的な経済関係大臣や財務顧問からなる巨大な使節団だった。急進派のチェとラウルはキューバに残された。フィデルは、自分は南米の新国家元首の定石であるワシントンへの経済支援要求などしない、と繰り返し断言していたが、同行者は経済支援こそがこの外遊の最大の動機の一つだと信じていた。「向こうに提案させよう。それを見て考える」とフィデル。

ゲリラ服に身を包んだフィデルは、ワシントンの全米記者クラブで演説して喝采され、国務長官代行クリスチャン・ハーターと和やかな昼食をとった（国務長官ジョン・フォスター・ダレスはがんの診断を受け、フィデル到着の日に辞任していた）。上院外交委員会で演説し、報道テレビ番組『ミート・ザ・プレス』に出演し、リンカーン記念館とジェファソン記念館を表敬訪問した。

フィデルは最大限に愛想をふりまき、かなり無理をしてまでアメリカ人の懸念を振り払おうとした。キューバへの外国投資促進を再確認して、農地改革法は放棄耕作地や未利用地だけの話だと断言した。アメリカ人観光客の増加を求め、キューバの砂糖の最大の買い手アメリカに、砂糖輸入枠を増やしてほしいと求めた──年間にキューバがアメリカに輸出できる砂糖の量には上限があったからだ。キューバはもちろん、アメリカとの相互防衛協定を遵守し、米国海軍によるグアンタナモ基地の利用も引き続き認める──そしてハバナの事情通には意外かもしれないが、自分は共産主義にも反対だし、報道の自由を支持すると言う。*

どこへ行ってもフィデルには記者がつきまとった。ひげ面で軍服姿の彼は、当時の主流政治家とはちがう異国の存在であり、唐突に散歩に出て一般市民と話をしたがるという彼の習慣は、そのカリスマ性を高めた。彼は注目を集めるのが大好きだったが、非公開の面談では、かなりエゴを傷つけられた。面会した有力者は上から目線で、聞かれもしないのに助言や厳しい警告を垂れ、まるでフィデルが癇癪持ちの若造で、権力の座に就けたのは単なる幸運で、本当はもっと高齢で賢明な人物がその地位に就くべきだ、とでも言うようだった。彼は繰り返し「粛清裁判」や処刑についての質問を浴びせられ、選挙の予定について問いただされた。このどちらの問題についても彼は立場を崩さなかった。裁判と戦争犯罪の処罰を要求したのは「人民」である。選挙はといえば、キューバの用意が整うまでにはもう少し時間が必要だ、おそらく4年ほど、と彼は答えた。

アイゼンハワー大統領は、フィデル訪問中は首都を離れるように手配して、ジョージア州にゴルフ休暇に出かけていた。その代理を任されたのはリチャード・ニクソン副大統領だった。ニクソンとフィデルは、ホワイトハウスで2時間半にわたる非公開会談を行った。終了後、二人とも表面上は礼儀正しかった。だが会談はうまくいかず、どちらも相手について悪印象を抱いた。後にニクソンがアイゼンハワーに語ったところでは、カストロはまさに共産主義者か、あるいは騙されていて、自分の政府に対する共産主義者の影響について「信じられないほど無知」だ、という。この評価はアメリカとキューバの関係に深刻な影響を持つことになる。

＊　歴史家たちは、この懐柔的なフィデルの発言について様々な考察をしている。アイゼンハワー政権がフィデルを無神経に扱ったことが、キューバを「失わせた」というのだ。だがその後の出来事を見ると、フィデルは単に相手の喜ぶようなことを口にしただけだという理論が裏付けられる。

フィデルはアメリカからキューバに対するもっと見識ある政策の感触を期待していたのかもしれないが、それはかなわなかった。アメリカから経済援助の提案を本気で望んでいたとしても、ニクソンはそんなものは一切出さないといって希望を断ち切った。なんとも芸のないことに、ニクソンはフィデルに対してプエルトリコの知事の政策を採用しろと助言した。自領への民間投資を促すことで経済条件を改善しろということだ。プエルトリコはきわめて小さいうえ、補助金漬けのアメリカ領であり、それをキューバと比べること自体が侮辱だった。フィデルはこれに対し、アメリカがキューバに対して介入する権利を持っていたプラット条項の時代はもう終わったのだと告げた。この会談を終えてフィデルは、キューバの独立主権を犠牲にしてアメリカに盲従しないかぎり、アメリカ人は満足しないと確信したことだろう。

プリンストン大学で講演後の4月21日に、フィデルはルフォ・ロペス・フレスケの仲介でCIA高官とニューヨークで面談するのに合意した。二人は3時間以上も非公開で議論した。CIA側のゲリー・ドローラーはドイツ系移民で、フランク・ベンダーという通名を使っており、会談後にロペス・フレスケに対し、カストロが反共主義者だと確信し、キューバでの共産主義者の活動について情報を交換することに合意したと語った。ロペス・フレスケはその連絡係を任された。*

フィデルはほぼまちがいなく、CIAとの面談を利用して、CIAと外遊同行者に、自分は共産主義者が十分に尻尾を出しきって始末できるまで時間稼ぎをしているのだ、という印象を植えつけたのだろう。実際、彼は側近の一人に対し、処刑と共産主義者の政府潜入を止める必要性を語り、別の側近にはチェを長い外遊に送り出す計画を語った。

「ベンダー氏」と会った数日後のボストンで、フィデルはロペス・フレスケの前でラウルからの電話に答えた。キューバでは、フィデルがヤンキーに国を売り渡しているという噂が流れているという。フィデルは激怒した。懐疑的なアメリカの聴衆から受けている酷評を考えれば、ラウルの発言は生傷に塩を塗られるようなものだっただろう。この電話に続いて、数日後に兄弟は奇妙な顔合わせをする。フィデルはブラジルのクビチェック大統領とともに、ＯＡＳ主催の経済会議に招かれた。4月27日、ブラジルに向かう途中でフィデルの乗った飛行機はヒューストンに給油で立ち寄り、そこでラウルとその側近がフィデルと面談した。空港でしばらく非公開の会合を行ってから、ラウルはハバナに戻り、フィデルは南への旅を続けた。

この会合の理由についてはいろいろ臆測がある。ヒュー・トーマスはこう書く。「ヒゲのない軍司令官ラウルは革命への忠誠を維持せよと兄を叱責したのだと言われる。また同じくらいありそうなこととして、主な議題はラウル・カストロとゲバラがキューバで5月1日に行う演説の主題だったかもしれない」。これに対してカストロの伝記作者タッド・シュルツは、この会合をある厄介な出来事と結びつけている。アメリカの諜報アナリストは、キューバが近隣国への武力攻撃を公式にたくらんでいると早くも警告しており、その出来事がそれを証明しつつあった。4月18日、ほとんどの外国人革命家が訓練を受けているピナール・デル・リオの軍事司令官は、ニカラグアのゲリラ研修生１００人以上を連行してその武器を奪うという示威行動を行った。そして、キューバの地からの軍事遠征をフィデルが禁止したという声明を発表した。その同じ日にハバナでは、ルベン・ミロというパナマ人が、1カ月以内に自分のグループがパナマを侵略する計画だと発表した。数日後、フィデルがボストンにいるとき、パナマ当局は海岸で武装反乱者3人を捕らえたが、

＊　この訪問から1カ月後にハバナに戻ったロペス・フレスケはアメリカの高官から接触され、フィデル宛ての「ベンダー氏」からの伝言を託される。ロペスによれば「私はカストロにその諜報を渡したが、彼から答えはなく、ベンダー氏に伝えるべき情報もまったくもらえなかった」。どのみち1年もしないうちにウルティア政権は過去のものとなり、フィデルら急進派に乗っ取られる。ロペス・フレスケは連絡係になるはずだったが、辞任して亡命する。

うち2人はキューバ人だった。マヌエル・ピニェイロによると、この遠征は自主行動、つまり政府から事前に承認を受けていない非組織的な活動だった。だが承認があろうとなかろうと、こうした出来事は、アメリカ世論に新たなイメージを植え付けようとするフィデルの活動を本気で脅かすものだった。ヒューストンに立ち寄った直後、キューバ空域を通過しているとき、彼はこれに関与したキューバ人を「無責任」と非難し、政府は「革命を輸出しない」と繰り返した。

キューバ島外にいるときには、フィデルは他の政府に対する活動を否定して、キューバ人の関与は当時の革命による高揚感のせいだと言えた。実はニカラグア人の連行は、キューバはそうした活動を支持しておらず、むしろそれを防止する手段を講じていることを印象付けるための陽動作戦だったらしい。だがニカラグア人以外にも、反トルヒーヨのドミニカ人反乱グループもキューバで訓練を受けていたし、またハイチ人やその他の国の者も何人かいた。

ラウルとフィデルがヒューストンで面談した翌日、チェですらパナマ人の遠征について弁解した。4月28日夜のテレビ・インタビューで彼はこう語った。「革命はなんとしても誠実でなければならない。そして残念ながら、あれにキューバ人が関与していたのは認めねばならない。我々として言えるのは、あのキューバ人は許可なく、承認を得ずに、支援もなく出発したということだ。[…] 我々は革命思想の輸出はするが、革命を輸出しようとはしない。革命は［敵対する］政府が存在する場所の人民によりなされ、その政府に苦しんでいる人民が戦わねばならない。我々は単なる手本であり、残りは人民の仕事だ」

いつもながらチェの発言は、アメリカ大使館の政治担当者により慎重に分析された。そしていつもながら、チェはうまく立ち回ろうとしてはいたが、面倒な質問をはぐらかすやり方からつい本音が透けて見えた。最初の質問——あなたは共産主義者ですか？——に対しチェは、公的な立場の人間は「そんな質問に直接答える必要があるとは思わない」と答えた。「事実を見ればわかる。我々の考え方は明確で、行動には隠し事はない。私が共産党と繫がった共産主義者ではないという事実は、まさに事実ではあるが、何ら重要ではない。我々が共産主義者呼ばわりされるのはその行動のためであり、肩書きのためでも発言のためでもない。［…］我々のやることが共産主義だと思うなら、我々は共産主義者だ。共産党またはここでの呼び名である人民社会党（PSP）の党員かと言われれば、ちがうと言うしかない」

無理もないことだが、大使館が5月5日にワシントンに極秘公電として送った結論は「エルネスト〝チェ〟ゲバラのテレビ番組登場における発言は共産主義的で反米的志向を示す」と題されていた。

このテレビ・インタビュー直後に、チェはヒューストンから戻ったばかりのラウルとの面談に急行した。次に起きたことから見て、カストロ兄弟の主要な議題は、銃殺隊を止めろというフィデルの決断だったのは明らかだ。1月以来、推定550件の処刑がキューバで行われ、この問題はフィデルにとって、アメリカ外遊での大きな苛立ちのもととなっていた。少しは融和的な身ぶりを示し、それによりアメリカ人に多少の貸しを作るべきだと彼は考えた。チェはその決定に強く反対したものの、フィデルの命令に従った。

オルランド・ボレゴによれば「チェは賛成ではありませんでした。しかしフィデルがそのやり方について説明し、利点と欠点を示したうえで、革命にとっては訴訟手続きを止めるほうが有利だと示すと、チェも受け入れました。受け入れたとはいえ、他のみなと同様に、チェにとってもいい気はしませんでした。まさに審理中の案件もあったからです」

処刑を止めても、結局フィデルはワシントンにまるで恩を売れなかった。いまやアメリカ人が何より心配していたのは、共産主義者がキューバ政府にどれだけ浸透しているのか、まだ発表されていない農地改革法案の規模、キューバ人が近隣国を転覆しようとしているという大量の証拠だった。在コスタリカのアメリカ大使ホワイティング・ウィラウアーによれば、パナマ事件でのキューバの弁明は単なるごまかしだった。

ウィラウアーは冷戦主義者の退役兵で、在ホンジュラス大使として1954年のグアテマラのアルベンス政権転覆作戦で主要な役割を果たしたが、このパナマ事件を、キューバ人がろくでもないことを企んでいるという証拠として挙げた。4月30日、フィデルがまだブエノスアイレスに向かっているあいだに、ウィラウアーはびっちり詰まった7ページの手紙をタイプし、南米担当国務次官補ロイ・ルボトム宛てに「極秘」として送った。それは二人のあいだでかわされたキューバをめぐる書簡の最新版であり、ウィラウアーはルボトムのハト派的な立場に対する蔑視をまったく隠そうとしなかった。彼はカストロに対する予防的な攻撃を主張した。「これを否定する何かすぐれた説明がないかぎり、これ［パナマ事件］が、最低でもキューバ政府、特に軍の高官の黙認なしに起きたとは、私はまったく信じられない。［…］この結論は、軍が共産主義者だらけなのが周知の事実であり、〝チェ〟ゲバラなどの連中がきわめて強い影響力を持っていると一般に信じられていることを考えれば、なおさらありそうに思える」とウィラウアーは書いた。

彼に言わせると「カストロの訪米は最近の共産主義史における最も露骨なへつらい工作だった可能性がきわめて高い」。カストロが共産主義者との繋がりを本当に否定したと信じるためには、「〝チェ〟ゲバラやトップの共産主義者が国から追い出されるしかない。［…］要するに、貴殿は手紙で「カリブ海におけるこの緊張期を落ち着かせるにあたり、かなりの進捗が見られる」などと書かれるが、私は残念ながらまったく同意できないと言わざるを得ない。今日のカリブ海の状況はかつてないほどひどいもので、キューバにおける共産主義者の橋頭堡を一掃しないかぎり、事態は急速に大きく悪化すると思う」。ウィラウアーはこう書く。「事態の肝は、共産主義者が軍の指揮統制のなかできわめて強い地位を握っていることだ。これは彼らがグアテマラの状況では決して実現できなかったことだ」

ウィラウアーの言う通りだった。エルネスト・ゲバラはグアテマラでの社会主義「革命」の未遂のまちがいをよく観察して学び、その5年後にはワシントンが行動する前に予防薬を適用できたのだった。キューバ人はアメリカ人を出し抜いた。アルベンスの敗因についてチェがフィデルに行った提言が効いた。旧軍は徹底的に粛清され、「新軍」には忠誠心も政治志向も疑問の余地のない信頼できる人々が置かれていた。下士官兵は政治的に「再教育」されていた。軍備と訓練が「人民」に与えられ、全国的に民兵が組織されて正規軍を支えた。ワシントンが軍を召集する前に（チェはアメリカが必ずそうすると確信していた）キューバは武装し、準備万端で待ち構えていた。

XI

おそらくフィデル以上に、いまやチェがワシントンにとって南米で筆頭格の要注意人物になっていた。5月4日に在ハバナ米国大使館政治問題担当官J・L・トッピングは、彼が4月29日に受けたキューバのタバコ産業専門家ナポレオン・パディージャ博士からの説明について、ワシントンに極秘公電を送った。パディージャは最近、タバコ・フォーラムの一員としてチェとよく会っていた。これはタバコ生産と雇用を増やす可能性を検討するために設置された委員会だ。彼は「リベラルな愛国的カトリック」で、かつては反バティスタ革命支持者だったと公電には書かれている。トッピングは「彼は深く懸念しており、発言は誠実なものだと感じた」と記している。

パディージャによればゲバラは「バカな国際共産主義者だ――しかも聡明ですらない（スペイン語の表現は

「粗野」)。ラウル・カストロはさらにひどいというのが彼の見立てである。ゲバラは暴力的かつろくな理由もなく反米で、キューバ国内で生産されたアメリカ製品ですら販売に激しく反対している。コカコーラ、ケッズスニーカー、アメリカのタバコですらダメだそうだ。彼は、ゲバラとラウル・カストロがキューバに「ソヴィエト」方式を確立したがっていると考えており、やがてその手の内を見せるだろうと言う。ゲバラはしばしば、自分がフィデル・カストロを操っているのだと語る。

ゲバラは新軍を「人民軍」「プロレタリアの守護者」と呼び、「人民革命」の「主要な政治的一翼」だと述べる。また彼が言うには、新軍はキューバ人民「教化」の主要な源となり、それが「有益な仕事」——どうやら建設、収穫などのこと——を行うが、まちがいなくアメリカから攻撃を受ける革命を防衛するため、常に武器をとって立ち上がる準備ができているそうだ。[…]

パディージャによればゲバラは「グアテマラの一件」についてしばしば語った。ゲバラは報道の自由は危険だと述べた。アルベンス政権下のグアテマラでは報道の自由が政権崩壊の一因だったと彼は指摘する。キューバでは自由は制限されるべきだとゲバラは述べた。

チェは通常「粗野」と言われる人物ではないが、チェが意図的にパディージャを挑発しようとして語っていたと想定するなら、この観察の他の部分にも真実味が出てくる。チェは驚かせやすいと感じた相手を驚かせたがるクセが抜けていなかった。一方で、チェが「フィデルを操る」と豪語していたという話は、相手を喜ばせようとしたパディージャの臆測としか思えない。というのもチェは、最も近しい友人たちとの会話以外では、フィデルに対する敬意を決して失ったことはないからだ。

だが明らかに、フィデルの外遊中に何かが起き、このためチェは事態の進捗にしびれを切らした。ある報告によるとチェは、若者からなるボディーガードを集めて「ヨ・シゴ・ビアーへ」（オレは行く）と語ったそうだ。あらゆる噂からみてボディーガードたちは、彼がドミニカ共和国のトルヒーヨに対する緊急ゲリラ遠征隊を率いるつもりだと考えた。チェがそう考えていた可能性はあるものの、その後に心変わりしたらしい。その後の出来事からして、チェがとどまるのを決めたのは、キューバの社会主義社会構築を加速するつもりだという明らかな信号をフィデルが送ったためだった。

フィデルの時間稼ぎは終わりつつあった。ブエノスアイレス経済会議で、彼はまたもや見出しを飾って南米の同胞たちをざわつかせた。ワシントンに対し「マッカーサー式計画」に出資して南米の経済社会的な疾病を正すことを求めたのだ。彼が弾き出したお値段は、今後10年で開発援助300億ドルというものだった。アメリカは、そんな仕組みを支援する気は毛頭なかったし、南米諸国の大臣たちもすぐにワシントンに肩入れした。皮肉なことに、フィデルのアイデアの変型版が2年後、新生のアメリカ大統領ジョン・F・ケネディによって開始されることになる。「進歩のための同盟」という200億ドルのプログラムだ。ケネディの計画はもちろん、西半球におけるキューバ式の革命の再発を防ごうとしてのものだった。

5月7日にハバナに戻ってものの数日で、フィデルは農地改革法に署名して発効させ、INRAが現実のものとなった。改革の議論すべてで埒外に置かれていた農業大臣ウンベルト・ソリ゠マリンは即座に辞任した。次にフィデルは、チェを長期の「親善」外遊に送り出すに先立ち、革命軍司令官というチェの地位を公式に承認した。外遊の公式の使命は、日本などの新興工業国、さらにはアフリカ、アジア、ヨーロッパの新たな非同盟国——特にインド、エジプト、ユーゴスラビア——との外交的、商業的な関係強化だった。もちろん非公式には、チェが一時的にハバナから離れることで、アメリカでフィデルが匂わせたように、アメリカ人や七月二六日グループの彼自身の側近がきわめて問題視している、このアルゼンチンの共産主義者を

チェとアレイダ・マルチは1959年6月2日にラ・カバーニャの護衛アルベルト・カステジャノスの自宅で結婚した．左からラウル・カストロ．ビルマ・エスピン，チェ，アレイダ，カステジャノス．

「追い払う」ような印象を作り出すのが狙いだった。

チェの外遊はかなり前から構想されていた。アルフレド・メネンデスが、通称「第三の立場にある諸国」または「バンドン会議」諸国――後の非同盟運動の核となる諸国――にチェが興味を持っていると初めて知ったのは、コヒマールでの農地改革法における共同作業の間だった。チェはエジプト、インド、インドネシア、日本の経済分析を依頼してきた。「彼はキューバとこれらの国々との間にどんな商業関係があるのか知りたがりました。我々が何を輸入し、何を輸出し、こうした国々との貿易を増やすにはどんな可能性があるのかを」

メネンデスは調査を終えてそれをチェに渡したが、この外遊について初めて知ったのは農地改革法署名の日に、チェからフィデルに「我らが砂糖男」と紹介されたときだった。

結婚当日のチェとアレイダ，ハリー“ポンボ”ビジェガスとその妻クリスティナとともに．

彼らしい気取りで、フィデルは閣僚全員を、ラ・プラタにある自分の古いゲリラ拠点まで引っ張っていって、そこで署名式を行った。メネンデスにいくつか質問してから、フィデルはいきなりこう述べた。「準備してくれ――チェと旅行に行くんだ」。その外遊の狙いは、ハバナに戻ってからメネンデスに説明された。彼は回想する。「［アメリカとの］関係は冷え込みはじめました。アメリカの圧力は増し、キューバは自分が動ける余地を広げようとしました。革命の戦略は、できるかぎり多くの国々と関係を開くことでした。これが外遊の目的でした。つまり革命を孤立させないという政治的、経済的な狙いがあったんです。これはチェが常に考えていたことでした。[…]彼はいつも、アルベンスが失脚したのはみすみす孤立してしまったからで、[キューバ]革命は国際的な場に出て戦わねばならない、と私に語っていました」

出発前に、チェは身辺を整理した。5月22日、彼はイルダとの離婚手続きをすませた。6月2日、小さな内輪の祝宴で、彼とアレイダは結婚した。ラ・カバーニャにある、彼の最も騒々しい護衛アルベルト・カステジャノスの家でパーティーが開かれた。ハバナの新警察長官エフィヘニオ・アメイヘイラスもおり、ハリー・ビジェガス、セリア・サンチェス、ラウルとその新妻ビルマ・エスピンも出席していた。カミロが陽気な怒鳴り声とともに乱入し、ラム酒のボトルをたくさん抱えてきた。アレイダは新しい白いドレス姿がきれいで、チェはいつもながら、オリーブ色の制服と黒ベレーを身につけていた。

その2週間前に、彼はブエノスアイレスの旧友フリオ〝エル・ガウチョ〟カストロに手紙を書いて、キューバに招いた。

ガウチョ、

我々のこの経験は、本当に何発か銃弾をくらうだけの価値がある。[ここに来るなら]帰ろうとは思うな。革命は待ってくれない。強い抱擁を送る。いまやそう呼ばれ、歴史もそう呼ぶはずの……

チェより。

上巻原注

第1章11ページ

チェの母親の友人でチェの占星術図を書き上げた占い師であるフリア・コンステンラ・デ・ジウサニによれば、セリアは自分がチェを産んだのは1928年5月14日であり、それはスト中の「ディエンテ・デ・オーロ」（金歯）と呼ばれる港湾労働者が銃弾を受けて死んだのと同じ日時だったと話したそうだ。ロサリオの日刊紙『ラ・カピタル』の黄変した資料がこの話を裏付けている。1928年5月、港湾労働者のストが激化して暴力行為に発展した。刃傷沙汰や銃撃が毎日のように起きた。そのほとんどは、港湾労働者の手配師ソシエダド・パトロナルが雇った武装した非組合員によるものだった。1928年5月13日火曜日午後5時半に、「金歯」ことラモン・ロメロはプエルト・サン・マルティンでの小競り合いで頭を撃たれた、翌日5月14日夜明け、彼はロサリオから20キロほど離れたサン・ロレンソのグラナデロス・ア・カバージョ病院で死亡した。

第7章137ページ

1968年にロホは『わが友ゲバラ *Mi amigo el Che*』という本を書き、チェの人生と二人の友情について述べてい

（2）

る。大騒動となったチェの死を受けて緊急刊行するために執筆を急いだせいか、この本にはいろいろ不正確な部分がある。ロホはまた、実際よりも二人の関係をかなり誇張している。だがかつてのゲバラの友人や知り合いが、彼の死後に身代わりの脚光を浴びようとしたのは、ロホに限った話ではない。実際問題として、二人は知り合いだったし仲良しだったし、したがってロホの本は歴史的に使い物になる側面はある。著書でロホは、最初に会ってからラパスから北に向かう旅路のほとんどで、カリカとエルネストに同行したと主張している。これは虚偽だ。彼らはリマ、グアヤキル、コスタリカ、グアテマラ、メキシコで再会はしているが、常に移動は別々だった。彼は後に何度かキューバのチェを訪ねている。

第8章165ページ

「余白メモ」は『旅ノート *Notas de viaje*』〔邦訳『モーターサイクル・ダイアリーズ』〕の一部として、ゲバラの未亡人アレイダ・マルチによって刊行された。ゲバラはこの文章やその他の初期著作を死後に焼き捨てるよう指示していたが、ありがたいことに彼女はそれを保存しておくことにしたのだ。アレイダは、彼の描くこの謎めいた人物は、旅路で出会った数人を組み合わせた架空の人物か、あるいは自分が目覚めた場面を際立たせるために利用した文学的な仕組みだろうと考えている。

アルベルト・グラナードは、二人の旅行中にこのような特徴の人物と会った記憶はまったくないと言う。マルクス主義への傾倒が友人や家族に知られるようになるはるか以前から、エルネストがこんな考えを抱いていたということに、グラナードは困惑していた。

第9章193ページ

エルネスト・ゲバラとキャリアが深く絡み合うことになる多くの人々が、サクセス作戦で登場した。その一人がダニエル・ジェームズだ。反共週刊誌『ニューリーダー』の編集者兼主任南米特派員だったジェームズは、反アルベンスの米国マスコミキャンペーンに関与していた。1954年半ば、彼は『アメリカ大陸の赤い構想 *Red Design for the Americas*』を書いた。これはアルベンス政権打倒を訴える本だ。『苦い果実――グアテマラにおける米国クーデターの隠された物語 *Bitter Fruit: The Untold Story of the American Coup in Guatemala*』の著者によると、共産主義者がグアテマラを支配しているというジェームズの強い主張は「あまりに説得力があり」、CIAは何百冊も買ってそれをアメリカの記者や「世論形成者」に配ったという。1968年にジェームズは、ボリビアでチェのゲリラが所有していた、チェの日記も含む文書で、CIAが捕獲したものを独占的に出版できることになった。同書に続きその翌年にはきわめて辛辣なチェの伝記を出した。チェのオリジナルの日記はラパスのボリビア中央銀行にある。

第13章256ページ

ミゲル・サンチェスは後に反カストロに転じた。私は1997年に本書初版のプロモーション中にサンチェスに会った。彼は書店に現れて名乗り、布の袋を持っており、そこから大きな額入りの白黒写真を引っ張り出した。チェの切断された手のアップの写真だった。指先はインキで黒くなっていた。この写真は「親友」フェリックス・ロドリゲスにもらったのだという。これはキューバ系アメリカ人の元CIA工作員で、1967年のボリビアにおけるチェの処刑に立ち会った人物だ。ロドリゲスはその写真に自分のサインと、サンチェス宛ての個人メッセージを書いていた。

第15章319ページ

チェは全国幹部会からの訪問者が持参した、七月二六日運動のイデオロギー綱領を述べた文書を検討した。そして警戒しつつも感銘を受けた。「そのなかでは一連のかなり進歩的な革命法制が提案されていた。ただしきわめて牧歌的なものも、なかにはあった。たとえば〔南〕米独裁政権とは外交関係を持たないという声明などだ」と彼は書く。彼はおそらく『レボルシオン』最新号について語っているのだろう。『レボルシオン』はカルロス・フランキが刊行する機密機関誌で、彼は元PSP党員で、ハバナで記者活動を行い、七月二六日運動の地下プロパガンダを密かに担当していた。その1957年2月号は、「革命の必要性」という論説を掲載していた。これは『我々の理由 *Nuestra Razón*』というパンフレット草稿の抜粋だった。フランキはその原稿を政治作家マリオ・ジェレーナに書かせ、それが七月二六日運動の「綱領宣言」になればいいと考えた。この記事はこう主張する。「革命」とは「継続的な歴史プロセスである。〔…〕革命とはキューバ生活を一変させるための苦闘であり、財産システムの根本的な変更と制度改変を目指す。〔…〕その目標にあわせ、またキューバの歴史的、地理的、社会的な現実の結果として、革命は民主的であり、ナショナリズム的であり、社会主義的なのである」。

『我々の理由』が数カ月後に刊行されると、フィデルはそれと距離を置いた。どうやら七月二六日運動を支持してくれそうな人々に敬遠されかねないイデオロギー表明は一切避けたいと考えていたようだ。

第17章394ページ

チェのダニエル宛ての手紙にはこうある（カルロス・フランキ『キューバ革命日記』で公開された）。「イデオロギー的な背景のせいで、私は世界問題の解決策が、いわゆる鉄のカーテンの向こうにあると信じる者たちの一人であり、この運動も帝国主義の経済的な鎖から逃れたいというブルジョアジーの願いに啓発された運動の一つだと見ている。

私は常にフィデルを左派ブルジョアジーの真の指導者だと考えてきたが、このイメージは彼をその階級で抜きん出た存在にしている、非凡な聡明さという個人的資質によりさらに強められている。私はその精神をもって闘争を始めた。正直言って、この国の解放以上のことを達成できるとはまったく期待していなかった。そして後の闘争の条件が運動のあらゆる行動を右派（諸君らみなが代表するものだ）に振り向けたら、すぐに脱退するつもりだった。私がまったく予想していなかったのは、マイアミ協定を受け入れるために彼が基本的な考え方をまるっきり変えたことだった。そんなことはあり得ないと思ったが、後にそれがあり得たと知った。［…］ありがたいことに、その間にフィデルの手紙が届き［…］裏切りと呼べるものが起きた事情を説明してくれた」

供給の問題については、自分もフィデルも必要なものをすぐに入手できず、これまで通り独自に手配する、とチェは言う。主要な供給業者は「怪しげな人物」ではあるが、危険なしに取引できると考えていた。マイアミ協定に合意した連中とちがい、その人物は自分の価値観を犠牲にしたりはしていない、とチェはとげとげしくダニエルに指摘している。マイアミ協定では「何が起きたかといえばケツが差し出されて、おそらくはキューバ史上最も唾棄すべき「カマ掘り」が行われたというだけだ。歴史の上で私の名前（自分の行いによりそれを勝ち取るつもりだ）があの犯罪とは結びつけられてはならない、だからここで記録に残しておく。［…］この手紙が不公正で君を傷つけたとか、君がその犯罪について無罪で、そう言いたいというのであれば、結構毛だらけ。そしてあまりに傷ついて革命のこの党派と関係を切りたいというのであれば、なおさら結構だ」

その4日後、ダニエルは雄弁な反駁で応じた。彼もまた「自分の革命的誠実さの証拠」を残すために書いておくという。チェの手紙を、チェの要求どおり他言しない件については、ダニエルはそれを幹部会の他の委員にも見せたと伝えた。したがってチェは、自分からのこの手紙を、幹部会全員からのものと考えてくれていいという。「私は君が私をどう位置づけようがまったく気にしないし、君が我々に対して抱く意見を変えさせようとする気すらない。[…]今は「世界の救済がどこにあるか」を議論するときではない。[…]我々の根本的なちがいは、我々は抑圧された人民を抱える「我々のアメリカ」の各国政府を、人民の自由と進歩への渇望に対処させようとしているということだ。[…]我々は強いアメリカを求めており、自分自身の運命を司る存在、アメリカ合衆国、ロシア、中国といった政治的、経済的独立を突き崩そうとする列強すべてに対して誇り高く立ち上がれるアメリカを求めている。これに対し、君のようなイデオロギー的背景を持つ人間は、我々の病理に対する解決策は、有害な「ヤンキー」支配から、同じくらい有害な「ソヴィエト」支配によって解放されることだと考えている」

第17章394ページ

1959年に反乱軍が勝利してから『レボルシオン』は日刊紙となり、『ルネス・デ・レボルシオン』は小説家ギジェルモ・カブレラ゠インファンテ編集となった。カブレラ゠インファンテとカルロス・フランキはどちらもやがてカストロと仲違いし亡命した。『レボルシオン』は廃刊になった。

第18章426ページ

キューバ出発直前に、山脈組と平原組の争いの詳細を論説で曝露したことで、チェは革命の勝利以来公式にタブーとなっていた問題についての沈黙を破った。そのなかでチェは5月の会合での合意に対するファウスティーノ・ペレスの反対には触れず、両者の分裂がそこで決定的な解決を見たような印象を与えている。

チェがこの論説を書いた頃には、彼とファウスティーノは「同じ側」にいただけでなく、ファウスティーノはキューバの革命指導層における有力な一人であり、過去の相違点はすでにどうでもよくなっており、ましてそれを公に大っぴらに蒸し返すのはきわめて不都合だった。

ファウスティーノ・ペレスの後のキャリアを見ると、チェが箇条書きにした長所に加えて、彼はきわめて生き残りに長けた策士だったことがわかる。フィデルの強権独裁に反対していたのに、フィデリスモの重要大臣の一人となり、元反共論者だったのに1965年にフィデルによって公式に開始されたキューバ共産党中央委員会の委員となり、1993年に死亡するまでずっと主導的な政治局員だった。

第18章439ページ

手紙でフィデルはラウルにこう警告している。「独裁制の分子が、この事件を利用して、北アメリカ市民に対する物理的攻撃計画を企んでいる可能性を考慮しなければならない。バティスタの絶望的な状況を考えると、これは国際世論を我々に敵対するものにする。たとえばそうした北アメリカ人数名が反乱軍に殺されたといったニュースへの反応は怒りになるだろう。他国政府の政治的態度に対する我々の怒りがいかに正当でも、人質方式はいっさい使用しないと明確に宣言することが不可欠だ。〔…〕運動にとって重大な影響を持つようなできごとについては、勝手な判断で行動してはならず、また相談なしにある限度を超えてはならないことに留意してほしい。さらにそれは我が軍の中枢部がまったく無秩序だというまちがった印象を与える」（フランキの『キューバ革命日記』より）

第19章453ページ

1958年末までにチェは将来のゲリラを採用し、あるいは見知っていた。エリシオ・レイエス、後の「ロランド」。カルロス・コエージョ、通称「トゥマ」。オルランド〝オロ〟パントーハ、後の「アントニオ」。マヌエル・エルナンデス・オソリオ、通称「ミゲル」。彼らはすべてラス・ビジャスへの行軍に同行していた。また彼の護衛の一人ハリー・ビジェガスこと「ポンボ」と、エル・バケリートの「決死隊」にいたレオナルド・タマヨこと「ウ

(8)

ルバノ」もそうだ。ボリビア戦役のキューバ人生き残りの三人目、ダリエル〝ベニグノ〟アラルコン・ラミレスは、アントニオ〝ピナレス〟サンチェスと同様にカミロの侵略縦隊だった。ホセ・マリア〝パピ〟マルティネスとオクタビオ・デ・ラ・コンセプシオン・ペドラハこと「エル・モロ」は、オリエンテ州でラウルの下にいた。ファン・ビタリオ・アクーニャことボリビアでの「ホアキン」は、マエストラ山脈に残ってフィデルに司令官に任命された。やがてエスカンブライで、将来の兵士3人がチェに加わる。アルベルト・フェルナンデス・モンテス・デ・オカこと「パチュンゴ」、グスタボ〝アレハンドロ〟マチン・デ・オエ、ヘスース〝ルビオ〟スアレス・ガヨルだ。

著者略歴

(Jon Lee Anderson)

『ニューヨーカー』誌のスタッフライター．1979年に『リマ・タイムズ』紙のリポーターとしてキャリアを始め，1998年以降は『ニューヨーカー』誌で，シリア，レバノン，リビア，イラク，アフガニスタン，アンゴラ，ソマリア，スーダン，マリ，リベリアなど多数の紛争地を取材．南米についても，リオデジャネイロのギャング，2010年のハイチ地震，ペルーのアマゾン地域の孤立民族，カラカスのスラムなど多数執筆している．アウグスト・ピノチェト，フィデル・カストロ，ウゴ・チャベス，ガブリエル・ガルシア・マルケスについての著述もある．2013年には，コロンビア大学の評議員が，西半球で優れた業績をあげたジャーナリストにおくるマリア・ムーアズ・キャボット賞を受賞．著書 *The Fall of Baghdad* (Penguin, 2005); *The Lion's Grave: Dispatches from Afghanistan* (Grove Press, 2002); *Guerrillas: The Inside Stories of the World's Revolutionaries* (HarperCollins, 1993) ほか．

訳者略歴

山形浩生〈やまがた・ひろお〉1964年東京生まれ．東京大学都市工学科修士課程およびマサチューセッツ工科大学（MIT）不動産センター修士課程修了．途上国援助業務のかたわら，翻訳および各種の雑文書きに手を染める．著書『経済のトリセツ』（亜紀書房，2021）『たかがバロウズ本.』（大村書店，2003）ほか．訳書 ショート『プーチン』（上下巻，共訳，白水社，2023）ピケティ『資本とイデオロギー』（共訳，みすず書房，2023）バナジー＆デュフロ『貧乏人の経済学』（みすず書房，2012）ほか．

森本正史〈もりもと・まさふみ〉翻訳家．訳書 ピケティ『資本とイデオロギー』（共訳，みすず書房，2023）プラックローズほか『「社会正義」はいつも正しい――人種，ジェンダー，アイデンティティにまつわる捏造のすべて』（共訳，2022，早川書房）ほか．

ジョン・リー・アンダーソン
チェ・ゲバラ
革命の人生
上
山形浩生・森本正史訳

2024年10月16日　第1刷発行

発行所 株式会社 みすず書房
〒113-0033 東京都文京区本郷2丁目20-7
電話 03-3814-0131(営業) 03-3815-9181(編集)
www.msz.co.jp

本文組版 キャップス
本文印刷所 萩原印刷
扉・表紙・カバー印刷所 リヒトプランニング
製本所 誠製本

ISBN 978-4-622-09681-8
[チェゲバラ]